조선왕조 영의정
173人의 삶과 권력

영의정실록
(제2권)

영의정 실록 제2권

초판 1쇄   2020년 07월 13일

지은이   박용부
발행인   김재홍
디자인   조혜수
교정 · 교열   김진섭
마케팅   이연실

발행처   도서출판 지식공감
등록번호   제2019-000164호
주소   서울특별시 영등포구 경인로82길 3-4 센터플러스 1117호 (문래동1가)
전화   02-3141-2700
팩스   02-322-3089
홈페이지   www.bookdaum.com
이메일   bookon@daum.net

가격   20,000원
ISBN   979-11-5622-516-4 04910
SET ISBN   979-11-5622-514-0

CIP제어번호   CIP2020023697
이 도서의 국립중앙도서관 출판예정도서목록(CIP)은 서지정보유통지원시스템 홈페이지(http://seoji.nl.go.kr)
와 국가자료공동목록시스템(http://www.nl.go.kr/kolisnet)에서 이용하실 수 있습니다.

조선왕조 영의정 173人의 삶과 권력

영의정 실록 ❷

박용부 편저

지식공감 도서출판

목차

세종 시대 二

16. 황희黃喜 – 영의정의 대명사 황희정승

문종·단종 시대

세조시대

조선왕조 영의정 재임기간

일러두기

1. 영의정 실록의 내용은 조선왕조실록 국역본에 실려 있는 내용을 중심으로 작성하였다. 조선왕조실록 국역본에서 이해가 힘든 부분은 다시 현대적 의미의 글로 바꾸었고 한자어 사용은 자제하고 뜻을 이해하기 어려울 때만 한자를 한글과 병기하였다.

2. 본문에서 인용한 조선왕조실록의 내용은 세종대왕기념사업회와 한국고전번역원에서 발간한 조선왕조실록 한글번역본을 인용하였고, 국조인물고는 세종대왕기념사업회의 번역본을 인용하였다. 조선 시대 전반기 인물 중 고려 시대와 겹친 인물의 기록은 한국학 종합 DB 중 고려사 DB의 내용을 인용하였다.

3. 인적사항과 주요 역사적 기록은 한국학중앙연구소에서 발간한 한국민족문화대백과사전과 한국향토문화대사전, 세종대왕기념사업회에서 발간한 국조인물고의 내용을 기본으로 하고 미흡한 부분은 인터넷 검색을 통해 각 종친회 홈페이지나 블로그에 실려 있는 묘비명의 행장을 참고로 하였다.

4. 조선 후기 영의정들의 승진과정은 조선왕조실록의 기록을 주본으로 하고 비변사등록과 승정원일기도 함께 참고하여 미진한 부분을 보완하였다.

5. 극심한 당파싸움으로 왕조실록이 2개 본으로 작성된 선조실록, 광해군일기, 현종실록, 숙종실록, 경종실록의 경우 정본을 중심으로 작성하였고, 수정보궐본은 정본에서 기록이 없을 경우에 참고로 하였다.

6. 조선 초기에는 관제상 영의정이란 직제가 없어 최고위직으로 임명된 좌시중과 좌정승을 다루었고 조선 말기에는 관제개편으로 최고위직으로 임명된 의정, 총리를 영의정에 포함시켜 작성하였다.

7. 조선 초기의 영의정 임명은 공신들 위주의 발령이어서 후임 영의정과 공백 기간이 거의 없이 이루어졌다. 중기 이후부터 각종 사화, 당파싸움에 의한 환국, 세력다툼으로 인한 공백 기간, 정승에 제수되면 한두 번의 사양을 해야 하는 예법 등으로 공백 기간이 길어져 수 개월간 자리가 비어 있거나 많게는 2년 이상씩 영의정 없이 국정을 운영하는 경우도 있었다. 조선 초기 세종조에 1426년 5월 14일부터 1431년 9월 2일까지의 영의정은 왕조실록 어디에도 기록되지 않아 누구인지 밝힐 수가 없었다.

8. 영의정 개개인에 따라 야사가 있을 경우 역사적 이슈가 된 자료이거나, 인문학적 가치가 있다고 판단되는 자료일 경우 야사가 실린 원본을 구해 작성하였으나 원본을 구할 수 없을 경우 각 문중의 홈페이지, 카페, 블로그에 실린 내용을 참고로 하였다.

조선왕조 왕권의 역사와
영의정직의 변화 (문종~세조)

　세종에 이어 왕위에 등극한 문종은 허약한 체질에다가 아버지 세종의 삼년상을 치르느라 몸이 무척 쇠약해 있었다. 37세에 즉위하여 2년만인 39세에 병사하고 12세 된 아들 단종에게 왕위를 세습하였다. 문종은 이복형제를 포함한 18명의 형제와 4명의 누이를 두었는데, 이들 중 첫째 동생 수양대군의 야심이 커서 이를 염려하여 영의정 황보인과 좌의정 김종서를 불러놓고 어린 단종을 잘 지켜 달라고 부탁한 것으로 전해지고 있다. 이긍익의『연려실기술』축수록에는 다음과 같은 유고도 전해진다.

> 임금이 병환이 나니 집현전의 여러 학자들을 불러 촛불을 켜고 문제를 토론하다가, 무릎에 단종을 앉히고 등을 어루만지면서 "내가 이 아이를 경들에게 부탁한다." 하고, 술을 내려 주었다. 임금이 어좌에서 내려와 먼저 술잔을 권하니, 성삼문, 박팽년, 신숙주 등이 모두 술에 취해 임금 앞에서 쓰러져 정신을 차리지 못했다. 임금은 내시에게 명해 차례로 업고 나가 숙직청에 나란히 눕혀 놓았다. 그날 밤에 많은 눈이 왔는데, 이튿날 아침에 신하들이 술이 깨니 좋은 향기가 방 안에 가득하고, 온몸에는 담비털 갖옷이 덮여 있었다. 임금께서 손수 덮어 준 것이다. 서로 감격해 눈물을 흘리면서 특별한 은혜에 보답하기로 맹세하였다(연려실기술 권4 문종조 고사본말).

　문종은 동생 수양이 증조부 태조의 무예와 조부 태종의 야심을 그대로 이어받은 것을 늘 염려하고 있었던 것이다.
　문종은 8세에 왕세자로 책봉되어 37세에 왕위에 올랐다. 세자로 지낸 기간은 29년이나 되었으나 왕위 재임 기간은 2년 3개월도 채우지 못하였다. 세종이 승하한 후 건강이 급격히 악화되어 삼년 탈상도 치르지 못한 채 세상을 떠난 것이다. 왕으로서의 재임 기간은 짧았지만 실제로 세종을 대신하여 대리청정한 기간까지 합치면 9년이 넘는다. 세종은 후반기에 건강이 좋지 않아 문종에게 정무를 맡기고 이곳저곳으로 피병을 다니게 된다. 문종은 대리청정 기간 동안 군사업무에 관심이 많아 많은 업적을 남겼다. 오위진법을 저술하였고, 군사조직을 12사 체제에서 5사 체제로 개편하였으며, 화차 같은 신병기도 설계하였고, 세종의 사업을 이어받아 4군 6진의 북방체제 정비도 완료하였다. 이렇게 열심히 대리청정했던 문종은 세자로서의 긴 삶이 너무 힘들었던 것인지, 조선 건국 후 처음으로 장자 상속으로 물려받은 왕권은 건강문제로 허망하게 끝나고 만다. 짧은 문종의 재임기간에 영의정을 지낸 사람은 세종조에서 연임된 하연과 새로이 등용한 황보인이었다.

세종조의 영의정 하연이 연임되었다가 물러가니 황보인이 그 자리를 이었다. 황보인은 하연이 영의정일 때 좌의정에 오른 인물로 세종이 발탁한 인물이다. 황보인은 문종 시대 2년과 단종 초기까지 영의정을 지냈는데 문종이 승하하며 어린 세자를 지켜 달라는 유고가 결국 그의 목숨을 앗아갔다. 황보인은 그래도 영의정까지 올랐다가 세상을 떠났지만 함께 유고를 들은 김종서는 좌의정에 머물러야 했다. 후세 사람들은 영의정을 지낸 황보인보다 좌의정을 지낸 김종서를 더 기억하고 있다. 사람이 남기는 이름은 직위가 아니라 당대의 국가와 민족을 위한 공적과 명성이었던 것이다. 문종시대의 주요 연표는 다음과 같다.

즉위   1450년 2월 22일 36세 즉위, 적장자로 최초 즉위
퇴위   1452년 5월 14일 38세 간녕전에서 승하(재위 2년 3월)
왕후   현덕왕후 안동권씨 / 단종, 경혜공주(1대군 1공주)
        후궁 1명   / 1옹주

영의정 하연, 황보인(세종이 발탁한 인물로 단종조까지 이어짐)

주요 역사기록
    1451년 2월 화차火車 제작, 숭례문 중수
    양계 지도제작, 고려사 완성
    1452년 고려사절요 편찬

  세종 말년 이후 왕권이 약화된 틈을 타 수양은 호시탐탐 그 기회를 엿보고 있었다. 어린 단종은 태어나자마자 모친을 잃었고 성년이 되기 전에 아버지까지 잃으니 바람 앞의 등불 같은 신세였다.

  12세 된 단종이 왕위에 오르자 수양대군은 왕을 보호한다는 명분으로 왕실을 출입하다가 계유정난을 일으켜 세종과 문종임금의 유훈을 받은 좌의정 김종서와 영의정 황보인을 처형하고, 스스로 영의정직과 이조판서와 병조판서직을 겸무하여 초법적 권력을 움켜쥐고 문무 인사권에 병권까지 장악해버렸다. 거기다가 단종 재위 3년 만에 왕위마저 양위하는 형식으로 찬탈하고, 이것도 모자라 단종이 왕권 복위를 꾀했다는 역모죄를 씌워 노산군으로 강등시켰고, 영월로 유배를 보냈다가 16세 되던 해에 사약을 내려 죽이고 만다. 조선왕조 최초로 원손과 세자를 거치고 왕위에 오른 적장자 단종의 시대는 이렇게 막을 내린다. 이 이후 왕권의 계승은 원칙과 기준이 무너져 힘의 논리로만 움직이게 된다. 단종시대의 영의정에 오른 인물은 황보인과 수양대군이다.

  수양대군은 왕족은 조정에서 벼슬을 할 수 없다는 조선의 법전을 파괴하고 등장한 인물이다. 단종이 왕위에 오르자 수양은 왕이 어리기 때문에 왕실을 보호해야 한다는 명분으로 궁궐을 수시로 출입한다. 왕의 나이가 어리면 수렴청정을 해야 하나 수렴청정을 할 대비가 없었다. 이를 기회로 수양은 왕족 출신에게 인재를 천거하는 분경을 허가해달라고 상언을 하여 허락을 받아낸다. 수양이 왕족으로서 인재를 천거할 권한을 가짐으로써 왕실 출입과 세력을 키울 수 있는 기반을 갖출 수 있었다. 결국 수양은 계유정난을 일으켜 왕권 등극의 최대 걸림돌인 김종서를 죽이고, 김종서가 황보인과 함께 안평대군을 왕위에 추대하려는 역모를 꾸몄다고 보고한 후 나머지 잔당을 차례대로 불러들여 처형하였다. 거사가 끝난 후 수양대군이 영의정에 올라 이조와 병조판서를 겸직하여 전권을 휘두른다. 단종시대의 주요 연표는 다음과 같다.

즉위   1452년 5월 18일 경복궁 근정문 12세 즉위
퇴위   1455년 윤 6월 11일 15세에 왕위를 찬탈당함(재위 3년)
        1457년 10월 21일 17세 사약 (실록에는 목매어 자결로 기록)

왕후   정순왕후 여산송씨   / 후손 없음
        후궁 2명   / 후손 없음

영의정 황보인(세종이 발탁), 수양대군(스스로 청하여 임용)

주요 역사기록
        1453년 10월 10일 계유정난(김종서, 황보인 죽음), 악보간행
        1454년 10월 고려사 간행 배포

공신 정난공신(계유정난, 김종서, 황보인 제거)
        1등공신 수양대군, 정인지, 한확, 권람, 한명회, 홍달손 등 12명
        2등공신 권준, 신숙주, 양정, 홍윤성, 유수, 엄자치, 전윤 등 11명
        3등공신 성삼문, 이예장, 홍순로, 이흥상, 홍순손 등 20명

성삼문은 거사에 가담하지 않았는데 집현전 학사의 협력을 보이기 위해 공신으로 책록했으
나, 세조 2년 단종 복위를 도모한 사건으로 훈호가 추탈되었다.

결국, 왕권은 공포를 조성한 세조가 단종으로부터 세습하는 형식을 빌
어 왕위에 오른다. 김종서와 황보인을 죽이는 과정에서 많은 피를 흘리
게 한 세조는 자신을 왕위에 오르게 한 공신들을 위하여 관직을 최대한
활용한다. 계유정난에 공을 세운 공신을 정난공신에 봉했고, 본인이 왕
위에 오르는 데 공을 세운 공신을 좌익공신으로 봉했다. 거기다가 정난
공신과 좌익공신에 오르지 못한 2,202명을 원종공신으로 봉하여 관료들
대부분에게 1계급씩 승급시켰다. 통 큰 포상잔치였다.

단종실록에는 세조가 왕권을 차지하는 과정을 그대로 기록하고 있다.
한동안 노산군 일기로 전해 내려왔던 단종실록은 세조 때 편찬되었으니
세조의 왕위 찬탈과정을 미화시켰을 것은 뻔한 일이다. 세조는 계유정난
1년 전부터 권남을 만나 왕권에 대한 꿈을 키우면서 한명회를 소개받았
고, 한명회를 통해 전략을 짜고 무사들을 모집하고 이들을 양성하여 김
종서와 황보인 등을 차례대로 척결하는 과정을 실록에 그대로 서술하였
다. 안평대군의 집권 야욕을 물리치기 위하여 세력을 형성한 것으로 기
록하고 있으나 안평대군은 당시 문신들과 풍류를 즐기고 어울리며 지냈
지 세조처럼 사병을 별도로 양성하지는 않았다.

어린 조카를 겁박하여 왕이 된 게 죄스러웠든지 집권 14년 동안 연평
균 38.5회의 술잔치를 벌였다. 국가적 기일을 제외하면 거의 매주 1회인

셈이다. 그러다 보니 술 마시고 실수한 일도 잦아 술자리에서 직위를 잘 랐다가 다음 날 다시 제수하는 일도 비일비재하였고, 정인지의 술자리 실수와 구치관과 신숙주의 구정승·신정승의 벌주 이야기는 장안의 화젯거리였다. 영의정을 지내고 왕까지 오른 인물은 조선 역사상 처음 있는 일이고 전무후무한 기록이었다.

세조의 인사정책은 왕위계승에 협조한 정난공신과 좌익공신을 위주로 이루어졌다. 영의정은 대부분이 정난공신과 좌익공신이었는데, 정난 좌익공신이 아닌 사람으로 영의정에 오른 인물은 심회와 이준뿐이었다. 심회는 심온의 아들로서 세조의 외삼촌이다. 억울한 누명을 쓰고 오랜 기간 고초를 겪은 데 대한 보은성 인사였다. 이준은 임영대군의 아들로 세조의 조카였다. 세종은 재위 32년 동안 5명의 영의정을 임명한 데 비해 세조는 재위 14년 동안 12명의 영의정을 교체하였다. 세조 재임 기간에 영의정에 오른 인물들을 살펴보면

정인지, 정창손, 강맹경, 신숙주, 구치관, 한명회, 황수신, 심회, 최항, 조석문, 이준, 박 원형으로 총 12명의 영의정이다. 짧은 기간 동안 자주 영의정 직을 수여하여 자신을 왕위에 오르게 한 데 대한 보답을 하고자 했다. 심지어는 술을 마시다가도 영의정 직을 수여했다가 며칠 뒤 원상태로 되돌린 사례도 있었다. 이들 중 이준은 영의정이 될 자질과 요건을 갖추지 못한 인물이었다. 세조가 왕위에 오를 때 형제 중 협조한 동생이 임영대군이었다. 이준은 임영대군의 아들로 단 한 번 남이장군과 함께 이시애의 난을 평정한 적개공신의 공로가 있었다. 그 공로를 핑계로 28세 된 조카를 영의정에 제수한 것이다. 세조가 영의정 직을 국정운영과는 관계없는 보은 직으로 여긴 대표적인 사례로 볼 수 있다.

이들 사례는 영의정 직에 대한 세조의 인식을 단면으로 보여주는 조치였고, 모든 인사가 은공에 대한 보답이었다. 세조는 재임 중 큰아들 도원군을 세자로 책봉하였으나 20세를 넘기지 못하고 요절하자, 둘째 아들 예종에게 왕위를 세습하였고 본인도 51세의 나이로 승하하였다. 세조시대의 주요 연표를 살펴보면 다음과 같다.

즉위　1455년 윤 6월 11일 경회루에서 왕위를 전위받음
　　　1455년 윤 6월 11일 경복궁 근정전에서 38세 즉위
퇴위　1468년 9월 8일 51세 승하(재위 14년) 불면증과 등창
왕후　정희왕후 파평윤씨 / 장남 도원군(덕종), 차남 예종, 의숙공주
　　　후궁 1명　　　　　/ 2군

영의정 정인지(정난1등공신), 정창손(3등공신), 강맹경(2등공신),
　　　신숙주(1등공신), 구치관(3등공신), 한명회(1등공신),
　　　황수신(3등공신), 심회(세조의 외삼촌), 최항(정난1등공신),
　　　조석문(3등공신), 이준(적개 1등공신, 임영대군의 아들),
　　　박원형(3등공신), 심회, 이준을 제외하고 모두 등극 공신이다.

주요 역사기록

　　　　1455년 8월 육조 직계제 실시

　　　　1456년 6월 사육신 처형, 집현전 폐지, 경연 폐지

　　　　1457년 9월 금성대군 단종복위 사건, 10월 노산군 사약

　　　　　　　군제개혁(3군을 5위로)

　　　　1458년 1월 국조보감 편찬, 4월 호패제 재실시

　　　　1459년 월인석보 완성

　　　　1460년 7월 신정 경국대전 반행

　　　　1461년 간경도감 설치(1461~1471)

　　　　1463년 11월 장서각을 홍문관으로 개칭, 동국지도 작성

　　　　1464년 팔방통보 주조

　　　　1465년 4월 원각사 중건, 경상지리지 편찬

　　　　1466년 1월 관제 개편, 8월 과전 폐지, 직전법 도입

　　　　1467년 5월 이시애의 난

공신　　좌익공신(세조가 왕위에 오르는 데 공을 세운 공신)

　　　　1등공신 한확, 윤사로, 권람, 신숙주, 한명회 등 7인

　　　　2등공신 정인지, 강맹경, 윤암, 이계전, 홍달손, 양정 등 12인

　　　　3등공신 권공, 정창손, 황수신, 박원형, 구치관, 홍윤성 등 25인

　　　　적개공신(이시애의 난 평정)

　　　　1등공신 구성군 이준, 조석문, 남이, 이숙기, 윤필상 등 10명

　　　　2등공신 김국광, 이운로, 김백겸, 장말손, 맹석흠 등 23명

　　　　3등공신 오자경, 최유림, 이양생 등 11명

세종
시대
二

16. 황희黃喜

영의정의 대명사 황희정승

생몰년도	1363년(공민왕 12)~1452년(문종 2) [90세]
영의정 재직기간	(1431.9.3.~1449.10.5.) (총 18년 1개월)
본관	장수長水
초명	수로壽老
자	구부懼夫
호	방촌厖村
군호	남원부원군
출생	개성 가조리
배향	세종묘정, 파주의 방촌영당厖村影堂, 상주의 옥동서원,
	진안의 화산서원, 장수의 창계서원 등에 제향
산소	경기도 파주군 탄현면 금승리(현 파주시 탄현면 금승리)
기타	조선의 최장수 영의정, 실력을 인정받아 등용된 능력파,
	세종등극의 반대자, 두문동에서 밀려 나왔던 청백정승
증조부	황석부黃石富-고려 이조참의에 추증
조부	황균비黃均庇-고려 참찬
부	황군서黃君瑞-고려 판강릉부사, 조선 절제사, 도안무사 역임
모	용궁 김씨
장남	황치신黃致身-판중추부사
2남	황보신黃保身-호군, 장물죄로 11년간 식탈관직 되어 지내다
3남	황수신黃守身-영의정
4남	황직신黃直身-사직(요절)

박석명의 추천으로 맺어진 태종과의 인연

　세종조 최초의 영의정 심온이 사사된 이후 유정현이 태종조에 이어 재임되었고, 다음으로 이직이 영의정에 올랐다가 네 번째 영의정에 오른 인물이 황희정승이다.

　황희의 자는 구부懼夫이고, 호는 방촌厖村으로, 본관은 장수이다. 고려 공민왕 12년 판강릉부사 황군서黃君瑞의 둘째 아들로 개성 사조리에서 태어났다.

　8세 때에 대학자 이색李穡과 길재吉再의 문하에서 학문을 익혀 14세에 문음직으로 왕족의 저택을 관리하는 녹사로 관직에 진출하여, 21세 때 생원시, 이듬해 진사시를 통과하였다. 26세가 되던 1388년, 고려 말기에 과거에 합격하였는데 창왕이 등극했던 때라 조정이 매우 혼란스러웠다. 이듬해 공양왕이 등극하자 27세 나이에 성균관 학관에 임명되었다.

　공양왕 4년 이성계가 새 왕조를 여니 고려왕조에 몸담았던 신하들이 이씨 왕조를 거부하고 광덕산에 들어가 불에 타 죽은 두문동 72현 사건이 벌어졌는데, 황희도 이 무리에 끼었다가 이성계의 설득과 나이 든 고려 원로들의 권유로 산에서 내려와 새 왕조에 몸을 담았다. 성균관 학관에 다시 복직한 황희는 세자를 가르치는 일을 맡았는데, 이때의 세자가 제1차 왕자의 난 때 참살당한 이방석이었다.

　조선 조정이 차츰 틀이 잡히자 조정은 온통 개국공신들의 판으로 변했고, 이씨 왕조를 흔쾌하게 생각지 않았던 황희는 설 자리가 없게 되었다. 이때 황희는 파직, 전출, 폄직 등을 당하며 지방관직에서 맴돌아야 했다.

1401년 태종이 왕위에 등극하자, 황희는 승정원 지신사(도승지) 박석명 朴錫命의 추천으로 도평의사사 경력이 되었고, 이후 병조의랑이 되었다. 1402년 태종 2년 3월에 황희는 부친상을 당해 3년간 시묘살이를 하느라 관직을 떠나야 했다. 1402년 겨울 군사업무를 관장하는 승추부의 관직에 추천할 인물이 부족하여, 삼년상을 마치기도 전에 특별 추천되어 대호군 겸 승추부 경력(종4품)에 기복(삼년상 중에 있는 사람을 관직에 부여)되었다.

1404년 태종 4년 10월 좌사간 대부를 거쳐 승정원 좌부대언에 올라 왕명 출납을 담당하였다. 이때 지신사(도승지)이던 박석명이 황희를 자신의 후임 지신사로 천거해 태종과의 인연을 연결시켜 주었다. 사람을 쓰는 데 신중을 기했던 태종에게 박석명의 추천이 아니었으면 황희는 중용되지 않았을지도 모른다.

1406년 태종을 6년간 모셨던 지신사 박석명이 37세의 나이로 죽은 후 박석명이 천거한 황희는 태종의 각별한 신임을 받게 된다. 조선 건국 후 책봉된 회군공신·개국공신·정사공신·좌명공신 등 사대공신들이 정계에 포진하고 있는 상황에서 공신 출신이 아닌 황희가 정계의 실력자로 부상하게 된 것은 태종의 절대적인 신임과 그의 출중한 인성이 배경이 된 것이다. 황희는 공신이 아니면서도 공신보다 더 높은 대우를 받았는데, 이러한 배경은 무엇보다도 원만한 인품 때문이었다. 공신들이 줄을 서서 벼슬자리를 노리고 있는 중에서도 태종은 하루라도 황희를 접견하지 않으면 반드시 불러서 만나 볼 정도로 그를 신뢰하였다.

1408년 당시 황희는 태종의 처남이자 왕후의 동생들인 민무휼·민무회 형제를 탄핵하는 데 앞장을 섰다. 태종은 황희에게 "이 일은 나와 경만이 알고 있으니 만약 일이 누설된다면 경이 아니면 내 입에서 나올 수밖에 없는 것이오."라고 할 정도로 신임하고 있었다. 황희는 태종의 극진한 예우를 받아 형조판서, 병조판서, 예조판서, 이조판서를 각 두 번, 호조판서, 공조판서, 대사헌에 각 세 번, 한성판윤, 평양감사, 강원감사 등 6조판서는 물론 주요 요직을 몇 번씩 거친 화려한 경력을 쌓았다. 조선왕조 전체를 통틀어 6조 판서를 모두 거친 영의정은 손꼽을 정도다.

육조 판서를 역임하는 동안 문물과 제도의 정비에 노력하여 훌륭한 업적을 많이 남겼다. 업무 처리능력으로도 태종의 신뢰를 쌓아갔는데, 중추원을 없애 병제를 병조로 일원화하는 작업을 추진하였고, 공조판서로 있을 때는 유사시에 대비하여 조선 8도에 배치한 군사와 군수물자를 낱낱이 점검하여 왕에게 보고하였다.

1417년 평안도 도순문사 겸 평양부사를 거쳐, 9월에 태종의 자문에 응하여 왕실의 적자·서자 봉작법을 개정하는 데 참여하였는데 1418년에는 세자 양녕대군 문제로 판한성부사로 좌천되었다.

양녕대군의 폐세자 반대로 유배를 당하다

천하의 황희도 정세판단에서는 항상 다른 줄에 섰다. 조선 개국시에도 그랬고, 판한성부사로 재직하던 태종 18년 세자 양녕의 행위를 두둔하다가 태종의 노여움을 샀다. 세자의 파행적인 행동이 쌓여 양녕이 폐위되었지만 직접적인 계기는 양녕의 첩 어리於里가 아이를 가진 것이 알려지고부터 태종이 진노하게 된 것이다. 태종 18년 5월 10일의 기록을 살펴보면 임금이 세자에게 명하여 아침 보고회에 참여하게 하고, 혹은 교외로 어가를 따르게 하고, 또 매일 임금을 모시고 활을 쏘았다. 이때에 임금이, 세자가 어리를 도로 받아 들이고 또 아이를 가지게 하였다는 소식을 듣고 노하여, 세자로 하여금 옛 궁궐에 거처하게 하고, 나와서 알현하지 못하도록 하였다. 인하여 궁궐의 내관 신덕해·정징을 의금부에 가두었다.

이날 신루新樓¹⁾에 나아가서 정사를 보고, 일이 끝나자 대간과 경상들이 차례로 나 가는데, 좌의정 박은이 나갈 때에 임금이 말하였다.

"너희 승지들은 모두 나가라. 내가 좌의정과 일을 의논하고자 한다."

여러 승지가 모두 나갔다. 한참 뒤에 임금이 명하여 세자전의 어린 내관 이전기를 의 금부에 가두고, 신덕해·정징을 석방하고, 좌승지 이명덕을 불러 말하였다.

"지난번에 세자가 곽선의 첩 어리於里를 빼앗아 궁중에 들이었으나, 내가 즉시 쫓아 버렸다. 이제 들으니, 김한로(세자의 장인)의 어미가 숙빈淑嬪을 볼 때 어리를 데리고 몰래 들어가서 아이를 가지게 하였다. 또 세자전에 들어가 데리고 바깥으로 나와서 아이를 낳게 하고, 도로 세자전 안으로 들이었다. 김한로 등이 나에게 충성하고 사 직을 위하는 계책인가? 아니면 세자를 사랑하여 하는 것인가?

또 들으니, 세자가 성녕대군이 죽었을 때에 궁중에서 활쏘는 놀이를 하였다니, 형제 의 죽음을 당하여 부모가 애통하는 때에 하는 짓이 이와 같다면 사람의 마음이라고 할 수 있겠느냐?

내가 변중량의 마음씀이 부정하다고 하였으나, 아우 변계량의 마음가짐은 바르다고 하여, 세자 스승의 자리에 앉게 하였다. 아비가 능히 자식을 가르칠 수 없으니, 스승 이 어찌 능히 가르치겠는가마는, 그러나 세자로 하여금 이 지경에 이르게 하였으니, 책임이 없을 수 없다."

이어서 변계량을 불러서 명하였다. "형이 용렬하고 경이 훌륭함은 내가 익히 알고 있다. 세자를 가르치는 데 사람을 고르지 않을 수 없으므로, 경으로 하여금 세자 스

---

1) 개성 경덕궁에 정사를 보기 위해 세운 누각.

승으로 삼아 선하게 인도하도록 하였다. 이제 이처럼 불선하니, 이것이 비록 경의 알지 못하는 바이라 하나, 스승이 된 자로서 부끄럽지 아니한가?

또, 찬성 이원을 불러서 말하였다. "옛날 이무를 판결할 때 구종수가 의금부 도사가 되어 공무를 누설하고, 그 후 궁궐의 담장을 넘어가서 세자전에 출입하였다. 일이 발각되자 내가 이를 싫어하여 황희에게 물으니 말하기를, '매鷹와 개犬의 일(매나 개를 가지고 노는 일)에 지나지 않습니다.'고 하고 죄를 청하지 아니하였다. 경은 그 일을 잊어버렸는가?"

이원이, "신은 잊지 않았습니다." 하니, 임금이 말하였다.

"내가 세자에게 이와 같이 하는 것은 종묘사직의 만세를 위한 계책이다. 세자의 동모 형제가 세 사람이었는데, 이제 한 아들은 죽었다. 장자·장손에게 나라를 전하는 것은 고금의 일상 법전이니, 다른 마음이 없으며, 여기에 의심이 있다면 하늘의 거울에 합하지 않는 것이다. 마땅히 이 말을 의정에게 고하라."

박은이 이원과 더불어 청하였다. "황희가 질문에 답하여, '매와 개의 일에 지나지 않습니다.'고 하였으니, 그 마음을 헤아리기가 어렵습니다. 청컨대, 그 까닭을 국문하소서." 하니

임금이 말하였다. "내가 승정원 출신인 자를 우대하기를 공신 대접하는 것과 같이 하기 때문에, 황희로 하여금 지위가 2품에 이르게 하여 후하게 대접하는 은혜와 의리를 온 나라가 아는 바이다. 그러나, 이 말은 심히 간사하고 왜곡되었으므로 평안도 관찰사로 내쳤다가 지금 또한 판한성부사로 삼아 좌천하였는데, 어찌 다시 그 죄를 추문하겠느냐?"

박은 등이 다시 청하였다. "황희가 주상의 은혜를 받고도 올바르게 대답하지 않고, 그 간사하기가 이와 같았습니다. 그러나, 주상이 자비하여 죄를 주지 않는다면 그 밖의 간신을 어찌 징계하겠습니까?"

-태종실록 18년 5월 10일-

5월 11일 거듭된 처벌 요청에 태종은 더 이상 감싸주지 못하고 황희를 입궐시켜, 승지로 하여금 당시의 상황을 확인한 후 명하여 전리(시골)로 돌아가게 하였다.

"옛날에 내가 김한로의 아룀으로 인하여, 구종수가 궁궐 담을 넘어 세자전에 들어가서 기이한 잡기와 음흉한 계교로써 세자의 마음을 방탕하게 하여 세자를 그르치게 하였음을 알았으나, 내가 종사가 중하므로 어찌 할 수가 없었다. 생각해 보니, 내가 혼자 알고 있었다면 방에 두고 매를 때려서라도 제어할 수가 있었겠지만, 이미 대신에게 알려져서 이미 아룀을 행하였으니, 비록 이를 덮어두려고 하더라도 그리 할 수가 있었겠는가?

이원李原과 경을 불러서 들은 바를 설명하게 하였더니, 이원이 말하기를, '의당 국문하여야 마땅합니다.'고 하였으나, 경은 손으로 수염을 만지작거리면서 말하기를, '구종수의 한 짓은 매와 개의 일에 지나지 않습니다. 만약 세자의 잘못이라면 나이가 어린 탓입니다. 나이가 어린 탓입니다.'고 하여, 이와 같이 말한 것이 두 번이었다.

세자를 감싸 주어 말하기를 꺼리고 말이 공정하지 못하고 다시 다른 말이 없었으니, 그것은 필시 지신사였을 때 민씨(민무휼 형제)와 원수가 되었으므로, 세자에게 아부하려는 계책을 가졌기 때문일 것이다.

공신이 비록 많지만 어찌 사람마다 정사를 의논할 수 있겠으며, 비록 공신이 아니더라도 승정원 출신인 자는 보기를 공신과 같이 한다. 경 같은 자는 다년간 나를 섬겨서 나의 마음을 알 것이다. 나는 항상 나를 위하여 목숨을 바치리라 생각하였더니, 그 물음에 대답한 것이 정직하지 못하고 이와 같은 것은 무엇인가? 내가 그때 마음이 아파서 듣고서 눈물을 흘렸는데, 경은 그것을 잊었는가?" 하니

황희가 말하였다. "그때를 당하여 신이 대답하기를, '세자의 나이가 어린 까닭입니다.'라고 하였는데, 이제 성상의 명이 이와 같으시니, 신의 얼굴이 붉어지고 줄줄 눈물이 납니다. 신의 마음으로는 세자를 위하여 감격하여 마음속 깊이 사무쳐 그리 된 것이라 생각하는데, 이것은 기억할 수 있으나, 그 매와 개의 일은 신은 능히 기억할 수 없습니다.

신은 벼슬없는 선비에서, 성상의 은혜를 입어서 여기에 이르렀는데, 무슨 마음으로 전하를 저버리고 세자에게 아부하겠습니까? 불행하게 신의 말이 성상의 마음에 위배되었습니다."

승지 등이 이를 듣고 자세히 아뢰었다. 임금이 조말생 등을 만나 친히 말하고, 이어서 황희에게 명하였다.

"임금이 된 자는 신하와 더불어 변명하는 말을 하지 않는다. 그러나, 경이 기억하지 못한다고 대답하니, 내가 이원李原으로 증인을 삼겠다. 경은 어찌하여 숨기는가? 잘못은 경에게 있으니, 마땅히 관할청에 내려서 국문하여야 하나, 인정을 끊어 버릴 수가 없으므로 불러서 묻는 것이다.

당초에 경의 말을 들은 뒤에 대궐에 앉아서 정사를 볼 때 경이 서쪽에 있었는데, 내가 경에게 눈짓하여 말하기를, '지금의 인심은 대저 옛것을 버리고 새것을 따르는데, 만약 옛것을 버리고 새것을 따른다면 노인은 생활하기가 어려울 것이다. 자손을 위한 계책을 누가 하지 않겠는가마는, 늙은 자를 버리고 돌아보지 않는다면 또한 어찌 옳겠는가?' 하였다. 경은 그때 반쯤 몸을 굽혀 얼굴을 숙이고 바깥을 향하여 이를 들었다. 내가 그날의 말을 너를 위하여 발설하는 것이다.

옛날 어떤 대신이 너를 가리켜 간사하다고 하였다. 네가 이조판서를 거쳐 공조판서가 되었다가, 평안도 관찰사로 나간 것은 너의 간사함을 미워하였기 때문이었다. 그 임기가 차자 형조판서에 임명하였으나, 육조六曹는 조정회의의 임무가 있으므로, 내가 너의 얼굴을 보기를 싫어하여 판한성부사에 임명한 것을 너는 어찌 알지 못하는가? 너의 죄를 마땅히 법대로 처치하여야 하나, 내가 차마 시행하지 못하여 논죄하지 않는 것이다. 너는 고향으로 물러가 살되, 임의대로 거주하여 종신토록 어미를 봉양하도록 하라." 하니, 황희가 곧 교하交河로 돌아갔다.

—태종실록 18년 5월 11일—

5월 12일에는 대간과 형조에서 황희를 머물러 두고 그 범한 바를 국문하도록 청하였으나, 허락하지 않고 형조에 뜻을 내려 직첩을 거두고 서인으로 삼았다.

"판한성부사 황희가 난적 구종수의 범한 바를 가볍게 논하였고, 모든 물음에 대답하기를 또 정직하게 말하지 않아서 신하의 도리에 어그러짐이 있었다. 마땅히 관할사에 내려서 율律에 의하여 시행하여야 하나, 내가 차마 시행하지 못하고 그대로 두고 묻지 않는다. 다만 직첩을 거두고 폐하여 서인으로 만들고 자손을 서용하지 말라."

조말생·이명덕에게 명하여 박은·한상경·이원등에게 전교하였다.

"여러 공신이 있고 육조가 있으나 홀로 삼경을 부른 것은 친히 비밀스러운 의논을 하고자 함이다. 우리나라의 법에는 대간에서 일을 말하여 임금이 따르지 않으면 무리하게 요청하기를 마지 않으니, 임금으로 하여금 궤이한 이름을 얻게 만들고, 임금과 대간의 사이가 기름이 물에 뜨는 것과 같다. 그러나, 내가 혹은 대간의 청을 따르지 않는데, 어찌 죄가 있는 자를 용서하겠는가마는, 다만 죄인으로 하여금 그 정상에 합당하게 하여 천심에 부합하고자 하는 것이다. 또 임금과 중신은 한 몸인데, 대신이 대간에서 일을 말할 적에 어찌 이를 알지 못하겠는가마는, 그러나 시비를 말하지 않으니, 이것이 유감이다

지금 김한로(양녕의 장인)가 곽선의 첩을 몰래 동궁에 출입시켜 아이를 가지도록 하기에 이르렀는데, 그 마음은 대개 사위를 사랑하기 때문이다. 나는 친 아비인데, 어찌 나의 아들을 사랑하지 않겠는가? 김한로를 없애 버렸다면 이 지경에 이르지는 않았을 것이다. 그러나, 어찌 내게 불충해서였겠는가? 다만 정신이 흐려지고 편벽하기 때문에 그렇게 된 것이리라. 내가 김한로를 가둔 것은 대간의 청 때문이 아니라, 문안文案을 만들어 사람들로 하여금 이를 알도록 하고자 함이다.

죄의 경중은 오직 내 마음에 달려 있다. 또 내관 이전기가 몰래 그 사이에 음모하였으니, 동궁전 시종 모란이 일찍이 아이를 가져 밖으로 나갔는데, 어리於里로 하여금 그 이름을 사칭하고 몰래 들어오도록 음모하였다.

내가 모두 죽이고자 한다. 당나라 현종 때 양귀비가 화란의 근원이 되니, 여러 신하들이 죽이자고 청하였는데, 하물며 내가 아비로서 어찌 죽일 수가 없겠느냐?

박은 등이 대답하였다. "성상의 하교가 옳습니다. 어리於里가 일찍이 지아비를 배반하였으니, 이 죄로 죽일 수가 있습니다. 대간의 언사가 만약 의리에 합하지 않는다면 신 등이 어찌 감히 말하지 않겠습니까?

임금이 또 전교하였다. "황희가 이조판서였을 때 내가 찬성과 황희를 불러서 구종수 등의 난리를 일으킨 사건을 의논하니, 황희가 대답하기를, '세자가 나이가 어려서입니다. 구종수는 매와 개의 일에 지나지 않습니다.'고 하였다. 내가 눈물을 흘리고, 다른 날 조정회의에서 황희를 보고 말하기를, '신하로 자손을 위한 계책을 쓰지 않는 자가 없다. 임금이 늙었다고 하여 이를 버린다면 장차 어찌 되겠는가?' 하니, 황희가 얼굴을 숙이고 들었다.

황희는 오랫동안 지신사가 되어 민무구 등을 척결하는 일을 주모하여 민씨 일족과 원수를 맺었는데, 세자에게 아첨하고 정을 맺어서 스스로 안전할 계책을 삼고자 하였으니, 그 간사함이 심하였다. 그러므로, 내가 내쫓아 평안도 관찰사로 임명하였다가 올려서 형조판서로 삼았는데, 그를 다시 보기가 싫어서 옮겨서 판한성부사로 삼았다.

내가 황희에게 대해서는 사람이 타인의 자식을 양육하는 것같이 하였고, 또 부모가 자식을 어루만지고 보살펴 기르는 것같이 하였다. 승지에 오래토록 근무하였다가 전직시켜 재상에 이르게 한 것은 공신功臣으로 비할 바가 아니었다.

일찍이 이르기를, '내가 죽는 날에 황희가 따라 죽기를 원할 것이다.'라고 하였다. 길재는 고려조에 주서의 직임을 받았으나, 충신은 두 임금을 섬기지 않는다고 하여 우리 조정을 섬기지 아니하였다. 나는 황희가 나에 대하여 바로 이와 같으리라고는 생각지 않는다." 하였다.

－태종실록 18년 5월 12일－

5월 21일 형조와 대간에서 거듭하여 황희의 죄를 청하자 태종은 상소를 읽어보고 말하기를,

"아직 그대로 두라. 황희의 죄는 내가 이를 덮어두려고 하였는데, 김한로의 죄로 인하여 아울러 이를 논의함이 이미 지극한데 다시 청하지 말도록 하라. 황희의 사람됨은 나를 오랫동안 섬겨서 그가 승지 노릇을 하였으나 나라를 속이지는 아니하였다. 근년에 이르러 그 자손을 위하여 세자에게 아부하고자 하여 물음에 대답하기를 바르게 하지 아니하였으므로 친근한 대신도 또한 황희의 정직하지 않은 것을 말하여 마침내 이 지경에 이르렀다."

－태종실록 18년 5월 21일－

5월 28일 형조와 대간에서 다시 상소하여 황희의 거처인 교하가 너무 가깝다는 이유로 남원으로 옮기게 된다.

형조와 대간에서 상소하기를. "충성과 정직은 임금과 신하간의 큰 절개이니, 신하가 되어서 충직한 마음이 없는 자는 하루라도 천지간에 구차스레 용납할 수가 없습니다. 황희가 다행히 성상의 은혜를 받아 지위가 재상에 이르렀으니, 진실로 마음을 다하여 성상의 은혜에 만의 하나라도 보답하기를 생각하여야 마땅합니다.

난신 구종수는 죽여 없애야 할 바인데, 황희는 이에 가볍게 논하여 아뢰었고, 또 주상이 친히 국문할 때에 바른대로 대답하지 아니하였으니, 그가 충직한 마음이 없는 것을 알 수가 있습니다. 전하가 차마 죄 주지 못해 다만 직첩만을 거두고 폐하여 서인으로 만드니, 그 악을 징계하고 선을 권하는 의리에 있어서 어찌 되겠습니까? 엎드려 바라건대, 전하는 황희의 불충하고 곧지 못한 죄를, 명하여 관할청에 내려 참작하여 시행하소서."

하니, 사헌 감찰 오치선을 보내어 황희에게 이르기를. "나는 네가 전일에 나를 가까이 보필했던 신하이므로 친애하던 정을 써서 가까운 땅 교하에 내쳐서 유배시켰는데, 대간臺諫에서 탄핵을 그치지 않으니 남원에 옮긴다. 그러나, 사람을 보내어 압송하여 가지는 않을 것이니, 노모를 거느리고 스스로 돌아가는 것이 가하다." 하였다. 오치선은 황희의 누이의 아들이었다.

－태종실록 18년 5월 28일－

결국 태종은 6월 3일 세자 이제를 폐하고 충녕대군을 왕세자로 삼았다. 남원으로 유배를 간 황희는 고조부 황감평이 세웠던 서당을 헐고 그 자리에 도교의 이치를 따라 춘향전의 무대가 되는 누각을 세워 광통루廣通樓라 했는데, 후에 전라도 관찰사 정인지가 광한루로 고쳐 오늘날까지 명승으로 전해온다. 황희가 양녕대군을 두둔한 행위는 장차 왕이 될 양녕에게 아부하는 행위로 판단하여 태종의 분노를 초래했으나, 태종은 황희를 믿을 수 있는 사람이라고 깊이 신뢰하고 있었다.

8월 8일 세종이 왕위에 올랐다. 왕위에서 물러나 태상왕이 된 태종의 황희에 대한 믿음은 변하지 않았다. 태종이 승하하던 해인 1422년 세종 4년 1월 태종은 이직의 상처한 딸을 후궁으로 맞아들이고 1월 14일에 성주에 유배를 가 있는 이직을 풀어준다. 2월 1일 사헌부와 사간원에서 이직의 유배령 해제가 불가하다는 상소가 빗발을 친다. 그러자 태종은 2월 4일 이직을 부원군으로, 이직의 딸을 궁주로 삼아 반포하여 상소문을 잠재운다. 그리고는 2월 12일에 황희를 유배에서 풀어 서울로 돌아오게 한다. 2월 20일에는 황희의 직첩을 돌려주고 3월 18일에는 과전까지 돌려주었다. 4월 11일 세종이 태상왕이 거주하는 신궁에 문안을 드리러 가니 태상왕이 병조와 대언사에 말하기를

"도형(타 지역 강제 노역형)·유배형으로 안치된 사람들은 나의 백년 뒤가 되면, 주상이 부왕 때의 죄인이라 하여 석방하지 아니할 것이다. 그러므로 일찍이 황희와 이직을 불러 서울로 돌아오게 한 것이다." 하였다.

−세종실록 4년 4월 11일−

이 내용을 보면 이직의 유배 해제의 사유가 후궁을 얻기 위했던 것인지 인재를 불러오기 위했던 것인지는 명확히 알 수는 없으나 황희를 인재로 여겼음은 명확한 것 같다. 유배 해제령은 세종이 내린 것이지만 유배에서 풀어준 것은 태종에 의해 이루어진 것임도 밝히고 있다. 그리고 태종이 세종에게 이르기를, "이직·황희는 비록 죄를 범하였으나 일에 익숙한 원로이므로 버릴 수 없으니 가히 불러서 쓸 만하다." 하였는데, 세종은 이를 깊이 새겼다가 이직과 황희를 차례대로 영의정에 등용하였다. 이때 태종은 세종의 효성과 마음을 꿰뚫고 있었던 것이다. 이러한 세종의 성품은 태종이 폐서인시킨 장인 심온과 처남들의 문제를 해결하는 과정에서 확연히 나타난다. 세종의 처갓집 문제에 대해서 대간들이 근거를

제시하며 무고임을 밝혔음에도 불구하고 아버지 태종이 결정한 일이라 하여 손을 대지 않았고 아들인 문종 때에서야 외삼촌들의 모든 관작이 복위되었다. 결국 세종의 아버지 태종에 대한 효심과 믿음이 황희정승을 있게 하였고 찬란한 세종시대를 열게 한 계기가 된 것이다.

황희를 천거한 태종과 아버지를 믿은 세종

1422년 세종 4년 2월 12일 태종은 황희를 석방하여 직첩을 돌려주며 세종에게 부탁하여 곧 등용토록 하였다. 세종은 황희가 자신의 세자책봉에 반대하였고 외숙부(민무휼 형제)들을 죽음으로 내몰았지만, 아버지 태종의 추천에 따라 황희의 사람됨이 바르다는 것을 알고 과감히 등용하였다. 황희는 그해 3월 과전科田[2])과 고신告身을 되돌려 받고 관직에 복귀했으며, 10월에 경시서 제조, 의정부 좌참찬이 되었다.

세종은 1431년 69세의 황희를 영의정에 앉혔다. 이후 황희는 87세로 은퇴할 때까지 18년 1개월간 영의정 자리를 지켰다. 조선 600년을 통틀어 단 한 번의 영의정 발령으로 최고 오랜 기간 영의정을 지낸 명정승으로 이름을 남겼다. 14세에 공직에 들어서 73년간 벼슬살이를 했고, 45년간을 권력의 중심에서 관직 생활을 하였으나 생활은 궁핍하기 짝이 없어 청백리의 상징적 인물로 기록되었다. 조선 건국 1392년부터 중종 9년 (1514년)까지 122년간 배출한 45명의 영의정이 거의 대부분이 공신功臣

---

2) 과전은 중앙에 거주하는 전·현직 관료를 대상으로 18과로 구분해 각기 직무에 따라 지급했는데 토지에 대한 소유권이 아니라 수조권만 가질 수 있었다. 수조권은 토지에서 일정량의 곡식을 세금으로 징수할 수 있는 권리를 말한다.

출신임에 비하여 공신이 아닌 영의정은 민제, 심온, 유정현, 황희, 하연, 황보인, 심회 등으로 손꼽을 정도이다. 이 중 왕실 혼척 출신 민제와 심온과 심회를 제외하면 대부분 세종이 등용한 사람들이니 세종의 공평무사한 인사정책은 조선 시대 내내 독보적이었고, 사람을 쓰는 일 자체가 명군을 만든 요인이었다.

1449년 10월 관직에서 물러난 황희는 1452년 2월 90세 일기로 눈을 감았다. 익성翼成으로 시호가 내려지고 세종의 묘정에 배향되었다. 영의정 신숙주가 지은 신도비가 세워졌고, 장수의 창계서원 등 전국 11개소에 황희를 기리는 사당이 마련되었다.

황희의 장남 황치신黃致身은 호조판서, 차남 보신保身은 소윤, 3남 수신守身은 세조 때 영의정에 올라 부자父子 영의정 가문을 일구었다.

황희에 대한 악소문과 사관의 기록

1428년 세종 10년 6월 14일 악덕한 동파역 역리(역무원) 박용이란 자가 인수부 판관 조연과 시비가 붙어 문제가 확대되자 서울 세도가의 집을 잘 안다며 거들먹거렸다. 박용을 잡아 지방 현에 넘기니 현감이 박용은 본인도 두려워하는 자라며, 박용에게 세도가의 집에 가서 서찰을 받아오면 풀어주겠다고 하였다. 그런데 그 서찰을 써준 사람이 황희로 나타났고 황희는 그런 사실이 없다며 펄쩍 뛰었다. 이 문제에 연루되었던 황희는 문제가 수습되자 사직서를 제출했는데 이때의 기록을 작성한 사관은 황희에 대한 항간의 소문도 함께 기록하였다. 훗날 단종 때에 세종실록 편수관들은 이 기록을 두고 참과 거짓에 대한 논란이 있었지만 결국은 사초대로 편찬하여 기록 속에 남겨 두었다. 그 내용을 살펴보면 사헌부 집의 남지가 아뢰기를, "인수부 판관 조연이 일찍이 동파역에 이르러 역관을 때렸는데, 역리 박용이 그의 아들과 더불어 조연을 욕하면서 그의 머리털을 움켜잡고 휘두르며 말하기를, '서울의 재상 중에 나와 사귀어 친한 이가 많다. 너는 오각대(관복띠)를 매는 벼슬아치 주제에 어찌 나를 욕하느냐.' 하였습니다. 조연이 박용을 붙잡아 임진현에 넘기니, 현감 이근완이 말하기를, '박용은 나도 두려워하는 자입니다.' 하고, 또 박용에게 말하기를, '네가 서울 세도가의 편지를 받아오면 네 죄를 면제해 주겠다.'고 하고, 인하여 박용과 더불어 '금년의 농사가 어떠냐.'고 묻고, 집안사람과 서로 이야기하는 것과 다름이 없었다고 하니, 어찌 수령의 도리라고 하겠습니까. 청컨대 이근완을 추국하게 하소서.

조연의 상소장에 말하기를, '박용이 그의 아내 복덕으로 하여금 세도가 집에 가서 편지를 받아 왔다.'고 하였습니다. 사헌부에서 박용의 아들 박천기를 잡아다가 물으니, 말하기를, '아버지가 좌의정 황희에게 말 한 필을 뇌물로 주고, 또 잔치를 베풀어 대접하고 편지를 받아 왔으며, 또 대제학 오승·도총제 권희달에게 각각 말 한 필씩 뇌물로 주었고, 도총제 이순몽에게도 소 한 필을 주었습니다.'고 하였습니다. 그런 까닭에 본 사헌부에서 황희를 탄핵하였더니, 곧 거론하지 말라고 명하시므로 신 등은 매우 혐의쩍어 합니다."

하니, 임금이 말하기를, "이것은 뜬 소문이다. 또 일이 사면령 전에 있었으니 어찌 탄핵할 수 있겠는가."

하니, 남지가 아뢰기를, "박용의 일은 세상 사람들이 다 같이 아는 바로서 진실로 뜬 소문이 아니며, 또 그때가 사면령을 반포하기 전인지 후인지 확실하지 않습니다. 청컨대 조사하게 하소서." 하였다.

임금이 말하기를, "어찌 조그만 일로 대신을 강압하여 조사할 수 있겠는가." 하니, 남지가 아뢰기를, "황희가 수상으로서 청탁하는 편지를 써 주었으니, 이 일이 사면령 반포 이후에 있었으면 탄핵하지 않을 수 없습니다." 하였다.

임금이 말하기를, "거론하지 말라." 하였다.
남지가 아뢰기를, "이근완이 박용과 더불어 담화하기를 집안사람과 더불어 말하는 것과 같이 하였다 하오니 매우 가증합니다. 청컨대 국문하게 하소서."

하니, 임금이 말하기를, "그렇다면 마땅히 그 사실을 국문하여야 하겠다." 하였다.

이러한 조치를 두고 사관이 기록하기를 처음에 경기 감사가 박용을 원평에 가두고 추국하는 것을, 황희 등이 편지를 통하여 그의 죄를 가볍게 하기를 청하니, 사헌부에서 듣고 탄핵한 것이다. 박용은 평소에 원악리[3]로 일컬어지는 자로서 널리 토지를 점유하였으며, 좋은 말을 많이 길러서 권문세가의 뇌물질을 하여 국가의 법을 두려워하지 아니하고 간사하고 포악한 행위를 제멋대로 하여 조정 신료로서 욕을 당한 자가 조연만이 아니었다. 이순몽·오승은 거론할 가치도 없으나, 황희는 수상으로서 몰래 그의 뇌물을 받고 그의 큰 죄악을 놓아주고자 하여 마음 편히 청탁을 하였으니, 그 지조가 비루하다.

-세종실록 10년 6월 14일-

6월 14일 황희가 말과 술대접을 받고 박용을 비호했다는 누명을 받자 이를 조사해주길 청하였다.

황희에게 직임에 나오도록 명하니, 황희가 아뢰기를, "박용의 말과 술대접을 받고 편지를 써 주었다는 것은 다 신이 한 일이 아닙니다. 그런데 사헌부에서 이를 탄핵하였으며, 전하께서는 사면령 전의 일이라고 하여 거론하지 말라고 명하셨습니다. 신이 불초한 몸으로 외람되게 수상의 직위에 있어서, 온 나라가 모두 바라보고 있는데, 이와 같이 몸을 더럽히는 오명을 얻었으니, 전하께서 비록 묻지 말라고 명하였으나, 신이 어찌 능히 심장을 드러내어 집마다 가서 타이르고 집마다 가서 이해시킬 수 있겠습니까. 이제 만약 다시 변명하지 않는다면 세상의 여론이 어찌 허위인가 진실인가 구분해 알겠습니까.
청컨대 관할청에 나아가서 변명하고 대질하게 하소서." 하고 두세 번 청하며 눈물을 흘리기에 이르니,

---

3) 악한 일의 원흉인 지방 관서의 아전. 경국대전에서 원악리로 규정한 죄목은 다음과 같다. 수령을 조종 농락하여 권력을 제 마음대로 부려 폐단을 일으키는 자, 뇌물을 받고 부역을 불공평하게 하는 자, 세를 수납할 때에 과징하여 남용하는 자, 양민을 불법으로 끌어다 남몰래 부려먹는 자, 토지를 많이 장만하여 두고 백성을 시켜 경작하는 자, 마을과 거리를 횡행하면서 남의 것을 침탈하거나 사복을 채우는 자, 높은 권세에 아부하여 신분 본래의 부역을 모피하는 자, 이역吏役을 도피하여 촌락에 숨어 사는 자, 관의 위세를 기대어 백성을 침노 학대하는 자, 양가집의 자녀나 관비를 첩으로 만든 자 등을 지적하고 있음.

임금이 말하기를, "경이 만약 변명하고자 한다면 복덕을 불러다가 진술을 한번 받는 것이 좋겠다." 하고, 즉시 사헌부에 복덕을 잡아다가 국문하라고 명하였다.

-세종실록 10년 6월 14일-

6월 15일 박용의 아내 복덕을 의금부에 수금하여 국문하라고 명하였다. 지신사 정흠지가, "어제 황희가 그의 아들을 시켜 고하기를, '사헌부에서 조사할 때 말씨가 공정하지 않으니 친히 나아가서 조사할 수 없습니다.'고 하고, 의금부에 옮겨서 대질할 수 있게 하소서." 하였다. 사헌부 장령 성염조가, "복덕이 바른대로 진술하지 않습니다. 구금하여 국문하게 하소서." 하니, 곧 의금부에 명하여 복덕을 구금하라고 하였다.

6월 16일 박용의 아들 박천기가 도망한 것을 의금부에 명하여 박용을 잡아다가 가두도록 하였다. 6월 23일 의금부에서 최부·남지·이견기 등을 국문하여 죄주기를 청하였으나 나중에 석방하였다.

의금부에서 최부·남지·이견기·성염조·김경·문승조·조연 등을 국문하여 죄주기를 청하니, 윤허하지 아니하고 조금 뒤에 석방하였다. 또 복덕과 박천기 등을 석방하고 박용을 형조로 옮기었다.

6월 23일 형조에서 박용을 국문하고 법대로 죄를 다스려 금령역에 이속시키게 하다.

형조에서 아뢰하기를, "지금 역리 박용을 국문하니, 그의 아들 박유지 등을 거느리고 조연을 능욕하였습니다. 법률이 박용은 장 1백에 도 3년, 박유지 등은 장 90에 도 2년 반에 해당합니다. 청컨대 율대로 시행하고 도내의 쇠잔한 역인 금령역에 이속시켜 원악리를 징계하게 하소서." 하니, 그대로 따랐다.

6월 25일 황희가 박용 등의 문제로 사직을 아뢰었으나 세종이 윤허하지 않고 황희에 대한 신임이 깊음을 밝히자 굳이 사퇴하였다.

좌의정 황희가 사직하여 아뢰기를, "신은 성품이 본래 용렬하고 우둔하고 견문이 고루하며, 재주가 쓸 만한 구석이 없고 행실이 빼어난 것도 없는데, 태종 전하를 만나 잘못 기용되었으나, 실오라기나 털끝만 한 조그만 보필도 없이 겨우 몽롱하다는 비난만을 면했을 뿐이었습니다.

그러다가 밝으신 전하를 섬기기에 이르러서는 재상의 지위에 오르게 되었으나, 본래부터 배운 것도 없는 데다가 노쇠까지 하여 아무런 계책을 내세움이 없으므로, 항상 재상의 소임을 다하지 못함의 근심을 품고 어찌할 바를 알지 못하오니, 이치에 거슬리는 죄가 심중하옵니다.

어머니가 세상을 떠났을 때, 상을 당한 지 100일도 못되어 동궁께서 명나라의 조정에 들어가 알현하게 되자 거상 중인데도 신을 기용하여 모시고 가라고 명하였습니다. 신이 상주로서의 상례를 마치게 해 달라고 두세 번 간청하였으나 윤허를 얻지 못하였으며, 알현할 기일이 박두하고 굳이 사양하여도 용납되지 않아서 하는 수 없이 상복을 벗고 길복을 입고 바야흐로 행장을 차리는데, 조정에서 칙서로 알현을 정지시켜 왔으므로, 상가喪家로 돌아가 대소상과 담제를 마치기를 청하였으나, 또한 윤허를 얻지 못하였습니다. 그러나 공론公論에, 영화를 탐내어 상례기간을 단축하여 상례제도를 훼손하고 풍속에 누를 끼치고도 부끄러워함이 별로 없는 것 같다고 하여 죄를 얻었습니다.

이번에는 뜬소문으로 탄핵을 받게 되었으나, 다행히 전하의 일월 같은 밝으심을 힘입어 무함과 허망을 변명해서 밝힐 수 있어서 여러 사람들의 의심을 조금이나마 풀게 되고, 그대로 계속 출근하라고 명하시니, 은혜가 지극히 넓고 두터우십니다. 신은 가만히 생각하여 보니, 책임이 중대한데 품은 계책이 없다면, 곧 비방을 초래하게 되고 화를 스스로 취하게 되는 것은 일의 정세상 당연한 것입니다.

스스로 생각하건대 신의 평소의 행동이 이미 남에게 신임을 받기에 부족하면서도 지위가 신하로서 지극한 자리에 있기 때문입니다. 또 신으로 인하여 누陋가 사헌부에 미쳤으니 놀라움을 이기지 못하여 깊이 스스로 부끄러워합니다. 신이 비록 탐욕스럽고 우매한들 어찌 장물의 죄명을 면할 수 있겠습니까. 스스로 마음속으로 겸연쩍어서 조정의 반열에 서기가 낯이 뜨거운데, 일국이 모두 바라보고 있는 자리에 즐겨 나갈 수 있겠습니까.

엎드려 바라옵건대 전하께서는 신의 말할 수 없는 노쇠함을 살피시고, 신의 감당하기 어려운 중임을 가엾게 여기시사 신을 한량인으로 돌아가게 하여 길이 임금님의 은택에 젖게 해 주신다면 참으로 다행함을 이기지 못하겠습니다."

하였으나, 윤허하지 아니하고 비답하기를,

"내가 생각하기로는, 대신은 중하니, 국가가 그에게 의지하는 까닭이다. 인재를 얻기 어려움은 예나 지금이나 같은 것이다. 경은 세상을 다스려 이끌 만한 재주와 실제 쓸 수 있는 학문을 지니고 있도다.

계책은 일만 가지 사무를 종합하기에 넉넉하고, 덕망은 모든 관료의 사표가 되기에 족하도다. 아버님이 신임하신 바이며, 과인이 의지하고 신뢰하는 바로서, 정승되기를 명하였더니 진실로 온 나라의 살펴보는 바에 부응하였도다.

전번에 세자가 알현하러 갈 때에 때마침 경은 상중에 있는 때이었으나, 국사에 관계하는 중신에게는 기복 출근하게 하는 성문법이 있는 까닭에, 억지로 애절해 하는 정을 빼앗고, 어루만져 보호하는 임무를 맡겼던 것이다. 상황에 좇아 상복을 벗는 것은 이미 옛사람이 행한 것이다. 상례기간을 단축하고 길복을 입은 것에 대하여 어찌 세상의 논란이 감히 일어날 수 있단 말인가. 이때로부터 경이 사직하겠다는 청이 비록 간절하였으나, 책임과 촉망이 더욱 깊었도다.

의정부에 의심나는 일이 있을 때이면 경은 곧 앞날을 내다보는 점치는 도구였고, 정사와 형벌을 의논할 때이면 경은 곧 저울이었으니, 모든 그때그때의 시책은 다 경의 보필에 의지하였도다. 이제 어찌 뜬소문 때문에 갑자기 대신의 임무를 사퇴하려 하는가. 내가 이미 그 사정을 잘 알고 있는데도, 경은 어찌 그다지도 마음에 두고 심려하는가. 과인이 경에게 책임을 맡기고 성취를 요구하는 뜻에 매우 어긋나도다. 더군다나 경은 아직 늙어서 혼모한 나이에 이르지도 않았는데 어찌 정승의 직위를 근심하는가.

쓰고 단 약을 조제하는 방도로, 옳은 것을 아뢰고 불가한 것을 중지하게 하는 충성을 마땅히 더하여 미치지 못한 것을 번갈아 가며 닦아서 길이 끝없는 국운을 보전하려는 것이 나의 바라는 바이다. 혹시나마 굳이 사양하는 일이 없이 급히 직위에 나아가도록 하라." 하였다.

황희가 즉시 대궐에 나아가 굳게 사양하여 아뢰기를, "신은 본래 어둡고 어리석으며 또 이제는 귀가 먹어서 관직에 있는 것이 온당하지 않습니다. 오로지 뜬소문 때문에 사퇴하는 것만은 아닙니다." 하니, 임금이 말하기를, "경은 늙어 쇠약함에 이르지도 않았는데 어찌 이런 말을 하는가." 하였으나, 황희가 곧 사퇴하였다.

-세종실록 10년 6월 25일-

이후 부분은 사관 이호문의 평을 기록한 것이다. 이 기록을 두고 훗날 세종실록 편수관들의 논란이 있었음을 단종실록에 기록하고 있다.

황희는 판강릉부사 황군서의 얼자孽子이었다. 김익정과 더불어 서로 잇달아 대사헌이 되어서 둘 다 승려 설우雪牛의 금을 받았으므로, 당시의 사람들이 「황금黃金 대사헌」이라고 하였다. 또 난신 박포의 아내가 죽산현에 살면서 자기의 종과 간통하는 것을 우두머리 종이 알게 되니, 박포의 아내가 그 우두머리 종을 죽여 연못 속에 집어넣었는데, 여러 날만에 시체가 나오니 누구인지 알 수가 없었다. 현감이 시체를 검안하고 이를 추문하니, 박포의 아내는 정상이 드러날 것을 두려워하여 도망하여 서울에 들어와 황희의 집 마당 북쪽 토굴 속에 숨어 여러 해 동안 살았는데, 황희가 이때 간통하였으며, 박포의 아내가 일이 무사히 된 것을 알고 돌아갔다.

황희가 장인 양진에게서 노비를 물려받은 것이 단지 3명뿐이었고, 아버지에게 물려받은 것도 많지 않았는데, 집안에서 부리는 자와 농막에 흩어져 사는 자가 많았다. 정권을 잡은 여러 해 동안에 매관매직하고 형벌과 감옥을 팔아 뇌물을 받았으나, 그가 사람들과 더불어 일을 의논하거나 혹은 고문에 대답하는 등과 같을 때에는 언사가 온화하고 단아하며, 의논하는 것이 다 사리에 맞아서 조금도 틀리거나 잘못됨이 없으므로, 임금에게 무겁게 보인 것이었다.

그러나 그의 심술은 바르지 아니하니, 혹시 자기에게 거스리는 자가 있으면 몰래 중상하였다. 박용의 아내가 말馬을 뇌물로 주고 잔치를 베풀었다는 일은 본래 허언이 아니다. 임금이 대신을 중히 여기는 까닭에 의금부가 임금의 뜻을 받들어 추국한 것이고, 대원들이 거짓 자백한 것이다. 임금이 옳고 그른 것을 밝게 알고 있었으므로 또한 대원들을 죄주지 않고, 혹은 좌천시키고 혹은 고쳐 임명하기도 하였다. 만약에 정말로 박천기가 진술하지도 아니한 말을 강제로 사헌부에서 진술을 받았다면 대원의 죄가 이와 같은 것에만 그쳤을 뿐이겠는가.

-단종실록 즉위년 7월 4일-

1452년 단종즉위년 7월 4일 세종실록 편수관들이 실록을 편찬하면서 사관 이호문이 기록한 황희의 일에 대해 의논하다.

그때 세종실록을 편찬하였는데, 지춘추관사 정인지가 사관 이호문이 기록한 황희의 일을 보고 말하기를, "이것은 내가 듣지 못한 것이다. 감정에 지나치고 근거가 없는 것 같으니, 마땅히 여러 사람들과 의논하여 정하여야겠다."

하고, 영관사 황보인, 감관사 김종서, 지관사 허후 동지관사 김조·이계전·정창손, 편수관 신석조·최항과 더불어 이호문이 쓴 것을 가지고 조목에 따라서 의논하기를,

"그(이호문)가 이르기를, '황희는 황군서의 얼자孽子이라.'고 한 것은 일찍이 이러한 말이 있었다. 황희도 또한 일찍이 스스로 말하기를, '나는 정실正室의 아들이 아니다.'라고 하였다. 그러나 나머지 그 밖의 일은 전에 듣지 못하였다." 하니,

허후가 말하기를, "우리 아홉 사람이 이미 모두 듣지 못하였으니 이호문이 어찌 능히 홀로 알 수 있었겠는가? 나의 부친 허조(당시 좌의정)께서 매양 황희를 칭찬하고 흠모하면서 존경하여 마지 아니하였다. 사람됨이 도량이 매우 넓으며 기쁨과 노여움을 나타내지 아니하였다. 수상이 된 지 거의 30년에 진실로 탐오한 이름이 없었는데, 어찌 남몰래 사람을 중상하고 관작을 팔아먹고 옥사에 뇌물을 받아서 재물이 수만이었겠는가?
그가 친구의 문안을 받은 적은 간혹 있으나, 만약 자녀의 입양한 일 같은 것은 곧 세상 이목이 함께 들어서 아는 바이다. 황치신과 황수신은 모두 입양이 없고, 오로지 황보신의 처만이 양모에게서 자라나서 노비와 재물을 많이 얻었다. 그러나 이것이 어찌 황희에게 관계되는 것이겠는가? 황보신이 말하기를, '본래 노비가 없었고 장인에게서 얻은 것은 겨우 1, 2구뿐이었다. 그러나 자신이 부리는 자는 그 수를 알지 못한다.' 하였으나, 아내 양씨는 문벌가이기 때문이니, 그가 '노비가 없었다.'고 말한 것은 망언이다. 더구나 황희의 자녀가 노비를 부리는 것은 사람이 모두 아는데 어찌 그 수를 알지 못한다고 하는가?

그(이호문)가 '김익정이 황희와 더불어 서로 잇달아서 대사헌이 되어서, 모두 중 설우의 금金을 받았으므로, 당시 사람들이 이들을 「황금대사헌黃金大司憲」이라고 일컬었다.' 하였으나, 이것도 또한 알 수가 없다. 이미 말하기를, '당시 사람들이 이를 일컬었

다.' 하였는데, 지금 여기에 앉아 있는 8, 9인은 어찌 한 사람도 들은 적이 없는가? 이호문은 나의 친족이나, 사람됨이 조급하고 망령되고 단정치 못한데, 그 말을 취하여 믿을 수 없으니, 이를 삭제함이 어떠한가?" 하였다.

김종서가 말하기를, "박포의 아내 사건은 내간의 은밀한 일이니, 진실로 쉽게 알 수 없다. 그 밖의 일은 마땅히 사람의 이목耳目에 전파되었으므로 숨겨둘 수가 없는데 어찌 이와 같은데도 사람들이 알지 못하였을까?
김익정은 나의 재종형인데, 내가 자세히 그 사람됨을 안다. 청렴결백함을 스스로 지키고 말에 신용이 있고 행동하기를 스스로 이루어지기를 기약하는데, 이를 국량이 좁다고 일컫는 것은 가하지마는, 대사헌이 되어서 남의 뇌물을 받았다는 것은 단연코 그리하지는 않았을 것이다."

하니, 모두가 말하기를, "예나 지금이나 마찬가지로 역사기록은 다 믿을 수 없는 것이 이와 같다. 만일 한 사람이 사사로운 정情에 따라서 쓰면 천만세를 지난들 능히 고칠 수 있겠는가? 하였다.

정인지가 말하기를, "내가 일찍이 세종의 교지를 친히 받들었는데, 말씀하시기를, '경들은 또한 역사기록관이니, 자세히 알고 있는 일은 추록하는 것이 옳다.' 하셨다. 일개 한림翰林이 쓴 것도 또한 '사초史草'라고 하니, 대신에게 감수시키는데 훤하게 아는 일을 홀로 쓰지 않는 것이 가하겠는가? 우리도 또한 사관이다. 이미 그 근거가 없음을 알면서 고치지 않는다면 어찌 이를 직필이라고 하겠는가?

하고, 황보인은 말하기를, "이것은 큰일이니, 마땅히 중론을 채택해야 한다."

하고, 최항·정창손은 말하기를, "이것은 명백한 일이니 삭제하여도 무방하지만, 다만 한 번 그 실마리를 열어 놓으면 말류의 폐단을 막기 어려우니 경솔히 고칠 수 없다." 하였다.
정인지가 말하기를, "그러면 어떻게 이를 수정이라고 하겠는가?" 하니, 황보인 등이 말하기를, "이와 같이 큰일은 하나라도 불가함이 있으면 마땅히 정법正法을 따라서 삭제하지 않아야 한다. 또 찬성 권제가 졸하였을 적에 사관이 쓰기를, '큰 틀을 알고 대신의 풍채와 태도가 있었다.'고 하였다."

김종서가 말하기를, "권제는 가정이 바르지 못하여 정실과 소실의 자리가 뒤바뀌고 가정에 자못 실덕한 일이 있었으니, 어찌 대체를 알고 대신의 풍도가 있다고 할 수 있겠느냐?" 하니, 드디어 모두 의논하여 이를 삭제했다. 시정기록관 등이 이를 듣고 말하기를, "법을 들어서 논한다면 마땅히 이와 같이 하여야 한다."

하니, 성삼문·이예가 곧 말하기를, "사관이 쓴 것이 만일 정론正論이라면 이와 같이 하는 것이 옳지마는, 만일 사사로운 정情에서 나왔다면 정 판서의 말이 마땅하지 않겠는가? 더구나 그 좋지 않은 일에 대해서는 역사서에 써서 두고, 그 좋은 일에 대해서는 믿을 수 없다고 하여 삭제하여 버리니, 어찌 그리 상반되는가? 어찌 이것이 좋은 장점을 기리고, 악한 단점을 미워하는 의리이겠는가?

하고, 성삼문이 또 말하기를, "이호문의 사초史草를 살펴보건대, 오랫동안 먹물에 묻히어 종이 빛이 다 누렇고 오직 이 한 장만이 깨끗하고 희어서 같지 아니한데, 그것은 사사로운 감정에서 나와서 추가 기록한 것이 분명하니, 삭제한들 무엇이 나쁘겠는가?
하니, 김맹헌이 말하기를, "내가 이호문과 한때 한림에 있었는데, 사람됨이 망령하여 족히 따질 것이 못된다." 하였다.

–단종실록 즉위년 7월 4일–

유난히 많은 징계를 받았던 황희

세종시대까지는 조선을 건국한 지 아직 30년이 넘지 않았던 터라 개국 과정과 왕실의 기틀을 잡는 과정에서 공훈을 세운 공신들이 즐비해 있었다. 태조, 정종, 태종 조에 정승들은 대부분이 공신들이었고 그렇잖으면 왕실 인척이었다. 그런데 세종시대에 들어서면서 능력 위주의 인재들을 등용하면서 공신들이 뒷전으로 물러나는 결과를 가져왔다. 이때 공신들은 충성맹세로 세력을 이루고 있었고, 신진 사림들은 독자적인 힘으로 성장하고 있던 터라 어떤 사안만 생기면 탄핵을 받기 일쑤였다. 특히 능력이 뛰어난 인재일수록 더 많은 견제를 받을 수밖에 없었다.

황희정승이 영의정까지 승진하는 데에는 유난히 많은 탄핵을 받아 그의 이력은 수많은 전과 기록이 쌓였다.

1397년 태조 6년 11월에 황희가 문하부 우습유(언관)로 근무하던 중 선공감 정난이 부모상을 당해 3년이 지나지 않았는데 태조가 기복(起復 상중에 등용)시켜 발령을 내자 언관으로 임명동의서에 서경(동의)을 하지 않자 태조가 황희를 불러서 "어째서 정난의 기복起復에 서명하지 않는가?" 하니 황희가 "정난의 직책은 기복할 만큼 중요한 임무가 아닙니다." 하니, 태조는 "너희들은 아는 사람에게는 은혜롭게 하고, 알지 못하는 사람에게는 원수같이 하니 공정하지 못하다. 너는 일을 보지 말라." 하여 파직하였다. 곧 복직하여 문화부 우습유로 지내는데 1398년 태조 7년 3월에 직책이 언관에 있으면서 충실히 하지 않고 사적私的으로 나랏일을 의논했다고 하여 경원교수로 전출시켰다. 정종이 즉위하자 다시 문화부 우습유로 불러들였으나 또 언사로 파직되었다.

1415년 태종 15년 6월에 이조판서로 재직 중 노비판결 문제를 잘못 판결하였다 하여 파면되었고, 이듬해 1416년에는 세자 양녕대군 문제를 두둔하다가 좌천되었다. 1418년 1월 세자 양녕이 폐위되자 이를 반대하다가 고향 파주로 유배되었다가 탄핵이 심해지자 남원으로 유배되어 5년간 귀양살이를 하였다.

1427년 세종 9년에는 사위의 살해사건에 연루되어 의금부에 투옥되었다가 파직되었고, 1428년에는 무고사건에 연루되어 사직하였다가 복직되었다. 1430년에도 항간의 풍문에 의한 탄핵으로 관직이 파면되었다가 복직되었다. 황희 정승이 영의정으로 지내는 중에도 끊임없이 탄핵상소가 있었으니 훈구파로 가득한 조정에서 배경과 조직이 없는 관직생활이 얼마나 고초가 심했는지를 알 수 있는 내용이다.

사위의 살인사건을 구제하려다 탄핵받은 황희

세종 9년 6월 서달은 서선의 아들이며 황희의 사위인데, 모친 최씨를 모시고 대흥현으로 돌아가는 길에 신창현을 지나다가 그 고을 아전이 예禮로 대하지 않고 달아나는 것을 괘씸하게 여기어, 종 잉질종 등 세 사람을 시켜 잡아 오라고 하였는데, 잉질종이 길에서 어떤 아전 하나를 붙잡아 묶어서 앞세워 가지고 그에게 달아난 아전의 집으로 인도하게 하였다. 아전 표운평이란 자가 이것을 보고 말하기를,

"어떠한 사람인데 관원도 없는 데서 이렇게 아전을 묶어 놓고 때리느냐."

하니, 종들이 그 말에 성이 나서 표운평의 머리채를 잡은 채 발로 차고 또 큰 작대기로 엉덩이와 등줄기를 함부로 여남은 번 두들기고서 끌고 서달이 있는 데까지 왔는데, 표운평이 어리둥절하여 말을 못하는지라, 서달이 홧김에 잘 살펴보지 않고 말하기를,

"일부러 술 취한 체하고 말을 안 하는구나."

하면서, 수행원 서득을 시켜 되려 작대기로 무릎과 다리를 50여 번이나 두들겼다. 표운평이 그 이튿날 그만 죽어버렸는데, 그 집에서 감사에게 고소하니, 감사 조계생이 조순과 이수강을 시켜 신창에서 함께 국문

하게 하였다. 조순과 이수강은 서달이 주도하여 때리게 한 것으로 조서를 작성하여 신창 관노에게 주어 감사에게 보고하였다.

그때에 황희가 의정부 찬성으로 있었는데, 신창은 바로 판부사 맹사성의 본고향이므로 그에게 부탁하여 원수진 집과 화해를 시켜 달라 하였다. 표운평의 형 복만이란 자가 때마침 서울에 왔기로, 맹사성이 불러오게 하여 힘써 권하기를,

"우리 신창 고을의 풍속을 아름답지 못하게 하지 말라."

고 하고, 또 신창 현감 곽규에게 서신을 보내어 잘 주선해 주도록 하고, 서선도 또한 곽규와 이수강이 있는 곳에 나아가서 서달이 외아들임을 말하여 동정받기를 청하고, 노호盧皓는 서선의 사위인지라, 이웃 고을 수령으로서 혹 몸소 가기도 하고, 혹 사람을 시켜서 애걸하기도 하였다. 이에 현감 곽규가 노호에게 내통하여 일러주기를,

"차사관差使官4)의 보고가 막 떠났다."

하므로, 노호가 길목을 질러 그 서류를 손에 넣었으며, 강윤康胤이 또한 최씨의 겨레붙이(친족)인지라, 원수진 집을 꾀어 이익을 줄 것을 약속하고 화해를 권하매, 표복만이 역시 뇌물을 받고 맹사성과 현감 곽규의 말대로 원수진 집에 가서 달래어 이르기를,

"죽은 자는 다시 살아날 수가 없는 것이고, 본고을 재상과 현임 수령의

---

4) 중요한 임무를 주어 파견하는 임시 관리.

명령을 아전으로서 순종하지 않다가 나중에 몸을 어디다가 둘 것이냐."

고 하여, 드디어 화해장을 써 받아가지고 운평의 아내에게 주어 신창현에 바쳐서 온수 현으로 보내니, 조순과 이수강이 함께 의논하여 관련된 증인을 모아서 드디어 조서를 뒤집어 만들어 서달을 면죄되게 하고 죄를 잉질종에게 돌리어 감사에게 보고하였다.

감사가 윤환尹煥과 이운李韻을 시켜 다시 국문하게 하였는데, 윤환 등도 또한 서선과 노호와 이수강의 청한 말을 받았는지라 그 보고서대로 회보하니, 감사 조계생과 도사 신기愼幾도 다시 살펴보지 않고 형조에 그대로 옮겨 보고하였으며,

형조 좌랑 안숭선은 7개월 동안이나 미루적거리다가 더 논하지도 않고 참판 신개申槪에게 넘기니, 역시 자세히 살피지 아니하고 서달을 방면하고, 옥사는 잉질종 등에게 돌아가게 되어 법에 비추어 의정부에 보고하니, 의정부는 그대로 위에 아뢰었는데,

세종 임금이 사건의 조서에 어긋난 점이 있음을 의아하게 여겨, 의금부에 내려서 다시 국문하여 죄를 매기니, 서달은 율이 교수형에 해당하는데, 임금은 그가 외아들이기 때문에 특히 사형을 감하고 유배형을 속(보석금)으로 바치게 하고, 조순은 그때에 상중이었기 때문에 또한 속으로 바치게 하였다. 세종실록의 사건기록을 보면 다음과 같다.

6월 12일 전 지현사 서달을 의금부에 가두었다.
6월 17일 서달이 신창의 아전을 죽인 사건에 연루된 좌의정 황희와 우의정 맹사성과 형조판서 서선을 의금부에 가두도록 명하였다.
6월 18일 서달의 사건에 관련되어 형조참판 신개와 대사헌 조계생을 의금부에 가두도록 명하고, 좌의정 황희와 우의정 맹사성은 보석하라 명하였다.

6월 21일 좌의정 황희와 우의정 맹사성은 관직을 파면하고, 판서 서선은 직첩을 회수하고, 형조참판 신개는 강음으로, 대사헌 조계생은 태인으로, 형조 좌랑 안숭선은 배천으로 각각 귀양보내고, 서달은 장 1백 대에 유배 3천 리를 속으로 바치게 하고, 온수 현감 이수강은 장 1백 대에다 유배 3천 리에 처하여 광양으로 보내고, 전 직산 현사 조순은 장 1백에 도(노역) 3년을 속으로 바치게 하고, 직산현감 이운과 목천현 감 윤환은 각각 장 1백에 도 3년을 속으로 바치게 하고, 대흥현감 노호는 장 90에 도 2년 반을 속으로 바치게 하고, 신창현감 곽규와 신창교도 강윤은 각각 장 1백과 도 3년에 처하고, 도사 신기는 장 1백에 처하였다

–세종실록 9년 6월–

7월 4일 황희를 좌의정으로 맹사성을 우의정으로 이맹균을 참찬 겸 대사헌으로 관직을 내렸다. 이렇게 사건을 종결짓자 7월 15일 서달의 형벌 경감에 대한 겸 대사헌 이맹균의 상소가 올라왔다.

대사헌 이맹균 등이 상소하기를.
"좌의정 황희와 우의정 맹사성은 모두 재상으로서 서달을 구원하고자 하여 사사로운 정에 이끌리어 청을 통하게 하여, 죄가 있는 사람에게 죄를 면하게 하고, 죄가 없는 사람을 죄에 빠지도록 했으니, 대신의 마음씀이 이래서야 되겠습니까. 전하께서는 관대한 은전에 따라 가장 가벼운 죄에 처하여 관직만을 파면시킨 것만 하더라도 그 적당함을 잃은 것이온데, 수십 일도 되지 않아서 그 직위를 회복하도록 명하시니, 형벌이 너무 가벼워 죄가 있는 사람이 징계됨이 없을 뿐만 아닙니다.

황희는 지금 모친상을 당해 있습니다. 맹사성은 관직을 파면시켜 임무가 무거우면 책임이 중하다는 의리를 보일 것입니다. 또 서달은 죄없는 사람을 부당하게 죽였으므로 죄가 극형에 해당하나 특별히 임금의 자애를 입어 죽음을 면하게 되었으니 만족할 것이온데, 유배죄 마저 속바치게 했으니, 옥사를 심문하는 관원 등이 비록 기만을 했으나, 친히 범한 것에 비교하면 간격이 있습니다. 이러함에도 형률에 의거하여 유배만 시키고 말았는데, 서달은 도리어 처자들과 더불어 모두 모여서 있게 되니, 법을 집행함에 있어 경하게 하고 중하게 할 적당함을 잃은 듯합니다. 만약에 독자라고 한다면 서달의 부모는 이미 늙어 병든 사람이 아니니 남아서 봉양하는 율에 어긋남이 있습니다.

삼가 바라옵건대 전하께서는 서달을 변방의 먼 곳으로 귀양보내어 뒷 사람에게 경계하심이 공도에 매우 다행이겠습니다."

하니, 임금이 말하기를, "그대들의 말한 것이 옳다. 그러나 대신을 등용하고 퇴출시키는 일은 경솔히 할 수 없는 것이다. 또 서달이 죄 없는 사람을 부당하게 죽인 것은 광망해서 그렇게 된 것인데, 저 옥사를 심문하는 관원이 실정을 알면서도 거짓으로 속여, 사람의 죄를 올렸다 내렸다 하여 과인을 속였으니, 그 죄는 어찌 중하지 않은가. 부모가 늙어 병든 사람이 아닌데도 독자獨子로써 죄를 면한 사람이 다만 서달뿐만은 아니니 앞으로는 다시 말하지 말라." 하였다.

-세종실록 9년 7월 15일-

7월 15일 좌의정 황희의 어머니 상사喪事에 부의로 쌀과 콩 50석과 종이 100권을 내리고, 7월 25일에는 황희의 사위 서달의 처리 문제에 대해서 논의하다.

집의 김종서가 나아와 아뢰기를, "서달의 유배형을 속바치게 한 것은 진실로 어질고 후덕한 일이 되겠지마는, 그러나 예전에 태종 때에 있어서는 정탁이 사람을 죽이매 태종께서 공신功臣이라 하여 이를 용서하고자 하였으나, 사헌부에서 상소하였으므로 영해로 귀양보내도록 명했으며,

원윤 백온이 사람을 죽이매 태종께서 명하여 종부시에서 매를 치게 했으나 사헌부에서 또 상소하였으므로, 밖으로 귀양보내도록 명하였으니, 공신과 종친으로도 오히려 죄를 면하지 못한 것은 다른 것이 아니고 사람의 생명을 귀하게 여긴 때문입니다. 서달의 유배형을 속하게 하는 일은 아마 그것이 옳지 못한 듯합니다."

하니, 임금이 말하기를, "서달을 사랑하는 것이 아니라, 독자獨子에게 유배형을 속바치게 하여 남아서 봉양하게 하는 예는 맡은 관사로 하여금 자세히 상고한 후에 처결하고자 하여, 이에 상소장을 머물러 두게 한 것이다." 하였다.

좌대언 김자가 아뢰기를, "독자가 유배형을 속바치는 예를 형조에 물으니, 형조에서 그런 것은 없다고 합니다." 하니, 이에 서달을 고성으로 귀양보내었다.

-세종실록 9년 7월 25일-

10월 7일 모친상으로 상중에 있는 황희를 기복시켜 좌의정에 제수하였다. 사위 서달 문제가 이로써 마무리되었으나 3년이 지난 후 세종 12년 11월 21일 사헌부에서 황희의 또 다른 청탁 사건을 들추어내었다. 3년 전 서달의 처리가 잘못되었기에 이런 일이 발생했다며 황희에게 죄주기를 청하자 처음엔 듣지 않다가 결국엔 파면하였다.

　　사헌부에서 상소하기를, "좌의정 황희는 의정부에 앉아서 이심의 아들 이백견을 시켜서 이심에게 청하기를, '태석균의 죄가 불쌍하다.' 하였으니, 태석균의 죄를 빼내어 주려고 애쓴 것이 분명합니다. 신 등은 생각하기를, 태석균이 감목관의 직책을 띠고 있으면서 그 책임을 삼가하지 못하여, 국가의 말이 죽은 것이 근 1천 마리나 되었으니 그 죄가 가볍지 아니하거늘, 황희는 지위가 모든 관리의 우두머리 자리에 앉아서 직책이 전체를 총괄하는 데 있으며, 전하의 팔다리가 되어 있으니 반드시 공정한 도리를 펴서 전하께서 위임하신 중책에 부응해야 할 터인데, 이런 것은 도모하지 아니하고 법을 맡은 사람과 인연하여 청탁을 공공연히 행하고, 옳고 그른 것을 전도하여 국가의 법을 어지럽히고 있으니, 대신의 본의가 어디 있사옵니까. 전하께서는 법에 의하여 죄를 다스리시어 나라의 법을 바로잡게 하시기를 바라옵니다."

　　하니, 임금이 말하기를, "네 말은 옳다. 그러나 대신은 가볍게 죄를 주지는 못한다." 하였다.

　　갑손이 아뢰기를, "과오라면 용서해야 되겠으나, 고의로 저지른 죄야 어찌 대신이라 하여 용서할 수 있겠습니까. 대신이 고의로 저지르는 것은 더욱 견책하여야 됩니다. 또한 전일에 사위인 서달의 죄를 청탁하여 전하께서 이를 용서하여 주셨으니, 이번에 고의로 저지른 일은 지난번에 책임을 지우지 아니하였기 때문에 습관이 된 것입니다."

　　하니, 임금이 이르기를, "황희는 다만 속히 처결할 것을 청한 것이요, 법을 굽히려는 것은 아니다." 하였다.

　　갑손이 아뢰기를, "지금 문서를 보니, 황희가 이백견에게 이르기를, '태석균의 죄는 용서해도 된다.' 하였으니, 이것이 법을 굽히는 것이 아니고 무엇입니까. 또한 정권을 잡고 있는 대신이 몰래 해당 관청과 개인적으로 서로 청탁하는 것은 그 버릇을 키워서는 안 될 것입니다. 지금 대신은 함부로 죄를 주어서는 안 된다고 말씀하시오나, 신은 생각하기를, 옛적에 대신이 죄가 있을 때에 다만 극형이나 모욕적인 형을 집행하지 않는 것뿐이요. 파면이나 추방은 옛적에도 있었사오니, 직책을 파면하여 나라의 법을 바로잡게 하시기를 바라옵니다."

하니, 임금이 말하기를, "나도 벌써 알고 있다. 그러나 대신에게 경솔히 죄를 과할 수는 없다." 하였다.

－세종실록 12년 11월 21일－

세종 12년 11월 24일 사헌부에서 황희의 파면 추방을 건의하니 관직을 파면하다.

사헌부에서 상소하기를, "신 등이 황희가 청탁한 죄에 대하여 상소로 갖추어 보고하였사오나, 전하께서는 대신을 끊는 것을 어렵게 생각하시와 곧 허락하지 아니 하시오니 깊이 유감스럽사옵니다. 신 등은 생각하기를, 지난번에 황희는 그의 사위인 서달의 죄를 면하기 위하여 이수강과 곽규 등과 내통하여 죄 없는 사람에게 화를 끼칠 뻔했다가 일이 발각되매, 이수강과 곽규 등이 모두 그 잘못을 자백하였습니다.

전하께옵서는 황희가 대신이기 때문에 차마 죄를 다스리지 아니하시고 특별히 복직을 명하셨습니다. 전하께서 황희를 대우하심에 있어서 은혜가 지극히 우악하셨고 예가 극히 융숭하셨사오니, 마땅히 송구한 태도로 잘못을 고치어 전하께서 애써서 대우하시는 은혜에 보답해야 할 것인데 이를 돌아보지 아니하고, 또 태석균의 문제를 이심에게 부탁한바, 이심은 황희의 말을 듣고 그것이 안 되는 줄 알면서도 거침없이 말을 들어 주었으니, 이는 황희로 인하여 법을 굽힘이 환하게 나타났습니다.

이것은 전하께서는 대신으로 황희를 대우하셨는데, 황희는 대신의 도리로 전하께 보답하지 아니한 것입니다. 전하께서 아무리 관직에 머물러 있기를 명하시더라도 황희가 무슨 낯으로 조정에 서서 여러 사람들이 모두 우러러보는 자리에 있겠습니까. 또한 대신의 권한을 잡은 사람의 청탁에 대하여, 만일 지사志士가 아닌 다음에 누가 감히 따르지 않겠습니까.

고려 말년에 권력이 대신에게 있었기 때문에 대간이란 자들도 대신이 시키는 대로 따라서 옳고 그른 것을 혼란시켜서 그 폐해가 매우 컸습니다. 죄 있는 자가 도리어 벌을 면하고 무고한 자가 도리어 함정에 빠졌습니다. 크게 어지러운 것이 극심하였으니 한심하다 할 수 있습니다.

태석균의 일은 굽힌 것이 비록 작지만, 이런 문제를 그대로 버려둔다면 신 등은 청탁에 의하여 법을 굽히는 징조가 이제부터 시작되어 금할 길이 없을까 염려되오니, 이런 것은 빠른 기간 중에 밝혀야만 될 것입니다. 바라옵건대, 전하께서는 그를 파면 추방하시고 다시는 등용하지 마시와 청탁과 법을 굽히는 징조를 막으시옵소서." 하니, 명하여 황희의 관직을 파면하였다.

-세종실록 12년 11월 24일-

장물죄를 범한 황희의 아들과 세종의 판결

황희는 성품이 지나치게 관대하여 가정을 다스리는데 엄하지 못했다. 정실 소생으로 세 아들을 두었는데 첫째 아들 황치신은 호조판서를 거쳐 종일품 판중추부사에 이르렀고, 셋째 아들 황수신은 세조 때 영의정까지 오른 아버지를 닮은 훌륭한 정승이었다. 그런데 황희에게는 늘 말썽만 피우고 사고를 저지르는 말썽꾸러기 둘째 아들 황보신과 서출 출생 황중생이 있었다. 어릴 때야 사고를 저질러도 문제가 될 게 없었지만, 나이 들어 관직에 진출하고도 사고를 저질렀으니 영의정으로 근무하던 아비 황희의 골머리를 어지간히 아프게 했던 것이다. 오죽했으면 노비 출신 첩의 소생 황중생에게 아버지의 성을 못쓰게 함으로써 졸지에 조중생으로 둔갑하게 했을까. 황보신과 황중생의 얽히고설킨 기록을 살펴보자.

1429년 세종 11년 7월 둘째 아들 황보신이 호조정랑으로 근무하면서 환곡 부정 사건에 연관되어 파면되는 사건이 있었다. 호조정랑은 국가의 세금창고를 관리하는 책임을 맡은 관리인데 국고를 축내는 데 앞장을 섰으니 당시 부정부패관리를 가장 큰 죄악으로 삼던 시대에서 다시 관직에 오른 것은 아버지의 힘이 작용했을 거란 추측이 가는 일이다.

사헌부에서 아뢰기를,
"풍저창의 빌려주었던 쌀을 돌려받은 묵은 쌀로 다시 빌려갈 경우 3분의 1을 감하고 반납하게 하기 때문에, 조정선비들이 앞을 다투어 빌려가서 모두 96인이나 됩니다. 호조의 담당자인 정랑 황보신과 좌랑 문서는 묵은 쌀이 아닌 것을 묵은 쌀이라고 성상께 아뢰고는 스스로 거듭 받아갔습니다. 문서는 또 심층조사를 당하였을 때에 본 풍저창에 청탁해서 그의 이름을 숨기고 모르는 체하였으며, 감찰 정유·김종숙·이백첨·이인손·이달·황보양·서호와 풍저창 부사 정종 등은 묵은 쌀인지 햅쌀인지를 살피지도 않고 나누어 주었습니다. 청하건대, 모두 율에 의거하여 처벌하시고 함부로 받아간 미곡은 수량대로 도로 징수하게 하소서." 하니,
황보신·문서·정유·김종숙·이백첨·이인손·이달·황보양·서호·정종 등은 벼슬을 파면시키고, 그들이 함부로 받아 간 쌀이 6석 이상이 되는 것은 죄다 반납하도록 명하였다.

　　　　　　　　　　　　　　　　　　　　　　　　　　　　－세종실록 11년 7월 8일－

풍저창 창고 사건이 일어난 지 11년 후인 1440년 세종 22년 10월 12일 황희의 서출 아들 황중생의 절도 사건이 발생하였다. 황중생을 잡아 취조하는 과정에서 장물의 사용처를 물으니 정실소생 형 황보신에게 주었다고 자백하였다. 황보신을 불러다 대질신문을 시키니 그런 사실이 없다고 잡아떼자 황중생은 황보신의 다른 절도사건까지 발설하게 된다.

당초에 영의정 황희가 내섬시의 여종을 첩으로 삼아 아들을 낳았는데, 황중생이라 하였다. 황중생이 세자의 사환(심부름꾼)이 되어 궁중에서 시중드는 일을 하였는데, 병진년에 내탕고의 금잔과 광평대군의 금띠를 잃어버렸으나 훔친 자가 누구인지 알

지 못하였는데, 이때에 또 세자가 쓰던 이엄(귀덮개)을 잃어버렸다. 황중생이 한 것으로 의심하여 삼군부 진무(무관)를 시켜 그 집을 수색하게 하매, 이엄을 잠자리 속에서 찾게 되어 의금부에 내려 심문하였더니, 그전에 잃어버렸던 금잔과 금띠도 모두 황중생이 훔친 것으로 자복하였다. 금잔의 무게는 20냥이었는데 황중생의 집에서 나온 것은 11냥이었으니 나타나지 않은 것이 9냥이었다. 의금부에서 다시 그를 심문하니,

황중생이 말하기를, "제가 그전에 적형(嫡兄:정실소생 형) 황보신에게 주었습니다." 하매,

황보신에게 물으니, "나는 실지로 받은 바가 없습니다." 하므로,

황중생에게 고문하기를 두세 번이나 하였으나 황중생은 처음과 같이 대답하였다. 황중생으로 하여금 황보신과 대질하게 하니, 황보신이 또한, "그런 일이 없다."고 하니,

황중생이 말하기를, "너와 첩 윤이가 같이 앉았을 때에 내가 바로 쥐여주었는데, 네가 윤이에게 묻기를, '네가 물리를 아는 체하는데, 이것이 진짜 황금인가' 하니, 윤이가 대답하기를, '진짜 황금이어요.' 하니, 네가 그제서야 가죽 주머니 가운데 간직하였는데 어찌 숨기는가."

하니, 황보신과 윤이가 함께 말하기를, "거짓을 꾸미는 것이지 실지가 아닙니다." 하였다.

황중생이 말하기를, "네가 의금부 지사가 되었을 때에 의금부의 말 1필과 비단 2필을 훔치어 윤이를 주더니, 이제까지 조사하여 끄집어내지 아니한 까닭으로 이것까지도 숨기고 있지 않은가. 너는 실제로 내가 준 금을 받았다." 하였다. 의금부에서 또 일찍이 금동곳을 몰수한 적이 있었는데, 황보신이 또한 사사로이 훔쳐 몰래 사용하다가 금동곳 주인이 때를 타서 고소하자, 그 용처를 국문하니, 바로 윤이의 머리에 꼽는 장식이 되어 있었다. 그 나머지 장물도 매우 많았다.
이후로 황희는 황중생이 자기의 소생이 아니라 하여 아들로 삼지 아니하니, 황중생이 드디어 성姓을 조趙라고 불렀다.

-세종실록 22년 10월 12일-

11월 1일 의금부 제조와 대간·형조에서 아뢰기를, "황보신이 조중생(황중생)의 금을 받아, 진술에 연루되어 체포된 자가 매우 많사온데, 황보신이 거짓을 꾸며 승복하지 아니하니, 청하옵건대 고문을 가하소서." 하였다.

임금이 말하기를, "무릇 자백기록에서 사건의 진상이 나타나지 않았다면 비록 대신이라 하더라도 마땅히 고문을 가하여야 할 것이나, 황보신은 일의 형적이 이미 나타났는데 어떻게 고문을 하겠느냐. 다시 그것을 의논하라." 하였다.

지평 이예손이 아뢰기를, "대간은 본래부터 고문을 가하시기를 청하고자 하였으나, 의금부에서만 주장한 까닭에 감히 먼저 아뢰지 못했을 뿐입니다. 요사이에 장물죄를 범한 관리가 비록 많다 하더라도 아직 명문가에서 나온 자는 있지 않았사온데, 한심한 것은 근일에 황보신 한 사람이 범한 진술에 연루되어 옥에 갇힌 자가 많으니 진실로 마음 아프옵니다.

더구나, 이 일을 의금부와 같이 대간과 형조에 명하여 추국하게 하였사온데도, 장물을 찾아내지 못하였으니 심히 불가하옵니다. 고문을 하도록 하지 아니한 것은, 황보신이 황희의 아들이라 바로 노신老臣의 마음을 위로하였기 때문이오나, 그러나 옥에 수감하는 것보다는 실정을 얻은 뒤에 은전을 보여 주는 것만 같지 못합니다. 청하옵건대 의금부에서 아뢴 대로 하소서."

하니, 임금이 말하기를, "너희들이 아뢴 것은 한 사람의 범법한 것 때문에 옥에 갇힌 사람이 많다고 하니, 그 말도 옳으나, 만일에 황보신의 진술을 받는다면 모두 국문하여야 한다고 말할 수 없을 것이니, 나의 생각으로는 황보신의 죄명이 이미 나타났으니 억지로 장물의 행방을 심문할 필요는 없다고 여겨진다.

대저 증좌는 비록 길 가던 사람이라 하더라도 고문을 가하게 되는데, 더구나 윤이는 황보신의 첩이 되어 친히 황보신이 금 받은 것을 보았은 즉, 그가 고문을 받음은 마땅한 것이다. 내가 들으니, 윤이가 의금부에서 고하기를, '범인은 여기에 있는데 저를 어찌하여 추국하기를 이와 같이 심히 하십니까.'고 하였다니, 이 계집은 이미 황보신의 첩인즉, 그 몸으로 황보신을 대신하여 매를 맞고자 함이 그의 도리인데도, 이와 같은 말을 하였다니 그가 어리석기 짝이 없다. 다시 고문을 가함이 가하겠다." 하였다.

—세종실록 22년 11월 1일—

11월 7일 대사헌 박안신이 아뢰기를, "황보신은 또 윤이에게 유청 비단을 주었으니, 청하건대 그 나온 내력을 국문하옵소서." 하니,

임금이 말하기를, "의금부에 저장했던 비단이 4필인데, 그중 2필은 황보신이 진술에서 자복하였다고 하니, 내 이미 절도로 아노라. 이 비단으로 말하면 그 출처가 이것과 다름없을 것이니 무엇을 의심하여 그것을 국문하겠느냐." 하매, 박안신이 아뢰기를, "황보신과 구질덕·윤이의 가둔 곳이 서로 가까워, 황보신이 구질덕을 시켜 윤이에게 말하게 하기를, '만일 유청 비단의 출처를 묻게 되면 마땅히 대답하기를, 「우리 장인 양혁의 집에서 나왔」고 하라.' 하였사온데, 구질덕이 이 말을 의금부에 고하였습니다. 이로 보옵건대, 이 비단의 출처도 또한 의심할 만한 것입니다." 하니,

임금이 말하기를, "무릇 심문하는 일은 죄명의 대체가 이미 이루어졌을 것 같으면 억지로 추국할 필요는 없는 것이다. 이제 조중생이 내탕고의 재물을 훔쳐 그 죄가 이미 드러났고, 황보신으로 말하면 감독하면서 스스로 도둑한 죄가 또 나타났으니, 이 밖의 것은 모두 지엽적이다. 황보신이 비록 이 비단을 도둑질하여 혹 그 장물죄가 사형에 해당된다 하더라도 황보신을 극형에 둠은 옳지 못하며, 또 황보신이 비록 조중생의 금을 받았다 하더라도 이것은 형제가 서로 준 물건이니, 또한 장물로 계산할 수 없는 것이다. 구질덕은 의금부의 여종이요, 의금부에서 황보신을 국문하기를, '유청 비단은 어디에 두었는가.' 하니 황보신이 진술하였다고 한즉, 의금부 여종인 구질덕의 남편에게 주어 의금부 관리를 이바지할 거리로 한 것으로 여겨지노라." 하였다. 이때에 구질덕의 남편은 이미 죽었으므로, 동시에 구질덕을 묶어다 국문하게 하였다.

—세종실록 22년 11월 7일—

11월 8일 장령 김소남·정언 이계화 등이 아뢰기를, "황보신은 또 유청 비단을 윤이에게 주었는데, 그 출처를 물은즉, 황보신과 윤이가 진술하기를, '양혁이 준 것이다.'라고 하였습니다.

다시 그들을 국문하온즉, 윤이가 말하기를, '황보신이 의금부 지사가 되었을 때에 준 것입니다. 처음에 거짓말로 진술한 것은 황보신이 구질덕을 시켜 나를 꾀인 까닭입니다.'고 하였으나, 황보신은 그래도 실토하지 아니하였습니다. 또 조중생이 금 훔친 일이 발각되었을 당시에는, 국가에서 금을 사고판 사람으로 하여금 자수하게 하였는

데도 황보신은 숨기고 고발하지 않다가, 일이 발각되자 진술하여 말하기를, '단지 황금 9푼만 받았다.'고 할 뿐, 그 나머지는 실토하지 않기 때문에 연루자가 여러 달을 감옥에 있사오니, 청컨대 고문을 가하옵소서." 하니,

임금이 말하기를, "황보신이 남 비단 2필을 훔쳐 사용하고, 또 조중생의 금 9푼을 받았다고 이미 그의 장물죄를 자복하였다. 이것은 실로 누累가 자손에게 미치는 것으로, 장차 무슨 면목으로 다시 세상에 서겠는가. 유청 비단과 기타의 금은 죄명을 이루는데 관계가 없은즉, 하필 억지로 국문하겠느냐. 내 차마 노신老臣의 아들을 고문할 수 없다.

만일 이 때문에 옥에 갇혀있다고 할 것 같으면, 마땅히 황보신의 판결을 취하여 말하기를, '비단과 황금 9푼을 도용하였다.' 하고, 또 윤이의 판결을 취하여 말하기를, '몸으로 남편의 죄를 대신하고자 하지 않았다.'고 한 것을, 반대로 말하기를, '마땅히 그 남편이 첩 다스리는 도리를 잃어버렸음을 추국하여야 한다.' 하여, 이 두 사람의 죄를 결단한 뒤에 조중생도 즉시 추국함이 옳겠다."

하매, 김소남 등이 다시 아뢰기를, "전하께서 노신老臣을 공경하는 뜻이 지극하신 까닭으로, 황보신에게 이미 족쇄와 수갑을 채우지 않게 하시고 또 고문도 가하지 아니하였사오니, 황보신이란 자가 진실로 성상의 은혜에 깊이 감격하여 실지대로 불어야 할 것이온데, 아직도 거짓을 꾸며 승복하지 아니하옵니다. 신 등의 생각으로는, 비록 대신이라 하더라도 몸소 장물죄贓罪를 범하였다면 형률에 의하여 죄를 결단함이 마땅하온데, 어찌 대신의 아들이라 하여 형률로써 차단하지 못하겠습니까. 청컨대 고문을 가하고 그 장물을 추국하옵소서." 하고, 두세 번이나 아뢰었으나, 끝내 윤허하지 아니하였다.

-세종실록 22년 11월 8일-

11월 17일 의금부에서 아뢰기를, "조중생을 고문하여 압슬(무릎을 짓누르는 고문)까지 하게 되니 진술하였다고 합니다. 금을 황보신에게 준 사정이 명백하온데도 황보신은 아직도 승복하지 아니하오니 고문하기를 청하옵니다." 하니, 그대로 따랐다.

12월 19일 장령 김소남이 아뢰기를, "조중생이 만약에 훔쳤던 금을 다 황보신에게 주었다면 황보신의 죄는 중한 것이옵니다. 방금 추국하였사오나 그 실토를 얻지 못하였사온데, 먼저 황보신을 조율하여 아뢰라고 명하시니, 가볍고 늘어진 듯합니다." 하니,

임금이 말하기를, "황보신이 비록 조중생이 훔친 금을 다 받았다 할지라도, 이것도 형제가 서로 준 것이니 장물로 계산하여 논죄함은 불가한 것이다. 더구나 황보신의 죄를 다 힐문하였으니, 어찌 번거롭게 다시 문초하겠느냐." 하였다.

김소남이 다시 아뢰기를, "이제 만일 죄를 결정하더라도 정실情實이 뒤에 드러나게 되면 황보신은 반드시 도망쳐 숨을 것입니다." 하니, 임금이 말하기를, "그것도 망령된 의논이다. 이제 의논한 죄가 작고 의논하지 않은 죄가 크다면 먼저 황보신의 죄를 결정하는 것이 옳지 않지만, 황보신이 금을 받은 것이 많고 적음에 따라 죄의 더하고 덜함이야 없겠느냐. 또 내가 특별히 황보신에게 은혜를 베풀고자 하니, 그것을 다시는 아뢰지 말도록 하라." 하였다.

-세종실록 22년 11월 19일-

12월 20일 황희의 아들 황보신을 처벌하였다. 의금부에서 아뢰기를, "황보신이 도용盜用한 잡물은 장물로 계산하면 33관이오니, 청컨대 율에 의하여 장 1백 대, 유배 3천 리에 얼굴에 글을 새기게 하고, 윤이는 심문하였을 때에, 바로 말하기를, '황보신이 훔친 물건이니 황보신을 추국하여야 옳지, 첩을 국문함은 옳지 않다.'고 하였으니, 처첩고부율妻妾告夫律에 의하여 장 1백에, 도(노동) 3년에 처하게 하소서." 하니,

임금이 황보신을 황희의 아들이라 하여 특별히 관대하게 용서하여, 단지 장 1백 대에, 얼굴에 글을 새기는 형은 면하게 하고, 유 3천 리를 속바치게 하고, 윤이는 단지 장 1백 대에, 함길도 경원에 소속시켜 관비로 삼게 하였다.

12월 21일 영의정부사 황희가 둘째아들 황보신의 죄명이 확정되자 자식을 잘못 가르친 죄로 자신을 파면시켜 줄 것을 아뢰다.

영의정부사 황희가 상언上言하기를, "신은 인재가 못되옵는데, 그릇 성상의 깊은 돌보심을 입사와 외람되게 재상의 장이 되었사오나, 직무에 태만한 지 이미 오래이고, 노병이 더하여 정신이 아득하와 정사에 종사하여 감당할 수가 없습니다. 재삼 파직을 원하였사오나 윤허하심을 입지 못하여, 꾸부러진 몸과 부끄러워할 줄 모르는 얼굴로 힘써 종사하여 왔습니다마는,

오늘날 신의 아들 황보신의 죄악이 가득 찼고, 그의 형 황치신과 그 아우 황수신도 함께 거짓 증언에 관련되어 관할사의 의논을 면치 못하와, 황공하여 절실히 소망하여 온 집안이 죄를 기다리고 있었더니, 다행히 성상께서 돌보심을 입게 되어 밝게 과단한 정치를 행하시어, 특별히 승지에게 명하여 심문하여 실정을 밝히시니, 뭇사람의 의심이 얼음처럼 풀렸습니다. 황보신에 이르러서는 죽어도 남은 허물이 있사오나, 그러나 아비로서 아들을 숨겨 주는 정은 오히려 지독지애舐犢之愛[5]를 면하지 못하옵니다. 특별히 흠휼지전欽恤之典[6]을 입사와 지극하시게도 용서를 더하여 주시니, 감명이 그지없사와 보답하기를 도모하여도 길이 없사옵고, 황천과 후토가 실로 함께 본 것이었습니다.

신이 거듭 생각하오니, 자식이 어질고 어질지 못한 것은 그 아비의 교양이 어떠하냐에 달려 있다고 여겨지옵니다. 신은 본래가 용렬하여 아들을 잘 가르치지 못하였습니다. 황보신이 범한 바는 비단 신의 집 명예에 불미할 뿐 아니라, 선비의 풍토에 하자와 욕이 이르게 한 것이니, 신이 무슨 마음으로 감히 작위를 생각하여 만인이 함께 바라보는 영상의 지위에 뻔뻔스러운 얼굴로 있겠나이까. 직임을 사면하시어, 문을 닫고 죽음을 기다림으로써 물의에 사과하는 것이 신하의 직분이옵니다. 더구나 신의 나이는 80을 굽어보옵고, 모든 노병이 한 몸에 모여서 귀는 먹고 눈은 어두운데, 어지러움과 건망증이 생기고 허리와 다리를 가누지 못하여 걸음걸이가 비틀거리오니, 비록 봉직하고자 하더라도, 어찌 능히 그 책임을 감당하여 조금이라도 도움됨이 있겠나이까.

---

5) 어미소가 송아지를 핥아주는 사랑.

6) 형벌을 신중히 하고 죄수를 불쌍히 여기는 뜻의 은전.

엎드려 바라옵건대, 신의 위태롭고 절박한 정성과 신의 부끄러워하는 정을 가엾이 여기시와, 신의 직임을 파면하옵시고 한직閑職에 던져 두시어 여생을 보전하게 함으로써, 목숨의 만분의 일이라도 축원하게 하옵소서." 하였으나, 윤허하지 아니하였다.

-세종실록 22년 12월 21일-

사건이 해결된 이듬해 1441년 세종 23년 2월 16일 황보신의 아들이 과거에 응시하자 사간원에서 장물죄를 범한 아들의 과거 응시 자격을 정지시킬 것을 건의하였으나 세종은 형평성을 근거로 불허하였다.

황보신은 "장리贓吏[7]로서 죄를 받아 장 맞은 흔적이 아직도 있사온데, 그 아들이 과거에 응시함은 뒷사람을 경계하는 뜻에 어긋남이 있사오니, 원컨대 정거停擧하게 하소서."
하니, 임금이 말하기를, "장리의 아들로 이 앞서에도 과거에 응시한 사람이 있었거늘, 어찌 황보신의 아들에게만 그렇게 할 수 없단 말이냐." 하였다.

-세종실록 23년 2월 16일-

6월이 되자 황보신의 몰수된 재산 반납 과정에서 형 황치신에게 불똥이 튀었다. 황보신의 몰수된 재산 가까이 조상의 산소가 있어 몰수당한 땅과 황치신이 소유한 땅을 바꿔서 반납시키니 사헌부의 상소가 들어가 호조참판 황치신이 파면당하였다,

황보신이 죄로 인하여 과전科田을 빼앗기게 되니, 그의 형 호조참판 황치신이 자기의 토박한 밭으로 바꾸어 바쳤으므로, 사헌부에서 탄핵하여 파면시켰다.

6월 13일 이 문제로 사헌부에서는 다시 문제를 제기하여 땅을 바꿔서 반납시키는 데 도움을 준 황치신을 포함한 호조 관리 김맹성·한질을 함께 죄를 주어야 한다는 상소문을 올렸다.

---

7) 뇌물을 받아먹거나, 직권으로 재물을 탐한 관리. 장물이 40관 이상이면 참형에 처하였음.

사헌부에서 상소하기를, "정상을 따라서 죄를 정하는 것은 성인聖人이 형벌을 쓰는 큰 권한이옵니다. 황보신이 중죄를 범하여 그 과전科田이 관청에 바치게 되었사오니, 그 형 황치신은 부끄러워 스스로 경계하고 반성하기에 겨를이 없을 것이온데, 도리어 이욕을 품고 현임 당상으로서 동료에게 청해서, 척박한 밭으로 비옥한 밭과 바꾸려고 종을 시켜서 호조에 소송하여, 욕심을 이루려고 상소장을 통해 밭을 반납하는 날에 뻔뻔스러운 낯으로 같이 앉아서 턱으로 가리키며 기를 내어서 억지로 바꾸어 주게 하였으니, 탐욕하고 비루함이 형용할 수 없사옵거늘, 그 일이 드러나기에 이르러 조사할 때에도 조금도 부끄러움을 모르고 말을 꾸며 억지로 변명하오니, 그 간사하고 탐욕하며 염치가 없음이 이보다 심할 수 없사와, 죄를 용서할 수 없습니다.

김맹성은 그 수장으로서 토지제도를 생각하지 아니하고 동료의 욕심을 쫓아 사사로운 정으로 바꾸어 주었고, 그 문제가 드러나기에 이르러 조사할 때에 자기의 죄과를 면하려고 망령되게 토지제도를 인용하여 교묘하게 꾸며서 회답하였사오니, 간사하고 아첨함이 더할 수 없으며, 법을 집행하는 대신의 지조가 없습니다. 한질은 공무를 관장하오니 정밀하게 마감하여서 만일 옳지 아니한 것이 있으면, 그 두 가지 사단을 가지고 보고해서 시행하는 것이 그 직무이옵거늘, 이제 당상의 뜻에 영합하느라고 급급하게 보고하여 공공연히 바꾸어 주었사오니, 식견이나 행동이 비루하여서 징계하지 않을 수 없습니다.

이상의 세 사람은 사사로운 정을 쫓아 공무를 해친 정상이 분명하온지라 마땅히 중한 형벌을 써야 되겠기에, 전일에 사연을 갖추어 아뢰어 윤허하심을 받기를 바랐사온데, 다만 황치신의 관직만을 파면하여 본래의 반열에 따르게 하시옵고 나머지는 다 말할 것도 없다 하시니, 악을 징계할 길이 없사와 성인聖人의 '정상을 따라 죄를 정한다.'는 의리에 어긋남이 있으므로, 일국의 신민들이 분노하지 아니하는 이가 없습니다. 엎드려 바라옵건대, 이 세 사람의 죄를 율에 의하여 시행하시와 선비의 풍토를 장려하시고 뒷사람을 경계하게 하소서."

-세종실록 23년 6월 13일-

문제가 확대되자 황희정승이 나서서 자초지종을 설명하며 자신의 토지와 황보신의 반납한 과전을 바꾸어 주도록 요청하니 임금은 이를 허락하였다.

영의정 황희가 승정원에 글을 올렸는데, 이르기를, "신의 자식 황보신이 범죄하였사온데, 받은 바의 과전科田 내에 조모의 밭과 바꾸어 교하현의 15결을 받았는데, 죄로써 속바치게 되었사온바, 신이, 신의 토지가 있는 곳이며, 또 신의 어미와 외조의 분묘가 가까움으로 신의 과전과 바꿀까 하여 청하고 아뢰어, 즉시 글을 갖추어서 승정원에 올렸으나, 신의 자식 황치신이 와서 말하기를, '여러 동료들에게 물으니, 모두 말하기를, 「이 일은 분명히 전례가 있다.」고 합니다.' 하였습니다. 신이 생각하옵건대, 사건이 황보신에게 관계되었으므로 마음에 부끄러워서 이내 여쭈지 아니하였습니다. 엎드려 바라옵건대, 종용하게 잘 아뢰어서 신의 과전으로 바꾸어 주는 것을 허락하시어, 대대로의 업을 잃지 아니하고 자손에게 전하여 길이 분묘를 지키게 하오면, 신이 죽는 날에도 유감이 없겠나이다." 하였다. 승정원에서 아뢰니 이에 허락하였다.

―세종실록 23년 8월 20일―

사헌부의 탄핵상소가 끝나자 이번엔 사간원에서 황치신의 관직을 파하기를 상소하였으나 임금은 답하지 않았다.

사간원에서 상소하기를, "염치는 선비의 큰 절개이오라 사람으로서 염치가 없다면 사람의 도道가 확립되지 못하여 세상에 용납할 수 없는 것이온데, 부윤 황치신은 본래 허탄하고 망령된 자격으로써 특별히 성상의 은혜를 입사와 벼슬이 2품에 이르렀사오니, 이는 마땅히 조심하고 삼가 성은을 보답하기를 도모하기에 겨를이 없을 것이온데, 전에 호조참판이 되어, 그 아우 황보신이 죄를 얻어 관청에 바친 토지를 가지고, 동료들에게 청하여 그가 전에 받은 토지와 공공연히 바꾸어서 임금님의 귀를 속였으니, 이는 감독하는 자가 스스로 도둑질한 것과 무엇이 다르겠습니까.

또 과전科田은 염치를 기르는 까닭의 도구이온데, 청탁하여 외람되게 받았사오니 비록 용렬한 선비라도 오히려 하지 않을 것이어늘, 하물며 호조 당상으로서 마음대로 서로 바꾸고도 부끄러움을 알지 못하오니, 그 사람됨이 탐하고 염치 없음을 참으로 알 것이옵니다.

전의 행실을 상고하오면 음란하고 방탕한 것이 많이 있었으며, 이제 비록 두 번 사면령을 지내어, 다시 그 죄를 논할 필요는 없다고 하지만, 뻔뻔스럽게 발을 들고 조정의 관리들 사이에 같이 서지 못할 것은 심히 명백하옵거늘, 하물며 한성부는 소송을 판결하고 사나움을 금하는 곳이오매 그 임무가 지극히 중하오니, 반드시 공렴 정직하여 본래 위엄과 덕망이 있는 자가 그 벼슬에 있은 연후에야 소송이 공평하고 정사가 다스려져서 아랫 백성들이 억울한 바가 없을 것이온데, 이제 이 사람으로써 그 임무에 두면, 나라 사람들의 실망하는 바가 될 뿐만 아니라, 악함을 징계하고 착함을 권하는 법에도 대단히 합당치 못하오니, 전하께서는 이 명을 도로 거두시고 선비풍토를 가다듬게 하소서." 하였으나, 답하지 아니하였다.

－세종실록 23년 12월 1일－

세월이 흘러 세종이 승하하고 문종이 즉위하였는데 황희정승은 본인의 죽음을 1년 앞두고 임금께 황보신의 죄를 용서하고 직첩을 돌려줄 것을 상언하였다. 꼴도 보기 싫은 자식이라며 내팽개치지 않고 죽는 날까지 자식 걱정을 하며 영원히 장물죄로 살아가야 할 작은아들을 걱정한 것이다. 이에 문종은 대신의 국가 훈공을 생각하여 황보신의 직첩을 돌려주게 된다.

1451년 문종 1년 2월 2일 황희가 아들 황보신의 직첩을 돌려줄 것을 상언하였다. "신이 유약하기 짝이 없어서 자식 가르치기를 엄하게 못하여 둘째 아들 황보신이 죄를 범하고 삭직된 지 이제 벌써 11년이 되었습니다. 비록 재물죄를 범하였다 할지라도 창고의 재물이 아니며, 또 정상이 애매한데 고문으로 자복하였으니, 신이 어찌 하루라도 마음에 잊을 수 있겠습니까? 그러나 임금의 위엄을 두려워하여 감히 말을 못하고 지금까지 있었습니다. 신의 나이가 지금 89세이니 죽음이 조석에 있습니다. 이에 늙은 소가 새끼를 핥아 주는 심정으로써 어리석은 신이 목숨을 마치도록 민망스러운 마음을 풀지 못하겠습니다. 이제 크게 사면하여 새로운 날을 당하여 특별히 직첩을 돌려주시면 신이 죽어도 눈을 감겠습니다.

부자의 정은 하늘이 내린 본성인지라, 감히 임금님의 위엄을 무릅쓰고 죽음을 잊고 아룁니다." 하니, 곧 황보신의 관직 임명장을 돌려주도록 명하였다. 황보신이 일찍이 재물 취득죄를 범하여 정상이 간악하고 음흉하니 마땅히 죽을 때까지 직첩을 돌려주지 않아야 할 것인데, 대신을 중하게 대접하는 도리로써 특별히 준 것이다.

－문종실록 1년 2월 2일－

세조 8년 1월 2일 황보신의 아들 황종형이 수령직에 제수되자 불가함에 대해 아뢰다.

지사간원사 권지가 사간원의 의논을 가지고 아뢰기를, "지금 황종을 청도 군사로 삼았으나, 황종형의 아비 황보신이 장죄贓罪를 범하였으니, 장죄의 아들은 백성을 가까이 다스리는 수령의 직에 마땅하지 않습니다." 하니, 전지하기를, "황종형이 이미 벼슬살이를 하였는데, 어찌 오로지 수령 자리에만 불가하다는 것인가?" 하였다. 권지가 다시 아뢰기를, "수령이란 한 고을을 오로지 다스리므로, 서울관리에 비할 바가 아닙니다. 만약 욕심많고 더러운 사람이면 사사로운 욕심을 함부로 부려서 하지 못할 짓이 없을 터인데, 어찌 장리의 아들을 이 자리에 임명할 수 있겠습니까?" 하니, 전지하기를, "다시 말하지 말라." 하였다.

-세조실록 8년 1월 2일-

성종 3년 12월 한번 장리는 영원한 장리로 자손 대대로 악명을 쓰다.

사헌부 장령 허적이 와서 아뢰기를, "경국대전에 장리贓吏의 자손에게는 사헌부의 직을 제수하지 말게 하였는데, 황경형은 장리 황보신의 아들입니다. 이제 감찰을 제수하였으니, 청컨대 다른 사람으로 바꾸소서." 하니 전교하기를, "가하다." 하였다.

-성종실록 3년 12월 18일-

세종이 황희를 평하며 고금의 인물들을 논하다

1431년 세종 13년 9월 8일 임금이 지신사 안숭선을 불러 황희·하륜·이원 등의 인물들에 대해 옳고 그름을 평하고, 고금의 인물들에 대해 의논하다.

임금이 안숭선을 불러 보고 말하기를, "황희가 교하 수령 박도에게 토지를 청하고, 박도의 아들을 행수로 들여 붙였으며, 또 태석균의 고신[8]에 서경[9]하기를 청하였으니 진실로 의롭지 못하였으매, 간원이 청하는 것이 옳았다. 그러나 이미 의정 대신이며, 또 태종께서 신임하시던 신하인데, 어찌 이런 일로써 영영 끊으리오.

임인년에 태종께서 소환하시던 날에 내게 이르시기를, '양녕이 세자로 있을 적에, 구종수의 무리들이 의탁하고 아부하며 불의한 일을 많이 행하여, 양녕으로 하여금 길을 그릇 들게 하였다.' 하시고, 황희에게 의논하며 '어떻게 처치할까.' 하고 물었더니, 황희가 아뢰기를, '세자께서 연세가 적어서 매나 개를 가지고 노는 정도에 불과합니다.' 하므로, 당시에 말들 하기를, '황희는 중립하여 일이 되어 가는 꼴을 보고만 있다.'고 하여 유배를 보냈는데, 이제 생각하면 황희는 실로 죄가 없었다.

태종께서 또 한나라 원제 때의 사단史丹[10]의 사실을 인용하여 말씀하시고 인하여 눈물을 흘려 우셨으니, 그 황희의 재주를 사랑하시고 아끼시기를 지극히 하셨으니, 내가 어찌 새로운 간신의 말에 따라 갑자기 끊을 수 있으랴. 경은 이런 뜻을 사간원에 있는 대로 말하라."

하니, 안숭선이 아뢰기를, "교하와 태석균의 일은 진실로 황희의 과실이옵니다. 그러나,

---

8) 임명부.

9) 임명 동의.

10) 한나라 원제가 가장 사랑하는 후궁 부소의의 소생 공왕이 총명하고 재주가 있어, 태자를 폐하고 공왕으로 후사를 삼고자 하므로, 시중 사단史丹이 극력 간하여 마침내 폐하지 아니하였다. 태종은 황희를 사단에 비유하였다.

정사를 의논하는 데 있어 깊이 견주어 살피고 멀리 생각하는 데는 황희와 같은 이가 없습니다."

하니, 임금이 말하기를, "경의 말이 옳도다. 지금의 대신으로는 황희와 같은 이가 많지 아니하다. 전에 지나간 대신들을 말하자면, 하윤·박은·이원 등은 모두 재물을 탐한다는 이름을 얻었는데, 하윤은 자기의 욕심을 채우기를 도모하는 신하이고, 박은은 임금의 뜻을 맞추려는 신하이며, 이원은 이익만 탐하고 의義를 모르는 신하였다."

하니, 안숭선이 아뢰기를, "참으로 하교와 같습니다. 당시 사대부들이 말하기를, '하윤이 본래부터 아는 사람의 이름을 써서 주머니 속에 간직하였다가 정방政房[11)]에 들어가서 뽑아 쓰되, 빈자리가 혹 적으면 도로 집어 넣었다가 뒷날에 또 이와 같이 하며, 혹 집에 있을 적에는 쪽지에 써서 보내어 태종께 올리면, 태종께서는 즐거워하지 않으시나 그래도 마지못하여 좇으셨다.'고 하옵니다."

하니, 임금이 말하기를, "경의 말대로 그러하였다. 태종께서 황희를 지신사로 삼고자 하여 하윤에게 의논하시니, 하윤이 말하기를, '황희는 간사한 소인이오니 신용할 수 없습니다.'고 하였으나, 태종께서는 듣지 아니하시고 마침내 임명하셨는데, 이로부터 하윤과 황희는 서로 사이가 나빠서 매양 단점을 말하였다.
조말생은 하윤의 편인데, 하윤이 집정하자 조말생에게 집의를 제수하매, 그때 황희가 대사헌으로 있어서 임명부에 서경하지 아니하니, 하윤이 두 번이나 황희의 집에 가서 청하였으나, 황희가 듣지 아니하였다. 하윤이 스스로 말하기를, '태종께서 황희를 도승지로 삼기를 의논하시기에 내가 헐뜯어 말하였더니, 황희가 이 말을 듣고 짐짓 내 말을 이처럼 듣지 않는다.'고 하였다. 또 황희의 과실이 역사기록에 실려 있는 것을 내가 이미 보았다." 하였다.

임금이 고금 인물의 옳고 그름을 평론하고 한참 동안 조용히 있다가 안숭선에게 이르기를, "양홍달은 의술로 국가에 공로가 있었고, 또 아들 양제남은 태종께서 보호하기를 오래 하셨으며, 양회남은 나를 잠저 때부터 따랐으니, 비록 천인에 속하였으나 이미 천인을 면하고 양인이 되었으므로, 내가 양제남을 3품으로 올리고자 하며, 유한은 공주를 양육한 은혜가 있어 갚고자 하여도 할 길이 없었는데, 이제 그 고신(임명

---
11) 인사부서.

부)을 도로 주고자 하나 국론이 두려워 감히 못한다. 유한은 경에게도 친척이 된다."

하니, 안숭선이 아뢰기를, "유한은 그의 형 유기 때문에 연좌되어 죄를 입었사오나, 유한이 유기와 평소에 심히 불화하여 은혜도 없고 또 죄도 없사오니 진실로 가엾습니다. 신의 생각으로는 고신을 주는 것이 마땅할 듯하옵니다."

하매, 임금이 말하기를, "연좌의 죄에 어찌 형제간 화목하고 불화한 것을 말할 수 있겠느냐."

하니, 안숭선이 아뢰기를, "중국에서는 형제가 같이 살아야만 연좌죄를 당하게 되옵는데, 본국에서는 형제간이면 으레 연좌하게 되오니, 정리에 합당치 못한 듯하옵니다." 하였다.

임금이 또 말하기를, "윤향과 윤목에게도 연좌하지 아니하고 가볍게 논하였다." 하니, 안숭선이 아뢰기를, "하교가 옳습니다." 하였다.

임금이 말하기를, "의빈(태종의 후궁)이 박신을 소환하라고 청한 것이 하루만이 아니었으나, 또한 듣지 아니하였다. 박신의 죄인즉, 무술년에 북경에 갔다가 돌아올 적에, 통역사 허초가 의금부에서 심온을 잡아 온 일을 누설하였는데 박신이 듣고도 그 사실을 아뢰지 아니한 것인데, 매우 교활하였으나 태종께서 그대로 두시고 묻지 않았더니, 뒤에 선공 제조가 되어 윤인과 더불어 싸우자 태종께서 박신을 의금부에 내려 국문하다가 무술년의 일을 추론하게 되어 죄를 문책하고 내쳤던 것이다. 이제 소환하고자 하니, 경은 위의 세 가지 일을 세 의정과 비밀히 의논하여 아뢰라."
하매, 안숭선이 아뢰기를, "신이 무술년 대옥[12] 초록을 보온즉, 심온의 말에, '신이 무반이기 때문에 병권을 잡고자 하였습니다.' 하였으나, 이 말은 아마 심온의 참뜻이 아닐 것이옵고, 형벌을 두려워하고 형세에 핍박되어 할 수 없이 진술한 것이며, 또 변론하지도 아니하였사오니 그 죄를 용서할 수 있을 것이옵니다. 태종께서 제사를 지내시고 또 예장을 명하셨사오니, 국모의 친아버지를 죄안에 기록하여 두게 함은 신은 불가하다고 생각합니다."

---

12) 심온의 옥사를 말함.

하니, 임금이 말하기를, "선왕 때에 있었던 일이니 뒤에 고칠 수는 없다. 또 심온의 말에, '강상인·이관·박습 등이 집에 와서, 군사 일은 한 곳으로 돌아가야 한다.' 하기에, 대답하기를, '한 곳으로 돌아가는 것이 옳다고 하였다.' 하니, 이 말로써 논하면 그 죄를 용서할 수 없다."

하매, 안숭선이 아뢰기를, "금지옥엽[13]이 대대로 이어나가서 만세 후에도 오히려 죄인이라고 일컫게 함이 가하오리까." 하니, 임금이 말하기를, "다시 말하지 말라. 내가 기필코 듣지 않겠다." 하였다.

신숭선이 아뢰기를, "신이 일찍이 이하李賀의 고신(임명부)을 도로 주시기를 청하였더니 윤허함을 얻지 못하였사오나, 신의 뜻으로는, 이하가 처음 그 아들 이숭지를 심온의 집에 보낸 것은 진실로 죄가 있사오나, 그 아들이 이미 벼슬을 받았사온데 아비의 고신을 주지 아니함은 과하지 않사오리까."

하니, 임금이 말하기를, "왕법을 두려워하지 아니하고 심온과 더불어 혼인을 하였으니, 죄가 진실로 작지 아니한 바에 어찌 도로 줄 수 있으리오. 다시 말하지 말라." 하였다.

안숭선이 아뢰기를, "신이 거듭 생각하오니, 국모의 아버지를 죄적에 이름을 기록한 것은 심히 불가하옵니다. 만약 태종 대왕께서 오늘날에 계시었으면 반드시 이와 같이는 아니하셨을 것이옵니다. 후세에서 전하를 융통성이 없다고 이를까 깊이 두렵습니다."

하니, 임금이 말하기를, "무엇이 융통되지 않는단 말인가. 선왕께 득죄한 사람을 내가 어찌 감히 가볍게 용서하리오." 하고, 또 말하기를, "예전에 변계량이 내게 말하기를, '무술년에 의금부에서 큰 옥사를 국문할 때에, 허지가 형조판서로 있으면서 압슬형(무릎을 짓누르는 고문)을 가할 것을 먼저 발언하였는데, 허지가 오래지 않아서 죽으니 신의 도道가 과연 헛되지 않다.'고 하더라."

---

13) 왕의 자손.

하니, 안숭선이 아뢰기를, "이 같은 일은 예전에 많이 있었습니다." 하매, 임금이 말하기를, "그렇다." 하였다.

안숭선이 물러나와 세 의정들과 비밀히 의논하니, 양제남과 양회남에게 3품을 제수하는 일에 대하여 맹사성·권진 등은 가하다고 하고, 황희는 불가하다고 하며, 유한의 고신을 도로 주는 일에 대하여는 모두 가하다고 하고, 박신을 소환하는 일은, 황희와 맹사성은 가하다고 하고, 권진은 불가하다고 하였다.

-세종실록 13년 9월 8일-

태종실록을 보려 한 세종과 이를 막은 신하

임금이 도승지 신인손에게 이르기를, "옛날 제왕은 친히 조종의 실록을 본 사람이 제법 많았고, 또 공자도 춘추를 지으면서 정공·애공까지 이르렀고, 주자도 중용에서 신종의 소목昭穆[14] 제도를 논하면서, '역사를 상고해 보면 신하들도 또한 당대 사기를 보는 것이 당연하다.'고 하였는데, 오직 당 태종이 국사를 보려고 하자, 저수량과 주자사 등이 불가하다 하였고, 문종도 국사를 보고자 하니, 위모와 정랑이 또한 불가하다 하였다. 그러나 이것은 모두 당시 사기를 보려고 한 까닭에 신하들이 불가하다 한 것이니, 조종의 실록을 보는 것이야 무엇이 해로우랴. 옛날 우리 태종께서 태조실록을 보고자 하니, 변계량 등이 이르기를, '태조실록은 편수하기를 매우 잘하여 사실을 모두 바르게 썼는데, 이제 전하께서 나아가 보신 뒤에 내려 주신다면, 후세 사람들은 모두 믿지 못할 사기라 하여 도리어 의심할 것입니다.' 하므로, 태종께서 보시지 못하였다.

내가 즉위한 후에 태종실록을 편수하고자 하니, 대신 중 어떤 이가 말하기를, '사초만 갖추어서 전해 두면 후세에 자연히 사기를 편수하게 될 터이니 반드시 급급히 할 것이 아니고, 또 재상이 감수함은 옳지 못합니다.' 하였으나, 나는 이 일을 중하게 여

---

14) 사당에서 신주를 모시는 차례로 왼쪽 줄의 소昭, 오른쪽 줄의 목을 통틀어 일컫는 말. 주례에 따르면, 제1세를 중앙에 모시고 천자의 경우 소에 제2·4·6세, 목에 제3·5·7세를, 제후의 경우 소에 제2·4세, 목에 제3·5세를, 대부의 경우 소에 제2세, 목에 제3세를 각각 봉안하도록 하여 천자 7묘, 제후 5묘, 대부 3묘가 된다고 한다.

겼던 까닭에 마침내 재신에게 편수하도록 명하였다. 나는 또 '자손으로서 조종의 사업을 알지 못하면 장차 무엇으로 거울로 삼을 것인가.' 하고, 태조실록을 보고자 하여 여러 신하에게 상의하였더니, 유정현 등이 '조종이 정해 놓은 법에 의거하여 조종의 사업을 잘 계승하는 것이 실상은 아름다운 뜻이 된다.' 하므로, 이에 볼 수 있었다. 지금 또 생각하니, 만약 당시의 사기가 아니면 조종이 정한 법을 보는 데에 있어, 조와 종에 무슨 구별이 있겠는가. 이미 태조실록을 보았으니 태종실록도 또한 보는 것이 마땅하다고 여겨지니 여러 겸춘추에게 상의하라." 하였더니,

대신 황희·신개 등이 모두 말하기를, "역대 임금으로서 비록 조종의 실록을 본 사람이 있더라도 본받을 것은 아닌가 합니다. 당 태종이 사기를 보고자 하니, 저수량과 주자사 등이 '폐하께서 혼자서 본다면 일에 손실이 없지마는, 만약 사기를 보는 이 법이 자손에게 전해지게 되면, 후세에 그른 일을 옳게 꾸미고 단점을 장점으로 두둔하고 보호하여, 사관이 죽음을 면치 못하게 되면 여러 신하들은 임금의 뜻에 순응하여 제 몸을 완전하게 하려 하지 않을 자가 없을 것이니, 천 년 후에는 무엇을 믿겠습니까.' 하였으니, 신 등의 논의는 바로 이 말과 같습니다.

이 두 신하는 모두 명신이라고 이름난 사람이니 그의 말은 반드시 본 바가 있을 것이고, 또 태종의 일은 전하께서 친히 보신 바이니, 만약 태종의 일을 본으로 삼아 경계하고자 한다면, 역대 사기가 갖추어져 있는데 어찌하여 반드시 지금의 실록을 보아야 하겠습니까. 하물며 조종의 사기는 비록 당대는 아니나 편수한 신하는 지금도 모두 있는데, 만약 전하께서 실록을 보신다는 것을 들으면 마음이 반드시 편하지 못할 것이며, 신 등도 또한 타당하지 못하다고 여깁니다." 하니, 임금은 마침내 보지 아니하였다.

-세종실록 20년 3월 2일-

원단과 소격전의 기우제 문제를 논의하다

영의정 황희가 아뢰기를, "가뭄의 재앙이 금년에 더욱 심하므로, 국가에서 비를 비는 데 신神마다 제사드리지 않은 것이 없사온데, 오직 원단에서 하늘에 제사드리지 아니하였사오니, 만일 제사록에 기록하여 항상 행하게 하면 분수에 지나친 예禮라고 이르는 것이 가하지만, 사정이 긴박하여 행한다면 어찌 불가함이 있겠습니까. 공자가 병이 들었을 때, 자로가 빌기를 청하면서 말하기를, '예문에 「너를 위해 하늘과 땅의 신들에게 기도한다.」 하였습니다.' 하매, 공자가 말하기를, '내가 기도한 지가 오래 되었다.' 하시면서 일찍이 그 옳지 못한 것을 배척하여 말씀하지 아니하였사오니, 청하옵건대, 원단에 기도하소서."

하니, 임금이 말하기를, "비록 원단에 제사를 드린다 하더라도 비가 꼭 온다고 할 수 없는 것인데, 만일 행하고서 비가 꼭 온다면야 분수에 지나친 예를 하였다는 이름만 얻게 되고 일에는 무익한 것이다. 다만 소격전이 비록 이단異端의 일이기는 하나 역시 하늘에 제사드리는 것이니, 동궁으로 하여금 친히 기도하게 함이 어떻겠는가."

하니, 의정부에서 아뢰기를 "소격전에 친히 행하는 것은 옛적에도 없었던 바이며, 또 대신이 이미 대행하였사온데, 하필 친히 행할 것이 있겠습니까." 하매, 임금이 옳게 여기었다.

선대 유학자가 이르기를, "서인庶人은 오사五祀[15]에 제사하지 못하고, 대부大夫는 사직社稷에 제사하지 못하며, 제후諸侯는 하늘과 땅에 제사하지 못한다." 하였으니, 일부러 깍아 내리려고 한 것이 아니라 바꿀 수 없는 정한 이치이기 때문이었다

우리나라의 원단제圓壇祭는 어느 시대부터 시작했는지 알 수 없으나, 삼국 시대에는 소박하고 간략하여 화려한 것이 적었고, 중국과 통함이 드물었기 때문에 분수에 지나친 줄 알지 못한 것이 마땅하였으며, 고려에서 일찍이 건원칭제建元稱制[16]하여 분수에 지나친 일이 자못 많았었는데, 그 후에 비록 연호年號는 버렸으나 예문禮

---

15) 司命(사령·인간의 수명을 맡은 신)·中霤(중류·거처를 맡고 있다는 신)·國門(국문·문을 관장하는 신)·國行(국행·길을 관장하는 신)·公厲(공려·제후로서 자식이 없이 죽은 사람)을 오사五祀라 함.

16) 연호를 세우고 제라 칭하며 중국과 대등한 천자의 나라임을 나타내는 것.

文과 의장儀章이 실로 중국과 다름이 없었으니, 하늘에 제사 지내는 한 가지일 뿐이 아닌데 어찌 분수에 지나침이 괴이하겠는가. 우리 태종께서 원단을 폐하신 것은 곧 성인이 천지의 제사에 대하여 명백히 하신 뜻이다. 변계량이 일찍이 복구하기를 청하였으나 태종께서 윤허하시지 않으셨다. 변계량의 말에 이르기를,

"기杞나라와 송나라는 전 세대가 했던 대로 따라서 하고, 노나라는 천자의 내려줌으로 인해서 한 것은 모두 제후로서 하늘에 제사한 것이니, 이것은 예의 임기응변이다."

황천과 후토에게 기도하려는 것을 말한 것이 아니다. 만일 세종 임금의 거룩한 학문의 밝으심이 아니었던들 대례大禮를 잃을 뻔하였다. 그러므로 변계량의 잘못을 아울러 분변하여 논한 것이다.

-세종실록 31년 7월 4일-

사후 450년간 조정에 본보기가 되었던 황희

공신 출신이 아니면서 18년 1개월 동안 영의정을 지냈던 황희에 대한 평가는 해가 가면 갈수록 더해져 황희 사후 450년간 매 왕조마다 조정의 본보기로 인용되었다. 그 인용 사례를 살펴보면 다음과 같다.

1461년 세조 7년 4월 여러 관청의 노비를 추쇄하게 하자 황수신이 그에 대한 건의를 하다.

여러 관청의 노비를 조사해서 찾아내게 하니, 도제조인 좌찬성 황수신 등이 아뢰었는데, 보고는 이러하였다. "공공노비는 관계되는 바가 가볍게 함부로 할 것이 아닙니다. 우리 태종께서 1417년에 특별히 도망간 노비를 잡아들이기 위한 관청을 설치하고 영의정부사 유정현 등에게 명하여 제조를 삼고는, 노비 문서를 바로 잡아서 후세에 남기셨습니다. 1439년에는 세종께서 도망간 노비를 붙잡는 부서를 설치하고 영의정부사 황희에게 명하여 감독하고 관장하게 하여 바른 안을 만들고, 또 여러 조목으로 된 규정을 세우고 법령에 갖추어 기록하게 하여서 한눈으로 보아도 환하게 상고할 만하게 하였습니다.

그러나 기미년으로부터 지금까지 20여 년 동안 관리가 법을 받드는 데 게을러서 살 피지 아니하였으므로, 간교한 무리들이 틈을 타서 술책을 써서 혹은 나이를 속이어 부역을 면제하고, 혹은 무거운 일을 피하여 가벼운 일에 나가고, 심한 것은 살아 있 는 것을 죽은 것으로 하고, 천인賤人을 양인良人으로 만들어서 공노비가 날로 줄어 들게 되니 진실로 염려할 만합니다.

-세조실록 7년 4월 2일-

1476년 성종 7년 1월 사간 박숭질이 황희를 예를 들어 한명회의 처벌을 청하다.

사간 박숭질이 아뢰기를, "태종께서 양녕을 폐하려고 하는데 황희가 폐할 수 없다고 했으니, 이것은 일상의 말이지마는 양녕은 마땅히 폐해야 할 것이었습니다. 그런 까 닭으로 황희를 남원에 귀양보냈던 것입니다. 세조께서 일찍이 '내가 세자에게 왕위를 전하려고 한다.'고 하시므로, 정창손이 '옳습니다.'고 했으니, 이것은 시기가 옳지 않은 까닭으로 정창손을 여산에 귀양보냈던 것입니다. 모후母后가 조정에 나와 정치를 하 는 것은 모두가 마지못한 데에서 나온 것인데, 지금 대비께서 전하에게 정사를 되돌 리시니, 진실로 백성들의 희망에 합당한 일입니다. 그런데 한명회가 정지하기를 청한 것은 이미 세상의 인정에 어긋났는데, 하물며 말하는 바가 이와 같으니 처벌하지 않 을 수 없습니다."

하니, 임금이 말하기를, "내가 정승으로 하여금 이를 청하도록 하였으므로, 정승이 다만 간절히 청하는 말을 했을 뿐이다. 어찌 다른 실상이 있었겠는가?" 하였다. 지평 성건도 또한 이를 논했으나, 모두 들어주지 아니했다.

-성종실록 7년 1월 12일-

1495년 연산 1년 7월 대간이 노사신과 같이 조정에 설 수 없다 아뢰니, 왕이 황희의 예를 들어 이를 책하다.

대간이 아뢰기를, "노사신 같은 간신을 만약 끝내 제거하지 못한다면, 신들이 감히 직에 있을 수 없습니다." 하니, 어필로 승정원에 내리기를,

"나는 나이 아직 어리고 또 일을 변경하지 않았는데, 예로부터 '임금이 간언을 따르면 성스러워진다.' 하였다. 대간이 이와 같은 혹심한 더위에 종일토록 뜰에 서서 각기 그 직책을 다하니, 나는 그 성의를 아름답게 여기는 바다. 〈중략〉 내 뜻은 비록 다른 재상이 죄를 범했을지라도 오히려 답답함을 풀어주고 싶은데, 하물며 여러 대의 조정의 훈구의 대신이요, 선왕의 부탁을 받은 큰 정승임에랴.

나는 이미 원정을 참작하고서 윤허하지 않은 것인데, 대간과 시종이 여러번 상소장과 상언을 올리어 기어이 허락을 얻겠다 하여, 아침부터 저녁까지 정히 투쟁하는 것 같으니, 이것이 어찌 조정의 체모이겠느냐.

세종조에 영의정 황희가 교하 고을 원에게 밭을 달라고 청한 일이 있었는데, 이를 들어 백관의 위에 둘 수 없다 하여 대간들이 논박하여 마지 아니하였으나, 세종께서는 황희가 정사를 담당한 대신일 뿐더러 태종께서 신임하셨다 하여 마침내 윤허하지 않으셨으니, 이로 미루어 보더라도 영의정이 무슨 허물이 있겠느냐.

또한 조정의 공론을 듣기를 청하였으나, 듣지 않는 것은 의논하는 자가 각기 자기 의견을 말하면 참작해서 시행하는 것이 바로 떳떳한 일인데, 지금은 의논이 대간과 합치되지 아니하면, 문득 논박하여 마침내 악명을 가하니, 이로 말미암아 두려워서 범범하게 의논하고 말기 때문에 묻지 않는 것이다. 이것이 순후한 풍속이 아니니, 원상 등은 내 뜻을 잘 알아서 조정을 엄숙하게 해서 화평을 이룩하도록 하라."

-연산군일기 1년 7월 29일-

1518년 중종 13년 2월 조광조가 황희 정승의 고사를 인용하여 대신의 도리를 말하다.

조광조가 아뢰기를,

"재상이 대간을 두려워하고 대간이 재상을 헐뜯는다면 어떻게 좋은 정치를 이루겠습니까? 재상·대간·시종이 서로 믿어 한집안 같이 화목한다면 천지가 서로 화통하며 만물이 생성할 것입니다. 세종조에 대신 황희·허조 등이 집현전 학사들과 서로 책선(꾸지람)함으로써 그 심지心志가 일치되었던 것입니다. 그 당시 내불당의 건설이 있었는데 대신이 이를 간하였으나 받아들이지 않았습니다. 그리하여 집현전 학사들이 또 간하였으나 허락되지 않으므로 모두 그 직책에서 물러났습니다. 그러자 세종께서 황희를 불러 이르기를 '시종이 모두 물러나니 어찌하랴?' 하니, 황희가 아뢰기를 '신이 불러오겠습니다.' 하고 드디어 여러 학사들의 집을 편력하여 그들을 데려왔던 것입니다. 만약에 세종 임금이 아니고 황희 정승이 아니었다면, 임금은 노하여 시종들이 나를 버리고 달아났다고 할 것이며, 정승이 된 이 역시 자신을 굽혀 여러 학사들 집에 찾아가 불러들이지 않았을 것입니다. 성균관의 유생이 길에서 황희를 만나 임금에게 잘 간하지 못한다고 책망했으나, 황희는 그 책망을 듣고도 노하지 아니하고 도리어 기쁜 표정을 지었으니, 대신의 도리는 마땅히 이와 같아야 합니다. 성종조의 대신은 그러하지 못하였습니다.

-중종실록 13년 2월 2일-

1553년 명종 8년 10월 사헌부가 서얼의 명칭과 등용문제를 역사에서 살펴 고하다.

사헌부가 아뢰기를,
"신들이 서얼이라는 명칭을 널리 고찰해 보니, 소위 서庶라고 하는 것은 양첩良妾의 자식이고, 얼孽이라 하는 것은 천첩賤妾의 자식입니다. 중국 사람들은 다만 적첩의 구분만을 엄하게 하고, 일찍이 벼슬길을 막고 쓰지 않은 적이 없었으며, 고려조에서도 그러했습니다. 한두 사람 예를 들어 말하겠습니다. 〈중략〉
태종 15년에 이르러 대언代言 서선 등의 말을 받아들여 서얼 자손을 널리 알려진 높은 벼슬에 제수하지 않는다는 법을 세웠고, 세종 15년에 황희 등이 경제육전을 편찬할 때 또한 이 법을 기재하였습니다. 이런 점으로 미루어 본다면 세종조 이전에는 서얼에게 벼슬길을 열어준 것이 명백합니다."

-명종실록 8년 10월 15일-

1601년 선조 34년 10월 주상이 윤승훈·조수익 등과 시국을 논하며 황희정승의 예를 들다.

조수익이 아뢰기를,
"윤승훈이 아뢴 내용이 나라를 걱정하는 것은 옳지만 말은 그릅니다. 이른바 기강이란 모두 군주와 재상에게서 나오는 것이므로 윤승훈은 자신이 정승 지위에 있으니 의당 기강을 확립시켜야 할 것인데, 성상 앞에서 폐단만을 진달하면서 자신은 아무런 직위도 없는 것처럼 하였으니 매우 불가합니다. 속담에 전하기를 '황희가 정승이 되고 김종서가 판서가 되어 있을 적에 일 때문에 김종서에게 뜰에 내려가 조칙을 받게 하였다.'고 하니, 정승이 된 자가 아랫 재상으로 하여금 국법을 두려워하지 않게 함은 모두 삼정승이 점검하여 단속하지 못하여 그런 것입니다. 조정에 기강이 있은 뒤에 외방에도 있게 되는 것인데 지금 하급직은 상관을 두려워하지 않고 하인은 관원을 두려워하지 않아 조금이라도 싫어서 피하려는 마음이 있으면 즉시 상소하여 이것이 소식지에 기록되어 나오는 데 없는 날이 없습니다. 이는 모두가 기강이 없어 그런 것입니다. 이충원이 근래 양성하는 일을 아뢰었는데 신도 소회가 있는바 성공되기 어려운 줄을 알지만 진달하지 않을 수 없습니다."

—선조실록 34년 10월 25일—

1632년 인조 10년 2월 조위한이 의복의 개선에서 황희 정승의 말을 언급하다.

시독관 조위한이 아뢰기를,
"근래에 수재와 한재가 해마다 들어 백성들이 곤궁하고 재물이 다 되었는데 사치가 날로 심하니 참으로 한심합니다. 일찍이 듣건대 고려 말기에도 역시 이러했다고 했는데, 우리 태종조에 이르러 통렬히 이런 폐단을 금지하고자 하니, 황희가 말하기를 '이는 어렵지 않습니다. 전하께서 몸소 소박한 베옷을 입으시고 검박함으로써 아랫사람들을 거느리면 한번 변혁시킬 수 있습니다.' 하였습니다." 하니, 주상이 이르기를, "지금 대신들의 의복 역시 검속한데 습속은 어찌하여 이러한가?" 하였다.

—인조실록 10년 2월 3일—

1650년 효종 5년 2월 10일 시정폐단에 관한 정언 이상진의 상소문에서 황희 정승의 고사.

"세종조에 호조판서 김종서가 물을 만 밥을 정승 황희에게 올리자, 황희가 그것을 물리치고 김종서를 불러 뜰 아래에 세워 놓고서 아첨한다고 꾸짖었으니, 이 이야기가 지금까지 전해 내려오면서 그것을 아름답게 여기고 있는데, 두 신하들은 아직까지 그것을 듣지 못하였단 말입니까. 두 신하의 일에서 조정 기강이 무너졌는데도 사람들이 괴이하게 여기지 않고 오히려 말하는 사람이 없는 것을 볼 수 있으니, 대단히 나약한 풍습이 더욱 한탄스럽습니다."

-효종실록 5년 2월 10일-

1686년 숙종 12년 11월 우의정 이단하가 황희정승의 고사를 들어 흉작으로 백성의 기근·각종 제향의 절감을 상소하다.

우의정 이단하가 상소를 올리기를, "금년 재해의 흉작은 예전에 없던 바로서 경기 지방이 조금 낫다고는 하지마는, 노상에서 소량의 피륙이나 곡식을 가진 자라도 살해와 약탈을 당한다고 하오니 타도는 이를 미루어 알 수가 있습니다. 신은 앞으로 도적 떼가 크게 일어나면 토붕와해(흙이 붕괴되고 기와가 깨지는)의 근심이 있을 것이니, 다만 백성이 굶주려 죽는 참사에만 그치지 아니할까 두렵습니다. 〈중략〉

신이 또 전해 오는 옛이야기를 들으니, 세종대왕께서 민간에 자못 사치스러운 풍습이 있음을 늘 걱정하시어 정승 황희에게 말씀하시니, 황희가 대답하기를, '신이 마땅히 고치도록 하겠습니다.' 하였었는데, 뒷날 입궐할 적에 황희가 굵은 베로 검은 겉옷과 내의를 지어 입고 들어와서 임금을 뵙고 말하기를, '신은 백관을 통솔하는 자로서 신 자신이 이런 차림새를 하였으니, 백관이 어찌 감히 사치를 범하겠습니까? 그러나 성상께서도 이러한 뜻을 이해하셔서 몸소 검약을 실천하여 보여 주심이 마땅합니다.' 하였습니다. 세종께서 그 말을 받아들이시자 한때의 사치스러운 폐습이 크게 고쳐졌다고 합니다.

신과 같이 못난 사람이 비록 외람되게 정승의 직위에 있아오나 어찌 감히 그러한 것을 거론할 수야 있겠습니까? 그러나 이는 거룩한 군주와 어진 정승이 생각을 한번 전환시키는 데 달린 것이므로, 이것이 신 역시 희망하지 않을 수 없는 바입니다. 제향을 변통하는 일은 비록 예경禮經에 있는 성인의 말이라고 하더라도 신이 어찌 감히 좁은 소견으로 자신 있게 주장할 수 있겠습니까? 의정부에 하문하신 외에 또 원임 대신과 밖에 있는 원로에게 물으셔서 여러 사람의 의견이 모두 불가하다고 반대한다면 신 또한 아무 여한이 없습니다."

-숙종실록 12년 11월 29일-

1765년 영조 41년 10월 1일 임금이 고 정승 황희의 제사를 모시는 후손이 있는지 없는지를 찾아 묻도록 하고, 이조로 하여금 등용하라고 명하였다.

1789년 정조 13년 1월 22일 익성공 황희의 서원에 옥동玉洞이란 편액을 내렸다. 이 서원은 상주 백옥동에 있는데, 유생들의 소청에 따라 편액을 내린 것이다. 그리고 이어 익성공 집안의 제사를 주관하는 자손을 찾아서 아뢰라고 명하였다.

1799년 정조 23년 9월 경기 관찰사 서정수가 황희의 묘역이 허술하다고 장계를 올리다.

관찰사 서정수가 장계하기를, "익성공 황희의 무덤을 쓴 산이 파주 오리곶면에 있는데 지금 그 후손이 매우 가난하여 지키고 보호하는 일이 허술하고 무덤을 지키는 종 하나로는 나무를 잘라가는 것을 금할 수 없습니다." 하니, 전교하기를, "요즘 연석에서 중신이 아뢴 말로 인하여 호소한 것이 매우 외람되고 일을 담당한 자가 직계손이 아닌 줄은 알았으나 묘역에서 나무를 베고 소를 방목하는 행위를 금하지 않아 소나무와 오동나무들이 다 없어짐으로써 익성공의 무덤을 쓴 산의 체모가 지금 이처럼 묵었다는 말을 듣고 보니 조정에서도 오히려 괴롭고 한탄스러운데, 서울에서 벼슬살이를 하는 익성공의 모든 자손들은 자책하는 마음이 더욱 어떻겠는가. 그들로 하여금 즉시 조정에 들어와 하직하는 절차를 생략하고 찾아가서 성묘한 뒤에 우거진 잡초를 제거하고 나무가 드문 곳은 옮겨심어 보충함으로써 봉분의 주위가 완전히 새롭게 되어 누구에게 물어보지 않아도 익성공의 무덤이라는 것을 알게 한다면 그 앞을 지나가는 자는 반드시 숙연해질 것이고 그 주변에 사는 자는 반드시 보호해주어 이전처럼 그대로 방치해 두지는 않을 것이다. 경은 이 허가서를 가지고 그 집안의 가장 윗 어른을 불러 일러주고 아울러 지방관을 엄중히 신칙하여 옛날의 어진 이를 추모하는 생각을 잊지 말도록 하라는 뜻으로 감사에게 회답하라." 하였다.

—정조실록 23년 9월 17일—

1825년 순조 25년 4월 18일 희정당에 나아가 문무과의 감사인사를 받았는데, 갑과 제3등 황협黃稦이 정승 익성공 황희의 제사를 모시는 후손이므로 친히 제문을 지어 익성공의 명부에 제를 올렸다.

1871년 고종 8년 2월 19일 이이, 성혼, 황희의 묘에 지방관을 보내 치제하게 하다.

전교하기를, "선정신 문성공 이이李珥, 문간공 성혼成渾의 묘에 지방관을 보내어 제를 올리게 하라." 하였다. 또 전교하기를, "익성공 황희의 묘에 지방관을 보내어 제를 올려라." "화평 옹주 내외의 묘에 지방관을 보내어 치제하라." 하였다.

-고종실록 8년 2월 19일-

1884년 고종 21년 4월 4일 황희를 문묘에 배향하도록 이승조 등이 상소하다.

팔도 유생 이승조 등이 익성공 황희를 문묘에 종향할 것을 소청하니, 비답하기를, "문묘에 배향하는 것을 갑자기 시행할 수 없는 것은 바로 그 예를 존중하고 그 일을 중히 여기기 때문이다. 번거롭게 상소를 올릴 필요 없으니, 그대들은 물러가서 학업에 힘쓰도록 하라." 하였다.

-고종실록 21년 4월 4일-

1891년 고종 28년 2월 8일 "세종조 때 동궁의 전각으로 자선당과 승화당이 있었는데, 임금께서 왕림하시므로 다시 계조당을 세우고 하례를 받는 전각으로 삼았다.

이것은 바로 상신 황희가 아뢴 것인데, 그때에는 임금과 정승 사이에 의사가 서로 부합한 것이 이와 같았다. "성군이 위에 있으면 아래에 반드시 현신賢臣이 있습니다." "몇 해 전에 문묘를 참배할 적에 동궁이 말하기를, '공자의 위패에 잔을 드리는 것은 주상께서 친히 행하고 네 분 성인의 위패에 잔을 드리는 것은 동궁이 행하는 것이니, 이것은 옛날 규례가 있습니다.' 하였다. 그 뒤에 상고하여 보니, 영조조 때에 과연 이와 같이 거행하였다는 것이 역시 속오례의보편에 실려 있었다. 동궁이 조종 때의 예절을 익히고 매번 고사를 우러러 따르려고 하니, 이런 마음을 참으로 가상히 여긴다."

—고종실록 28년 2월 8일—

1891년 고종 28년 6월 4일 방외 유생들이 이색과 황희를 문묘에 배향할 것을 청하다.

이색과 익성공 황희를 문묘에 배향하기를 청하니, 비답하기를, "황 익성은 법전을 만들고 이 문정은 후학들의 모범이 되었으니, 마땅히 이런 논의가 있을 만하다. 그러나 문묘에 올려 배향하는 것은 사체가 지극히 신중한 일인 만큼 경솔히 의논할 수 없으니, 그대들은 그렇게 알고 물러가서 학업을 닦으라." 하였다.

—고종실록 28년 6월 4일—

1902년 고종 39년 6월 헌릉을 참배한 대신 윤용선을 만났다.

헌릉에 작헌례를 행한 뒤 보고하였기 때문이다

주상이 이르기를, "녹사(서리)가 백관을 호령하는 것은 유래가 있다. 옛날 방촌 황희가 정승으로 있을 때 김종서가 높은 품계를 가진 호조판서로서 가벼운 과오를 범하자 황희는 대궐 뜰에 불러다 세우고 녹사로 하여금 벌을 주게 했었는데 그 호령이 극히 엄하였으니, 녹사가 호령하는 것은 황희 때부터 시작되었다. 격식으로써 말하면 이것은 바로 옛 법으로써 폐지할 수 없는 것이다. 그리고 오늘 남에게 격식을 차리는 사람은 반드시 다른 날 남의 격식을 받는 법이다. 그것은 옛 규례를 없애지 않는 의리로 보아 어찌 구애가 된다 하여 영영 없앨 수 있겠는가? 이제부터는 대신들이 합문에 나아오면 여러 재신, 승지와 사관 이하는 모두 격식을 차리도록 하라." 하였다.

—고종실록 39년 6월 15일—

경복궁에 얽힌 명당설과 쇠잔설 2

풍수사 학생 최양선이 상소문을 올렸다. "지리로 고찰한다면 국도國都 장의문(창의문)과 관광방 동쪽 고갯길은 바로 경복궁의 좌우 팔입니다. 빌건대, 길을 열지 말아서 지맥을 온전하게 하소서." 하니 태종이 이를 받아들여 장의동문을 막고 의정부에 명하여 성의 서쪽에 신문新門을 열어서 왕래에 지장이 없게 하였다.

태종 13년 7월 29일에는 경복궁에서 창덕궁으로 환궁하였다. 의정부에서 하례를 드리니, 임금이 "경복궁으로 이어했던 것은 액막이가 아니라 더위를 피해서였으니 하례하지 말라." 하였다.
태종 14년 6월 28일 여경방에 새로 본궁을 건축하라고 명하며 전교하기를

"태조가 처음에 경복궁을 지을 때 하윤이 상서하여 정지시키고 말하기를, '산이 갇히고 물이 마르니 왕이 사로잡히고 족속이 멸할 것이므로 형세가 좋지 않습니다.'고 하였으나, 태조가 짓던 전각과 낭무(부속건물)가 이미 갖추어졌고, 만약 중국의 사신을 응접하는 일이 있으면 반드시 이곳에서 해야 하기 때문에 내가 또 경회루를 그 옆에 짓고, 따로 이곳에다 창덕궁을 지었다." 하였다.

이때 태종은 경복궁을 지어 놓고도 이궁 창덕궁을 다시 지어 창덕궁에 지내며 경복궁에는 사신접대, 군병 사열, 과거시험 등 국가적 행사시에만 활용하고 있었다.

태종 15년에는 경복궁과 창덕궁을 오가며 지내다가 태종 16년과 17년에는 창덕궁에서만 머물렀다. 태종 17년 5월 12일 이조판서 박신이 창덕궁 인정전을 재건할 것을 건의하니 태종이 말하기를

"이 집은 이궁離宮이라 비록 좁더라도 좋다. 만약 큰일이 있다면 마땅히 경복궁으로 나아가겠다. 또 바로 산맥에 당하였으니 개조하기도 어렵다." 하였다.

태종 18년 2월 4일 넷째아들 성녕대군이 죽었다. 성녕은 총명하고 지혜로웠고 용모가 단정하고 깨끗하여 행동거지가 공손하였으므로, 임금과 왕후가 끔찍이 사랑하여 항상 궁중에 두고 옆에서 떠나지 못하게 하였는데 일찍 세상을 하직한 것이다. 이에 의정부에서는 상심을 잊기 위하여 거처를 개성으로 옮길 것을 청하였고 태종이 이를 받아들여 2월 13일 개성 유후사로 이어하였다.

이때 상왕(정종)은 한양에 있었는데 몸이 편치 않다는 기별이 왔다. 상왕에 대한 문병을 앞두고 다시 한양으로 환도하느냐 아니면 문병만 하느냐에 대한 의견이 분분하였다. 태종 18년 4월 15일 임금이 두 대군을 시켜 뜻을 전하기를 "내가 음양의 금기에 대하여 비록 다 믿지는 않으나, 옛날에 중국의 원천강·이순풍·소강절 등은 음양으로써 길흉을 앞서 알았으며, 그들이 정한 바는 거짓이 아니었다. 이로써 본다면 마음대로 조치할 수도 없다. 궁가를 환도하는 것을 나의 마음에는 평안치 않게 여기니, 우선 홀로 문안하고 돌아왔다가 가을을 기다려서 환도하는 것이 나의 뜻이다." 하였다.

태종 18년 6월 3일 태종은 세자 양녕을 폐하고 충녕을 왕세자로 삼고, 7월 29일 한양으로 환도하여 인덕궁에 기거하였다. 그리고 8월 10일에 세종이 근정전에서 즉위하였다.

세종 1년 8월 8일 세종이 왕위에 올랐지만 여전히 창덕궁을 거처로 삼고 경복궁은 행사장으로만 이용하고 있었다. 이때 경복궁 내전을 수리하자고 하니 왕이 답변을 내렸다.

임금이 군신들에게 이르기를, "경복궁 외전은 칙명을 맞이하는 곳이니, 불가불 수리하여야 하지만, 내전같이 거처하는 곳이 아니므로, 반드시 많은 병정과 인부를 사역하여 수리할 것이 없다. 비록 사신이 이것을 본다 하여도, 사람이 항상 거처하지 아니하므로, 그 지경이 되었으리라 할 것이니, 무엇이 해로우랴." 하였다.

—세종실록 1년 8월 8일—

세종 2년 1월 2일 상왕이 무악 명당에 신궁을 짓도록 명하다.

상왕(태종)이 편전에 나아가 병조 당상관 및 선공 제조 박자청 등을 불러 만나고 이르기를, "피방할 곳에는 마땅히 이궁離宮을 두는 것이므로 내가 이미 낙천정을 짓고, 또 이궁을 포천과 풍양에 짓고자 하였더니, 지금 생각하니 재액을 피함에는 그 해에 따라 방위가 달라질 것이다. 포천과 풍양은 다 나라의 동쪽에 있는데, 유독 서쪽에는 피방할 궁이 있지 않으니 신궁을 무악 명당에 지을 것이나, 크고 사치하게 하지 말고 백 칸을 넘게 하지 말라."고 하였다.

세종 2년 4월 17일 임금과 사신이 경복궁에 나아가 명나라 황제의 생일 의식을 거행하다.

임금이 명나라 황제 생일을 맞아 경복궁에 거둥하여 임시막사에 나아가니, 사신이 평복으로 와서 근정전 난간 위에서 네 번 절하고, 머리를 조아린 뒤에 물러나 동쪽 행랑으로 들어가고, 임금이 면류관을 갖추고 백관을 거느리고 의식에 따라 하례한 뒤에 사신과 함께 경회루에서 잔치하였다.

세종 5년 4월 18일 중국 사신이 흥천사를 구경하고 법당에 들어가 세 번 절하여 예불하고, 사리각에 나아가서도 세 번 절하였다. 높은 데 올라 경복궁을 바라보고 말하기를, "산세나 물 흐름이 모두 음양의 이치에 맞으니 참으로 하늘이 만든 도읍이라." 하였다.

세종 8년 8월 22일 세종이 내달 초 1일에 점술가들의 말에 따라 연희궁으로 이어하겠다고 말하다.

세종 10년 1월 6일 병조에서 아뢰기를, "청컨대 경복궁의 주산과 좌비산맥에 소나무를 심고 그 근방의 인가를 모두 옮기소서." 하니, 명하기를, "내년 봄에 솔을 심고 인가는 금년 10월까지 옮기도록 하고, 또 집을 지을 땅을 주도록 하라." 하였다.

세종 13년 9월 1일 임금이 금년은 액운이 있는 해라 본궁으로 피방하였는데 시위하는 군사들이 불편하니 경복궁으로 돌아가면 어떨까 하고 물으니 맹사성이 답하기를 음양의 기피함은 따라야 한다고 하다.

임금이 말하기를, "점술가의 말이, 내가 금년 9, 10, 11월의 액운이 을사년보다 못하지 아니하므로 피하는 것이 마땅하다 하고, 또 말하기를, '경복궁 안에 소경을 불러들여 경을 읽는 것이 마땅하다.'라고 하나, 내가 믿지 않으므로 반드시 행하지는 않겠다. 창덕궁으로 옮기려고 하는데 사람들이 말하기를, '창덕궁은 오래 비워 두었으니 반드시 귀매(도깨비)가 있을 것이라.'고 하여 지금 이곳으로 왔는데, 내게는 매우 편하나 시위하는 군사가 한데서 거처하게 되어 비바람을 피하지 못하니 이것이 심히 미안하여 경복궁으로 돌아가고자 하는데 어떨까."

하니, 맹사성과 허조가 아뢰기를,

"음양의 거리끼고 기피함은 따르지 않을 수 없사오며, 창덕궁은 오래 비웠으므로 참으로 거처하실 수 없습니다. 옮겨 계신 지 오래지 않아서 문득 다시 돌아가시면, 사신들이 반드시 의심할 것이오니, 그대로 여기 거처하시고 북산의 소나무를 베어서 군사들의 비바람을 피할 만한 처소를 마련하여 만들게 함이 가합니다." 하였다.

－세종실록 13년 9월 1일－

세종 15년 7월 3일 세종이 도승지 안숭선에게 창덕궁을 옮기는 것에 대해 말하니, 경복궁 터를 두고 한 달간 토론하였다.

임금이 사정전에 나아가 지신사 안숭선을 만나 말하기를,
"최양선이 아뢰기를, '경복궁의 북쪽 산이 주산主山이 아니라, 목멱산에 올라서 바라보면 향교동의 연한 줄기, 지금 승문원(종로구 계동)의 자리가 실로 주산이 되는데, 도읍을 정할 때에 어째서 거기다가 궁궐을 짓지 아니하고 북악산 아래에다 하였을까요. 지리서에 이르기를, 「개인의 집이 주산의 혈 자리에 있으면 자손이 쇠잔해진다.」 하였사오니, 만약 창덕궁을 승문원 자리로 옮기면 만대의 이익이 될 것입니다.' 하였는데, 최양선은 미치고 망령된 사람이라 실로 믿을 것이 못되나, 그러나 무식한 나무꾼의 말도 성인이 가려듣는다 하는데, 나무꾼보다는 최양선이 나을 것이기에, 곧 전 청주목사이었던 이진을 시켜 최양선과 함께 목멱산에 올라가서 바라보게 하였더니, 이진도 역시 최양선의 말이 옳다고 한다.
대체로 지리서란 것은 속이 깊고 멀어서 다 알기 어렵지마는, 높은 데 올라서 보면 주산의 혈맥은 볼 수 있을 것이니, 청명한 날을 가려서 영의정 황희와 예조판서 신상과 함께 이진·이양달·고중안·최양선·정앙 등을 데리고 목멱산에 올라가서 주산의 혈맥을 바라보아서, 과연 잘못되었으면 창덕궁은 진실로 옮기기 어려우니, 한 백여 간 되는 것을 지어서 별궁을 삼는 것이 가할 것이다. 근래에 흔히 토목 역사를 일으키는 일이 있지만 놀고 구경하기 위함은 아닌 것이다."
하니, 안숭선이 아뢰기를, "일이 중대하여 오늘로 결정할 것이 아니오니 황희와 함께 올라가서 바라본 연후에 다시 아뢰겠나이다." 하니, 임금이 말하기를, "그리하라." 하였다.

-세종실록 15년 7월 3일-

7월 9일 황희·신상 등에게 명하여 풍수학을 하는 자들을 시켜 최양선의 말을 변론하게 하다.

영의정 황희·예조판서 신상·지신사 안숭선 등에게 명하여, 목멱산에 올라서 산수의 내맥을 탐지해 보고 풍수학을 하는 이들을 시켜 최양선의 말을 서로 변론하게 하니, 이양달·고중안·정앙은 백악으로 현무라 하여 경복궁의 터가 명당이 된다 하고, 이

진·신효창의 말은 최양선과 같은지라. 황희 등이 화공을 시키어 삼각산의 지형을 그림으로 만들어 올리게 하고, 풍수학하는 이들을 시켜 각기 소견을 써서 올리게 하여 곧 집현전으로 내려 보냈다. 당시 사람들이 이진과 신효창 등이 최양선을 사주하여 지리의 요망한 학설을 가지고 승진되는 계제를 삼으려 한다고 비평하였다.

이양달·고중안·정앙 등의 말에는. "백악은 삼각산 봉우리에서 내려와 보현봉이 되고, 보현봉에서 내려와 평평한 언덕 두어 마장이 되었다가 우뚝 솟아 일어난 높은 봉우리가 곧 백악인데, 그 아래에 명당을 이루어 널찍하게 바둑판 같이 되어서 1만 명의 군사가 들어설 만하게 되었으니, 이것이 바로 명당이고, 여기가 곧 명당 앞뒤로의 한복판 되는 땅이며, 주산의 북쪽 바깥 협곡은 삼각산에서 서남쪽으로 둘러서 한 가지가 되어 나암사의 남쪽 끝으로 돌아 닿고, 그 갈림 가지 하나가 역시 서남으로 돌아서 무악재의 서편 가에 이르렀으니, 이것은 명당 서북 언덕의 여러 갈래 물줄기가 돌아 흐르는 대략이며, 또 주산의 동북쪽은 그 하나의 큰 가지가 청량동 물근원 등처로부터 동북으로 둘러 동남쪽으로 돌아서 큰 들에 이르러 멈추고, 한 가지는 청량동의 물근원으로부터 동남으로 둘러서 벽돌가마 아래 큰 들에 이르러서 그치고, 그 갈림가지 하나가 사한동 물근원으로부터 둘러서 그치고, 또 한 가지가 사한동 근원으로부터 남동쪽으로 돌아서 동대문에 이르러 그쳤으니, 이것은 명당 동남 언덕 여러 갈래 물줄기의 대략이며, 백악 명당의 좌우로써 말하면 왼편 팔은 주산의 서쪽 가에서 나와서 서남으로 둘러서 동대문 수구에 이르렀고, 그 오른편 팔은 역시 동남으로 둘러 가지고 역시 동대문 수구에 이르렀다.

그런즉 명당의 전후좌우가 균제하고 방정하여 불평한 것이 없다. 또 주산의 정통되는 큰 내맥이 남방으로 직행하여 그 기운이 힘차게 왕성하기 때문에, 백악과 인왕·무악·남산이 모두 우뚝 솟아서 봉우리를 이룬 것이다.

말하는 자들이 내맥이라 하는 것은 그 기운이 작아서 단지 정업원 뒤에 한 작은 봉우리가 일어나서 오직 종묘의 자리를 이루었을 뿐이요, 다른 혈자리를 이루지 못했으니, 만약 이 봉우리가 아니었으면 종묘의 자리도 이루지 못했을 것이며, 이 봉우리 밖에는 다시는 왕성한 기운이 없기 때문에 종묘 자리가 되고서는 다시 일어난 봉우리가 더 없는 것이다. 곁갈래 맥과 정통의 맥으로서 본다면 종묘는 그것이 곁갈래 맥에서의 정통맥이요, 지금 말하는 자들의 말은 실로 곁갈래 맥에서의 곁갈래 맥인 것이다. 옛사람은 산맥의 크고 작고 왕성하고 쇠약한 것을 초목의 가지와 줄기의 크고 작고 성하고 마른 데에 비하는 것이다." 하고,

이진·최양선 등의 말에는, "삼각산의 내맥이 보현봉이 되고, 보현봉이 우람하게 높고 낮은 언덕땅으로 퍼져가지고 거기서 양편으로 갈라져서, 왼편 가닥은 울퉁불퉁 길게 내려가다가, 이것도 좁은 목을 이루어 안암 땅에 이르고, 오른편 가닥은 반 마장쯤 내려오다가 우뚝한 봉우리가 되었으니, 이것이 백악이고, 백악에서 반 마장쯤 내려와서 한 산줄기를 이루었으니, 이것이 인왕산이고, 인왕산에서 2마장쯤 내려오다가 남쪽으로 회돌아서 주산에 절을 하고 섰으니, 이것은 가위 조회 인사하는 정식이라 할 만하여, 가운데에 바른 맥이 머리를 동남간으로 들이밀어 2마장쯤 가다가 남쪽으로 회돌아서 주산에 절하고 섰으니 조회 인사의 정식이라 할 만하며, 가운데에 바른 맥이 머리를 동남간으로 들이밀어 2마장을 가서는 언덕을 이루었으니 주산이 된 것이다.

주산의 떨어진 맥이 마치 달아맨 실이 다시 일어나고 벌의 허리가 끊어진듯 이어진 기이한 형상과 같은 것이 이른바 현무가 머리숙인 형이란 것이다. 왼편 팔이 구붓하게 혈자리 앞으로 돌아 닿고, 오른편 팔이 활과 같이 명당에 절을 하며 세 겹으로 가지와 잎들처럼 좌우로 감싸안고, 산과 물이 정이 있게 천지를 배포하여 하늘의 관문이 되고 땅의 중축이 되는 곳에 두 편이 가운데를 맞아서 명당이 된 것이니, 바로 존귀한 형국 가운데 모든 물흐름도 하늘 뜻에 합치되니, 이것이 가위 기운의 모인 곳이라 귀하기가 더 말할 수 없다. 경문(經文 : 도교경전)에 이르기를, '두 물이 껴있는 곳이 곧 명당이다.' 라고 하였는데, 가지와 잎새가 중앙을 둘러 회돌아 있는 것이 그것이다." 하였다.

–세종실록 15년 7월 9일–

7월 10일 임금이 대언들에게 유신으로 하여금 지리의 요령을 강구하여 밝히게 할 것을 말하다.

임금이 대언들에게 말하기를, "저번에 지리서를 보려고 하였으나 그다지 내키는 마음이 있지 않았고, 또 경 등의 말을 듣기만 하고 말았었다. 그러나 지리의 설은 비록 다 믿을 수는 없지만 또한 다 없앨 수도 없는 것인데, 천문은 높고 멀어서 알기는 어려우나, 그러나 널리 벌어 있는 것이 분명하다. 지리에 있어서는 맥과 형세가 심히 복잡하여서 진실로 정밀하게 살피지 아니하면 그 요령을 알기 어려운지라, 옛날 곽박은 전문으로 술수를 숭상하였으나 제 목숨도 좋게 마치지 못하였으매, 후세에서 허황하다고 지칭하지마는, 소자첨은 그 어머니를 숭산에 장사지냈고, 주원회는 자기의 묻힐 땅을 미리 정하였으니, 통달한 선비와 큰 현인도 역시 이것을 싫어하지 아니하였거든, 하물며 우리 선왕조께서도 도읍을 건설하고 능소를 정하는 데에 모두 지리서를 이용하셨음에랴. 그러므로 내가 유신으로 하여금 그 요령을 강구하여 밝히게 하겠다." 하였다.

—세종실록 15년 7월 10일—

7월 15일 영의정 황희·예조판서 신상·유후 김자지·전 대제학 하연·제학 정인지·지신사 안숭선에게 명하여 삼각산 보현봉에 올라서 그 산의 내맥을 살피게 하였다.

7월 15일 예조 좌참판 권도가 최양선이 올린 글이 허황하고 망령됨을 상언하다.

예조 좌참판 권도가 상언하기를,
"가만히 생각하옵건대, 주공과 공자는 큰 성인이옵니다. 예악을 제작하여 만대에 표본을 전해 준 분은 주공이요, 옛것을 계승하고 내세를 개발하여 만대에 교화를 전해 준 분은 공자입니다. 그러므로 정치를 하는 데에 주공과 공자를 본받지 않아서는 옳게 될 수가 없사옵니다.

이제 최양선의 글 올린 일은 신이 그 상세한 것을 알지 못하오나 사람들의 말을 듣잡건대, 승문원으로 나라의 명당이라 하고, 경복궁은 명당이 아니니 불가불 궁궐을 새로 지어야 하며, 그리고 보통 사람으로 그런 데에 살게 되면 땅 기운의 엉긴 소치로 혹시 호걸이 나더라도 나라의 이익이 아니라 하여, 이에 대신에 명하시어 살펴보게 하시고, 또 집현전에 명하시어 지리서를 참고하여 자문에 대비하게 하시니, 신은 풍수의 학설이 어떤 사람에게서 나왔는지 알지 못하오나, 그 감응의 길하고 흉함이 과연 말한 바와 같고, 그리고 국가의 이해에 관계됨이 그렇게 중대하다면, 주공과 공자의 나라를 근심하고 세상을 걱정하는 지극한 마음으로써 어찌 한 마디의 이에 대한 언급이 없었사옵니까. 〈중략〉

최양선의 배운 것이 거칠고 정밀하지 못한 것인즉 가히 믿지 못할 것임이 의심 없사옵니다. 신이 처음 이 말을 들었을 때는 전하께서 반드시 믿지 않으시리라고 하였더니, 급기야 대신에게 명하여 산에 올라 살펴보게 하시고, 또 집현전에 명하여 그런 서적을 상고하게 하심으로, 모든 사람들이 웅성웅성하고 서로서로 들떠 움직인다 함을 듣고서, 그제야 전하께서 최양선의 이해 따지는 말에 좀 의아하셔서 이렇게 수선스럽게 된 줄을 알았나이다. 전하 같으신 총명한 슬기로서 최양선의 허황하고 망령됨을 깊이 아시는 데도 거룩한 마음에 동요를 일으킨 그 간사한 말의 이해관계가 이렇듯 끔찍하오니, 신이 비록 멍청하오나 엄하신 뜰앞에 뵈옵기를 청하여 가슴에 품은 바를 극진히 아뢰고 싶음이 간절하온데, 진실로 무엄함이 될까 하와 여러 번 헤아리고 감히 바로 청하지 못하옵다가, 이달 11일에 학질에 걸려서 병세가 가볍지 않사오매, 열흘이나 달포 안에는 감히 대궐에 나아가서 구구한 정성을 아뢰올 길이 없을 것 같사옵기에, 통분을 억제할 수 없어서 지존한 위엄을 모독하고 감히 좁은 소견을 펴어 올리오니, 엎드려 바라옵건대, 거룩하신 사랑으로 굽어 살피옵소서. 〈중략〉

최양선이 어떤 사람이기에 이제 그 승진을 바라는 경박한 말을 믿으시고 태조께서 정하신 것을 의심하심이 과연 옳으십니까. 또 양선이 과연 호걸이 난다는 말을 하였다면, 이것은 고의로 깊고 멀어서 측량할 수 없는 말을 하여서 그것으로 전하를 움직이어 제 욕망하는 바를 성취시키려 함이니, 그 꾀가 교활하다 할 만합니다. 〈중략〉

그리고 우리 한성의 도읍은 도참에 나타나 있어서, 고려조 때에 혹은 궁궐을 경영하기도 하고 혹은 임금이 왔다 가기도 한 것이 한두 번이 아니었으나, 우리 왕조의 일어날 것을 막지 못하였으니 진실로 하늘이 정한 운명이 있사온데, 어찌 사사로운 지혜나 꾀로서 능히 막을 것이오리까. 수 양제가 이전아를 죽였어도 진양의 군병이 일어났고, 주 세종이 얼굴 네모지고 귀 큰 사람을 죽였지만 진교陳橋의 변[17]이 홀지에 일어났으니, 두루 예방하기에 세밀히 했다 하여도 좋은 일을 하여 후대에 남기기를 바른길로 하지 못하면 어떻게 망하는 것을 구원할 것입니까.

---

17) 후주의 세종이 거란으로부터 16주를 수복하기 위해 북벌에 나서려 했다가 병으로 사망하자 세종의 아들인 시종훈이 7세의 어린 나이로 제위를 계승하자 군부의 장수들이 조광윤을 추대하여 무혈 입성한 일.

예와 이제의 분명한 징험이 이와 같거늘, 최양선이 옳지 않은 방도로 전하를 유혹하여 그것을 학설되게 둘러대어 감동하시게 한 것이니, 그 또한 간사하기가 심한 자이옵니다. 〈중략〉

임금이 사정전에 나와서 안숭선과 김종서를 불러보고 말하기를, "대저 신하가 임금을 사랑하고 나라를 근심하여 숨김없이 진술하는 것은 말이 비록 맞지 않더라도 나라를 근심하는 그 충성은 지극한 것이다. 그러나 '혹시 호걸이 나더라도'라고 말했다는 것은 최양선이 말한 바가 아니요, 또한 내가 말한 바도 아니었다. 어찌 압승의 술법을 생각해서 감히 이런 일을 할 것인가. 결코 그럴 리가 없는 것이다.

만약 지리에 고혹(정신이 홀려)하였다 하면, 지금 경복궁 명당은 물이 없어서 왕이 사로잡히고 제후가 멸망할 땅이라는 것이 역사책에 분명히 실려 있고, 또 복술하는 자의 말에, '거년은 나라 운수가 순하게 돌지 못하여 한 해를 넘기기 어렵다.'고 하였어도, 내가 오히려 의혹하지 아니하고 그대로 대궐을 수리하여 잠시도 피해 갈 마음이 없었으니, 어찌 지리설에 고혹했다 할 것인가.

또 최양선을 가지고 임금 꾀기에 영리하여 그른 길로 임금을 유혹하니 더할 수 없는 소인이라고 하였는데, 최양선이 비록 불초한 자라 할지라도 그 전공한 바로서 자기 소견을 가지고 말한 것이 가위 충직하다 할지언정 어찌 교활하다고 하겠는가. 하물며 고금의 제왕들이 각 사람의 전공하는 바를 따라서 그 장처를 취택했음에 있어서랴. 최양선이 승문원동으로 명당이라고 한 것은 비록 믿을 것이 되지 못하지마는, 내가 그 지세를 살펴서 옳고 그름을 알고자 할 뿐이다.

권도가 만일 경복궁은 조상들의 영건하신 바이니 그대로 거처하고 옮기지 말라 함은 그 말한 바가 정대하므로 고맙게 여기지마는, 지리의 서적을 가지고 믿을 것이 못된다 함은 내가 수긍할 수 없다. 지리의 서적이 정통인 경서가 아니어서 간혹 허황하고 망령됨이 있지마는 아주 버릴 수는 없는 것이다.

옛사람들이 곽박을 가지고 지리를 전공하는 자로서 땅을 가리어 어미를 장사지내고도 도리어 몸을 망치는 화액이 있었으므로 허황하다고 지목하지만 주 문공은 본래 지리라는 것을 취택하는 분이 아니면서도 오히려 술수하는 자를 데리고 자기 몸 감장할 땅을 먼 곳에다 택정하였으니, 옛사람들도 이렇게 지리를 버리지 아니하였고,

우리 조상께서는 나라를 세우고 도읍을 정하는 데에 지리를 살펴서 정하시고, 시민들의 부모 장사하는 데에도 반드시 산수의 지형을 보게 하였으니, 지리가 세상에 유행되는 것은 이제부터가 아니고 예전부터였다.

태종께서 전에 말씀하시기를, '지리를 쓰지 않는다면 몰라도, 만일 그것을 쓴다면 정밀히 하여야 한다.' 하시었고, 또 지리서에 이르기를, '본줄기 내룡에 자리 잡으면 곁가지 내룡이 끊어지고, 곁가지 내룡에 자리 잡으면 원기가 끊어진다.'고 하였는데, 이 말이 혹 그럴듯하기도 하다. 더구나 건원릉도 모두 지리를 써서 정하였는데 유독 궁궐 짓는 데에만 지리를 버리는 것이 옳겠는가.

또 알 수 없으나, 권근을 장례지낼 때에 권도가 지리를 쓰지 아니하고 오직 거기에 물이 깊고 토질이 후한 것만을 취택하였는가. 저번에, 죽은 좌의정 유정현이 나에게 말하기를, '수륙재를 올리는 것과 궐내에서 불경을 외게 하는 것이 매우 불가하니 파하기를 청합니다.'고 하기에, 내가 그 말을 좇아서 즉시로 불경 외는 일은 파하였고, 수륙재를 설치한 것은 그 유래가 오래인지라 갑자기 혁파할 수 없어서 내가 즉시 좇지를 않는데, 그 뒤에 유정현이 임종할 때에 부처에게 공양하고 중에게 제를 올리는 비용을 그 아들 유장에게 부탁하여 거의 5천여 섬이나 들이었으므로, 사람들이 모두 비웃었다.

요새 조정에 들어와서는 귀신 제사를 금하자고 말하고 집에 물러가서는 귀신 제사에 고혹한 자가 매우 많으니, 임금 위하기와 자기 위하기의 방도가 스스로 모순이 된다.

옛날 초 장왕이 하희를 불러들이려 하매, 신공 무신이 간해서 못하게 하였는데, 그 뒤에 무신이 하희와 간통해 가지고 진나라로 도망해 버렸으므로, 자반이 큼직한 뇌물을 써서 잡아다 가두자고 하였더니, 계승한 임금이 말하기를, '그가 제 자신에 관해서 한 일은 잘못이지만, 그가 우리 선군을 위하여 한 일은 충성한 것이라.'고 하였다. 이제 권도는 임금을 위하여 생각한 것은 비록 좋으나 그가 한 말은 잘못되었다. 또 나더러 최양선의 간사한 말에 혹하여서 호걸의 나는 것을 막으려 한다 하였으니, 이 것이 어찌 나의 본뜻이겠는가. 후세의 사람들이 만약 권도의 말을 본다면 누가 나더러 호걸을 막기 위하여 이런 일을 하였다고 하지 않겠는가. 내가 비난하고 싶지마는 상소한 일로 죄책을 가한다는 것도 역시 불가하니 아직 그대로 두고 논하지 말라."

-세종실록 15년 7월 15일-

7월 17일 명당에 관한 의논이 분분하니, 임금이 친히 보고 가부를 결정하리라 하다.

황희·김자지·하연·정인지·안숭선 등이 이양달 등을 데리고 백악산에 올라 살펴보고, 또 봉황암에 올라가 살펴 바라보았는데, 이진·신효창·최양선 등은 말하기를, "보현봉의 바른 줄기가 직접 승문원 터로 들어왔으니 바로 현무가 머리를 숙인 땅으로서 나라의 명당이 이만한 데가 없다." 하고,

이양달·고중안·정앙 등은 말하기를, "보현봉의 바른 봉우리가 직접 백악봉으로 내려왔다." 하여, 두 의논이 분분하니, 임금이 말하기를, "내일 내가 친히 백악의 내맥 들어온 곳에 올라가 보고 그 가부를 결정하리라." 하였다.

-세종실록 15년 7월 17일-

7월 18일 삼각산 내맥과 승문원 산맥의 형세를 살펴보게 하다.

임금이 백악산 중봉에 올라서 삼각산 내맥을 살펴보고, 봉황암으로 내려와서 승문원 산맥의 형세를 살펴보았는데, 이양달·고중안·정앙 및 최양선 등이 각각 이롭고 해로운 점을 설명해 아뢰었다.

-세종실록 15년 7월 18일-

7월 18일 이조판서 허조가 최양선의 허황하고 망령된 죄를 내릴 것을 아뢰다.

이조판서 허조가 아뢰기를, "이제 전하께서 최양선의 말을 곧이 들으시고 그를 시켜 명당의 정통 혈자리를 새삼스레 찾게 하시오나, 경복궁은 태조·태종께서 영건하시고 거처하시던 곳이오니 가벼이 고칠 수가 없는 것입니다. 청하옵건대 최양선의 허황하고 망령된 죄를 내리시옵소서." 하니,

임금이 말하기를, "경복궁이 태조·태종께서 영건하시고 거처하시던 곳이라 하여 말하는 것은 내가 그대로 좇을 것이로되, 최양선이 허황하고 망령되다 하여 죄를 주자고 청하는 것은 잘못이다. 천하 고금에 말씀 올린 사람을 죄주는 일이 어디 있단 말인가. 그렇게 한다면 아랫사람의 뜻을 막아 버리는 것이다." 하매,

허조가 황공하게 말하기를, "망령되이 말하는 자는 죄줄 것이옵고, 올바르게 말하는 사람은 죄줄 수 없사옵니다." 하니,

임금이 말하기를, "대신으로서 말이 과연 그러할 수 있는가. 말의 득실은 사람의 어질고 불초한 데에 있는 것이지, 어찌 허황하고 망령됨으로 허물잡아서 죄줄 수가 있겠는가. 또 최양선이 요망하고 허황한 일로 말을 올린 것이 아니라, 그의 공부한 것을 가지고 말한 것이니, 그 마음을 따져보면 실로 충성에서 나온 것이니, 최양선이 망령되고 공손하지 않다고 남들이 모두 미워하나, 만약 최양선이 이로움을 따르고 해로움을 피하는 사람이면 진실로 의론이 두려워서도 감히 경솔히 발언하지 못하였을 것인데, 이제 남들의 비평을 피하지 아니하고 말한 것은 최양선이 아니면 못했을 것이다. 간사한 마음을 먹고 제 몸만을 아끼어 남따라 나아가고 남따라 물러서고 하는 것이 신하 된 자로서의 직책이겠는가. 최양선이 아무리 미치고 망령된 무리라 할지라도 이러한 따위는 아니니, 나는 그 정성을 취택하여 가긍하게 여기노라." 하였다.

－세종실록 15년 7월 18일－

7월 18일 임금이 안숭선을 불러 경복궁과 승문원의 명당 여부를 강구하여 아뢸 것을 말하다.

임금이 안숭선을 불러 보고 말하기를, "오늘 백악산에 올라서 오랫동안 살펴보고, 또 이양달과 최양선 등의 두 가지 말을 들으면서 여러 번 되풀이로 살펴보니, 보현봉의 산맥이 곧게 백악으로 들어왔으니 지금의 경복궁이 바로 명당이 되기는 하나, 그러나 승문원의 내맥도 역시 보통의 땅은 아닌데, 이제 이양달·고중안·정앙 등이 명당이 아니라고 함은 승문원의 터가 낮고 미약하다는 것이 첫째이고, 산수가 좀 곧다는 것이 둘째이고, 정면으로 마주보는 남산이 높다는 것이 셋째이어서, 이런 것으로 흠을 잡으니, 그것을 풍수학하는 자를 시켜 지리서를 강구하여 그 이해되는 것을 논술하여 아뢰게 하라." 하였다.

－세종실록 15년 7월 18일－

7월 21일 세종이 황희·맹사성·권진 등을 불러 강녕전·경회루·역상 등에 관해 논의하며, 길지와 흉지에 대한 처방을 내렸다.

영의정 황희·좌의정 맹사성·우의정으로 사직한 권진 등을 불러 일을 의논하였다.

1. "강녕전은 나만이 가질 것이 아니고 그것이 만대에 전할 침전(침실)인데, 낮고 좁고 또 어두워서 늙어서까지 이 침전에 거처하면 잔글씨를 보기가 어려워서 만 가지 정사를 처결할 수가 없을 것이니, 내가 고쳐지어서 후세에 전해 주고자 하는데 어떻겠는가." 하니, 모두 아뢰기를, "좋습니다." 하였다.

1. "경회루는 영건한 지 오래되지 않았는데, 처마를 받친 지붕마루가 벌써 눌리어 부러졌으니 처마받침을 수리하고자 하는데 어떠한가." 하니, 모두 아뢰기를, "벌써 눌리어 부러졌으면 불가불 수리해야 할 것입니다." 하였다.

1. "예로부터 제왕은 다 역상(천문학)을 중하게 여기어서, 요임금은 희씨·화씨에게 명하여 모든 장인을 다스리었고, 순임금은 선기옥형(해달별)에 의거하여 칠정(七政 : 일월과 화수목금토)을 고르게 하였는지라, 내가 간의(簡儀 : 천체측정기구) 만드는 것을 명하여 경회루 북쪽 담안에다가 대臺를 쌓고 간의를 설치하게 하였는데, 사복시 문안에다가 집을 짓고 서운관에서 당번을 두고 숙직하면서 기상을 관측하게 함이 어떻겠는가." 하니, 황희 등이 아뢰기를, "너덧 간 집을 짓는 것이 좋겠습니다." 하였다.

1. "장의동(청운동)에 있는 태종 잠저의 옛터가 이제 더부룩한 풀밭이 되어서 내가 차마 볼 수가 없으니, 다시 궁전을 지어서 부왕의 영정을 모시는 것이 어떻겠는가." 하니, 모두 아뢰기를, "원묘(사당)를 세워서 만대에 가도록 법전을 정하였으니, 따로 궁전을 설치할 수가 없사옵고, 다만 소나무나 심도록 하심이 좋겠습니다." 하였다.

1. "경복궁에 4대문이 갖추지 못하여 태조 때에 북문을 두고 목책을 설치한 것을 그 뒤에 막아 버리고 성을 쌓았는데, 내가 다시 북문을 낼까 하는데 어떤가." 하니, 모두가 "좋습니다." 하였다.

1. "근자에 글을 올리어 지리를 배척하는 사람이 더러 있으나, 우리 조종께서 지리로서 수도를 여기다 정하셨으니 그 자손으로서 쓰지 않을 수 없다. 정인지는 유학자인데, 역시 지리를 쓰지 않는 것은 매우 근거 없는 일이라고 말하였고, 나도 생각하기를 지리의 말을 쓰지 않으려면 몰라도, 부득이하여 쓰게 된다면 마땅히 지리의 학설을 따라야 할 것인데, 지리하는 자의 말에, '지금 경복궁 명당에 물이 없다.'고 하니, 내가 궁성의 동서편과 내사 복시의 북지 등처에 못을 파고 도랑을 내어서 영제교의 흐르는 물을 끌고자 하는데 어떻겠는가." 하니, 모두 아뢰기를, "좋습니다." 하였다.

1. "경복궁의 오른팔은 대체로 모두 산세가 낮고 미약하여 널리 헤벌어지게 트이어 품에 안는 판국이 없으므로, 남대문 밖에다 못을 파고 문안에다가 지천사(태평로에 있던 절)를 둔 것은 그 때문이었다. 나는 남대문이 이렇게 낮고 평평한 것은 필시 당초에 땅을 파서 평평하게 한 것이었으리라고 생각된다. 이제 높이 쌓아 올려서 그 산맥과 이어지게 하고 그 위에다 문을 설치하는 것이 어떻겠는가. 또 청파역에서부터 남산에까지 잇닿은 산맥의 여러 산봉우리들과 흥천사(돈암동에 있는 절) 북쪽 봉우리 등처에 소나무를 심어 가꿔서 무성하게 우거지도록 하는 것이 어떻겠는가." 하니, 모두가 "좋습니다." 하였다.

1. "왼쪽 팔 되는 가각고(문서보관청) 서편 산맥이 냇물의 마찰로 인하여 무너지고 떨어진 곳이 매우 많으므로 이양달이 여러 번 청하였거니와, 내가 성을 쌓고 냇물을 돌리고자 하는데 어떻겠는가." 하니, 모두가, "좋습니다." 하였다.

1. "궁성 북쪽 주산의 내맥이 행인의 통로가 됨이 마땅치 못하므로, 담을 쌓아 막고자 하는데 어떻겠는가." 하니, 모두가 "좋습니다마는 무릇 이런 공사들을 일시에 한목에 시행하는 것이 불가하오니, 그 선후와 완급을 참작하여 순차로 처리해야 할 것입니다." 하니, 임금이 말하기를, "황희·노한·신상·김자지 등이 지리 아는 사람을 데리고서 못을 팔 곳과 소나무 심을 곳을 가 보게 하라." 하였다. 또 의논해 말하기를, "권도가 상소하여 말하기를, '혹시 호걸이 난다면 나라의 이익이 아니다.' 하고, '이 말을 남에게서 들었다.'고 하였는데, 그 소위 남이라는 것은 어떤 사람인지 권도에게 묻는 것이 어떻겠는가." 하니, 모두가 아뢰기를, "권도가 제 생각을 가지고 말씀 올린 것이라면 비록 옳지 않다라도 묻지 않는 것이 가하지만, 근거 없는 말을 남에게서 전해 듣고서 글을 올렸을 것 같으면, 그 말했다는 사람을 묻는 것이 가합니다."

하여, 권도를 불러 그것을 물으니, 권도가 아뢰기를, "상호군 박연이 신한테 말하기를, '이제 승문원의 터를 살펴본 것은 필시 호걸이 날 것을 막으려고 살펴본 것이리라.' 하기에, 신이 그 말을 듣고 상소한 것입니다." 하매, 박연을 불러서 물으니, 박연이 아뢰기를, "한나라 역사에 '동방에 천자의 기운이 있다.'고 한 말이 기재되어 있으므로, 승문원 터를 살펴본 것을 신의 망령으로 호걸의 날 것을 의심하여 살펴본 것이라고 생각되기 때문에 권도에게 말하였던 것입니다."

하니, 임금이 말하기를, "그대도 또한 서생으로서 어찌 사리의 근본을 알지 못하고 망령되게 간사한 생각을 내었느냐."

하니, 박연이 황공하고 당황하여 어찌할 줄을 모르는지라. 임금이 말하기를, "박연을 요망스러운 말로 사람들을 현혹하게 한 죄로 벌하는 것이 마땅하나, 그러나 늙은 서생이 경중을 모르고서 망발한 것이고, 또 아악을 전문으로 맡아서 공이 없지 아니하므로 다만 그 벼슬만을 파직하고, 그대로 악학에 출근하도록 하라." 하였다.

-세종실록 15년 7월 21일-

세종 15년 7월 25일 상정소에서 경복궁 북문을 만들어 평상시에는 닫아 잠그고 수직하게 할 것을 아뢰다.

상정소에서 아뢰기를, "예로부터 제왕이 궁실은 반드시 네 대문이 있는 것이오니, 옛 제도에 의거하여 북문을 만들고 평상시에는 모름지기 닫아 잠그고 사람을 시켜 문 밖에서 수직하게 하소서." 하니, 그대로 따랐다.

7월 27일 공사의 징발과 지리의 술법에 관해 사헌부에서 상소문을 올리니 세종은 다음날 신개·송포·홍상검 등을 불러 사헌부에서 올린 글에 관해 말하다.

대사헌 신개·집의 송포·지평 홍상검·정잠 등을 부르고, 사정전에 나아가 지신사 안숭선을 불러 보고 말하기를,

"이제 사헌부에서 올린 글에 이르기를, 지리의 일 같은 것에 있어서는 예와 이제의 제왕이 혹은 현명하고 혹은 혼암하며, 신하들의 올리는 말도 옳은 것이 있고 그른 것이 있으므로, 채택하여 쓰고 안 쓰는 것은 모두 그때의 임금에 있는 것인데, 이제 사헌부의 아뢴 말에 지리의 술법은 요괴하고 허망하여 경전에 보이지 아니하므로 유식한 선비들이 모두 말하기를 부끄러워하는 것이라 하였으니, 이 말은 과한 것이다.

우리 태조께서 개국하셔서 한양에 도읍을 정하시고 궁궐을 영건하시며 종묘를 세우심에 모두 지리를 쓰셨고, 건원릉에 이르러서도 지리를 썼으니, 이는 곧 우리 나라는 지리의 학설을 외면할 수가 없는 것이다. 장래의 일로 말한다면 국가에 혹시라도 변고가 있으면 다만 물 깊고 흙 두터운 것만을 취하고 지리를 쓰지 아니하겠는가. 부모 장사에 땅을 정할 때 대소 관료들이 모두 지리를 쓰면서 그래도 정밀하지 못할까 봐 걱정들을 하니, 지금 내가 이 말을 하는 것은 그 아뢴 말이 행하는 것과 다르기 때문이다.

제생원의 터가 주장되는 용과 가지되는 용이 된다면 비록 궁궐은 짓지 않는다 할지라도 나무를 심게 하여 그 땅을 가꾸는 것이 가할 것이지, 어찌 신하나 서민으로 살게 할 수 있겠는가. 최양선이 공부한 바를 가지고 숨김 없이 극력 말하는 것은 충성이겠거늘, 어찌 그것을 매개로 승진하려 한다고 논란하여 죄책을 가하려고 하는가. 하물며 임금으로서는 포용하는 것으로 아량을 삼는 것이어서, 비록 꼴베는 사람의 말이라도 또한 반드시 들어 보아서 말한 바가 옳으면 채택하여 받아들이고, 비록 맞지 아니하더라도 또한 죄주지 않는 것이 아래의 사정을 얻어 알고 자신의 총명을 넓히게 되는 것인데, 이제 말을 올린 사람을 죄주려 하는 것은 나로 하여금 아래의 사정을 듣지 못하여 몽매한 데로 빠지게 하자는 것이냐.

대간의 말이 과연 이럴 수 있는가. 하물며 신효창은 내가 가서 보라고 명령했는데 그것도 승진을 희망해서 그리 한 것이냐. 또 경복궁은 주작이 허하고 명당에 물이 없으므로 개천을 파고 나무를 심으려 하는 것인데, 이것이 나라에 유익한 것이 아니냐. 근일에 혹은 글을 올리어 양선을 배척하는 자도 있고, 혹은 면대하여 나무라서 최양선을 비난하는 자도 있어서 내가 매우 그르게 여기는데, 이제 대사헌은 국가의 대체도 알고 또 친히 나의 말을 들었거늘, 어찌하여 일의 시종을 생각지 아니하고 급작스레 글을 올려 아뢰는가. 가사 집현전에서 풍수학을 강습하는 것은 그르다 할지라도 풍수학을 강명하는 것이 어찌 유자의 분수 밖의 일이라 할 것인가. 그러나 나의 이 말은 실로 힐문하자는 것이 아니라, 사헌부 사람들에게 나의 뜻을 자세히 알게 함이다."

-세종실록 15년 7월 27일-

7월 29일 황희·신상·김자지 등이 경복궁이 명당자리를 얻어 있음을 아뢰다.

영의정 황희·예조판서 신상·유후 김자지·전 대제학 하연·예문 제학 정인지 등이 아뢰기를, "신 등이 보현봉·백악·목멱에 올라 그 내맥의 가지와 줄기와 제생원의 자리를 살펴보온즉, 보현봉으로부터 멀리멀리 내려와서 기운과 정신이 백악에 이르러 멈추었으니 그것의 맥의 본줄기이오며, 내려와 백악에 이르러 동쪽을 향하여 가지를 나누어서 정업원에 이르러 북쪽으로 가로다지 언덕을 이루고, 한 줄기를 다시 나누어 내어서 휘둘러서 동으로 가서 동대문에 이르러 그치어서 왼편을 막는 난간이 되었고, 또 한 줄기는 동남으로 내려가서 종묘 창덕궁의 맥이 되었는데, 기운과 정신이 오로지 위의 두 맥에 있고 가로다지 언덕에 미치지 못하였으며, 가느스름한 맥이 옆 기슭에서 내려와서 제생원의 땅이 되었는데, 가지를 나눈 후에는 다시 일어나서 형체를 생긴 것이 없으니, 이것은 내맥과 지맥 중의 지맥입니다.

땅을 선택하는 데에는 모름지기 네 가지 짐승을 보는 것이온데, 이제 용과 범이 갈라지기 시작한 곳이 현무의 자리이온바, 낮고 연약하여 전연 형세가 없고, 또 주맥이 곧고 길게 누웠는데, 청룡은 서운관 이북은 그대로 괜찮으나, 그 이남은 매우 낮고 약하게 곧장 내려오다가 그 끝이 밖으로 향해 버렸고, 백호는 명통사(시각장애인을 위한 기관) 이상은 그대로 괜찮으나, 이남은 역시 낮고 약하며 안으로 비뚤어져서 용과 범이 수습하지 못하고 돌아싸는 형세가 없사오며, 주작朱雀은 너무 높아서 세 짐승과 상대가 되지 않아서 주인 없이 객만이 강하여, 이것은 지리학의 크게 꺼리는 것이니, 이것은 곧 네 짐승의 불길함이오며, 명당 좌우의 물이 곧게 흘러서 면전에서 합하고, 용과 범은 따라서 곧게 가다가 수백 보를 지난 뒤에 동쪽으로 빠져나갔으니, 이것은 곧 득수득파(산속에 흐르는 물)가 무정하게 된 것이오며, 명당이라는 것은 너그럽고 평평하고 둥글고 넓어야 좋은 것인데, 이제 이 땅은 매우 협소하게 되었으니, 이것은 곧 명당이 없는 것입니다.

말하는 자가 이 땅을 좋다고 말하는 것은 의룡경疑龍經에, '바른 용의 몸 위에는 봉우리가 생기지 않나니 보이는 위에 낱봉우리도 전연 만들어지지 않고서, 반듯한 몸으로 낮고 평평한 것이 가장 귀중한 것이니 판국 중심이 곧 명당이 된다.'고 한 말과, 금낭경錦囊經에, '큰 자는 특별히 작고 작은 자는 특별히 크다.'고 한 따위의 두어 가지 말에 의거한 것일 뿐입니다. 그러나 감룡경撼龍經과 의룡경의 뜻을 자세히 보오면, 감룡경에 낱봉우리로서 찾는 법을 삼은 것은 그 정칙正則을 말한 것이옵고, 의룡경에 낱봉우리 없는 것도 또한 참 용이 된다고 논한 것은 그 변칙變則을 말한 것이온데, 그 요지는 다만 내맥의 가지인지 줄기인지와, 네 짐승의 갖추고 못갖춤과, 호위의 완전하고 불완전함과, 득수득파의 안고 등짐과, 명당의 있고 없음의 어떠함을 볼 뿐이오니, 어찌 한갓 특히 작고 특히 큼과 낱봉우리 없이 낮고 평평한 것만으로서 참 용이라 하겠나이까. 이 땅의 취할 만한 것은 단지 서울 안에 있다는 것뿐입니다.

경복궁 자리로 말하면 보현봉에서부터 내려와서 두 번이나 낱봉우리를 일으키고 종횡으로 솟았다 처졌다 하다가 백악에 이르러 특별히 낱봉우리를 지어 멈추어 가지고, 보현봉과 더불어 구덩이 땅은 구덩이 땅으로 응하고, 돌 땅은 돌 땅으로 응하여 자식이 어미를 떠나지 아니하였고, 그리고 목멱이 남쪽에 있어서 주객이 서로 응하고 있으니, 이는 곧 백악의 정맥됨이 분명하옵니다.
현무의 형세는 풍성한 형상이 특별히 빼나 있고, 백호의 형세는 쭈그리고 앉는 것이 실로 형세에 부합하오며, 다만 청룡이 낮고 약하고 한성부와 전의감 등의 여러 언덕이 약간 등져 있고, 또 안산이 낮고 약하오나, 사면에 둘린 난간이 이미 이루어져 있사오니, 옛글로서 상고하건대, '백호가 있고 청룡이 없는 것은 역시 흉하지 아니하니, 만약 바깥 산이 연해 닿아서 응한 것이 있으면 분명히 조회받는 혈자리에 복이 서로 온다.'고 하였으니, 큰 기운이 이미 모였으면 가지나 마디가 해되지 않는다는 것이온데, 송나라 호순신胡舜臣의 말한바 '백호가 있고 청룡이 없다.'는 것은 서북방의 산 따위인 것입니다. 〈중략〉

천신의 첫자리 될 오방 땅[天一千地]¹⁸⁾에 형성된 것이 없고, 땅 신령의 자리인 자방 땅[神后子地]¹⁹⁾에 길과 언덕이 있고, 인아仁牙에 나무가 있다. 삼각산 남쪽에 다섯 덕

---

18) 천신의 첫 자리를 기워 이르면 곧 영험이 있어 나라 터가 된다 하였다.

19) 인아라는 것은 땅이 있고 초목이 없는 데다가 푸른 솔을 심어야 백 년이 지나면 무성하게 되는 곳이라 하고, 또 이르기를, 인아라는 것은 땅이 있고 초목이 없어서 왼팔처럼 모자라고 척박한

의 언덕[五德丘]이 된다. [해석하기를 명당 주맥의 전면에 있는 멧부리는 둥근 형상이니 토덕土德인 것이니, 전면 멧부리는 곧 백악이요, 감악紺岳은 구붓하게 이루어졌으니 수덕水德인 것이요, 관악은 삐쭉삐쭉하고 날카로우니 화덕火德인 것이요, 양주의 남행산은 곧게 이루어졌으니 목덕木德인 것이요, 수주樹州의 북악은 모난 형상이니 금덕金德인 것이라 하였다.] 등의 말을 알지 못한 것이옵고, 백악이 명당임은 실로 이것들과 부합되는 것입니다. 세 군데 꽃자리라는 것은 구변도九變圖[20]를 가지고 상고해 보면 목멱이 첫째 꽃자리요, 송악이 둘째 꽃자리요, 평양이 셋째 꽃자리이니, 처음부터 이 도성 안에 세 꽃자리가 갖추어 있다는 것이 아니옵니다. 그런즉 경복궁이 그대로 명당자리를 얻어 임방을 등지고 병방을 향해 앉아서 삼각산의 중심에 응하였사오니, 말하는 자의 말은 아마도 옳은 의논이 된다고 할 수 없사옵니다." 하였다.

－세종실록 15년 7월 29일－

세종 15년 8월 4일 이양달이 경복궁 명당의 물에 관해 아뢰다.

경연에 나아갔다. 지리 살피는 이양달이 아뢰기를,
"경복궁 명당의 물은 왼편 물이 소격전 골짜기 근처에서부터 나오고, 오른편 물이 백악과 인왕산 기슭에서부터 나와서 혜정교 아래에 이르러 좌우의 물이 합류하여 돌아 싸고 내려가니, 등지고 흐른다고 말할 수 없사오며, 궁성 서문 밖의 작은 냇물이 형조 관아 북쪽에 이르러 오른편 물과 합류하여 일직선으로 가로질러 내려가니, 바로 옛사람의 명당 상류수 이론에 부합되는 것입니다. 하필 공교하게 파서 비뚜로 흐르게 하겠습니까. 신의 마음에는 예전대로 두는 것만 같지 못하다고 생각되옵니다. 지리서에 이르기를, '왼편에 물 있고 왼편에 산 있으면 재물이 쉽게 생기고, 오른편 활로 오른편을 안은 것은 그다음 간다. 음택이나 양택이나 다 이러하되 왼편의 산에서 기울어져 흐르는 것만 같지 못하다.' 하였습니다." 하니, 아뢴 것을 풍수학에 내려보냈다.

곳이니 솔을 심어서 돕는다 하였다.

20) 왕조의 교체를 예언한 도참서. 일명 '구변진단도九變震檀圖'·'구변도국九變圖局'·'구변도九變圖'라고도 한다. 우리나라 곧 진단의 왕조 변혁이 아홉 차례에 이른다는 예언서. 건목득자建木得子로 이李자의 파획으로 이씨 성을 가진 자가 9왕조 중의 하나를 세운다는 것이다.

세종 15년 윤 8월 29일 여러 신하가 다 나간 뒤에 허조가 홀로 남아서 아뢰기를,

"병오년에 횡성으로 강무(사냥)하러 나간 사이에 서울에 불이 났고, 신해년 봄에는 평강에서 강무하는데 행차가 매장원에 이르러서 인마가 비를 무릅쓰고 가다가 많이 죽었고, 금년 4월에는 안성에 눈비가 내리고 또 요새는 살별이 늘 나타나오며 또 횡성으로 강무하러 가시는 것은 길도 대단히 머옵고 날수도 많이 걸리오니, 철원·평강 등지에서 행하게 하시기를 바라오며, 또 지리서에 이르기를, '골짜기가 있으면 물이 있다.' 하였사오니, 이로써 본다면 땅속에 응당 물이 있을 것이온데, 하필 못을 파서 사람의 힘을 더해야 하겠습니까. 이것은 급하지 아니한 일이오니 그 역사는 정지시키시기를 바라옵니다." 하니,

임금이 말하기를, "지리의 학설은 사대부들이 모두 그것을 쓰는데 어찌 유독 국가에서만 쓰지 못하겠는가. 지리의 학설이 정당한 이치가 아니라면 경의 말이 정대한 데, 아무 일도 그르고, 아무 일도 그르다고 지적해 말한다면, 투철하게 보지 못하고서 그르다고만 하는 것이 가하겠는가. 강무하는 것은 군국의 중대한 일이라 폐지할 수 없는 것인데, 경의 말하는 것은 역시 이해를 투철하게 보지 못한 말이다."
하고, 임금이 좀 언짢은 기색을 띠면서 말하기를, "경의 말이 어찌 잘못이겠는가. 내가 어질지 못하여 쓰지 못할 뿐이다." 하였다. 허조가 물러가니, 임금이 대언들에게 묻기를, "안성 땅에 눈비 내린 재변을 그대들도 들었는가."

한즉, 모두 아뢰기를, "듣지 못하였습니다."

하니, 임금이 말하기를 "송나라의 이항李沆이 재앙이나 괴이한 변고가 있으면 보고가 이르기도 전에 이항이 먼저 아뢰었다고 하나, 어찌 사실 아닌 일을 가지고 아뢸 수야 있겠는가. 재변의 일을 듣고 아뢰는 것은 아름다운 뜻이로되, 사실 아닌 일을 아뢰지는 못할 것이다. 또 병오년의 화재와 신해년의 풍우가 어찌 강무로 인하여 그러했겠는가. 더구나 봄 사냥인 수(蒐: 새끼 배지 않은 짐승을 사냥하는 것)와 여름 사냥인 묘(苗 : 오곡에 해를 끼치는 짐승을 사냥함)와 가을 사냥인 미(獮 : 살찐 짐승을 사냥)와 겨울 사냥인 수(狩 : 포위하여 사냥함)는 옛사람의 제도인데, 우리 조종께서 봄·가을로의 강무(사냥)하는 법을 제정하시고 또한 그 땅을 가리어 정하게 하였으니, 이것은 조종께서 백성을 위하여 폐해를 제거하시려는 것으로서 진실로 후세에서 본받아야 할 것이다.

또 더구나 위로는 종묘를 위하여 제물을 이바지하고, 병졸을 훈련하여 무술을 강구하는 일인즉, 어찌 작은 폐해를 헤아려서 국가의 큰 법을 폐지할 것인가. 또 이제 못파는 일은 내가 지리에 혹하여서 하려는 것이 아니라, 만대를 내려갈 도성의 판국을 위하여 시설하는 것이다. 내가 만약 지리에 혹했다고 하면 경복궁은 임금이 포로로되고 제후국이 멸망하는 땅이라 하며, 또 점치는 자가 말하기를, '이 집에 거처하면 금년을 넘기지 못한다.' 하였으나, 내가 의혹하지 아니하여 그대로 피하지 않고 거처하고 있는데, 이 어찌 지리에 혹한 것이겠는가."

하고, 드디어 조회를 파한 뒤에 승정원에 명하여 말하기를, "나라를 위하는 것이 집을 위하는 것만 못한가 보다. 요새 사대부들이 집에 있으면 귀신이나 지리에 관한 일들은 하지 않는 것이 없으면서, 조정에 나오면 모두 고상한 이론만 가지고 배척한다. 못을 파서 장차 나라에 이로움이 된데도 운명이요, 못 파는 것을 그만두어서 나중에 나라에 해가 된데도 역시 운명일 것이니, 곧 교지를 내리어 못 파는 일을 그만두게 하라."

하니, 지신사 안숭선 등이 아뢰기를, "못 파는 일이 이미 다 되어 가오니 그만두는 것은 불가하옵니다. 못 파는데 감독한 제조들과 의논하신 연후에 시행하시기를 바라옵니다."

하니, 임금이 그대로 따라서 제조 신상·성억 등을 불러서 의논하니, 모두 아뢰기를,

"못을 파는 역사가 이미 다 되었는데 그만두면 이것은 백성의 힘을 헛되이 쓴 것이됩니다. 우리 태조께서 개국하시고 지리 학설로 도읍을 정하셨으니, 지리의 학설을 폐할 수 없음이 분명하옵니다. 어찌 한 사람의 의논으로써 이미 작정된 운명을 깨뜨려 버릴 수 있겠습니까." 하니, 임금이 그대로 따랐다.

1435년, 세종 17년 12월 4일 창덕궁 오른쪽 산의 옛 도로를 막게 하다.

음양학에서 아뢰기를,
"창덕궁 오른쪽 산의 옛 도로를 티우고 막는 데에 대한 이로움과 해로움은 이를 옛 서적에 상고해 보니, 서로 같지 않은 것이 있으므로, 얻고 버리기가 어려워서 대신에게 이를 의논하게 하니, 황희 등은 의논하기를, '전면에는 조정이 있고, 후면에는 시

장이 있다는 의논으로써 이를 관찰한다면, 도로가 궁궐에 해로움이 없을 듯합니다. 또 이 길이 이미 통해졌으니 훗날 창덕궁에 옮겨 거처한 후를 기다려서 다시 의논하게 함이 어떻겠습니까.' 하였는데, 홀로 동지중추원사 민의생은 의논하기를, '전면에는 조정이 있고, 후면에는 저자가 있다는 의논은 본조정의 산을 의지한 궁궐에는 합하지 않을 듯합니다. 또 주산이 백호이며 구덩이를 묻어 길을 만들었으므로, 길하지 않다는 설이 한 가지가 아니니, 지리에 화복이 매였다는 말은 비록 다 믿을 수는 없지마는, 그러나, 아랫사람의 처지에 어찌 감히 거짓말을 하겠습니까. 만일 훗날에 창덕궁으로 옮겨 거처한다면 반드시 마땅히 다시 막아야 될 것이니, 태종조의 고사에 의거하여 막는 것이 어떻겠습니까.' 하였습니다." 하니,
민의생의 의논에 따랐다.

―세종실록 17년 12월 4일―

세종 20년 4월 15일 경연에서 승지 허후가 토목공사 중지할 것을 아뢰다.

경연에서 승지 허후가 강의하다가 아뢰기를, "근래 토목의 일들이 전에 비하여 약간 번다하온 듯하오니 이를 억제하시기 바라옵니다."

하니, 임금이 말하기를, "그러나 사소한 수리는 부득이한 것이다. 일을 주관하는 사람들이 공사를 시작한 뒤에 계속 아뢰어 공사가 지연되고 있으니, 나도 본래 그 폐단을 알고 있다. 그러기 때문에 궁전이 기울고 위험한 곳이 많이 있고, 유사가 이의 중수를 누차 아뢰었어도 모두 윤허하지 않는 것이다." 하였다.

허후가 또 아뢰기를, "근일에 일관 최양선의 의견에 따라 주산의 내맥을 보토한다 하옵는데, 신은 본래 풍수설의 이치를 알지 못하옵니다. 그러하오나, 신의 좁은 소견으로서는 산맥이란 본시 천연의 형세가 있는 것이온 데, 산맥의 장단을 보충해 무엇하며 국운의 길고 짧은 것이 이와 무슨 관계가 있겠습니까. 이 역시 할 필요가 없는 일입니다." 하니, 임금이 말하기를, "그렇다. 다만 이미 시작한 일이니 정지하기에는 때가 늦었다." 하였다.

―세종실록 20년 4월 15일―

세종 23년 6월 9일 경복궁을 옮기자는 최양선의 상소에 관해 민의생·
정인지 등이 논의하다.

최양선이 경복궁은 바른 명당이 아니라고 하여 궁궐을 가회방의 제생원 땅으로 옮
기자 하고 상소하여 말하니, 풍수학 제조 예조판서 민의생·지중추원사 정인지 등이
의논하고 말하기를,
"지리 제서에 무릇 명당이라 논한 것은 모두 다 넓고 평평한 것을 요하는데, 이제 경
복궁이 송도의 도선이 잡았다는 구정(격구장)과 형세가 서로 같고, 제생원의 땅은 협
착하니 그 명당이 아닌 것이 분명합니다. 계축년에 최양선이 처음으로 망령된 의논
을 일으키고 제 설을 널리 인용하여 자기의 뜻에다가 억지로 끌어 맞추었으므로, 그
때 조정에서 이미 증명하여 결정하였는데, 이제 또 번거롭게 상소하였으니, 불가불
징계하여야 합니다."
하니, 임금이 말하기를, "최양선의 소견이 저러하고, 또 나랏일을 위하여 말한 것인
데 어찌 죄주겠는가." 하였다.

−세종실록 23년 6월 9일−

세종 23년 7월 25일 자선당 밖에 한 궁을 따로 지어 세자를 살게 하다.

임금이 승정원에게 이르기를, "궁중에서 모두 말하기를, '세자가 거처하는 궁에서 살
아서 이별한 빈嬪이 둘이고, 사별한 빈嬪이 하나이니, 매우 상서롭지 못하다. 마땅히
헐어 버려 다시 거기에 거처하지 말게 하자.'고 한다. 대저 부모가 돌아가신 뒤에 아
들이 전하여 그 집에 살게 되매, 부모가 앉았다 섰다 하던 곳에 목소리가 완연하여
서 차마 거처할 수 없다. 내가, 낙천정이 모후母后께서 병환으로 고생하시던 곳이므
로, 역시 차마 거처하지 못하였다.

사람들이 말하기를, '경복궁은 불길한 땅이라.' 하므로 창덕궁으로 옮겼더니, 모시는
사람들이 또한 편하지 못하므로 부득이 도로 옮겼다. 이같이 한 것이 한 번이 아니
었으나. 그러나, 고금에 사람의 자식된 자로서 누가 부모의 궁실을 이어받아 살지 아
니하겠는가. 하물며 동궁은 다른 곳에 비할 것이 아니니 진실로 헐어 버릴 수 없고,
세자가 또 궁성 밖에 거처할 수도 없는 것이다. 다만 궁궐이 얕고 드러나서 거처하기

에 마땅치 아니하므로, 자선당 밖에다 따로 한 궁을 지어서 살게 하려고 하니, 경 등이 숙의하여 아뢰라." 하니, 도승지 조서강과 예조판서 민의생·참판 윤형 등이 의논하고 아뢰기를, "임금님의 말씀이 지극히 당연하오니 급하지 아니한 역사를 정지시키고 빨리 경영하소서." 하매, 그대로 따랐다.

—세종실록 23년 7월 25일—

세종 25년 2월 2일 의정부와 예조에서 최양선을 벌할 것을 청하였으나 거절하다.

의정부와 예조에서 아뢰기를,
"전일에 대군 및 의정부의 풍수학 제조가 함께 수릉을 살필 때에, 서운 부정 최양선이 수릉의 혈 자리가 임방壬方 자리인 것을 감방坎方 자리라 하고, 또 허망하게 이르기를, '곤방 물이 새 입처럼 갈라졌다.' 하여, 그 해로움을 논하기를, '손이 끊어지고 맏아들을 잃는다絶嗣損長子'고 하여, 『풍수서』에도 없는 터무니없는 말로써 제가 옳다고 억지 우겨대고, 또 그 언사가 불순하고 무례하기에, 신 등이 감히 사실 내용을 갖추어서 청하였사온데, 다만 의금부에 가두라고만 명하시고 국문할 것을 허락하지 않으시오니, 신 등이 가만히 생각하옵건대, 여러 지리책들을 상고해 보아도 그 해롭다는 것을 보지 못하겠습니다.
그러므로 이는 마땅히 법관으로 하여금 최양선의 말한 바를 가지고 여러 지리책을 대조하여 그 옳고 그름을 분변하여서, 과연 허황하여 근거가 없으면 그 허황하게 말한 죄를 바로잡고, 역사책에 기록하여서 후세의 의혹을 끊어 버려야 할 것이옵니다. 만일 이제 죄주지 아니하시면, 신 등이 깊이 두려워하옵기는 옳고 그름이 정해지지 않아서 여러 사람의 의심이 명백해지기 어렵삽고, 이 같은 무리가 마침내 조심하는 바가 없이 제멋대로 서로 제 나름의 지혜를 저마다 쓸 것이오니, 옳고 그름을 따져 밝힌 연후에 죄주고 말고를 성상께서 재량하여 시행하도록 하시옵소서."

하니, 임금이 말하기를,

"최양선의 광망한 것은 나도 알기 때문에 이미 최양선으로 하여금 다시는 큰 일에 참여하지 못하게 하였다. 그러나 최양선이 어찌 딴 마음이 있었겠느냐. 그 견해가 그러하기 때문에 힘써 말했을 뿐이니 죄줄 수는 없다.
전일에 이 뜻을 경 등에게 일렀는데, 경 등이 내 말을 넘겨 듣고서 죄주기를 또 청하니, 내 또한 경 등의 뜻을 모르겠노라. 경 등은 나로써 최양선을 믿는다고 하는가. 나는 그런 것이 아니다. 먹은 마음이 있으면 반드시 말하는 것은 신하 된 사람의 충성인지라. 내 역대의 사기를 보건대, 과감하게 말한 것을 가지고 사람을 죄주는 자가 있지 아니하였다.

최양선의 말이 비록 불순하다 하지만, 그러나 소견에 불가한 것이었으므로, 임금을 불가한 처지에 가만히 두고 싶지 않아서 힘써 말하여 굴하지 않은 것이니, 비록 이정녕의 멱살을 잡고 말하였을지라도 불가할 것이 없고, 또 지리의 논설에 화복은 알기 어려운 것이니, 지난번 성녕대군의 장례 때 모두 태종께 이롭지 않다 하는 것을 태종께서는 듣지 않으시었어도 마침내 자연의 수명을 편안히 누리시었다.

만일에 지리를 깊이 아는 사람이 있어서 공정하게 본다면 말의 옳고 그름을 쉽게 가릴 것인데, 이제 지리를 깊이 아는 사람이 없으면서 모두 최양선의 말은 그르게 여기고 다른 이들의 말은 옳다고만 하니, 이정녕·정인지가 과연 무슨 소견이 있으며, 경 등은 또 무슨 소견이 있는가. 가령 여러 책을 참고해 보아서 최양선의 말한 것이 그르다면 최양선이 마땅히 잘못 본 죄를 받아야 할 것이지만, 만일 최양선의 말한 것이 옳다면 경 등이 또한 이정녕·정인지를 죄주자고 청할 것인가. 나는 경 등이 그렇게 하지는 않을 줄 안다.

경 등은 또 말하기를, '최양선이 그른 것을 고집하고 과감히 말하는 것은 이름을 낚고 이익을 구하는 것입니다.'고 하나, 나는 그렇지 않은 것으로 생각한다.

태종조에 돈의문이 인덕전 앞에 있었는데, 이숙번의 집 앞을 거쳐 지나면 왕래하기가 심히 편리할 것을 사람마다 알면서도 감히 말하는 자가 없었던 것은 이숙번을 두려워함이었다.

옛사람이 이르기를, '대신을 거역하면 뒤탈이 한없다.' 하였는데, 최양선이 진실로 이름을 낚고자 한다면 제조에게 아양을 부려서 눈치를 따르고 비위를 맞추기에 혹시나 어김이 있을까 두려워할 것이지, 어찌 즐겨 나랏일 때문에 감히 제조와 더불어 맞서서 다툴 것인가. 경 등이 반드시 최양선을 죄주고자 하는 것은 하관으로 하여금 일체로 상관의 명령을 들을 뿐이고 감히 어기지 못하게 하려 함이니, 이 어찌 국가의 이익이겠는가." 하였다.

—세종실록 25년 2월 2일—

세종 27년 1월 1일 풍수학의 승원로·안효례 등이 거처를 옮기기를 상서하였으나 윤허하지 않다.

풍수학의 승원로·안효례가 상서하기를,
"옛날부터 제왕의 궁실을 짓는 데는 산천의 서로 만나는 관계와 명당의 똑바른 혈자리를 가리는 법입니다. 그렇지 않으면 삼재(천지인)의 도리에 반드시 옛 현인의 말과 틀리게 되옵니다."

하고, 또 아뢰기를, "털끝만 한 차이에서 화복禍福이 천리만큼 갈리는 것이오니, 청하옵건대, 도성 안을 나가지 마시고, 우선 안국방 동네로 이사하소서."

하니, 윤허하지 아니하고, 도승지 이승손에게 이르기를,
"작년 가을에 내가 초정에서 돌아왔을 때, 마침 궁중이 편안하지 못하여 동궁과 대군들이 모두 금성 대군의 집에서 피병하기를 청하므로 내가 그대로 따라 그 집을 수리하도록 명령하였다. 이선로가 소문을 듣고 상소하여 거처 옮기기를 청하였고, 그 뒤에 중궁의 모친과 광평 대군이 두 달 안에 잇달아 죽었다. 경이 태종 대왕의 옛일을 들추어 혹은 개성이나 혹은 연희궁으로 옮아 앉기를 두 번이나 청하므로 연희궁을 수리하라고 명령하였는데, 이선로가 또 상소하여 청하였다. 그 뜻은 '필시 내 상소를 따라서 하는 것이리라.'고 하겠으나, 그 실은 이선로의 말로 인한 것이 아니라, 전날에 최양선이 궁궐을 승문원 동네로 옮기기를 청하므로 대신과 서운관으로 하여금 의논하게 하여 중지하였다. 그것을 의논하게 한 것은 그대로 하려고 한 것이 아니라, 누구나 상소한 자가 있으면 그대로 둘 수가 없기 때문이었다. 지금 원로들이 역시 최양선·이선로 등을 본받아서 이러한 청이 있으나, 내 음양 지리의 괴이한 말을 믿지 않는 것은 경이 이미 알고 있을 것이다." 하였다.

세종 28년 4월 15일 장의문이 경복궁을 누르고 해하니 출입을 제한하다.

이양달이 일찍이 말하기를, '장의문이 경복궁을 임하여 누르고, 또 해가 있으니, 사람의 자취를 통하는 것이 좋지 않다.'고 하였다. 그러므로, 길을 막아서 소나무를 심고 항상 잠가 두고 열지 않은 지가 오랜데, 지금 항상 통행하니 대단히 좋지 못하다. 이제부터는 명령을 받고 출입하는 외에는 항상 닫아 두고 열지 말라." 하였다.

-세종실록 28년 4월 15일-

세종도 태종과 같이 경복궁에서 계속해서 지낸 것이 아니었다. 풍수설에 대한 논란도 무시할 수 없었고, 굳이 불길하다는데 경복궁을 주 거처로 확정하고 지내지는 않은 것이다. 풍수사 최양선의 '왕이 사로잡히고 제후가 멸망할 것이라는' 발언은 후대로 갈수록 더 사실로 나타나 후대의 임금 또한 경복궁을 주 거처로 삼고 지낸 임금은 아무도 없었다.

세종 재임기간 동안 창덕궁과 경복궁, 연희궁을 오가며 거주하였고, 임기 후반부터는 개인의 사저에서 거주한 기록이 많다. 개인 사저를 이주한 이유는 어머니 소현왕후의 피병과 왕비의 피병, 그리고 본인의 피병을 위하여 주로 신하들의 가정을 택하였다.

문종 즉위년 6월 25일 세종이 승하하고 문종이 등극하자 임금은 경복궁에서 충순당으로 옮겨 상喪을 마칠 때까지 거처하였다.

문종 1년 4월 18일 경복궁 북쪽 산에 표標를 세워 소나무를 심어서 산맥을 비보하게 하다.

> 풍수학에서 아뢰기를, "경복궁은 백호가 높고 험준하나, 청룡이 낮고 미약하므로 가각고 북쪽 산의 내려온 맥에 소나무를 심어 길렀는데, 근년에 벌레가 먹어서 반이 넘게 말라 죽었으며, 그 마르지 않은 것도 근방의 무식한 무리가 가지와 줄기를 베어 쳤고, 혹 맥혈을 파고서 집을 짓기도 하였습니다. 이로 말미암아 청룡이 날로 더욱 쇠약하여지니, 청컨대 표標를 세워서 한계를 정하고 소나무를 심어서 산맥을 비보裨補하게 하소서." 하니, 예조와 한성부의 풍수학에게 명하여, 함께 살펴서 표를 세우게 하였다.
>
> −문종실록 1년 4월 18일−

황희정승이 문종 2년에 하직하여 이후 경복궁에 얽힌 이야기는 다음 왕조에서 다시 논한다.

영의정 부사 황희의 졸기

영의정부사로서 그대로 치사한 황희가 졸하였다. 황희는 장수현 사람인데, 자는 구부懼夫이며, 판강릉부사 황군서의 아들이다. 출생해서 신기神氣가 보통 아이와 달랐는데, 고려 말기에 과거에 올라서 성균관 학관에 보직되었다. 우리 태조께서 개국하시매 선발되어 세자 우정자를 겸무하고, 조금 후에 예문 춘추관을 맡았다가 사헌 감찰과 우습유에 전직되었는데, 어떤 일로써 경원 교수관으로 좌천되었다.

태종이 사직을 안정시키니 다시 습유의 벼슬로써 불러 돌아왔는데, 어떤 일을 말하였다가 파면되었는데, 조금 후에 우보궐에 임명되었으나 또 말로써 임금의 뜻에 거슬려서 파면되었다. 형조·예조·병조·이조 등 여러 조의 정랑을 역임하였다. 이때 박석명이 지신사로서 오랫동안 기밀을 관장하고 있었는데, 여러 번 사면하기를 청하니, 태종이 말하기를,

"경卿이 경과 같은 사람을 천거해야만 그제야 대체할 수 있을 것이다."

하니, 박석명이 황희를 천거하여서 갑자기 도평의사 경력과 병조 의랑으로 전직되었다. 그가 아버지 상사喪事를 만나니, 태종은 승추부가 군무를 관장하고, 또 국가에 사고가 많은 이유로서 무관의 백일만에 기복 출사시키는 제도를 임시방편으로 따르게 하여 대호군에 임명하고, 승추부 경력을 겸무하게 하였다. 우사간 대부로 승진되었다가 얼마 안 있어 좌부대언에 발탁되고 마침내 박석명을 대신하여 지신사에 임명되었다. 후하게 대우함이 비할 데가 없어서 기밀 사무를 오로지 다하고 있으니, 비록 하루 이틀 동안이라도 임금을 뵙지 않는다면 반드시 불러서 뵙도록 하였다. 태종이 일찍이 말하기를,

"이 일은 나와 경만이 홀로 알고 있으니, 만약 누설된다면 경이 아니면 곧 내가 한 짓이다."

하였다. 훈구 대신들이 좋아하지 아니하여 혹은 그 간사함을 말하는 사람이 있기도 하였다. 이때 민무구·민무질 등이 권세가 크게 성하여 종파와 지파를 모해하니, 황희는 이숙번·이응·조영무·유양 등과 더불어 밀지를 받아 이들을 도모하였는데, 태종이 일찍이 이르기를,

"만약 신중히 하여 빈틈이 없지 않으면 후회하여도 미칠 수 없을 것이다." 하였더니, 여러 민씨들이 마침내 실패하였다.

1408년에 목인해의 변고가 일어나니 황희가 마침 집에 있었으므로, 태종이 급히 황희를 불러 말하기를, "평양군이 모반하니, 계엄하여 변고에 대비하라." 하였다. 황희가 아뢰기를, "누가 주모자입니까?" 하니, 태종이 말하기를, "조용趙庸이다." 하였다. 황희가 대답하기를, "조용의 사람된 품이 아버지와 군주를 시해하는 일은 하지 않을 것입니다." 하였다.

후에 평양군이 옥獄에 나아가므로 황희가 목인해를 아울러 옥에 내려 대질하도록 청하니 태종이 그대로 따랐는데, 과연 목인해의 계획이었다. 그 후에 김과金科가 죄를 얻으니, 조용趙庸도 또한 진술에 관련되었다. 태종이 대신들을 모아 놓고 친히 분별하니 정직한 것이 조용에게 있었다.

태종이 황희에게 이르기를, "예전에 목인해의 변고에 경이 말하기를, '조용은 아버지와 군주를 시해하는 짓은 반드시 하지 않을 것입니다.' 하더니, 과연 그렇다."

하니, 조용이 비로소 그 말뜻을 알고 물러가서는 감격하여 능히 말을 하지 못하였다. 기축년 가을에 가정대부 참지의정 부사에 발탁되고, 겨울에는 또 형조판서에 발탁되었다. 다음해 3월에 지의정부사가 되고 대사헌에 전직되었다. 그다음 해에는 병조판서에 전직되었다가 예조판서에 옮겨졌으나 병을 얻어 매우 위급하니, 태종이 내의원 김조·조청 등에게 명하여 병을 치료하게 하고, 안부를 물은 것이 하루에 3, 4번이나 이르게 되어 병이 나았다. 태종이 김조 등에게 이르기를,

"이 사람이 성실하고 정직하니 참으로 재상이다. 그대들이 능히 병을 치료했으니, 내가 매우 기쁘게 여긴다."

하고는, 마침내 후하게 상을 주었다. 얼마 후에 어떤 일로써 파면되었다가 1415년(태종 15)에 이조판서에 임명되었으며, 의정부 참찬과 호조판서를 역임하고 다시 이조판서에 임명되었다. 1416년에 세자 이제가 덕망을 잃어서, 태종이 황희와 이원을 불러서 세자의 무례한 실상을 말하니, 황희는 생각하기를 세자는 경솔히 변동시킬 수 없다고 여겨, 이에 아뢰기를,

"세자가 나이가 어려서 그렇게 된 것이니, 큰 과실은 아닙니다."

하였다. 태종은 황희가 일찍이 여러 민씨들을 제거할 의논을 주장하였으므로 세자에게 붙어서 민씨의 원한을 풀어주고 후일의 터전을 삼으려 한다는 이유로써 크게 성내어 점점 멀리 하여 공조판서에 임명하였다가 다음해에는 평안도 도순문사로 내보내었다. 1418년(태종 18)에 판한성 부사로 불러서 돌아왔으나, 세자가 폐위되니 황희도 폐하여 서인으로 삼고 교하交河에 퇴출시키고는 모자를 함께 거처하도록 허가하였다.

대신과 대간들이 죄 주기를 청하여 그치지 않으니, 태종이 황희의 생질 오치선을 유배지에 보내어 말하기를, "경은 비록 공신이 아니지마는 나는 공신으로 대우하므로, 하루 이틀 동안이라도 보이지 않으면 반드시 불러 보아서 하루라도 나의 좌우에서 떠나 있지 못하게 하려고 하는데, 지금 대신과 대간들이 경에게 죄 주기를 청하여 한양과 개성사이에는 거처시킬 수 없다고 한다. 그런 까닭으로 경을 경의 관향인 남원에 옮겨 두니, 경은 어미와 더불어 편리할 대로 함께 가라."

하고는, 또 사헌부에 명하여 압송하지 말도록 하였다. 오치선이 복명하므로, 태종이 묻기를,

"황희가 무슨 말을 하더냐?"

하니, 오치선이 아뢰기를, "황희의 말이, '살가죽과 뼈는 부모가 이를 낳으셨지마는, 의식과 복종은 모두 성상의 은덕이니, 신이 어찌 감히 은덕을 배반하겠는가? 실상 다른 마음은 없었다.'고 하면서, 마침내 울면서 어찌할 바를 모르고 있었습니다."

하니, 태종이, "이미 시행하였으니 어떻게 할 수 없다." 하였다.

황희가 남원에 이르러서는 문을 닫고 빈객을 사절하니 비록 동년 친구일지라도 그 얼굴을 보기가 드물었다. 태종이 그 사실이 아닌 것을 알고서 1422년 2월에 불러서 서울에 돌아오게 하였다. 황희가 태종을 알현하고 사은하니, 세종이 곁에 뫼시고 있었다. 태종이 말하기를,

"내가 풍양(이궁)에 있을 적에 매양 경의 일을 세종에게 말하였는데, 오늘이 바로 경이 서울에 오는 날이로다."

하고는, 명하여 후하게 대접하도록 하고, 과전科田과 고신告身을 돌려주게 하고, 세종에게 부탁하여 임용하도록 하였다. 10월에 의정부 참찬에 임명되고, 예조판서에 전직되었다.

강원도에서 기근이 있었는데, 관찰사 이명덕이 구황의 계책을 잘못 썼으므로 황희로써 이를 대체시켰더니, 황희가 마음을 다하여 진휼하였다. 세종이 이를 가상히 여겨 숭정대부 판우군 도총제 부사에 승진 임명하고 그대로 관찰사로 삼았다. 다음해 6월에 불러 와서 의정부 찬성에 임명하고 대사헌을 겸무하게 하였으며, 이조판서로 전직 하였다가 마침내 의정부 우의정에 임명되고 판병조사를 겸무하게 하였다. 세종이 어느 날 황희를 불러 일을 의논하다가, 황희에게 이르기를,

"경이 유배지에 있을 적에 태종께서 일찍이 나에게 이르시기를, '황희는 곧 중국 한나라의 명신 사단史丹과 같은 사람이니, 무슨 죄가 있겠는가?' 하셨다."
하고는, 좌의정과 세자사에 승진시켰다. 황희가 평안도의 순문사가 되었을 적에 행대行臺 이장손이 대등한 예로써 황희를 모욕하고, 황희와 더불어 서로 글을 올려 논핵하므로 태종이 양편을 화해시켰었는데, 후에 황희가 정권을 잡으니 이장손은 통진 수령으로서 교대를 당하게 되었다. 황희가 말하기를,

"이 사람이 관직에 있으면서 명성이 있었다."

하고는, 천거하여 헌납으로 삼았고, 또 천거하여 사인舍人으로 삼았었다. 황희는 어머니 상사를 당하여 불사佛事를 행하지 않고 한결같이 가례家禮에 따랐다. 때마침 임금이, 세자를 장차 북경 조정에 알현시키려 하였기 때문에 상중인 황희를 기복시켜 세자 보좌업무로 삼으려고 하므로 두세 번 사양하였으나, 윤허하지 아니하였다. 사헌부에서 황희가 동산 역리의 뇌물 주는 것을 받았다고 탄핵하므로 황희가 또 사양했으나, 윤허하지 아니하였다.

겨울에 평안도 도체찰사가 되어 약산의 성터를 정했는데, 황희는 약산이 요충에 있으므로 영변 대도호부를 설치하여 도절제사의 본영으로 삼았다. 황희가 하혈하는 병을 앓아 치료하기가 어렵게 되자 세종은 내의원 노중례를 보내어 비단을 가지고 요동으로 가서 명의에게 묻도록 하였다.

1430년 12월에 태석균의 일로써 파면되었으나, 1431년 9월에 이르러 영의정부사에 임명되었다. 1432년에는 나이 70세가 되자 글을 올려 벼슬을 그만두고 물러가 있기를 청하였으나, 윤허하지 아니하고 궤장을 하사하였다. 또 겨울 날씨가 따뜻하고 얼음이 얼지 않아, 음양을 조화시키는 직책에 면목이 없다는 이유로써 사직하였으니, 윤허하지 아니하였다. 1438년 겨울에는 또 천둥이 일어난 변고로써 사직하였으나, 윤허하지 아니하였다.

1441년에는 세종께서 황희가 연로하니, 다만 초하루와 보름에만 조회하도록 명하니, 황희가 파직하기를 청했으나, 윤허하지 아니하였고 1443년 겨울에 또 사직하기를 청했으나 윤허하지 아니하였다. 1445년에는 또 큰일 외에 보통 행하는 서무는 번거롭게 하지 말도록 명하였다.

1449년에 영의정직으로서 사직하니, 명하여 2품의 봉록을 주어 그 평생을 마치도록 하고, 나라에 큰일이 있으면 가서 묻도록 하였다. 이때에 와서 대단치 않은 병으로 졸卒하니, 조회를 3일 동안 폐지하고 관청에서 장례를 다스렸다. 조정과 민간에서 놀라 탄식하여 서로 조문하지 않는 이가 없었으며, 아전과 여러 관사의 노복들도 모두 전奠을 베풀어 제사를 지냈으니, 전고에 없었던 일이었다. 일찍이 유서를 지어 자손들에게 보이기를,

"내가 죽은 후에는 장례의 예절은 한결같이 가례家禮에 의거하되, 본국에서 시행하기 어려운 일을 억지로 따라 할 필요는 없다. 능력과 분수의 미치는 대로 집의 형세에 따라 알맞게 할 뿐이며, 허식의 일은 일체 행하지 말라. 가례의 음식에 관한 절차는 질병을 초래할까 염려되니, 존장(웃어른)의 명령을 기다리지 않고 억지로 죽을 먹도록 하라. 이미 시행한 가법家法에 따라 불사佛事는 행하지 말고, 빈소에 있는 지 7일 동안은 산소에 제물 차리는 것은 가례家禮에 없는 바인데, 부처에게 아첨하는 사람이 꾀를 내어 사사로이 하는 것이니 행할 수 없다." 하였다.

황희는 관후하고 침중하여 재상의 식견과 도량이 있었으며, 풍후한 자질이 크고 훌륭하며 총명이 남보다 뛰어났다. 집을 다스림에는 검소하고, 기쁨과 노여움을 안색에 나타내지 않으며, 일을 의논할 적엔 정대하여 대체를 보존하기에 힘쓰고 번거롭게 변경하는 것을 좋아하지 아니하였다. 세종이 중년 이후에는 새로운 제도를 많이 제정하니, 황희는 생각하기를,

"조종의 예전 제도를 경솔히 변경할 수 없다."

하고, 홀로 반박하는 의논을 올렸으니, 비록 다 따르지 않았으나, 중지시켜 막은 바가 많았으므로 옛날 대신의 기풍이 있었다. 옥사를 의정할 적에는 관용으로써 주견을 삼아서 일찍이 사람들에게 이르기를,

"차라리 형벌을 가볍게 하여 실수할지언정 억울한 형벌을 할 수는 없다."

하였다. 비록 늙었으나 손에서 책을 놓지 아니하였으며, 항시 한쪽 눈을 번갈아 감아 시력을 기르고, 비록 잔 글자라도 또한 읽기를 꺼리지 아니하였다. 재상이 된 지 24년 동안에 중앙과 지방에서 우러러 바라보면서 모두 말하기를, 「어진 재상」이라 하였다. 늙었는데도 기력이 강건하여 홍안 백발을 바라다보면 신선과 같았으므로, 세상에서 그를 송나라 문언박에 비하였다.

그러나, 성품이 지나치게 관대하여 가정을 다스리는 데 단점이 있었으며, 청렴결백한 지조가 모자라서 정권을 오랫동안 잡고 있었으므로, 자못 청렴하지 못하다는 비난이 있었다. 처의 형제인 양수와 양치의 법에 어긋난 일이 발각되자 황희는 이 일이 풍문에서 나왔다고 글을 올려 변명하여 구하였다. 또 그 아들 황치신에게 관청에서 몰수한 과전科田을 바꾸어 주려고 하여 또한 글을 올려 청하기도 하였다. 또 황중생이란 사람을 서자庶子로 삼아서 집안에 드나들게 했다가, 후에 황중생이 죽을죄를 범하니, 곧 자기 아들이 아니라 하고는 성을 바꾸어 조중생이라고 하니, 애석하게 여기는 사람이 많았다.

졸卒한 지 5일 만에 임금이 도승지 강맹경을 보내어 의정부에 의논하기를, "황희를 세종의 묘정에 배향시키려고 하는데 어떻겠는가?" 하니, 김종서·정분·허후 등이 아뢰기를,

"황희는 수상이 된 지 20여 년 동안에 비록 전쟁에서 세운 공로는 없지마는, 임금을 보좌한 공로는 매우 커서 대신의 체통을 얻었으니 선왕에게 배향시킨다면 사람들의 청문에 충분할 것입니다." 하였다. 명하여 세종의 묘정에 배향시키게 하고 익성翼成이란 시호를 내렸으니, 사려가 깊은 것이 익翼이고 재상이 되어 종말까지 잘 마친 것이 성成이다. 아들은 황치신·황보신·황수신이다.

　　　　　　　　　　　　　　　　　　　　　　　　　　　　　　　-문종실록 2년 2월 8일-

종묘 세종 묘정에 배향된 황희

1452년 문종 2년 2월 12일 황희에게 사제하는 교서.

이보다 먼저 황희·허조·최윤덕·신개·이수를 세종의 배향하는 사람으로 삼았었는데, 이때에 이르러 모두 사당에 제사를 내려 배향한다는 뜻을 알렸다. 황희에게 내리는 교서는 이러하였다.

"상喪은 3년의 슬픔을 다 마쳐야만 그제야 종묘에 올리게 되고 신하는 한마음으로써 보좌했으니 어찌 세종에 쫓아 배향하지 않겠는가? 사사로운 은혜에서 나온 것이아니라 실로 옛날의 제도를 상고하였다. 경은 풍채가 고상하고 그릇이 넓고 깊었다. 지조의 견고함은 튼튼하여 흔들리지 아니하고, 학문의 바름은 탁월하게 매우 높았다. 진퇴가 모두 의리에 합하고, 기뻐함과 노여워함은 기색에 나타나지 않았다. 너그러운 마음과 포용성이 있는 도량으로써 아부하지 않고 충직하여 자신을 돌보지 않는 충성심을 품었다.
때마침 창성한 때에 즈음하여 일찍이 태종을 만나게 되어, 감찰이 됨으로써 나라의기강이 저절로 다스려져 바로잡히고, 승지의 임무에 있음으로써 임금을 인도함이매우 많았다. 임금을 보좌하여 음흉한 모의를 저지함으로써 왕실의 변고와 근심을 조용히 제거하고, 충직하여 참 재상으로서 밝은 임금의 대우를 깊이 입었다.
2도의 절제사가 됨으로써 하급관리들은 두려워하게 하고 백성은 사랑했으며, 육부의 판서가 됨으로써 정치는 다스려지고 폐단이 없어졌다. 중국의 사신으로 나가 응대하고, 의정부의 논의에 참여하여 보좌하였다. 세종께서 의지하여 심복으로 삼으셨고, 사림이 우러러보아 태산 북두처럼 여겼었다. 반열이 1품에 올랐으니, 높다랗게군부의 가운데 거처하였고, 지위가 삼정승까지 거쳤으니 엄연히 백관의 표준이 되었었다.
큰 일과 큰 의논을 결정할 적엔 의심나는 것을 고찰함이 실로 점을 치는 도구와 같았으며, 좋은 꾀와 좋은 계획이 있을 적엔 임금에게 고함이 항상 약과 침보다 먼저하였다. 임금을 과실이 없는 처지에 있기를 기약하고, 백성을 다스리는 데는 요란하게 하지 않는 것으로 목적을 삼았었다. 법도는 어수선하게 고치려고 하지 않았으며, 논의는 충직하고 정성에 따르기를 힘썼다.

정권을 잡은 지 16년에 인재가 사람을 알아보는 식견의 밝음으로 들어오고, 수상이 된 지 24년에 국가의 편안함이 반석 같이 견고하게 되었다. 아홉 번이나 고시를 관장하였는데도 모두 선비를 얻었다고 일컫게 되고, 열 번이나 사직하기를 청하였는데도, 오히려 임금이 '나를 보필하라.'고 말하였다. 병이 있으면 약과 음식을 반드시 나누어 주고, 노인을 우대하여 궤장을 내리었다. 몸은 네 임금을 섬겨서 충의가 더욱 독실하였고, 수명은 90세가 되어 덕망과 지위가 모두 높았었다. 오래도록 군주의 팔과 다리요, 참으로 국가의 기둥이요 주춧돌이었다.

바야흐로 내가 상중喪中에 있던 처음이 마침 경이 벼슬에서 물러나는 초기였다. 그러나, 큰 정사는 반드시 나아가서 계획을 묻고, 어진 정승을 힘입어 길이 의지하고 믿으려고 하였는데, 어찌 갑자기 세종을 따라가는 뜻을 이루어, 나로 하여금 거울을 잊어버린 탄식을 일으키게 하는가? 대신이 나라를 돕는 마음은, 응당 생존과 사망에 간격이 없을 것이고, 군주가 덕망을 존숭하는 은전은, 마땅히 처음에서 끝까지 완전해야 할 것이다. 특별히 시호를 내리는 영예를 논하여, 그대로 하여금 종묘에 배향하는 반열에 오르도록 한다.

아아, 공적을 기록하여 차례대로 제사하니, 주왕의 고명의 함께 바로잡음을 바랄 수 있고, 태조에게 고하여 상서로움을 내리게 하니 은나라 임금으로 하여금 좋은 점을 독차지하지 말게 할 것이다. 오히려 아름다운 혼백이 이 관작을 받기를 기대한다."

-문종실록 2년 2월 12일-

[승진과정]

1376년[14세] 우왕 2년 음서 제도로 출사, 복안궁 녹사

1380년[18세] 판사복시사

1385년[23세] 진사시 급제

1389년[27세] 창왕 1년 별장으로 재직 중 문과급제, 적성현 훈도

1390년[28세] 성균관 학록, 학관

1392년[30세] 공양왕 3년 고려 멸망 후 두문동 은거

1394년[32세] 태조 3년 성균관 학관, 세자 우정자

1397년[35세] 태조 6년 11월 문하부 우습유, 서경하지 않아 파직

1398년[36세] 태조 7년 3월 복직, 문하부 우습유, 7월 경원교수로 전출

1398년[36세] 정종즉위년 2월에 문하부 우보궐로 복직, 언사로 파직

1399년[37세] 정종 1년 8월 6일 우보궐, 임명장에 서경하지 않아 파면

1401년[39세] 태종 1년 9월 도평의사사 경력

1402년[40세] 태종 2년 3월 부친상으로 사직

1403년[41세] 태종 3년 11월 삼년상 중 기복되어 승추부 경력

1404년[42세] 태종 4년 10월 우사간 대부

1405년[43세] 태종 5년 12월 박석명의 천거로 도승지

1409년[47세] 태종 9년 8월 참지의정부사, 12월 형조판서

1410년[48세] 태종 10년 2월 지의정부사, 7월 사헌부 대사헌

1411년[49세] 태종 13년 7월 병조판서

1413년[51세] 태종 13년 4월 예조판서

1414년[52세] 태종 14년 2월 지병으로 사직, 6월 예조판서

1415년[53세] 태종 15년 5월 이조판서, 6월 노비판결 문제로 파면, 행랑도감 제조로
            복직, 11월 의정부 참찬, 12월 호조판서

1416년[54세] 태종 16년 3월 이조판서, 11월 세자 비행 옹호로 좌천, 11월 공조판서

1417년[55세] 태종 17년 2월 평안도 도순문사, 12월 형조판서

1418년[56세] 태종 18년 1월 판한성부사, 충녕대군이 왕세자로 책봉반대로 폐서인,
            파주에 유배

1418년[56세] 세종 1년 5월 남원에 5년간 귀양살이, 남원에서 도교의 이치를 따라
광한루를 만듦
1422년[60세] 세종 4년 2월 유배 해제, 2월 태종이 직첩職牒과 과전을 돌려주며
세종에게 등용토록 부탁, 10월 의정부 참찬
1423년[61세] 세종 5년 5월 예조판서, 7월 강원도 도관찰사,
12월 겸 판도우군 도총제부사
1424년[62세] 세종 6년 6월 의정부 찬성
1425년[63세] 세종 7년 3월 겸 대사헌, 5월 의정부 찬성사
1426년[65세] 세종 8년 2월 이조판서, 5월 우의정 겸 판병조사
1427년[66세] 세종 9년 1월 좌의정 겸 판이조사,
6월 사위가 살해 사건에 연루되어 의금부 투옥,
6월 파직, 7월 좌의정 복직, 7월 모친상으로 사직,
10월 왕의 특명으로 복직, 좌의정 겸 평안도 도체찰사
1428년[67세] 세종 10년 6월 뇌물증여 무고로 사직, 7월 좌의정
1430년[69세] 세종 12년 11월 사헌부 탄핵으로 파면
1431년[69세] 세종 13년 9월 3일 영의정
1432년[70세] 세종 14년 4월 궤장 하사
1433년[71세] 세종 15년 1월 경제속육전 편찬
1436년[74세] 세종 18년 6월 사직하나 윤허하지 아니하다.
1438년[76세] 세종 20년 11월 사직을 청하니 허락치 않다.
1439년[77세] 세종 21년 7월 70세 이상 관리에 조회를 면하다.
1440년[78세] 세종 22년 12월 황희의 아들 황보신을 처벌하다.
1441년[79세] 세종 23년 8월 1일과 16일에만 조회에 참석하게 하다.
1443년[81세] 세종 25년 12월 4일 해면을 청하나 듣지 않다.
1448년[86세] 세종 30년 3월 28일 황희의 아내 장례에 물품을 내리다.
1449년[87세] 세종 31년 10월 5일 영의정직을 은퇴하다.
1450년[88세] 문종 즉위년 9월 2일 중국 사신 연회에 황희가 참석하다.
1451년[89세] 문종 1년 2월 2일 황보신의 잘못에 용서를 빌다.
1452년[90세] 문종 2년 2월 8일 황희가 죽다.

17. 하연河演
태평시대의 문물을 지킨 영의정

생몰년도	1376년~1453 [78세]
영의정 재직기간	(1449.10.5.~1451.7.13.) (1년 9개월)
본관	진주晉州
자	연량淵亮
호	경재敬齋 신희新稀
시호	문효文孝
배향	문종 묘정에 배향, 진주의 종천서원, 합천의 신천서원에 제향
묘소	경기도 시흥시 신천동 소래산
저서 및 편서	경상도 지리지, 사서오경대전, 성리대전, 오례의, 진양연고, 경재집 등
기타	정몽주의 문인.
증조부	하즙河楫—진천부원군, 고려시대 찬성
조부	하윤원河允源—진산부원군, 사헌부 대사헌
부	하자종河自宗—청주목사
장남	하우명河友明—동지중추부사
2남	하효명河孝明
3남	하제명河悌明—예조좌랑

조선조 과거를 통해 첫 영의정이 된 인물

　황희정승의 뒤를 이어 영의정에 오른 인물이 하연이다. 하연도 황희정
승과 같이 조선개국 초의 기라성 같은 공신들 중에서 등용된 인물이 아
니라 조선의 과거를 거쳐 영의정에 오른 입지전적인 인물이다. 하연의 가
문과 인품과 능력도 세종의 눈에 띄었겠지만 수많은 공신들을 제치고 인
품과 능력만으로 사람을 등용한 세종대왕의 인사정책은 역대 왕들의 훈
공 위주의 인사정책에 비해 공정성과 신뢰감이 돋보이는 발령이었다.

　조선 초 4대 공신에 오른 인물은 백 명이 넘는다. 세종은 공신들에게
공훈에 따라 자리를 배분하지 않았기에 황희정승을 18년 1개월 동안 영
의정 자리에 앉혔고, 뒤를 이어 다시 과거합격자 출신을 영의정에 등용한
것이다. 원래 황희 정승의 뒤를 이을 인물은 맹사성이었다. 맹사성은 세
종 9년 황희가 좌의정에 오를 때 우의정에 올랐고, 세종 13년 황희가 영
의정에 오를 때 좌의정에 올라 후임 영의정으로 예견되고 있었다. 그런데
황희가 90세까지 장수를 하며 18년 1개월 동안 영의정직에 머무르니 맹
사성은 세종 20년에 79세의 나이로 숨을 거두고 만다. 맹사성의 뒤를 이
은 좌의정은 허조였다. 허조 역시 태종이 주춧돌로 여길 만큼 아끼던 인
재였는데 좌의정에 오르고 세종 21년에 71세의 나이로 세상을 떠났다.
뒤를 이어 신개가 세종 27년에 좌의정이 되었는데 이듬해 73세의 나이로
죽고 말았다. 영의정은 장수하는데 좌의정은 계속 세상을 떠나니 건강하
지 않고서 영의정에 오를 수가 없었다. 맹사성, 허조, 신개는 모두 공신
출신이 아닌 세종이 발탁한 인물들이었다. 결국 세종 29년에 좌의정에
오른 인물이 하연으로 황희가 관직에서 물러나던 세종 31년까지 살아남
았으니 후임 영의정에 오를 수 있었다. 영의정의 자리도 천명을 타고나야
오를 수 있는 자리인 셈이다.

세종 31년 영의정에 오른 하연은, 고려 우왕 2년에 오늘날의 경남 산청군 단성면 남사리에서 병조판서 하자종의 다섯 아들 중 셋째로 태어났다. 현재 남사 예담촌으로 유명한 이 지역은 안동의 하회마을처럼 경남의 전통 한옥마을로 유명한데, 생가와 더불어 하연이 심었다는 감나무가 남아 전해지며, 이성계의 사위이자 경순공주의 남편으로 제1차 왕자의 난 때 죽은 이제李濟의 집도 보존되어 전해진다.

하연의 자는 연량淵亮이고, 호는 경재敬齋 또는 신희新稀로 본관은 진주이다. 원정공 하즙의 증손으로, 할아버지는 대사헌 하윤원이다. 하연의 가문은 조상 대대로 고려시대부터 벼슬이 그치지 않았고, 조선 초기에 들어 더욱 번창하였던 진주지방의 호족이었다.

일찍이 정몽주에게서 학문을 익히면서 정도正道를 바로잡고, 사문斯文을 일으키는 일을 본분으로 삼았다. 시를 잘 지었으며 독서를 좋아해 손에서 책을 놓지 않았다. 1396년(태조 5년) 21세로 식년시 문과 병과로 급제하여 봉상시 녹사에 제수되었는데, 나라의 제사와 시호諡號를 짓는 종8품 직위였다.

춘추관 수찬관이 되고, 이어 사헌부 집의·동부대언 등을 역임하였다. 이때 태종은 "경이 대간臺諫에 있을 때에 의연하게 일을 말하였으므로, 내가 곧 경을 알았다." 기록하고 있다.

하연은 천성이 곧고 독서에 심취하는 학자로서의 기품을 인정받았고 행동거지를 조심스럽게 처신하여 세종의 두터운 신임을 받아 1418년 세종이 즉위하자 지신사(도승지)가 되었고 조심스럽게 처신하여 신임을 받아 강원도 관찰사, 예조참판, 전라도 관찰사를 거쳐 대사헌에 올랐다.

1423년 세종 5년 대사헌으로 재직시, 세종이 하연에게 불교정비 방책을 맡기니 개혁에 착수, 불교 7종파를 선·교 양종 36본산으로 통합하고,

혁파된 사원의 토지와 노비는 국가로 환수시켰다.

1424년에 경상도 관찰사가 되었고 예조참판을 거쳐, 평안도 관찰사가 나갔다가 불교에 호감을 가진 세종의 불교숭상문제가 조선 건국의 국시인 숭유억불정책과 배치되어 정쟁의 빌미가 되자, 불교정비에 관여했던 하연이 그 책임을 피할 수 없어 1427년 천안에 유배당하는 파란도 겪었다.

1428년 유배에서 풀려나 형조와 병조의 참판을 거쳐 1431년에 대제학이 되었는데, 대제학은 학문이 뛰어난 사람에게 맡겨지는 존경받는 자리였다. 그 뒤 대사헌·형조판서·좌참찬 등 고위관직을 역임하였다.

1439년 의정부에 들어가서는 판 이조사로서 이조의 일을 맡아 공세법 (연분9등, 전분6등)을 마련했으며, 1442년에는 각 품의 행수법行守法[21]을 제정하였다. 1445년에 좌찬성이 되어 70세로서 궤장을 받았다. 이어 우의정, 좌의정을 거쳐, 1449년 10월 영의정에 발탁되니 하연의 나이 74세로 황희 정승의 후임이었다.

영의정으로 있던 1451년 문종 1년 2월 세종이 승하하고 문종이 즉위하니, 세종의 아우 성녕대군의 명복을 비는 불교원찰 대자암大慈庵을 중수하려 하자 이를 극력 반대하고 자리에서 물러났다. 1453년 단종 1년 8월 벼슬에서 물러난 지 2년 만에 78세의 일기로 숨을 거두었다.

1454년에 문종의 묘정에 배향되고, 숙종 때 진주의 종천서원, 합천의 신천서원에 제향되었다. 편서로 『경상도지리지』·『진양연고』가 있다.

---

21) 품계보다 낮은 관직 또는 높은 관직에 임명하는 경우 칭호법으로. 품계가 높고 관직이 낮은 경우는 관직 앞에 '행行', 품계가 낮고 관직이 높은 경우는 '수守'를 붙여 발령함.

하연을 두고 사람들은 평가하기를 의정부에 들어간 20여 년간 집안에 사사로운 업무의 방문객을 받지 않았고 법을 잘 지켜 '승평수문(昇平守文 : 태평 시대의 문물을 지킨)'의 재상이라 불렀다.

그러나 노쇠해서는 일에 임하여 어둡고 어지러웠으면서도, 너그럽고 후덕함을 숭상하지 아니하고 까다롭게 살피고 착오가 많았으며, 급하지 않은 일을 가지고 상소를 하니 어떤 사람이 언문으로 벽 위에다 쓰기를, '하 정승아, 또 공사公事를 망령되게 하지 말라.'고 하였다. 말년에 정승의 체면을 조금 잃었고 한가롭게 세월을 보내면서 물러가지 아니하다가 사직하기에 이르니, 사람들이 이로써 작게 여겼다.

세조 때 청백리에 녹권하고 충효문을 세웠다. 신도비는 좌의정 남지가 짓고 김교직이 썼다.

조선조 인물 가운데 수壽와 부富, 복福을 가장 두루 갖춘 인물로 평가받는 하연은 후손도 매우 번창하였다.

하연의 형인 하왕과 하형 아우인 하결과 하부도 모두 관직에서 이름을 냈고, 하연의 세 아들로 장남 하효명은 이조참판, 차남 하제명은 이조정랑, 3남 하우명은 효행과 학덕이 높아 동지중추부사에 이르렀다.

숙종때는 오늘날의 하동군 옥종 종화리에 종천서원을 세워 하연의 덕행을 기렸고, 시흥의 묘소 아래에는 후손들과 전국의 유림들이 소산서원을 창건하여 제사를 받들어 왔다.

아직도 청원군 현도면 우록리 문효영당에 하연 부부의 초상화가 현존하고 있다(민족문화대백과사전, 조선왕조실록).

처음으로 전국의 호구수와 인구수를 조사하다

태종 4년 3월 29일 각도 도관찰사 등이 대궐에 나와 부임차 하직인사를 하니, 임금이 말하기를 "나라를 다스리는 사람은 인구의 많고 적은 것을 몰라서는 안 된다. 경들은 군·현을 순행하면서 조사하여 후일의 물음에 대비하라." 하였다. 이로 1404년 태종 4년 4월 25일 의정부에서 각 도의 전답수와 호구수를 조사하여 올리었는데 호패법을 시행하고 처음으로 실시한 인구조사여서 그런지 특정계층 이상만 기록되었고, 서울 경기지방과 제주지방은 누락되었다.

충청도는 전지가 22만 3천 90결, 호가 1만 9천 5백 61호, 인구가 4만 4천 4백 76명이고,

전라도는 전지가 17만 3천 9백 90결, 호가 1만 5천 7백 3호, 인구가 3만 9천 1백 51명이고,

경상도는 전지가 22만 4천 6백 25결, 호가 4만 8천 9백 92호, 인구가 9만 8천 9백 15명이고,

풍해도(황해도)는 전지가 9만 9천 9백 22결, 호가 1만 4천 1백 70호, 인구가 2만 9천 4백 41명이고,

강원도는 전지가 5만 9천 9백 89결, 호가 1만 5천 8백 79호, 인구가 2만 9천 2백 38명이고,

동북면은 전지가 3천 2백 71결, 호가 1만 1천 3백 11호, 인구가 2만 8천 6백 93명이고,

서북면은 전지가 6천 6백 48결, 호가 2만 7천 7백 88호, 인구가 5만 2천 8백 72명으로,

합계가 전지가 78만 2천 5백 43결, 호가 15만 3천 4백 4호, 인구가 32만 2천 7백 86명이었다.

1406년 태종 6년 10월 30일에 호조에서 다시 한번 호구조사를 실시하여 여러 도의 호구수와 장정수를 아뢰었다.

호조에서 금년 제도의 호구수를 올렸는데, 경기좌도는 1만 7백 39호에, 정(丁 : 장정)
이 1만 9천 3백 19명이고, 경기우도는 9천 9백 90호에, 정이 1만 8천 8백 19명이며,
충청도는 1만 9천 5백 60호에, 정이 4만 4천 4백 76명이며,
경상도는 4만 8천 9백 93호에, 정이 9만 8천 9백 15명이며, 전라도는 1만 5천 7백
14호에, 정이 3만 9천 1백 67명이며, 풍해도는 1만 4천 1백 70호에, 정이 2만 9천 4
백 41명이며, 강원도는 1만 5천 8백 79호에, 정이 2만 9천 2백 24명이며,
동북면은 1만 1천 3백 11호에, 정이 2만 8천 6백 83명이며, 서북면은 3만 3천 8백
90호에, 정이 6만 2천 3백 21명이었다.

이후 한동안 공식적인 인구수를 조사하여 보고한 기록은 보이지 않는
다. 인조 때 전라도와 경상도의 인구수를 보고하였고, 현종 13년에 한성
부에서 전국 인구수를 보고하였는데 4,725,189명이었다. 보고서 서두에
는 '한성부에서 호구의 수를 올렸는데 식년(式年 : 子, 卯, 午, 酉가 드는 해로
3년마다 한 번씩 돌아옴)이기 때문이다.' 라고 하고 있어 매 식년마다 인구를
조사하여 보고하고 있는 것으로 나타났다. 말미에는 '대체로 우리나라는
여자가 많고 남자가 적은데 호적에 들지 않은 여자가 매우 많다. 신해년
의 기근과 전염병에 죽은 백성이 즐비하고 떠돌아다니는 자가 잇따랐다.
그런데 이것은 호적에 들어 있는 숫자만 의거해서 기록한 것이다.'라고 하
고 있다.

임금과 사돈 맺기를 거부한 이속, 서인이 되다

이속李績에게 장 1백 대를 때려서 폐하여 서인으로 만들어 먼 지방에 유배하였다. 사헌부에서 아뢰기를,

"이속이 거짓으로 그 자식이 죽었다고 말하여 임금님의 귀를 속였으니, 그 마음이 불측합니다. 법으로 반드시 형벌하여 후대를 위해 징계하여야 합니다." 하고,

인하여 형벌을 가하여 국문할 것을 청하니, 태종 임금이, "이속李績이 사실대로 고하였는데, 또 무슨 형벌을 하겠는가?" 하였다. 집의執義 성엄이, "불경한 죄는 이미 진술을 바치었으니, 그 불경한 마음에 마땅히 형을 가하여 국문하여야 합니다."

하니, 임금이, "그 말로 미루어보면 그 마음을 알 수 있는 것이다." 하고, 인하여 일을 아뢰는 여러 경에게 일렀다.

"이속李績에게 아들이 있으므로 내가 후궁의 소생을 출가시키고자 하여 사람을 시켜 그 생년월일을 물으니, 이속이 말하기를 '내 아들은 이미 죽었다. 만일 권 궁주의 소생이라면 내 자식이 살아날 수 있다.' 하고, 생년월일을 써서 바치지 않았으니, 이것이 무슨 마음보인가? 한쪽은 비록 천하지마는 한쪽은 임금인데, 이속이 왕실과 관계하지 않으려고 하는 마음은 무엇인가? 그러므로 사헌부에 명하여 추문한 것이다. 여러 경들이 대답하기를, '크게 불충하다.' 하니, 남의 신하가 되어서 이러한 자가 있으리라고는 생각지 못하였다." 하니

사헌부에서 또 이속李績의 죄를 대역죄로 다스리기를 청하니, 임금이 다만 장 1백 대를 때리고, 폐하여 서인으로 만들게 하였다. 조말생·김효손 등이 아뢰기를,

"이속의 죄가 대역죄에 관계되니, 대역의 죄인은 삼족을 멸하여야 합니다. 온 나라의 신하가 누가 죽이고자 하지 않겠습니까? 강등한 것이 너무 지나칩니다. 대신·법관이 반드시 다시 청할 것이니, 비록 율에 의하여 죄주지는 않더라도, 청컨대, 또 가산을 적몰하고, 외방에 안치하소서."

하니, 임금이,

"경 등의 말이 그러하나, 아이들의 일을 가지고 사람을 베는 것이 내가 어찌 하고자 하는 일이겠는가? 경 등은 다시 사리에 합당한 것으로 의논하여 아뢰라." 하였다.

윤사영·원숙이 말하기를, "전에 아뢴 것이 사리에 합당합니다." 하고, 하연은,

"대역죄의 율을 어찌 너무 강등할 수 있겠습니까? 법이라는 것은 만세에 공공한 것이니, 다른 일을 제쳐두고 이속李續을 베는 것이 어떠하겠습니까?" 하였다.

조말생 등도 하연의 말과 같았다. 임금이, "나는 차마 베지 못하겠다." 하니, 하연이,

"불충한 사람이 머리를 보전하여 서인이 되어서 서울에 머무르는 것이 신 등은 옳은지 알지 못하겠습니다. 하물며, 편안히 가산家産을 누리면 후세가 무엇을 보겠습니까? 죄가 있으면 죄를 주는 것은 후래를 경계하자는 것입니다. 신하의 죄는 불충한 것보다 더 큰 것이 없습니다. 빌건대, 먼 지방에 귀양보내소서." 하였으나, 듣지 않았다.

−태종실록 17년 9월 2일−

명나라 진상품 감면 요청서에 날짜를 빠트리다

세종 2년 1월 예조참판 하연과 광록 소경 한확을 북경에 보내어 진상품을 줄여줄 것을 청하였다. 북경에 가서 조정에 후지(두터운 종이) 3만 5천 장과 석등잔 10벌을 바치고, 황엄에게 비단 삼베 4필과 가는 명주 6필, 감철대 하나, 초피 갖옷 한 벌을 주고, 진상품으로 금·은그릇을 바치는 것을 면제해 줄 것을 청하기로 하였다. 그 바치는 외교문서에 이르기를,

"소국小國은 매양 정월 초 축하와 성절(황제생일)과 천추절(태자생일)을 만나면, 삼가 금·은그릇·모시·가는 삼베·인삼·화문석 등등의 예물을 바치었습니다. 신이 상고하오면, 금·은은 예로부터 본국에서는 생산되지 않았습니다. 다만, 원나라 때에 외국 상인들이 왕래하면서 약간의 금·은이 매매되었던 것인데, 지금은 쓰임으로 이미 거의 다 없어졌습니다. 이제 진실로 임시 절일을 만나면, 그릇이 그 수에 족하지 못하여, 관계가 가볍지 않게 될 것을 두려워하오니, 삼가 바라옵건대, 황제께옵서는 금·은그릇을 면제하고 토산 물건으로 대신 바치게 하옵소서." 하였다.

—세종실록 2년 1월 25일—

고려 말년 때로부터 금·은을 바치던 것이나, 금·은은 본국의 소산이 아니므로, 상왕이 일찍이 사람을 보내어 다른 물건으로 이에 대신할 것을 청하였으나, 중국 예부에서 아뢰기를 좋아하지 않았던 것이다.

지난해 가을 중국 환관 황엄이 사사로이 원민생에게 말하기를,

"명년에 그대가 한확과 함께 같이 와서 금·은의 감면을 청하면 뜻대로 될 것이오." 하였다.

황엄이 돌아간 후에, 원민생이 주문사로 갔었는데, 황엄이 다시 전과 같은 말을 하였으므로, 원민생이 돌아와서 아뢰었다.

　임금이 처음에는 원민생을 보내려고 하다가, 원민생이 너무 자주 갈 수 없으므로, 하연에게 명하여 한확과 함께 가서 진상하고, 인하여 금·은의 면제를 청하게 한 것이다.
　하연이 중국으로 떠나가게 되매, 청하기를, "대국이 만약 어떤 물건으로써 대신할 것인가를 물으면, 무엇으로써 대답하오리까." 하니, 임금이 말하기를, "조정에서 묻지 않을 것이요, 설령 묻더라도 나라에서 그대를 뽑아 보내니, 어찌 말을 듣고 가리요." 하니, 하연이 이에 떠났다. 3월 19일에 통사 김중제가 북경으로부터 먼저 돌아와서 말하기를,

"하연이 두꺼운 종이에 쓴 황제에게 올리는 문서에 날짜를 메꾸어 넣지 아니하여, 황제께서 한확을 불러서 말하기를, '너의 노왕老王은 나를 지성으로 섬겼는데, 작은 왕은 마음을 쓰지 아니하여, 날짜도 메꾸지 아니하였은 즉, 짐이 이것을 조정에 내려 보내어 묻게 하려 하였으나, 짐이 너의 나라를 매우 후하게 대우하기 때문에 그만두었으니, 가서 너의 국왕에게 말하라.'고 하였습니다."

—세종실록 2년 3월 19일—

　5월 6일 하연과 한확이 북경에서 돌아왔는데, 5월 10일 사간원에서 상주문에 날짜를 적지 않은 하연의 죄를 청하였다. 5월 14일 사헌부에서도 하연이 잘 살피지 못하여 상주문에 날짜를 적어 넣지 아니한 죄를 탄핵하여 여러 번 상소를 올려 벌줄 것을 청하였으나, 임금이 접어 두고 대답을 내리지 아니하였다. 하연은 집에서 대죄하고 있더니, 임금이 대간에게 더 논란하지 말라고 명령하고, 하연에게 출근하여 근무하라고 명하였다.

조선 백성으로 지켜야 할 금령

사헌부에서 아뢰기를, "대소의 인원들이 해마다의 임금님의 처결사항을 알지 못하여 법을 범하는 자가 꽤 많으니, 금령의 조문을 요약하여 글판을 만들어서 광화문 밖과 도성의 각 문과 종루 등지에 걸어서 다 알게 하자."고 요청하니 이를 허가하였다.

1. 혼인하는 집에서 사위를 맞는 날 저녁에, 성찬을 차려서 먼저 사위를 따라온 사람들에게 대접하고, 제 3일에 이르러 유밀과 등으로 큰 상을 거의 사방 열 자 폭이나 되도록 가득하게 차려서 사위와 신부에게 주고, 그 퇴물을 거두어 싸서 시집으로 보내며, 또 사위를 맞은 이튿날에 축하객이 뜰을 메우도록 밀려와서 잔치하고 즐기는 등의 일은 일절 금지할 것이며,

1. 혼인할 때의, 본래 은대를 띠지 못하는 자는 실직과 산직의 직품에 따라 각대와 실띠를 사용하게 할 것이며, 햇불[炬火]은 2품 이상의 집에서는 열자루, 3품 이하는 여섯 자루로 하되, 여자의 집에서도 이와 같이 하고, 어기지 못하게 할 것이며,

1. 대소 부녀를 수종하는 여종의 복장은 말군襪裙[22]을 입지 못하게 하고 입모笠帽[23]에 있어서는 다만 모시와 베만을 써서 만들고, 비단을 쓰는 것은 허락하지 말며, 모첨帽襜[24]의 길이도 주부와 같게 하지 못할 것이니, 주부의 모첨 길이가 한 자이면, 수종하는 종의 것의 길이는 반 자로 하고, 어기지 못하게 할 것이며,

1. 신부가 처음으로 시부모를 뵙는 날에 가지고 가는 찬품은 오성五星 2부, 떡 2합, 삼미三味의 탕 등 합계 7반이며, 거느리고 가는 사람은 유모 1인, 시비 2인, 노비 10인을 넘지 말 것이고, 어기지 못하게 할 것이며,

---

22) 치마 속에 입는 바지.

23) 삿갓처럼 생긴 모자.

24) 모자 테두리.

1. 대개 부녀로서 부모나 시부모나 남편의 상복을 입는 자는, 종실로부터 사서인에 이르기까지 1백 일 안에 복을 벗는 것을 허락하지 않으며, 3년의 상기를 마칠 때 까지의 입모笠帽와 의복은 모두 거친 생베로 하여야 하며, 남자로서 상복을 입은 자는 말을 타고 서울 큰길에 들어오지 못하게 하고, 어기지 못하게 할 것이며,

1. 기년의 복을 입어야 할 친족의 상을 당하면, 비록 30일에 복을 벗더라도 백 일이 지나지 않고서는 혼인하는 것을 금지할 것이며,
1. 대소의 신민은 종묘 앞길이나 대궐문 앞길에는 말을 타고 지나가는 것은 금지할 것이며,
1. 대소 인원이 궁궐내에서 호궤胡跪[25)]하는 것을 금지할 것이며,
1. 각 관청에서의 조회례를 마친 뒤에 옷을 터는 일을 금지할 것이며,
1. 현직·산직을 막론하고 대소 인원의 회색 의복을 금지할 것이며,
1. 대소 인원 및 공·상인의 가죽신을 금지할 것이며,

1. 상하 의복의 샛수는 등분이 없으나, 모시·베와 명주·무명과 무늬를 놓아 섞어 짠 것은, 1품부터 양반의 자제에 이르기까지는 12 새升[26)] 이하로 하고, 공인工人·상 인商人과 천인과 하인배는 8새 이하로 하며, 담비가죽옷은 양반의 자제 이외에 공 인·상인과 천인과 노비는 그것을 입는 것을 허락하지 아니하고, 어기는 것을 금지 할 것이며,

1. 중앙과 지방을 막론하고 금이나 은으로 불경을 베껴 쓰거나, 불상에 도금하는 것 을 금지할 것이며,
1. 대소의 남녀를 막론하고 황색 의복을 금지할 것이며,
1. 대소 인원의 주朱·홍紅·황黃·단丹·육색肉色의 말다래는 금지할 것이며,

1. 각 품관의 금·은대에 홍색 가죽으로 장식함은 이를 금지할 것이며,
1. 진상하는 왕실의 옷과 대궐 내에서 쓰는 것을 제외하고는 자색의 의복은 경술년 부터 이를 금지할 것이며,

---

25) 무릎 꿇는 자세.
26) 새는 올의 가늘고 굵음을 뜻하며, 1새는 80가닥의 올을 말하며 새가 높을수록 옷감은 올이 곱고 가늘어 부드럽고 고급스럽다.

1. 서민과 공인·상인·천인·하례는 가죽으로 만든 화靴·혜鞋[27)와 명주실로 만든 의복은 금지할 것이며,

1. 부녀자가 사찰寺刹에 가는 것을 금지할 것이며,
1. 중이 과부집에 출입함을 금지할 것이며,
1. 5, 6품 관원으로서 장식용 두 줄 수술과, 참외관으로서 수술이 있는 말고삐를 사용함을 금지할 것이며,
1. 양반의 부녀자로서 얼굴 가리개를 걷는 것을 금지할 것이며,
1. 황토색·옥색의 의복은 사신의 영접과 대소의 조회에서 입는 것을 허락하지 아니하며, 이를 어기지 못하게 할 것이며,
1. 대소 인원이 노제에 불교 의식을 배설함을 금지할 것이며,
1. 불가의 법을 써서 망자의 명복을 빌고자 할 때에는, 대부·사서인을 막론하고 모두 산과 물이 정결한 곳으로 나아가서 다만 수륙재만 베풀 것이며, 그 일을 마련하고 거행하는 것은 속인으로서는 하지 못하게 하고, 모두 중이 이를 주관하게 하고, 빈소를 지키는 상주 이외에 자손 1, 2인이 가서 참여할 것이며, 이밖에 잡인은 비록 재를 베푼 다음날이라도 참여함을 허락하지 아니하고, 이를 어기지 못하게 할 것이며,

1. 대부와 사서인의 상사에 법석을 베푸는 것을 금지할 것이며,
1. 금과 은은 본국의 소산이 아니므로 진상하는 의복과 그릇, 또는 대궐 안의 술그릇, 중국의 사신에게 접대하는 그릇과 조정관료의 품대, 명부의 수식, 사대의 자제들의 귀고리, 기생의 수식 이외의 그릇과, 금·은을 녹여 부어 만들거나 도금하는 것을 금지할 것이며,

1. 진상하는 복식과 어용 기물 이외에는 주홍칠을 하거나, 가죽을 쓰는 것을 금지할 것이며,
1. 철물로 주조한 그릇은 사사로이 매매함을 금지할 것이며,
1. 대군 이하 동·서반 각 품관으로서 조회 길에 거느리고 다니는 관노비는 공사인을 물론하고, 대군은 10명, 정 1품은 9명, 종1품은 8명, 정2품은 7명, 종2품은 6명, 정3품 중에 통정대부는 5명, 통훈대부는 4명이며, 종3품부터 4품까지는 3명, 5,

---

27) 화靴 : 목이 긴 신발, 혜鞋 : 목이 짧은 신발.

6품부터 9품까지는 2명, 양반의 자제로서 관직 없는 자는 1명인데, 비나 눈이 올 경우에는 사노비 2명을 더하고, 2품 이상의 관원이 노병으로 교자를 타게 될 경우에는 사노비 6명을 더하며, 5, 6품의 대간원은 1명을 더하게 하고, 어기지 못하게 할 것이며,

1. 승과에 합격한 자 이외에 도첩(승려신분증)이 없는 중은 그 소재지의 관사에서 율에 따라 논죄하여 환속시켜 부역하게 하고, 남의 도첩을 빈 자와 빌어 준 자를 아울러 함께 율에 따라 논죄할 것이며,
1. 우마의 도살은 일찍이 금령이 있었으니 대소 인원은 그 고기를 먹지 못할 것이며, 저절로 죽은 것은 서울에서는 한성부에서 검사하여 낙인하고, 외방에서는 그 고을에서 검사한 공문을 받은 뒤에야 비로소 그 매매를 허락하고, 어기지 못하게 할 것이며,

1. 진상할 것 이외에 패가 없이 매를 놓아 사냥하는 것을 금지할 것이며,
1. 임금의 뜻을 받은 긴급한 일 이외에 성내에서 말을 달리는 것을 금지할 것이며,
1. 대소 인원이 권력자 집안에 분경하는 것을 금지할 것이며,
1. 화문석은 명나라에 헌납하거나 국가에서 사용할 것 이외에는 일절 모두 금지할 것이며,
1. 중국 사신을 접대할 때에 각품 관원의 말은 직품에 따라 대궐문 밖에 동서에 나누어 두었다가 차례로 나와서 타고 가게 하고, 이를 어기는 것은 금지할 것이며,

1. 직무가 있는 인원으로서 백색 옷을 입는 것은 금지할 것이며,
1. 성내에서 풍악을 울리며 귀신에게 제사하는 것을 금지할 것이며,
1. 상인常人들이 성내에서 말을 타는 것을 금지할 것이며,
1. 공인·상인·천인·하례들은 진수정眞水精이나, 산호로 만든 장식품과 구름무늬 장식 착용함을 금지할 것이며,
1. 승려들의 흑세마포 의복을 금지할 것이며,
1. 상인常人들은 덧신을 금지하게 하소서."

하니, 그대로 따랐다. 처음에 임금이 금령의 조문을 보고 말하기를,

"만일에 부자 형제나 족친이 먼 곳에 있어 왕래하는 이가 있으면, 그 영접과 전송의

연회가 없을 수 없고, 부모에게 헌수獻壽[28]하게 되면 연회와 음주가 없을 수 없으며, 그 밖에 간절하지 않은 영접과 전별에 연회를 베푸는 것은 엄중히 금하는 것이 옳으나, 한결같이 금지하는 것은 부당하다."

하고, 드디어 이 조항을 삭제하라고 명하였다.

-세종실록 11년 2월 5일-

동성연애를 한 세자빈을 폐위시키다

세종 임금이 사정전에 나아가서 도승지 신인손과 동부승지 권채를 불러 어전 앞에 나아오게 하여 측근의 신하를 물리치고 말하기를,

"근년 이후로 일이 성취되지 않음이 많아서 마음이 실로 편치 않았다.
요사이 또 한 가지 괴이한 일이 있는데 이를 말하는 것조차도 수치스럽다. 우리 조종 이래로 가법家法이 지극히 바로잡혔고, 내 몸에 미쳐서도 중궁의 내조에 힘입었다. 중궁은 매우 성품이 유순하고 언행이 훌륭하여 투기하는 마음이 없었으므로, 태종께서 매양 나뭇가지가 늘어져 아래에까지 미치는 덕이 있다고 칭찬하셨었다. 이런 까닭으로 가도家道가 지금에까지 이르도록 화목하였다.

정미년(세종 9년)에 세자가 나이 14세인데 유사가 '후사를 잇는 일이 중대하므로 빨리 배필을 세워야 될 것이라.' 한 까닭으로, 세족인 김씨를 간택하여 빈으로 삼았으나 김씨는 정말 어리석고 못나고 총명하지 못하여, 기유년(세종 11년)의 사건을 초래하였으므로 이를 폐하고 다시 봉씨를 간택했는데, 뜻밖에도 세자가 친영親迎[29]한 이후로 금슬이 서로 좋지 못한 지가 몇 해나 되었다. 내가 중궁과 함께 상시 가르치고 타일러서, 그 후에는 조금 대하는 모양이 다르게 되었지마는, 침실의 일까지야 비록 부모일지라도 어찌 자식에게 다 가르칠 수 있겠는가. 〈중략〉

---

28) 장수하기를 기원하며 잔을 올리는 것.

29) 혼례.

나는 모두 부인이 사리의 대체를 알지 못한 때문이라 하여, 이를 내버려 두었는데, 요사이 듣건대, 봉씨가 궁궐의 여종 소쌍이란 사람을 사랑하여 항상 그 곁을 떠나지 못하게 하니, 궁인들이 혹 서로 수군거리기를, '빈께서 소쌍과 항상 잠자리와 거처를 같이 한다.'고 하였다.

어느날 소쌍이 궁궐 안에서 소제를 하고 있는데, 세자가 갑자기 묻기를, '네가 정말 빈과 같이 자느냐.'고 하니, 소쌍이 깜짝 놀라서 대답하기를, '그러하옵니다.' 하였다. 그 후에도 자주 듣건대, 봉씨가 소쌍을 몹시 사랑하여 잠시라도 그 곁을 떠나기만 하면 원망하고 성을 내면서 말하기를, '나는 비록 너를 매우 사랑하나, 너는 그다지 나를 사랑하지 않는구나.' 하였고, 소쌍도 다른 사람에게 늘 말하기를, '빈께서 나를 사랑하기를 보통보다 매우 다르게 하므로, 나는 매우 무섭다.' 하였다.

소쌍이 또 권 승휘의 사비私婢 단지와 서로 좋아하여 혹시 함께 자기도 하였는데, 세자빈 봉씨가 사비 석가이를 시켜 항상 그 뒤를 따라 다니게 하여 단지와 함께 놀지 못하게 하였다. 이 앞서는 봉씨가 새벽에 일어나면 항상 시중드는 여종들로 하여금 이불과 베개를 거두게 했는데, 자기가 소쌍과 함께 동침하고 자리를 같이 한 이후로는, 다시는 시중드는 여종을 시키지 아니하고 자기가 이불과 베개를 거두었으며, 또 몰래 그 여종에게 그 이불을 세탁하게 하였다.

이러한 일들이 궁중에서 자못 떠들썩한 까닭으로, 내가 중궁과 더불어 소쌍을 불러서 그 진상을 물으니, 소쌍이 말하기를, '지난해 동짓날에 빈께서 저를 불러 내전으로 들어오게 하셨는데, 다른 여종들은 모두 지게문 밖에 있었습니다. 저에게 같이 자기를 요구하므로 저는 이를 사양했으나, 빈께서 억박지르므로 마지못하여 옷을 한 반쯤 벗고 병풍 속에 들어갔더니, 빈께서 저의 나머지 옷을 다 빼앗고 강제로 들어와 눕게 하여, 남자의 교합하는 형상과 같이 서로 희롱하였습니다.' 하였다.

어찌 세자빈이 또한 이러한 풍습을 본받아 이와 같이 음탕할 줄 생각했겠는가. 이에 빈을 불러서 이 사실을 물으니, 대답하기를, '소쌍이 단지와 더불어 항상 사랑하고 좋아하여, 밤에만 같이 잘 뿐 아니라 낮에도 목을 맞대고 혓바닥을 빨았습니다. 이것은 곧 저희들의 하는 짓이오며 저는 처음부터 동숙한 일이 없었습니다.' 하지마는, 여러 가지 증거가 매우 명백하니 어찌 끝까지 숨길 수 있겠는가. 또 저들의 목을 맞대고 혓바닥을 빨았던 일을 또한 어찌 빈이 알 수 있었겠는가.

항상 그 일을 보고 부러워하게 되면 그 형세가 반드시 본받아 이를 하게 되는 것은 더욱 의심할 여지가 없다. 그 나머지 시중드는 여종들로 하여금 노래를 부르게 한 것과 벽 틈으로 엿본 따위의 일은 모두 다 자복하였다. 그러나 나머지 일은 모두 경하므로 만약 소쌍의 사건만 아니면 비록 내버려 두어도 좋겠지마는, 뒤에 소쌍의 사건을 듣고난 후로는 내 뜻은 단연코 폐하고자 한다.

대개 총부家婦[30)의 직책은 관계되는 바가 가볍지 않은데, 이러한 실덕이 있고서야 어찌 종사를 받들고, 한 나라에 국모의 의표儀表가 되겠는가. 그러나 빈을 폐하고 새로 다른 빈을 세우는 일은 역대에서 중하게 여기는 바이다.

옛날에 한나라 광무제와 당나라 현종이 모두 그 아내를 내쫓아서 뒷세상의 비평을 면하지 못했는데, 더군다나 지금 두 번이나 폐출을 행한다면 더욱 나라 사람들의 눈과 귀를 놀라게 할 것이므로, 나는 이를 매우 염려하여 처리할 바를 알지 못하겠다. 어제 안평·임영 두 대군으로 하여금 영의정 황희·우의정 노한·찬성 신개를 불러서 이를 의논하게 하였더니, 모두 말하기를, '마땅히 폐해야 될 것입니다.' 하였다. 나도 거듭거듭 이를 생각해 보니, 공자와 자사子思도 모두 그 아내를 내쫓았으며, 옛날 사람이 또한 어버이 앞에서 개를 꾸짖었다 하여 그 아내를 내쫓은 이도 있으니, 진실로 소중히 여기는 것이 있기 때문이다.

대의로써 결단하여 그렇게 아니 할 수가 없는데, 경 등은 일을 처음부터 끝까지 상세히 알고 있으니, 교지를 만들어 초해서 바치도록 하라. 옛날에 김씨를 폐할 적에는 내가 한창 나이가 젊고 의기意氣가 날카로와서, 빈을 폐하고 새로 다른 빈을 세우는 것은 중대한 일이므로 애매하게 할 수 없다고 여긴 까닭으로, 그 일을 교서에 상세히 기재하였으나, 지금은 그렇게 할 필요가 없다. 봉씨가 궁궐의 여종과 동숙한 일은 매우 추잡하므로 교지에 기재할 수는 없으니, 우선 성질이 질투하며 아들이 없고, 또 노래를 부른 네댓 가지 일을 범죄 행위로 헤아려서, 세 대신과 더불어 함께 의논하여 속히 교지를 지어 바치게 하라." 하였다.

－세종실록 18년 10월 26일－

---

30) 맏며느리.

신인손이 권채와 더불어 임금의 뜻을 황희·노한·신개에게 전달하고, 함께 교지를 기초하여 바치고, 즉시 입직한 동지중추 김맹성으로 하여금 행향사行香使로 삼아 빈을 폐하는 일로써 종묘에 고하고, 봉씨를 폐출하여 서인으로 삼아 사저私邸로 돌려보내었다. 그 교지에,

"저부(세자)는 한 나라의 근본이요, 배필은 삼강의 중대함이니, 처음을 바로잡는 도리는 삼가하지 않을 수가 없다. 기유년에 봉씨를 명가의 후손이라 해서 세자빈으로 삼았는데, 나중에 규곤(여성들이 거처하는 공간인 안방과 안뜰)의 의칙(의례준칙)을 어길 줄을 생각하지 못하였다.

일이 한두 가지가 아니므로 우선 그 대개만 들어 말한다면, 성질이 투기가 많고 대를 이을 자식이 없으며, 또 궁궐 여종들로 하여금 항상 남자를 사모하는 노래를 부르게 하였다. 또 세자가 종학으로 옮겨 가 거처할 때에 몰래 시녀의 변소에 가서 벽 틈으로 엿보아 외간 사람들을 바라보았다. 환관의 주머니·자루·호슬을 손수 만들었기 때문에, 이로 인하여 세자의 생신에 으레 바쳐야 할 물건들을 미리 만들 여가가 없어서, 지난해 생신에 쓴 오래 된 물건을 몰래 가져다가 새로 마련한 것처럼 속이고 바쳤으며, 또 궁중에 쓰는 물건과 음식물을 세자의 명령을 받지 않고서 몰래 환관을 경계하여 그 어머니 집으로 보내었다. 무릇 이 몇 가지 일이 모두 애매한 것이 아니므로, 내가 친히 사유를 물으니 모두 다 자복하였다.

내가 생각하건대, 부부의 도리는 풍화의 근원이요, 빈을 폐하고 다른 빈을 다시 세우는 것은 역대에서 소중히 여기는데, 더군다나 지금 세자빈은 두 번이나 폐출을 행하니, 더욱 사람들의 시청을 놀라게 할 것이다. 다만 총부(맏며느리)의 직책이 관계한 바가 경하지 않는데, 이러한 실덕이

있으니 어찌 세자의 배필이 되어 종묘의 제사를 받들고, 한 나라에 국모의 의표가 되겠는가. 이에 마지못하여 대신에게 의논하여 종묘에 고하고, 그 책인(冊印 책봉문서와 도장)을 회수하고 폐하여 서인으로 삼는다. 다만 그대들 정부는 나의 지극한 마음을 본받아 중앙과 지방에 효유(알아듣도록 타이름)할지어다." 하였다.

조세제도에 차등을 두게 하다

의정부 참찬 하연이 건의하기를, "도행장(토지장부)에 있는 상·중·하의 전토가 복卜·속束[31]의 다소의 차이가 있는데도 조세租稅를 거두는 수량이 모두 같은 것은 본 조정의 고금의 통한 제도이긴 하오나, 그 사이에 상·중의 전토를 경작하는 사람들이 도리어 당초 양전量田[32]이 공명하지 못했던 것을 원망하는 자가 자못 많사온데, 이제 만약 그 등급으로 조세를 수납한다면, 비록 어리석은 인민이라 할지라도 반드시 공평하지 못하다는 한탄이 있어 원망의 소리가 들고일어날 것이오니, 신은 세 등급으로 한 밭 도지의 차등을 두지 말고 전대로 제정하기를 바라옵니다.

또 선대 유자儒者가 말하기를, 「하나라·우나라의 공법貢法[33]은 구주九州의 부세가 다른 등급에서 여러 요인이 뒤섞여 엇갈려 나오며, 어떤 일정한 수효가 정해진 것도 아니고, 반드시 두루 살피고 돌아다님을 통하여 그해의 풍년과 흉년을 보아 이를 보조하고,
주나라 제도[34]로 말하더라도 지방에 공법을 시행하고, 역시 농정을 맡은 관원이 있

---

31) 토지를 측정하는 단위. 결結, 부負=복卜, 속束, 파把는 조세를 계산하기 위한 토지 면적의 단위이다. 1결結=100부負 또는 100복卜, 1부負 또는 1 복卜=10속束, 1속束=10파把.

32) 조선시대 농지를 조사·측량하여 실제 작황을 파악하던 제도.

33) 토지에 대한 세금 제도.

34) 맹자는 등나라 문공에게 하·은·주의 세법을 거론하여, 농민들에게서 세금을 공정하게 취하는 문제를 논했다. 하나라 때는 국가에서 가장家長마다 토지 50이랑을 주고 가장이 50이랑분의 소출을 관청에 바쳤다. 이것을 공법貢法이라 한다. 은나라 때는 정전법井田法을 채택하여 가장마다

어 논밭을 순시하며 작물의 실태를 관찰하고는 그해의 풍년과 흉년을 참작하여 거두어들이는 법을 내곤 하였은즉, 그 폐해가 현자賢者의 말과 같은 지경이 이르지는 않았을 것인데, 이는 곧 당시의 제후들이 공법을 쓰고 있는 폐단을 말한 것이다.」고 하였고, 또 어떤 이는 말하기를, 「부세의 수입에 일정한 숫자가 있었기 때문에, 어긋나는 방법을 써서 변통하였을 것이다. 그렇다면, 공법도 역시 변통하지 않은 것이 아니다.」하였습니다.

신이 이 두 논설로 보건대, 공법은 우임금 시대부터 내려오는 제도로서 좋지 않은 것이 아니오나, 현자의 말은 단지 당시에 다시 증가된 세율을 제정하여 그 십일제 이외의 부세를 강취함으로써 인민을 괴롭혔던 것을 지적한 것일 것입니다. 이제 만약 일정한 등급과 법식을 정하여 풍년과 흉년을 막론하고 동일하게 취할 것 같으면, 반드시 현자의 기롱을 면치 못할 것이오니,
신은 원컨대, 현자의 말을 거울로 삼으면서 우나라 공법의 9개 등급의 부세의 변형법을 본받아, 각도의 토지의 비옥함과 척박함을 감안하여 9등의 조세를 정하고, 또 주나라 제도의 농정을 맡은 관원이 논밭을 순시하던 법과 같이, 그 도의 감사로 하여금 그해의 풍년과 흉년과 재해의 유무를 시찰하여 참작해 등급을 작정하고는 명을 내려 조세를 정하게 하고, 이에 다시 다른 법을 쓰면 일국의 인민이 고루 성은을 입게 될 것이며, 치민의 대도로 보아도 이보다 다행함이 없을 것입니다.

신이 그 가상법을 아래에 조열하겠사오니, 바라옵건대, 여러 대신들로 하여금 이를 평의 규정하여 시행하옵소서. 상등인 전라도는 그해가 풍년이면 상상上上 1결에 22두를, 상중은 21두를, 상하는 20두를 수납하게 하고, 평년일 경우에는 중상에 19두를, 중중에 18두를, 중하에 17두를 수납하게 하며, 흉년일 경우에는 하상에 16두를, 하중에 15두를, 하하에 14두를 수납하게 하고, 중등인 경기도는 그 해가 풍년일 경우에, 상등이라면 상삼등上三等은 전라도의 중등의 예에 준하여 수납하게 하고, 평년이면 전라도의 흉년의 예에 준하여 수납하게 하며, 흉년이면 하상에 13두를, 하중엔

사전私田 70이랑을 분배하고 중간지역의 54이랑의 공전公田을 공동으로 경작해 그 소출을 관청에 바치게 했다. 이것을 조법助法이라 한다. 주나라 때는 가장마다 토지 100이랑을 주고 지방의 산간지방에서는 하나라 공법을 채용하고 비옥한 평야에서는 은나라 조법을 채용했다. 이것을 철법徹法이라 한다. 공법과 조법은 수확의 10분의 1을 세금으로 내게 하고 철법 11분의 1을 세금으로 내게 한 것이다. 공법과 조법은 수확의 10분의 1을 세금으로 내게 한다는 점에서는 같지만 과세 방식은 전혀 달랐다.

12두를, 하하엔 11두를 수납하게 하며, 하등인 평안도는 그 해가 풍년이면, 상등은 경기의 중년의 예에 준하여 수납하게 하고, 중년이면 경기의 흉년에 예에 준하여 수납하게 하면, 흉년일 경우 하상엔 10두를, 하중엔 9두를, 하하엔 8두를 수납하게 하소서."

하니, 영의정 황희·판원사 안순·찬성 신개·호조판서 심도원 등을 불러 하연이 올린 전제田制를 의논하게 하니, 모두가 아뢰기를,

"토품의 상하와 복수의 많고 적음을 비록 이미 분등하였다 하나, 그러나, 큰 차이가 없고, 다만 5, 6척 정도 가감하였을 뿐이오며, 중전中田의 소출이 상전上田에 미치지 못하고, 하전下田에서의 소출이 중전에 미치지 못하는데도, 등급을 나누지 않고 일례로 부세를 거두게 되면 소득의 다과가 고르지 못할 것이며, 세정이 중정中正을 잃게 될 것입니다.
만약 또 그해의 풍흉을 보아 조세를 거두고 등급을 매겨 매년 이를 고치게 되면, 정실에 흘러 임의로 가감한다는 원망이 현장 조사할 때와 다름이 없게 되어, 그 이름만 고쳤을 뿐, 옛 그대로 되고 말 것입니다. 신 등은 생각하옵기를, 전자에 정한 논의가 이보다는 나을 것 같습니다."

하고, 또 아뢰기를, "민간의 베값이 쌀로는 5, 6두이며, 콩으로는 10여 두에 불과하온데, 전세田稅로 공납하는 베는 쌀이 15두, 콩은 30두에 준한다는 것은 과다한 것 같사오니, 다시 쌀은 10두로, 콩은 20두로 고쳐 정하게 하소서." 하였다.

-세종실록 18년 윤 6월 20일-

세종 25년 7월 11일 하삼도에 우선 공법을 실시하다.

호조에 전지하기를, "농업 작황을 현지에 나가 조사하는 것은 진실로 좋은 법이나, 실행하는데 적당하게 하기가 매우 어려워서 백성의 폐단 되는 것이 여러 가지이므로, 이미 충청·전라·경상도에 우선 공법을 시험하여, 편부便否를 시험하려고 하는데, 그 하등전의 납세자는 그 전지의 토지품질이 척박함으로 혹 근심하고 탄식하는 자가 있다 하니, 장차 하전下田의 등급을 나누어서 다시 조세의 액수를 정하겠으나,

우선 금년에 3도의 하전은 매 1결에 각기 2두를 감하여, 백성의 바라는 데에 따르게
하라." 하였다.

-세종실록 25년 7월 11일-

황희·신개·하연 등을 불러 공법에 관해 전지의 심사 범위와 경차관 분견 여부, 양전의 실시 등을 의논하다.

황희·신개·하연·황보인·권제·정인지를 불러 공법(토지세법)의 편의 여부를 의논하
기를,

"각도의 토지를 1, 2년 동안에 고쳐 측량하기가 쉽지 않으니, 아직은 구안(舊案 : 옛
안)을 가지고 그 토지의 품질을 살펴서 먼저 5등으로 나누되, 결·복·속·파를 경(頃)·
묘(畝)·보(步)의 법으로 고쳐 만들어 9등으로 세를 거두게 하는 것이 어떠한가. 만일 가
하다면 금년에 하삼도의 전지를 전부 심사하게 할 것인가. 전라도만 심사하게 할 것
인가, 또 경차관을 나누어 보낼 경우에는 보는 것이 각각 달라서 등급을 나누는 것
이 한결같지 않을까 염려되니, 따로 대신 한 사람을 보내어 도맡아 그 일을 다스리게
하고자 하는데 또한 어떻겠는가. 또 양전(토지측량)의 일은 가볍지 않으니, 금년에는
아직 금천·수원 등지에만 시험하고자 하는데 또한 어떻겠는가."

하니, 여러 사람이 말하기를,

"이미 삼도(三道)에 모두 공법을 행하였으니, 지금 전지의 품등을 나누는 것을 단지 전
라도에만 행하고 경상도·충청도에 미치지 않는다면, 세금징수의 법이 피차 한결같
지 않으니 삼도를 아울러 심사하는 것이 타당하옵니다. 다만 흉년을 당하여 따라 대
신을 보내는 것이 실은 폐단이 있으니, 지금 경차관을 위임하여 보내어 감사로 하여
금 그 일을 겸하여 맡게 하는 것이 가합니다. 만일 시험하여 토지를 측량하고자 한
다면 금천의 전지는 5등을 갖추지 못하였으니, 마땅히 수원부를 시험하여야 하겠습
니다. 비록 금년에 미치지 못하더라도 불가할 것이 없습니다." 하였다. 〈하략〉

-세종실록 25년 10월 27일-

인사적체·고과평가에 따른 행수법을 정하다

이조판서 박안신·참의 이변이 상언하기를, "이미 순자循資의 법[35]을 세웠고, 또 행수行守의 법[36]을 세워 시행하는 것은 관작을 중하게 여기고 분수에 지나침을 막으려는 것이니, 진실로 아름다운 법입니다.

그러나 서울과 지방 모든 관리는 30개월이 되어야 만기가 되고, 세 차례 고과 성적에 세 번 상위上位에 올라야 승급이 허가됩니다. 9품 장사랑에서 40여 년을 벼슬하여서 성적이 가장 상등上等인 자가 이에 3, 4품에 이르게 됩니다.

그런 까닭에 동반(문관)에는 서울과 외방의 5품 이하 관원이 모두 1천여 명이나 되는데, 4품으로 승진되는 자는 일 년 동안에 두어 사람에 지나지 않습니다.
서반(무관)에는 당번을 당한 내금위·별시위·충의위·갑사甲士가 3천 명이 못되는데 4품에 승진되는 자가 1년 동안에 40여 명이나 됩니다. 동반에 4품 이상이 아주 적으므로 매양 수령을 제수할 때에는 대개 군사軍士에서 출신한 자를 제수하게 되어서 정치의 체통도 모르는 사람에게 오랫동안 큰 고을을 맡겨 두게 되니, 어찌 능히 백성의 곤란함을 알겠으며, 여러 가지 번잡한 사무를 결단하겠습니까.

또 문무文武는 일치인데, 제수하는 법이 동반에는 지나치게 엄중하고 서반에는 지나치게 가벼우니, 고르지 못하다는 탄식은 우선 두고서라도, 등용하여 임용할 즈음에도 자못 구애되는 바가 있습니다. 동서반 4품 이하에서 정正·종從 두 급은 각각 한 단계씩 줄이거나 혹은 개월의 수를 반으로 줄여 승급하거나를 참작하여 시행하여서, 동서반을 고르게 하고 임용을 편리하게 하기를 청합니다." 하니, 의정부에 내려 논의하게 하였다.

---

35) 문반 모두와 무반 당상관 및 각사 아전은 개월법(450일제, 900일제)으로 승진하는 순자법을 실시하였음. 문반인 서울근무관리와 지방수령은 2년 6개월을 기간으로 매 6개월마다 고과하여 상上이 3회 이상이면 1품계를 가자하였음.

36) 새로 보임된 관직의 품계가 전에 받았던 품계보다 낮은 경우에는 '행'이라고 하며 그 직은 '행직'이라고 한다. 이와 반대로 보임된 관직이 전에 받았던 품계보다 높은 경우에는 '수'라고 하며 그 직은 '수직守職'이라고 한다.

황희·신개·권제 등이 논의하기를, "원류지론(인사관련 서적)에 이르기를, '수령으로서 2백 석 이상 녹을 받는 자는 일체 근무 일수가 차야 실직(관직)에 제수된다.'고 하였는데, 해석하는 자들이 이르기를, '모든 관리는 처음 제수될 때에는 모두 한 해 동안 수守로 시험당하고 이에 실직에 제수되어서 온전한 녹봉을 타게 된다.' 하였고, 또 이르기를, '지방 감찰관이 무관 재주로 추천하여 승상부에 이름이 등록되면 후보자를 특별시험하여 옛 과목을 상고하고 모두 수守로 시험하여 만 1년이 되어야 실직에 제수된다.' 하였고, 또 이르기를, '무릇 수관守官으로서 만기가 되도록 그 직임에 알맞게 한 자는 실직에 제수되고 알맞게 하지 못한 자는 그 전 관직으로 되돌려 보낸다.' 하였습니다.

그런 까닭에 동도태수 한연수는 수좌풍익守左馮翊[37]으로 만기가 되도록 그 직에 알맞게 하여서 실직에 제수되었고, 영천태수 황패는 수 경조윤으로 있다가 사건에 연계되어 영천태수로 되돌려졌습니다. 그런즉, 한나라 때의 수관守官이라는 것은 한편으로는 처음 관직에 제수되는 자에게 주는 것이고, 한편으로는 인재는 중임을 감당할 만하나 품계가 낮은 자를 갑자기 발탁하기가 어려운 까닭에 알맞은가를 우선 시험하여서 제수하는 것이며, 관직 품계의 높고 낮은 것으로서 으레 제수하는 것도 아니었습니다.

신 등은 그윽이 생각하건대, 옛날과 지금은 사정이 달라서 모든 제도에 옛것만 본받아서 시행하더라도 구애되는 것이 있어, 마침내 시행할 수 없는 것이 가끔 있습니다. 더군다나 옛것을 본받고자 하면서 옛 제도대로 하지 않는 것은 미편합니다. 또 본 조정의 제도는 연령이 만 20세가 되어야 비로소 벼슬하는 것을 허가하므로 문과나 무과에 출신한 자는 모두 30세 이상입니다.

이제 행수行守로서 개월을 따져 승급하는 법을 보면, 무릇 벼슬길에 들어온 자가 임시 관직으로부터 사고 없이 만 4, 50년의 임기를 기다려야 비로소 3, 4품의 등급에 오르게 되는데, 벼슬하는 동안에 사고 없이 50여 년을 넘기는 자는 거의 없거나, 겨우 있는 정도입니다.
하물며 나이 40이면 노쇠하기 시작하는데, 50여 년을 지난다면 쇠하거나 병들지 않고 직무를 감당할 만한 자는 드물 것입니다. 이와 같다면 쓸 만한 인재가 있다 하더

---

37) 벼슬 이름.

라도 의지와 기개가 한창 날카로운 때는 하층에서 허우적거리고, 요행으로 높은 관직에 이르더라도 의지와 기개가 무디어져서 쓰기가 어렵게 됩니다.

옛사람이 말하기를, '순자循資의 법[38])은 범상한 자에게 녹봉을 주는 데에는 가하거니와 어진 인재를 대우하기에는 불가하다.' 하였습니다. 그러나 세상의 도의가 나날이 떨어지고 분수없이 함부로 하는 풍습이 나날이 더해가니, 순자循資의 법도 또한 전적으로 폐지할 수는 없습니다.

신 등은 원하건대, 행직行職에 대해서는 이미 시행하는 관례에 의거하여, 할 수 없이 서용할 자에게만 제수하고, 그 중에도 대간·육조 낭청·의정부 사인은 반드시 사람을 가려서 제수할 것입니다. 진실로 행수의 법에만 얽매이게 되면, 어진 자와 어리석은 자가 함께 침체하게 되어서 다스림이 체통에 어긋날 듯합니다.

지금 좌랑은 정正 자급[39])이 임기가 찬 자는 실직 5품으로 승진하고, 종從 자급이 임기가 찬 자는 수守 5품으로 제수하였다가, 만 1년이 된 다음에 실직 정랑으로 삼을 것이며, 사인舍人도 또한 이 예대로 할 것입니다. 그 외방 수령도 열 번 고과 성적에 열 번 상上이 된 자로서 중앙직을 제수할 때에는 정 자급을 위와 같이 하고, 종從 자급은 한 자급을 올릴 것입니다.

대간을 천전遷轉[40])시키는 데에도 또한 구례대로 하고 참외(7품 이하)로서 본래 개월이 없는 자는 예전대로 천전시키며, 그 외 각 품과 수령은 전殿이 적고 최最가 많거나[41]), 전殿이 많고 최最가 적은 자는 예전대로 품계에 따라 시행할 것입니다.

무릇 종從 자품인 수관守官으로서 당연히 실직으로 될 자는 다시 품계를 강등시키지 말고, 또 같은 자품에는 행行·수守라는 칭호를 못하게 할 것입니다. 이와 같이 하

---

38) 관리를 전임시킬 때 그 품계에 따라 승진시키던 법. 능력을 본위로 승진하는 것이 아니고, 근무한 햇수에 따라 승진시키는 것으로, 자품이 오르면 이에 상응하는 관직을 제수하였음.

39) 조선조 때 벼슬에 따른 품위品位의 등급. 정正·종從·각 품品마다 상上·하下 두 자급이 있었으므로 총 36자급이 있었음.

40) 관직마다 지정된 근무일수가 있는데, 이를 채운 자를 타직으로 전임시키는 것을 말한다. 같은 품직으로 천전시키는 것을 평천이라고 하고, 높은 직으로 개임하는 것을 승천·우천, 낮은 관직으로 옮기는 것을 좌천이라고 했다.

41) 지방관의 성적은 일 년에 두 번씩 평가하여 중앙에 보고됐는데 이를 '전최'殿最라고 했다. 근무 성적이 최하 등급이면 전, 최고 등급이면 최로 구분했다.

면 행수의 법이 거의 옛 제도에 합치하고 지금에도 마땅하여, 어진 인재가 침체되는 탄식이 없고 범상한 사람이 분수없이 함부로 하는 폐단이 없어, 진실로 편리하고 유익할 것입니다."

하고, 하연은 논의하기를,

"4품 이하의 정·종 품계를 각각 한 품계를 감하고, 또 개월을 반으로 줄이자는 청은 법전에 관계되니 경솔하게 변경할 수 없습니다. 다만 행수의 법에 대해서 신이 간절히 드릴 말씀이 있습니다.

동반 4품 이하, 6품 이상 각 품의 첫 계자로서 봉덕랑·통덕랑·승의랑은 9년 동안에 세 번 고과 성적을 겪었으면 나머지 차례의 고과성적은 비록 달 수가 차지 않더라도 궐원이 있을 때에 그 품계에 맞게 올려서 천전시킬 것을 허락할 것이며, 수령은 임기 만료가 되어 옮기게 되는데, 열 번 고과성적에 모두 상上이 된 자는 특이한 인재이니, 의정부 사인과 6조 낭청의 전임하는 예에 따라서 승진시키기를 허락할 것입니다. 수령을 제수할 즈음에 품계가 알맞은 자가 적은 것은, 과연 이조에서 말한 바와 같아서 상당히 구애를 받고 있습니다. 대도호부 목사에 4품 자급으로서 가당한 자는 부사 또는 부목사라고 부르고, 도호부 5품에는 동부 부사 또는 판관이라 부르며, 지관 6품에는 부지사라 부르도록 할 것입니다.

옛 제도를 상고하여 자세히 정하고, 서울에서 시행하는 수법守法과 같이 하여 형편에 따라 올리고 내리면 거의 사람과 품계가 서로 알맞아서 구애되는 폐단이 없을 것입니다. 동반의 참외(7품 이하)를 제수하는 법은 신의 의견도 또한 여러 사람의 논의가 같습니다."

하고, 이숙치는 논의하기를,

"전례에 의정부 사인·육조 정랑은 국가의 여러 가지 사무를 맡아서, 그 임무가 가볍지 않으므로, 사인은 봉열 대부 이상으로, 정랑은 통선 대부 이상으로 좌랑은 승훈 대부 이상으로 품계를 고쳐서 거관시켰던 것입니다. 그 종從 자품 이하는 수품守品으로 거관시키는데, 각각 정正 자품으로 승진된 뒤에 또 품계를 고쳐서 실직에 나아가게 합니다.

대간 내에 헌납·지평·정언은 정랑·좌랑으로 승진되나, 장령·집의·지사간 같은 관직은 승진하는 길이 없어 언관을 선택하는 것을 중시하는 뜻에 어그러짐이 있습니다. 예대로 승진시키고 승급하여 총애하는 뜻을 보이는 것이 마땅합니다.

외방 수령으로서 열 번 고과성적에 상上이 된 자는 자급을 특별히 올리고 기타 각품의 행수는 일체 정해진 법에 따라서 시행할 것입니다. 이와 같이 하면 동반·서반과 서울·외방에 서용하는 것이 대략 서로 고르게 되고 인재를 뽑는 길도 거의 막힘이 없을 것이며, 또 틈을 노려서 분수없이 함부로하는 폐단도 없을 것입니다. 오직 참외는 직급이 낮아서 참상과 비교할 바가 아니니, 15개월이 만기된 다음에 가자하는 것이 어떻겠습니까."

하므로, 임금이 동궁에게 권제·조서강·이승손을 불러서 행수에 대한 법을 논의하도록 명하고, 이어서 전지하기를,

"당초에 행수의 법을 세울 때에 이런 폐단이 있을 줄을 내가 몰랐던 것은 아니나, 다만 행수의 법을 세우면 집정자가 마음대로 올리고 내리고 하는 권한이 없어지고, 등용되는 사람도 또한 요행으로 분수없이 함부로 진출하려는 야망이 없어질 것이기에 내가 이 법을 세웠던 것이다. 이제 정부에서는 원류지론까지 인용하여서 다시 새 법을 세우고자 하니, 정부에서는 후일에 폐단이 없을 것이라는 것을 명확하게 보고서 이런 말을 하는지 알 수 없거니와, 원류지론인들 어찌 족히 취할 만한 것이겠는가. 오직 찬성 하연이 의논한 수령을 제수하는 법은 변통성이 있어서 거의 편익할 듯하니, 이 논의에 따르고자 하는데 어떻겠는가." 하였다.

권제가 아뢰기를, "옛날 태종조에 대간들이 스스로 서로 보복하여 자주 파출되었는데, 비록 보복이라고는 하나 관작을 염려에 두고 한 것은 아니었습니다. 지금 순자循資의 법을 한번 세우자, 사대부들이 벼슬을 잃게 될까 근심하여, 심지어 가자하는 달수가 되면, 비록 대간을 지낸 자라도 공공연하게 단자를 올려 관작을 구하니, 염치는 땅을 쓸어버린 듯하고 선비의 풍습도 아름답지 못하여 이 지경에 이르렀습니다. 원류지론이 비록 오늘날에 다 적합한 것은 아니라 하더라도 다만 그 수직守職하는 필목만 취하자는 것입니다." 하고,

조서강과 이승손은 아뢰기를, "하연이 논한 외직에 서용하는 법이 편리할 듯하나, 이제 이조에서는 3, 4품 관원이 적은 까닭에 궐원이 있더라도 보임하기가 어렵다는 것

인데, 하연의 계책을 따라서 비록 4, 5, 6품으로서 외방의 3, 4품 궐원을 보임한다 하더라도 1, 2년 동안에만 될 수 있는 일이며, 만약 수년을 지나면 4, 5, 6품을 가진 자도 또한 적을 것이니, 어찌 오래도록 시행할 수 있겠습니까." 하니.

동궁이 이 논의를 가지고 아뢰었다. 임금이 말하기를,
"고려 때에 이색·정몽주 같은 이와 국초에 조준·이숙번·하윤·민제 등이 각각 붕당을 만들어서 서로 보복하였고, 또 하윤의 집에는 조정선비들이 날이 저물 때 모였다가 새벽에 흩어지기도 하였는데, 태종께서 깊이 걱정하시고 점차 화해시킨 다음에 그만두었다. 이제 순자循資의 법을 세웠는데 선비의 풍습이 도리어 아름답지 못하다는 것은 내가 생각지도 못한 일이다. 고려 말엽에 혹 금은·말 노비·전지 따위를 뇌물로 바치고 관직에 제수 받은 자가 있었는데, 지금 조정선비들이 임기만료를 기다려서 단자를 올리는 것은 비록 관작을 구한다는 비방은 면할 수 없더라도, 뇌물을 바치고 관작을 받은 자보다는 낫지 않는가. 그렇다면 이것은 공정하다고 이를지언정 사정이라고는 할 수는 없는 것이다. 경은 또 제 뜻대로 되지 못한 자의 말을 듣고 이런 말을 하는 것이다.
우선 하연의 논의에 따라 시행하려니와, 만약 구애되는 일이 있으면 뒤에 다시 의논하겠다. 그리고 오늘 아뢴 말도 내가 마땅히 익히 생각해 보겠다." 하고,

이어서 승정원에 이르기를, "당초에 행수의 법을 세운 것은 분경하는 것을 막아서 풍속을 바르게 하려던 것이었다. 고려 말엽에 뇌물이 공공연하게 행하여진 것은 앞서 말한 것과 같은데, 집정 신하로서 뇌물을 받고 비방을 듣는 자가 간혹 있었으나, 받지 않고도 그릇되게 비방을 받는 자도 또한 있었다. 행수의 법을 세우면 사람은 요행을 바라는 마음이 없어지고, 집정자도 또한 비방을 면하게 되겠기에 이 법을 세웠던 것이지, 높은 직급에 빨리 승진되는 것을 미워해서 그런 것은 아니었다. 만약 이법을 시행하여서 구애되는 것이 있으면 참외는 15개월, 5, 6품은 20개월, 3, 4품은 30개월 만에 예대로 한 계급씩 가자시켜서 통행하게 하는 것이 어떻겠는가. 이 법은 조종의 성문법이 아니고 내가 처음 세운 것이니, 변경하여 통행하게 하는 것도 또한 나에게 달린 것이다. 이제 행수의 법을 시행함으로써 조사의 풍습이 아름답지 못하다는 것은 나로서는 모를 일이다." 하고,

승정원에 이르기를, "지난번에 승지로서 이조와 병조를 맡은 자만이 추천에 참여하였던 까닭에, 사람들이 정권을 독단한다고 말하므로 여섯 승지에게 임시해서, 천거

에 참여하는 법을 명하였더니, 사람들은 또 여러 사람이 추천에 참여하고 각자 욕심을 부려서 서로 청탁한다고 하였다. 어떻게 조처하여야 옳은가. 임금의 묻는 일에 반드시 혐의스러워하지 말고 각자 뜻대로 말하라."

하니, 좌부승지 유의손·우부승지 황수신·동부승지 박이창이 아뢰기를,

"추천자는 마땅히 전담해야 할 것이고, 이와 같이 어지럽게 하지 말아야 할 것입니다. 더군다나 이조판서와 참판은 매 도목 정사 때마다 들어와서 참여하는데, 오로지 여섯 승지만이 임시해서 번갈아 들어가는 것은 진실로 타당하지 못합니다." 하고,

조서강은 아뢰기를, "신이 아뢰고자 한 지가 며칠이 되었으나, 다만 신 자신의 몸이 혐의스러워서 감히 발언하지 못했습니다. 대저 사람을 임용하는 도리는 임용하였으면 의심하지 말 것이며, 의심한다면 임용하지 말아야 할 것입니다. 오늘날 승지는 이에 후일 참판으로 될 사람이며, 바르고 바르지 못함은 사람에게 있는 것인데, 어찌 오로지 참판이 된 날에는 바르고 승지가 된 날에는 바르지 않다는 것입니까. 신은 전담시키는 것이 편하다고 생각합니다." 하므로,

임금이 말하기를, "너희들의 말이 그럴듯하다. 행수의 법을 세운 것은 이에 염치를 일으키고 분경을 막고자 한 것이다. 이 법이 서게 되면 사람마다 요행으로 벼슬을 구하려는 마음이 없게 되고, 집정자도 또한 비방을 면하게 될 것이다. 지난번에 조말생이 오랫동안 인사권을 맡았다가 마침내 큰 비방을 받았다. 이 때문에 이조판서는 3년을 넘기지 못한다는 말이 있게 되었다. 조서강은 대신과 함께 의논하여서 아뢰도록 하라." 하였다.

-세종실록 25년 6월 22일-

부정한 제사에 대해 금지하는 법을 제정하다

의정부에서 부정한 제사淫祀의 금지하는 법을 진술하였다.

"1. 조부모나 부모의 혼魂을 그리고, 무당을 집으로 청해서 이름하기를, '제단'이라 하고, 혹은 형상形象을 그리고, 혹은 신神의 노비奴婢라고 칭하고서 무당의 집에 바치거나, 노비는 바치지 아니하여도 혹은 제단을 설치하고, 혹은 조부모의 신神을 무당집에서 제사 지내는 자가 퍽 많사오니, 그 가장家長은 불효로써 논하되, 모시는 것을 빠트린 것은 법에 의하여 죄를 주고 영영 등용하지 아니하며, 그 노비는 모두 관가에 몰수하게 하소서. 또 병을 구한다고 하여 명을 대신한다 칭하고 노비를 무당 집에 헌납하는 자는 그 가장을 역시 임금의 명을 어긴 것으로써 죄를 주고, 노비는 역시 관가에 몰수하게 하소서.

1. 길가의 잡신을 위한 제사 및 무당 집과 송악·감악·개성부·대정大井과 각각 그 고을의 성황 등지에 친히 가서 제사를 지내는 자 및 양가良家의 부녀婦女로서 병을 피한다 칭하고 무당집에 부쳐 있는 자는, 그 가장을 임금의 명을 어긴 죄로 벌주소서.

1. 금령을 범한 무녀는 법에 의하여 벌을 주되, 서울에서는 외방으로 쫓고, 외방이면 타도로 쫓아내소서.

1. 금령을 범한 부녀가 만약 가장이 없으면 그 장자를, 그 장자가 없으면 차자를, 차자가 없으면 장손을, 장손이 없으면 차손을 죄주고, 만약 가장과 자손이 없으면 부녀자 자신에게 죄줄 것입니다.

1. 무녀들이 혹은 고금에 없는 신神이라고 칭하든가, 혹은 당대에 사망한 장수나 정승의 신이라고 칭하면서 별달리 신 이름을 정하고 제 스스로 이르기를, '신神이 내 몸에 내렸다.'고 하여, 요망한 말로 여러 사람을 혹하게 하는 자는 요망한 말, 요망한 글을 조작한 법에 의하여 처벌하게 하소서.

1. 무당 적에 올리지 아니하고 신통한 무녀라고 하면서 서울에 섞여 사는 자가 퍽 많사오니, 모두 성밖으로 쫓아내게 하되, 은닉한 자는 하여서는 아니될 일을 한 법으로써 중하게 죄를 주고, 무당 적에 등록하게 하소서.

1. 무당과 각 사람이 만일 범죄한 것이 있는데, 그 동리의 지방령과 지방별감과 관리 등이 검찰檢察하지 못하였으면 법에 의하여 죄를 부과하소서.

1. 서울이면 사헌부에서, 지방이면 감사나 수령이 그들의 뜻하지 않은 시기에 갑작스럽게 덮쳐서 항상 검거하여 엄격하게 금지하는 법을 시행하여, 제도로 삼으소서."

하니, 그대로 따랐다.

─세종실록 25년 8월 25일─

조정 관료는 창기를 관계하지 말게 청하다

세종 28년 1월 사헌부에서 청하기를, "조정 관료로서 출근하는 사람은 창기를 관계하지 말게 하소서." 하니, 의정부에 내려 이를 의논하게 하였다.

우의정 하연이 의논하기를, "예전에 평안도 감사 윤곤의 말로써 이 법을 만들어 시행한 지가 몇 해나 되었는데, 곧 기생은 옛날에 군사의 아내 없는 사람을 위하여 설치한 것이나 이를 중지시켰지마는, 병영의 군사가 기생을 거느리고 임무를 서는 사람은 얼마 안 되었는데도, 대소 사신과 수령들은 음욕을 마음대로 행하여 폐를 끼침이 매우 많게 되고, 이로 인하여 풍속을 더럽히는 사람이 있게 되어 임금의 정치에 누가 되오니, 청하옵건대 사헌부에서 아뢴 바에 의거하여 풍속을 바로잡게 하소서." 하였으나, 마침내 시행되지 못하였다.

기생을 폐지하자는 주장은 한두 번 논의한 것이 아니었다. 세종 12년에도 김종서가 여악을 폐지할 것을 주장하였으나 수포로 돌아간 일이 있었다.

좌부대언 김종서가 말하기를, "예악禮樂은 나라를 다스리는 큰 근본입니다. 그런 까닭에 악樂을 살펴 정치를 알 수 있다는 것이며, 공자께서도 또한 석달 동안 고기 맛을 몰랐다고 하셨던 것입니다. 공자께서 나라를 다스리는 법을 말씀하실 때에 반드시 음란한 소리를 추방해야 한다고 하셨으니, 이는 곧 성인이 행한 징험을 보인 것으로서, 여악을 아악과 섞을 수 없음은 너무나 명백한 일입니다.

예악의 성함이 이와 같은데도 오로지 여악만은 고치지 아니하고 누습을 그대로 따른다면 아마도 뒷날에도 능히 이를 혁파하지 못하고 장차 말하기를, '옛날 태평성대에도 오히려 혁파하지 못한 것을 어찌 오늘에 이르러 갑자기 혁파하랴.'고 할 것입니다. 이와 같이 된다면 오늘날의 누累가 될 뿐 아니라 또 후세에도 보일 만한 것이 없게 될 것입니다. 전하께서 대성大聖의 자품으로서 여악의 불가함을 아시면서도, 혹은 군신이 같이 연회하는 자리에서 연주하게 하시고, 혹은 사신을 위로하는 연석에서도 쓰시는 것은 대단히 불가한 일입니다. 비옵건대, 크게 용단을 내리시와 오랫동안 쌓인 비루한 풍습을 개혁하여 유신의 미를 이룩하소서."

하니, 임금이 이를 가상히 여겨 받아들이고, 인하여 말하기를,

"여악을 쓴 것이 그 유래가 이미 오랜데 이를 갑자기 혁파해 버리고 악공으로 하여금 연주하게 한다면 아마도 음률에 맞지 않아 서로 어긋남이 있게 될 것이다. 그러기 때문에 가벼이 고칠 수 없다." 하였다.

김종서가 대답해 아뢰기를, "여악의 누습이 그대로 있는 것보다는 차라리 어긋남이 있을지라도 연습하여 완숙되기를 기다리는 것이 옳습니다." 하고,

우부대언 남지가 아뢰기를, "여악의 폐단은 외방에서 더욱 심합니다. 수령의 하루 사이의 정사에서도 한편으로는 부녀자들로서 절의를 잃은 자를 다스리면서, 또 한편으로는 관기官妓로서 사신을 거절한 자를 다스리고 하니, 어찌 정사를 본다면서 이와 같이 일을 행할 수 있겠습니까. 또 사람들 사이의 시기와 혐의가 흔히 이것 때문에 일어나고 있사오며, 남녀의 분별도 이것 때문에 어지럽게 되고, 정치교화도 이것 때문에 잘되지 않고 있사오니, 결코 작은 실책이 아닙니다. 또 큰 고을에는 그 수효가 1백 명에 이르고 있어 놀고 먹는 폐단도 적지 아니하오니, 마땅히 관기를 혁파하여 성대한 정치의 실책을 제거하소서."

하니, 임금이 말하기를, "경들의 말은 지당하다. 그러나 태종 때에도 이미 이와 같은 논의가 있어 한두 대신이 이르기를, '토풍(土風 토착풍습)이 없을 수 없다.' 하였고, 변계량도 또한, '서경書經에 이르기를, 「사해四海가 음악을 끊고 조용히 지냈다.」 하였으니, 옛날 태평성대라 하여 어찌 이 같은 음악이 없었겠습니까.' 하여, 혁파하지 않았던 것이다." 하였다.

남지가 아뢰기를, "음악을 끊고 조용히 지냈다고 하는 것이 어찌 여악女樂을 말한 것이겠습니까." 하니,

임금이 말하기를, "조정에서는 오히려 남악男樂을 쓸 수 있을 것이다. 사해에서는 어찌 다 남악을 쓸 수 있겠는가." 하매,

동부대언 윤수가 아뢰기를, "이것뿐만이 아닙니다. 옛말에 이르기를, '기생이란 군사로서 아내가 없는 자들을 접대하기 위한 것이라.' 하였사온 데, 우리나라가 동남으로는 바다에 임하고, 북쪽으로 야인野人들과 연접하고 있어 방어하는 일이 없는 해가 없사오니, 여악을 어찌 갑자기 혁파하오리까." 하였다.

하연의 졸기

1453년[78세] 단종 1년 8월 15일 하연이 죽다.

영의정으로 사직한 하연이 졸하였다. 하연의 자는 연량淵亮인데, 진주 사람이다. 1396년에 과거에 올라 봉상시 녹사에 보직하였다가 뽑혀서 직예문 춘추관 수찬관이 되고 여러 관직을 더하여 사헌부 집의에 이르렀다가 승정원 동부대언에 발탁 제수되었다. 태종이 하연의 손을 잡고 말하기를,

"경은 이 벼슬에 이른 까닭을 아는가?" 하니, 대답하기를, "알지 못합니다."

하니, 태종이 말하기를, "경이 대간臺諫에 있을 때 의연하게 일을 말하였으므로, 내가 곧 경을 알았다." 하였다. 세종이 임금에 오르자, 지신사에 제수하였다. 이때에 나라에 일이 많았는데, 하연이 조심하고 근신하여 그 사이에서 주선하니, 두 임금의 은혜가 매우 융숭하여 예조참판에 제수하고, 대사헌에 옮겼는데 불교의 일을 논하니, 세종이 기꺼이 받아들여서 조계종 등 7종을 혁파하여 단지 선禪·교敎 2종만 두고 아울러 주·군의 사찰과 토지를 헤아려 줄였다. 뒤에 평안도 관찰사가 되었다가 어떤 일로 파면되어 천안으로 귀양갔었는데, 얼마 안되어 불러서 병조참판에 제수하였다가 형조판서·이조판서에 승진하고, 의정부 참찬 겸 판이조사에 옮겼다.

여러 번 승진하여 좌찬성과 좌의정에 이르고 나이가 70에 궤장을 하사받았다. 영의정이 되자 문종이 대자암을 중수하고자 하니, 하연이 불가함을 고집하였다. 1451년

(문종1년)에 늙고 병듦으로써 물러가기를 청한 것이 두 번이었으나 영의정으로 잉령치사(직명을 가진 채 사직함)하게 하였다.

유언으로 불교와 관계하지 못하게 하였다. 나이는 78세이나. 성품이 간결하면서 고아하고 어버이 섬기기를 효성으로 하며, 친족에게 화목하기를 인으로써 하고, 옛 친구를 버리지 아니하며, 축의와 조의를 폐하지 아니하고, 글을 보기를 즐기고 시를 읊기를 좋아하며, 재물에 힘쓰지 아니하고 가무와 여색을 기르지 아니하여 가정이 화목하였다. 관청에 있어서 일을 처리하는 데에 밝게 살피기를 힘쓰고, 일을 일으키기를 좋아하지 아니하였다.

두 어버이가 모두 나이 80세인데, 무릇 그 마음을 기쁘게 하는 것이면 하지 않는 것이 없었다. 구경당具慶堂을 지어서 세시복랍(설날. 삼복날. 납향일)에 반드시 술잔을 받들어 올려서 수壽를 칭송하니, 사람들이 모두 영광으로 여겨서 그 일을 노래하고 읊조리기까지 하였다. 어버이가 죽으니 나가고 들어올 때는 반드시 사당祠堂에 고하며 또 구경당을 그 아버지의 거처하던 곳이라고 하여 해마다 수리하고 이엉을 덮어서 이름을 영모永慕라고 고쳤는데, 자녀와 조카들이 기와로 바꾸기를 청하니, 하연이 탄식하기를,

"선인의 예전 살던 집을 어찌 고치리요. 또한 우리 후세로 하여금 선인의 검소함을 본받게 함이 족하다."

하였다. 의정부에 있은 지 전후 20여 년에 사대부를 예로 대접하고, 문門에서 사사로이 찾아와 청탁하는 일을 받지 아니하고, 처음에서 끝까지 근신하며 법을 잡고 굽히지 아니하였으니, 태평 시대의 문물文物을 지킨 정승이라고 이를 만하다. 그러나 그 논의가 너그럽고 후덕함을 숭상하지 아니하여 대신의 체면을 조금 잃었고 늘그막에는 일에 임하여 어둡고 어지러웠으나, 오히려 한가롭게 세월을 보내면서 물러가지 아니하다가 사직하기에 이르렀다. 또 급하지 않은 일을 가지고 상소하니, 이때 사람들이 이로써 작게 여겼다. 그러나, 처음부터 끝까지 온전함을 지키기를 하연과 같이 한 이도 적었다. 시호諡號는 문효文孝인데, 배우기를 부지런히 하고 묻기를 좋아함은 문文이고, 자애롭게 베풀어 은혜롭고 어버이를 사랑함은 효이다.

―단종실록 1년 8월 15일―

[승진과정]

1396년[21세] 태조 5년 문과 급제, 봉상시녹사, 예문관 수찬
1402년[27세] 태종 2년 8월 2일 호패를 주고, 호구 장부를 만들다.
1403년[28세] 태종 3년 5월 30일 전국군사수 29만 6천 3백10명이었다
1404년[29세] 태종 4년 8월 25일 벼슬 나이를 18세로 종사법을 정하다.
1405년[30세] 태종 5년 7월 이조정랑, 11월 업무 소홀로 파직
1407년[32세] 태종 7년 3월 8일 하륜의 건의로 경차관을 두다.
1411년[36세] 태종 11년 5월 13일 하연에게 연회를 베푼 이양을 파직시키다.
              6월 20일 경차관으로 연회에 참석한 하연을 파직시키다.
1414년[39세] 태종 14년 10월 장령
1416년[41세] 태종 16년 의금부 부진무, 7월 집의
1417년[42세] 태종 17년 윤5월 동부대언, 7월 우대언
1418년[43세] 태종 18년 8월 좌대언, 8월 지병조대언, 11월 예조참판
1418년[43세] 세종즉위년 8월 지신사(도승지)
              9월 11일 충청도외 지방은 진상품을 월 1회 올리게 하다.
1419년[44세] 세종 1년 2월 강원도 관찰사, 10월 우군동지총제
1420년[45세] 세종 2년 1월 예조참판, 1월 명나라 북경 사신단
1421년[46세] 세종 3년 10월 19일 전라도 관찰사
1422년[47세] 세종 4년 12월 병조참판
1423년[48세] 세종 5년 3월 대사헌
1424년[49세] 세종 6년 4월 형조참판, 12월 경상도관찰사
1425년[50세] 세종 7년 12월 이조참판
1426년[51세] 세종 8년 1월 예조참판

1427년[52세] 세종 9년 7월 평안도 관찰사, 12월 업무소홀로 천안에 유배
1428년[53세] 세종 10년 2월 석방, 4월 한성부윤
1429년[54세] 세종 11년 4월 병조참판, 6월 병조참판, 8월 우군총제
1430년[55세] 세종 12년 윤 12월 형조판서
1431년[56세] 세종 13년 2월 예문관 대제학
1433년[58세] 세종 15년 윤 8월 대사헌
1436년[61세] 세종 18년 4월 형조판서, 6월 참찬, 12월 예조판서
1437년[62세] 세종 19년 8월 이조판서
1439년[64세] 세종 21년 1월 좌참찬, 6월 겸 판이조사
1440년[65세] 세종 22년 5월 우찬성.
1441년[66세] 세종 23년 1월 좌찬성, 9월 좌찬성
1443년[68세] 세종 25년 6월 22일 행수의 법을 세울 것을 논의하다.
1444년[69세] 세종 26년 6월 6일 당직일에 술에 취한 사헌부 감찰 하우명을 파직시키다.

사헌부 감찰 하우명을 파직시켰다. 우명은 좌찬성 하연의 아들인데, 별시위로서 감찰에 초임배치되었다. 당직일에 술이 취해서 그 집에 돌아왔으므로, 사헌부에서 탄핵하여 파면한 것이었다.

1445년[70세] 세종 27년 1월 우의정. 6월 하연에게 궤장을 내리다.
1447년[72세] 세종 29년 6월 좌의정
1449년[74세] 세종 31년 10월 5일 영의정 부사
1451년[76세] 문종 1년 7월 13일 영의정 사임
1452년[77세] 단종즉위년 6월 하연이 상소문을 올리다.
1453년[78세] 단종 1년 8월 15일 하연이 죽다.
1454년[사후] 단종 2년 5월 9일 문효공 하연을 문종의 묘정에 배향하다.

문종 · 단종 시대

18. 황보인皇甫仁
시대를 잘못 만나 비운에 가다

생몰연도	1387년?~1453년 [67세]
영의정 재직기간	(1451.10.29.~1453.10.11.) (1년11개월)
본관	영천永川
자	사겸四兼, 춘경春卿
호	지봉芝峰
시호	충정忠定 (1758년. 영조때)
배향	영천의 임고서원, 구룡포읍의 광남서원, 종성의 행영사에 제향
묘소	경기도 파주군 천현면 동문리 계월산
기타	순조 때 부조지전(不祧之典 조상의 위폐를 사당에서 옮기지 않고 영원히 배향하는 것)
	단종시대 첫 영의정, 시대를 잘못 만나 참수
조부	황보 안皇甫安-진주목사
아버지	황보 임皇甫琳-경상, 전라 도체찰사, 평양부윤, 지중추원사
장남	황보 석-사복시 윤
2남	황보 은
손자	황보 단-노비 단량의 지혜로 살아남아 후대를 이음
3남	황보 흠-전농직장

세종이 등용한 인물

문종은 39세의 나이로 승하 직전 영의정에 황보인, 좌의정에 김종서, 우의정에 정분을 각각 임명하였다. 이에 앞선 2년 전 세종은 승하에 임박해서 이들을 불러놓고 12살의 원손을 앞에 세운 뒤 "내가 이 아이를 경들에게 부탁한다."는 유훈을 남겼다. 이는 1450년 2월의 일로 이날 세종의 유언을 들은 중신들을 역사는 '세종의 고명顧命대신'으로 기록하고 있다. 이때 유언을 들은 대신들은 계유정난시 모두 살해되었고, 뜻을 같이한 충신들은 사육신이 되거나 생육신이 되어 산림학사로 지내야 했다.

황보인의 자는 사겸四兼, 또는 춘경春卿이고, 호는 지봉芝峰으로 본관은 영천이다. 황보인의 가문은 고려 때 매우 번성하였다. 고려말에 진주목사를 지낸 황보안이 황보인의 조부였고, 공민왕 때 홍건적 토벌에 큰 공을 세워 명성을 날린 도원수 안우安祐가 황보인의 외조부였다. 황보인의 아버지 황보림은 그의 장인 안우의 그늘에서 성장하여, 이성계의 위화도 회군에 부원수로 참여, 회군1등공신에 올라 지중추 원사가 되었다.
이에 황보인은 아버지의 후광으로 과거를 거치지 않고 문음으로 벼슬에 나가 첫 벼슬로 종7품 내자시 직장을 받았는데, 궁중에 쓰는 식료품과 연회 등을 관장하는 자리였다.

1414년 태종 14년 문과에 급제했고, 1418년 세종 즉위년에 좌정언, 1420년 좌헌납을 지낸 후 사재감 부정이 되어 강원도 경차관으로 파견되었고, 1425년 경상도 찰방, 지승문원 사를 거쳐 1430년에는 지신사가 되었다.

1432년 형조 좌참판·병조 우참판 등을 역임하고, 10월부터 다음 해 1월까지는 사은사 정효전의 부사가 되어 명나라에 다녀왔다. 1435년 병조참판을 거쳐 1436년에 병조판서가 되었다.

1440년에는 의정부 좌참찬 겸 판병조사가 되면서 세종으로부터 대소 거동에 항상 수행하라고 할 정도로 신임과 아낌을 받았다. 1441년 평안도와 함길도 체찰사가 된 후 종성을 강변으로 옮겨 지으면서 종성·회령·온성·경원·경흥 등지에 작은 보를 설치해 북방의 방어를 강화하였다. 이후 빈번하게 평안도와 함길도를 출입하면서 10년 동안 절제사 김종서와 함께 육진六鎭을 개척하였다.

1445년 좌찬성으로 판 이조사를 겸임하고, 1447년 세종 29년 우의정이 되었다. 1449년 북방 국경 축성의 일에 전념하기 위해서 우의정의 사직을 청하였다. 사직이 허락되지 않아 우의정에 겸직하면서 축성업무를 관장하다가 그해 좌의정이 되었다.

1450년(문종 즉위년) 명나라 사은사로 가서 문종의 고명(승인)을 받고 귀환했으며, 1451년 영의정에 오르니 황보인의 벼슬길은 매우 순탄했던 셈이다. 황보인이 영의정에 오르기까지 세종은 황보인을 특히 신임하여, 북방개척과 변방의 성곽을 튼튼하게 하는 일을 맡기니, 황보인은 김종서와 쌍벽을 이루는 공을 세웠다. 1452년에는 영춘추관사로서 감춘추관사 김종서 등과 함께 『세종실록』을 찬집하였다.

1453년(단종 1년) 10월, 수양대군 일파들이 도모한 계유정난을 맞아, 밤중에 대궐로 불려 들어가 생살부를 펼쳐든 한명회의 신호로 홍윤성·구치관·유수 등의 철퇴를 맞고 목숨을 거두었다. 황보인이 관직에 나선지 40년, 영의정에 오른 지 2년 만에 당한 비극이었다. 이로 인해 황보인의 집안은 멸문지화를 당했다. 참판으로 있던 장남 황보석과 직장이던 차남 황보흠, 손자 황보원·황보문은 역적의 핏줄이라는 누명을 쓰고 모두 처형되었다. 황보인의 처, 첩, 며느리 등은 모두 수양에게 협조한 공신들의 노비나 식솔이 되는 등 일시에 집안이 깡그리 사라져 버렸다.

불행 중 다행으로 황보인의 차남의 외아들 황보단이 강보에 싸여 있었는데, 난리통에 여종 단양이 이 아이를 물동이에 숨겨 멀리 경상도 구룡포 땅끝 바닷가까지 피해 달아나 숨어서 아이를 키워 그곳에 황보인의 후손이 나오게 하였다.

오랫동안 신원伸寃[42]되지 못하다가, 1705년(숙종 31년) 7월 한성부 판윤 민진후의 상소를 계기로 김종서와 함께 복관이 논의되었으나 실행되지는 못하였다. 후대의 왕들이 모두 세조의 후손이라 세조의 계유정난을 부정하는 것은 왕위의 정통성을 부정하는 것이라 복관이 쉽지 않았던 것이다.

1746년(영조 22년)에 비로소 황보인의 누명은 벗겨지고, 1758년에는 황보인에게 충정忠定이란 시호가 내려졌다. 1791년 황보인은 단종의 무덤인 영월 장릉의 충신단에 배향되었고, 1804년 순조 때 그가 살던 집 앞에 정문旌門이 세워졌으며, 1807년에는 조상의 신주를 옮기지 않고 영원히 모시는 부조지전不祧之典이 내려졌다, 영천의 임고서원, 포항 구룡포읍의 광남서원, 종성의 행영사에 제향되어 그 넋을 기리고 있다(한국민족문화대백과, 한국학중앙연구원).

---

42) 억울하게 입은 죄를 풀어줌.

준비된 계유정난과 황보인의 죽음

문종이 39세의 나이에 승하하고 단종이 1452년 12세의 나이로 즉위하였는데 즉위 당시 발표된 교서 내용과는 달리 세조의 왕위 세습을 당연시하는 방향으로 수정되어 실려 있다. 단종은 왕위를 빼앗긴 뒤 사육신의 단종복위 운동과 금성대군의 거사계획 등으로 노산군으로 강등되었고, 영월로 유배를 갔다. 단종실록은 계유정난을 주도한 당권파들이 중심이 되어 작성하였기에 세조 위주의 왜곡된 내용으로 작성되어 전해질 수밖에 없었다. 단종 즉위교서에 실린 내용을 살펴보면 다음과 같다.

단종이 근정문에서 즉위하고, 교서를 반포하기를, "공손히 생각건대 우리 태조께서 하늘의 밝은 명령을 받아 한반도에 웅거하여 차지하고, 태종·세종께서 선업을 빛내고 넓히어 문치文治로 태평에 이르고, 아버지 선왕께서 성한 덕과 지극한 효도로 큰 기업을 이어받아서 정신을 가다듬어 정치를 하여 원대한 것을 도모하였는데, 불행하게도 등극한 지 얼마 되지 않아서 갑자기 여러 신하를 버리었으니 땅을 치고 울부짖어도 미칠 수 없어 애통이 망극하다.

돌아보건대 왕위는 오래 비워 둘 수 없어 1452년 5월 18일에 즉위하노라. 생각건대 소자가, 때는 바야흐로 어린 나이에 외로이 상중에 있으면서 서정 만사를 조처할 바를 알지 못하니, 조상의 업을 능히 담당하지 못할까 두려워하여 못과 얼음을 건너는 것과도 같이 벌벌 떨며 염려하고 두려워한다.
모든 사무를 매양 대신에게 물어 한결같이 열성조의 헌장에 따라서 간난을 크게 구제하기를 바라니, 너 전국의 대소 신료는 각각 너의 직책을 삼가하여, 힘써 나의 정치를 보좌해서 끝이 있도록 도모하기를 생각하라. 은혜를 미치게 하는 법전과 두루 살피는 조목과 합당히 행할 일들을 뒤에 조목조목 열거한다. 〈중략〉 아아! 새로 천명을 받아 특별히 비상한 은혜에 젖었으니, 길이 기쁨을 누릴 것이며 무강한 복을 넓히기 바라노라." 하였다.

이날에 호위병과 백관들은 모두 소리 없이 울었고 세조가 가장 비통해 하였다. 안평대군 이용은 승하한 뒤로부터 매양 대궐 뜰에 들어오면 기뻐하는 것이 얼굴빛에 나타났다. 문종의 상례에 곡림할 때 세조께서 애통함이 지성에서 나오니 조정 신하들로 바라보는 자는 눈물을 흘리지 않는 사람이 없었는데, 안평만은 한 번도 참여하지 않고 술을 마시고 고기를 먹는 것이 평일과 다름이 없었다.

세조가 사저로 물러나와 자성 왕비와 더불어 서로 대하고 울어서 비통함이 지나쳐 기운이 막히니 약을 먹고 풀기까지 하였다. 세조가 말하기를, "문종의 은덕을 어떻게 다 말할 수 있으랴. 내 마음을 다하기를 원할 뿐이다. 문종이 천성이 어질고 효도하여 사람들에게 신의가 두터워서 가볍게 관계를 끊지 않았다. 세종의 상사 때 졸곡 후에 내가 본래 일을 다스리는 데 있어서 집에 있는 것을 좋아하지 않을 것이라 하여 항상 와서 음식을 같이 들 것을 명하였고, 또 나더러 정대하고 충성하고 지식이 다른 사람보다 다르다 하여 항상 더불어 일을 논하였다.

일찍이 진법을 만들었는데 말씀하기를, '이정·제갈량인들 어찌 수양보다 나을까?' 하였다. 또 일찍이 내궁에서 칭찬하기를, '수양은 비상한 사람이야.' 하였다. 대저 형제간에 우애하는 마음이 천성에서 나왔으니, 우리 형제가 이로써 감격하여 울기를 끝없이 하였다." 하였다. 문종께서 병환이 위독하자 좌우에 말하기를, "수양이 보고 싶다." 하였으나, 좌우에서 숙의淑儀로 잘못 알아듣고 마침내 부르지 않았는데, 대개 후사를 부탁하고자 함이었다.

―단종실록 즉위년 5월 18일―

단종이 즉위한 다음 날 수양대군과 안평대군이 합세하여 세종조와 문종조에도 금했던 분경(인사청탁)을 허가해 달라는 청을 강맹경을 통해 제언하여 윤허를 얻어냈다. 단종은 어렸고, 보좌 세력은 종친의 요구를 억누를 만큼 강하지 못했다. 그동안 왕실 종친은 관직에 진출할 수 없도록 하고 있었고, 부정과 붕당의 원천이 되는 분경도 모든 관료들에게 금지시키고 있었는데 종친에게는 분경을 허가해 달라니 이것은 정치에 참여하겠다는 의사의 표시이자 세력을 키우겠다는 표현이기도 하였다. 실록에는 두 대군이 합세하여 청한 것으로 기록되고 있으나 실록의 작성시기가 세조 집권시기였고 안평대군은 이미 이승 사람이 아니었다.

수양대군과 안평대군이 강맹경으로 인하여 의정부에 말하기를, "우리들에게 분경奔競[43]하는 것을 금하니, 이것은 우리들을 의심하는 것이다. 무슨 면목으로 세상에 행세하겠는가? 분경의 법은 세종과 문종이 일찍이 불가하게 여기었다. 단종이 즉위하는 처음에 첫머리로 종실을 의심하여 금하고 막으니 영광스러운 소문을 선양하지 못하는 것이 아닌가? 고립되어 도움이 없는 것이 아닌가? 이것은 스스로 오른쪽 날개를 자르는 것이다. 진실로 의심이 있다면 우리들을 물리치는 것이 가하다. 무엇을 반드시 그렇게 하랴.

우리들은 나라와 운명을 같이하니 감히 무관심하지 못하기 때문에 말한다. 우리들이 이 위태하고 의심스러운 즈음을 당하여 마음과 힘을 다하여 여러 대신과 더불어 함께 난국을 구제하려 하였는데, 어찌 도리어 시기하고 의심하는 것을 당할 것을 뜻하였으랴. 대저 죽은 이가 다시 살아나더라도 살아 있는 자가 부끄럽지 않으면 가할 것이다. 가령 세종 대왕이 다시 세상에 살아난다면 능히 부끄럽지 않겠는가? 우리들이 글을 올려 상소하고자 하였으나 혹 유사의 잘못인지도 모르겠기에 먼저 대신에게 고하는 것이다." 하였다.

황보인 등이 크게 놀라서 거짓으로 알지 못한 체하고 사헌부를 허물하여 말하였다. 강맹경이 의정부의 의논으로 아뢰니, 이에 사헌부에 명하여 대군의 집에서는 분경을 금하지 말게 하고 종부시로 하여금 규찰하게 하였다.

—단종실록 즉위년 5월 19일—

6월 30일에 김종서가 안평대군에게 인심 수습과 모반을 재촉하는 시를 전한 것을 기록하고 있다. 이 기록은 사관이 기록한 내용이 아닌 것으로 보인다. 상소문도 아니고 나랏일과 관련된 내용도 아니기에 사초로 기록되어 전해졌을 리는 없기 때문이다. 그런데도 단종실록에 기록되어 전해지고 있다. 세조가 임금이 된 후 안평대군과 김종서를 칠 수밖에 없음을 합리화시킨 내용이다.

---

43) 분추경리奔趨競利의 준말로 버슬을 얻기 위해 집정자의 집에 분주하게 드나들며 엽관운동(관직을 구하는 행위)하는 것을 말한다.

김종서가 이용(안평대군)에게 준 시에 이르기를,

"큰 하늘이 본래 적요하니, 현묘한 조화를 누구에게 물으랴!
사람의 일이 진실로 어그러지지 않으면, 비 오고 볕 나는 것이 이로 말미암아 순응한다.
바람을 따라 복숭아꽃 배꽃에 부딪히면, 꽃이 만발하게 꽃소식을 재촉하고, 축축하게
젖는 것이 보리밭에 미치면, 온 지역이 고루 윤택하여진다."

이 내용은 김종서가 비밀히 이용에게 인심을 수습하여 반역을 꾀하라고 재촉한 것
이라고 기록하고 있다.

-단종실록 즉위년 6월 30일-

계유정난이 일어나기 1년 전부터 수양은 안평대군을 쳐야 할 정당성을
실록으로 적시해 놓았다. 다음은 안평대군이 아첨하는 무리와 어울리며
방자한 행동을 일삼는다는 내용이다.

안평대군이 문종 조로부터 정사 때마다 내시부와 사찰관리를 오로지 맡았으며, 또
수렴청정을 통하여 쪽지로 사람들에게 벼슬 준 것이 상당히 많았는데, 이 때에 이르
러 더욱 방자하였다. 그러므로 소인들이 더욱 아부하였는데, 조충손이 밤에 안평을
마포에서 만나보니, 안평은 그와 더불어 배를 띄우고 술을 마시었다. 조충손이 안평
을 칭찬하기를,

"우리 '상전'(노비가 주인을 일컬어 '상전'이라 한다)과 같은 분은 없다." 하였다. 그때에 이
용(안평)은 창녀를 정릉동에서 간음하면서 날마다 왕래하였다.

-단종실록 즉위년 7월 3일-

수양은 계유정난 1년 2개월 전에 정난을 일으키기 위한 준비에 들어
갔다. 단종 즉위년 7월 23일 권남이 수양대군을 알현하여 거사를 논의
하였다.

처음에 문종이 수양에게 명하여 병서의 주해를 편찬하게 하니, 교리 권남이 참여하여 도왔다. 권남이 후에 병으로 사직하고, 동래 온정에 가서 목욕하고 돌아오니, 궁지기 한명회가 권남을 방문하여 이르기를,

"지금 임금은 어리고 나라는 뒤숭숭한데, 대신이 권력을 마음대로 하여 무뢰한 자제들에게 함부로 관직을 주는 일이 많으며, 요직을 나누어 차지하여 온갖 시행과 조처가 꺼리는 바가 없어서, 나랏일이 거의 날마다 잘못되어 나간다.

듣건대 안평대군이 대신들과 굳게 결탁하여 널리 명성과 명예를 떨치고 뭇 소인배를 불러 모아서 흉악한 모의를 꾸미고, 무릇 외방에 명을 받드는 자에게는 문득 자금을 보내어 은근한 정을 보인다. 대신들이 자주 왕래하여 소통하고, 안평대군도 또한 주고받기를 게을리하지 아니하지만, 행적을 자못 비밀에 붙이니, 식자들은 이를 한심하게 여긴다.

수양대군은 영리하고 밝고 강단하고 정직하여 사심이 없으니, 세종께서 의지하며 소중하신 바이다. 자네는 붓과 벼루처럼 모신 지 오래인데, 어찌 조용히 아룀으로써 그 뜻을 보이지 않는가? 지금의 형세로써 우리들도 오히려 일의 기미를 알겠는데, 저 밝은 공의 아량으로서 일의 기미를 아시면 반드시 합하는 것이 있으리니, 자네는 그것을 힘쓰게나."

하니, 권남이 말하기를, "마땅히 알현하여 여쭙겠다." 하였다. 권남이 수양을 알현하니, 수양이 침실로 맞이했다. 권남이 말하기를,

"공의 일을 생각함은 본래 주밀하지만, 제가 이미 후한 대우를 받았으니 감히 숨김이 있겠습니까? 공의 일동 일정이 어렵지 아니함이 없습니다."

하니, 수양이 앞으로 다가앉아 말하기를,

"자네는 틀림없이 나의 마음을 안다. 나의 행동이 실로 어렵다. 종친의 집에 분경하는 것을 금한 것은 이현로가 집정 대신들에게 방책을 줬기 때문이다." 하였다.

권남이 말하기를, "이현로는 안평대군의 사노비입니다. 이 계책은 실로 남들과 인연을 맺음이 있을까 꺼려한 것입니다."

하니, 수양이 말하기를, "이런 까닭에 성문치의 사건이 있었다." 하였다.

권남이 말하기를, "이현로는 반드시 장차 난을 일으킬 것입니다. 안평대군의 소행을 보면 조용함을 지키는 이가 아니니, 공公은 한갓 바르고 큰 것만을 믿고 환난에 대비하는 계책이 없어서는 안 될 것입니다."

하니, 수양이 말하기를, "죽고 사는 것은 명命에 있으니, 내가 마땅히 그 바른 것을 순순히 따를 뿐이다." 하였다.

권남이 말하기를, "공의 정대하심에 천지 귀신도 반드시 도울 것입니다. 바야흐로 이제 하늘이 화를 그치지 않아서 문종께서 승하하시고 후사가 어리시니, 이른바 임금은 어리고 나라가 뒤숭숭한 때입니다. 밝으신 공께서 반드시 의심받을 처지에 계시니, 삼가지 않으실 수 있겠습니까?

세상은 백년 동안이라도 태평한 적이 없습니다. 우리나라에서는 태조께서 창업하신 이래로 60년 동안 큰 재난피해가 없었으니 태평함이 지극하였습니다. 또 운수로 보더라도 홍건적 이후 90여 년 동안에 또한 대란이 없었습니다. 더구나 이제 문종께서 장수를 누리지 못하였으니, 하늘의 뜻도 또한 알 수가 없는데, 나라가 편안히 다스려지는 데 타성이 젖어서 염려하지 않는 것이 옳겠습니까?

바로 어려운 때를 당하여 고기를 먹는 자들은 모두 간사하고 아첨하며 용렬하고 우매하여 장구한 생각이나 원대한 계책이 없습니다. 해마다 잇달아 흉년이 들어 백성들이 살 수가 없는데, 창덕궁의 역사와 현릉의 역사가 겹쳤으니, 원망이 모여서 임금의 덕이 되는 것입니다.
저는 옛날부터 나라에 국상이 있는데도 부역을 아울러 일으켜서 시대가 어려운 때에 행동은 사치스러운 것이 이와 같이 심한 것을 보지 못하였습니다. 밝으신 공께서는 문종의 아우요, 세종의 여러 아드님 중에서 가장 연장자이시고 또 어지시니, 만일 종사와 백성을 염려하지 않으신다면 반드시 후회가 있을 것입니다."

하니, 수양이 말하기를, 이제 국가의 대세는 진실로 자네가 말한 바와 같으나 궁중의 화가 또한 박절하여 내가 날마다 생각하지만, 구제할 바를 알지 못한다. 안평대군의 사람됨이 흉악난폭하고 성질이 고약하고 사나워 반역할 마음을 품은 지가 이미 오래이다.

세종 조에 있어서 궁인에게 후하게 선물하여 수나라 진왕광의 음모를 본받고자 하였으나, 다만 세종을 두려워하여 감히 틈을 타지 못하였다.

문종이 왕위를 이으니 대신들과 몰래 결탁하고 널리 불령不逞[44] 한 사람을 유인하고 무릇 국정에 대하여 연줄을 통해 아뢰어 점점 권력을 펴더니, 오늘에 이르러서는 조정의 대신이 모두 그의 심복이어서 두려워하고 꺼리는 바가 없었다. 주상의 어린 것을 경멸하고 더욱 방자 횡포하며 내가 손위인 것을 꺼려서 밤낮으로 꾀를 내어 나를 해치려고 하니, 화기가 이미 절박한데 장차 이를 어찌할꼬?

하니, 권남이 말하기를, "안평대군은 오른팔이 이미 이루어져서 권세가 조정의 안팎을 위협하나, 밝으신 공께서는 정대하여 대문에 사사로이 뵈는 자가 없습니다. 이제 바깥사람과 소통하여서 후원으로 삼으려면 반드시 여러 사람의 의논이 일 것이니, 다만 마땅히 고요하게 지키면서 더욱 충성을 극진히 하시고 서서히 나라 사람들의 마음을 살피면서 그 변하는 모양을 관찰할 따름입니다." 하였다.

수양이 말하기를, "안평대군이 비록 대신들과 결탁하였을지라도, 모두 재물로 사귄 것이요, 또 모두 용렬한 인재이다. 일에는 순리가 있으니 또한 어찌 족히 두려워하겠느냐? 그대는 곰곰이 생각해 보라." 하였다.

－단종실록 즉위년 7월 23일－

　7월 25일에는 평소 알고 지내던 홍윤성이 세조에게 변란에 대처할 준비를 하도록 권유한 글로 이 내용도 실록에 기록될 사유가 없는 글이다. 당시 세조는 단지 왕의 삼촌에 불과했고, 홍윤성의 직책도 하급관직이어서 두 사람 간의 사적인 대화 내용이 사초에 기록될 이유가 없었던 것이다.

　홍윤성이 세조를 뵙고 말하기를, "공公은 영웅의 재질로서 명성이 평소에 드러났는데, 이제 세종·문종께서 서로 잇달아 승하하시고, 어린 임금이 왕위에 있어서 충신과 간신이 뒤섞이어 조정이 문란하니, 공이 비록 부질없이 절조를 지킨다 하더라도

---

44) 불온하고 반항적인.

한 번 악명을 얻게 되면 후세에 누가 알겠습니까? 이 시기는 부득불 변란에 대처해야 할 때입니다."

하니, 세조가 말하기를, "천도天道는 겸허함을 더하고 인도人道는 겸허함을 좋아하니, 그 바른 것을 순순히 따르는 것만 같지 못하다. 만일 의병을 일으켜 하느님이 순리를 도운다면 바람을 좇아서 섬겨 따르는 자가 있을 것이니, 느림과 빠름과 변화는 어느 형세인들 가하지 않겠느냐? 자네는 능히 나를 따라서 처자를 잊고 사직을 위해 죽겠는가?" 하였다.

홍윤성이 말하기를, "이게 제 마음입니다. 선비는 자기를 알아주는 사람을 위하여 죽는 것이니, 처자의 해를 어찌 족히 논하겠습니까?" 하니, 세조가 말하기를, "자네와 농담하였을 뿐이다." 하였다.

-단종실록 즉위년 7월 25일-

세조가 홍윤성을 만난 3일 뒤인 7월 28일 권남은 비로소 한명회라는 책사가 있음을 보고하고 세조에게 추천하였다.

권남이 세조를 알현하고 말하기를, "모름지기 장사로서 생사를 부탁할 만한 자 두어 사람을 얻어서 예측지 않은 변에 대비하소서." 하니, 세조가 말하기를, "이는 매우 좋다. 그러나 가히 장사를 얻게 해 줄 만한 자가 누구인가?
하므로, 권남이 말하기를, "한명회가 할 수 있습니다." 하였다.

권남이 물러가 한명회에게 고하니, 한명회가 말하기를, "자네가 비록 말하지 않았더라도 내가 본래 이를 생각하였다. 어찌 한두 사람 할 만한 자가 없겠는가? 안평대군이 불의로써 여러 사람을 얻으니, 나도 또한 한심하게 여긴 지 오래다. 수양대군은 성품이 본래 엄정하며, 대문 내에 사적인 만남이 없어서 세력이 평범한 사내와 같으니, 비록 세상을 구하는 재능이 있다 하더라도 어찌 능히 홀로 이루겠는가?" 하였다. 권남이 한명회의 말을 세조에게 고하고, 또 말하기를, "한명회는 어려서부터 기개가 범상하지 않고, 포부도 작지 않으나, 명命이 맞지 않아 지위가 낮아서 사람들이 아는 자가 없습니다. 공公이 만일 혁명할 뜻이 있으시면 이 사람이 아니면 할 수 없을 것입니다." 하니,

세조가 말하기를, "예로부터 영웅은 또한 세상이 험악하여 처세하기 어려움이 많으니 지위가 낮은들 무엇이 해롭겠느냐? 내가 비록 그 얼굴을 보지 못하였으나, 이제 논하는 바를 들으니 참으로 나라의 인물이로다. 내가 마땅히 대면하여 상의하겠다." 하였다.

-단종실록 즉위년 7월 28일-

8월 10일 세조가 신숙주를 불러 그 마음을 떠보았고, 9월 10일에는 세조가 북경에 고명 사은사로 갈 뜻을 비추었다.

세조와 여러 종친이 입궐하였다. 안평이 세조에게 묻기를, "듣건대, 형님이 북경에 가기를 청하였다고 하는데, 그렇습니까?"
하니, 세조가 대답하기를, "고명(승인장)[45]의 사은謝恩은 큰일인데, 영의정 황보인은 최근 갔다 왔고, 좌의정 김종서는 늙었고, 우의정 남지는 병이 들었으니, 만약 하급 관리를 보낸다면 중국 조정에서 이를 비난할 것이다.
종친을 뽑아 보내면 천하에서 그 기강을 알 것이며, 또 황제의 명을 존중한다고 생각할 것인데, 만약 우리 종친이 공이 없이 녹만 먹고 임금을 위해 사신이 되지 않는 것이 옳겠는가? 이 때문에 청하였다." 하였다.

안평이 안색을 변하며 말하기를, "형님은 관계된 바가 중대하니, 국론도 반드시 따르지 아니할 것입니다." 하니, 세조가 웃으면서 말하기를, "이는 내가 피하는 것이다." 하였다. 고사에 고명 사은사는 으레 삼정승이 가는 것인데, 이때 김종서가 갈 차례였으나, 가기를 꺼려서 핑계하기를,
"내가 오랫동안 변방 장수로 있어서 여진족이 이름을 알지 못하는 자가 없는데, 만약 불의의 변이 있으면 국가에 걱정을 끼칠까 두렵다." 하였다. 이현로가 안평에게 권하기를,

"공의 용모와 수염과 시문詩文과 서화書畫에다 우리들이 모시고 북경에 가면 가히 국내에 명예를 날릴 것이며, 널리 인망을 거두어 후일의 기반이 될 것입니다."

---

45) 중국 황제의 승인장. 즉 왕위를 이어받은 데 대한 허락을 하던 조서詔書를 말함.

하니, 안평이 옳게 여기어 황보인의 딸을 초청하여 의복을 주면서 아버지에게 청하게 하고, 또 이현로로 하여금 황보인·김종서 집에 가서 이를 청하게 하니, 황보인 등이 허락하였다.

세조가 그 음모를 알고 황보인 등에게 말하기를, "이제 삼공이 모두 유고하여 북경에 가는 것이 어려우므로, 내가 여러 조정의 은혜를 많이 입어서 밤낮으로 보답하기를 도모하였으나 할 바를 얻지 못해 한이 되었는데, 이제 먼 길을 달려가서 작은 정성을 표하기를 원합니다." 하니, 황보인이 말하기를, "공은 종실의 어른이니, 원거리 이동하기는 어려울 듯합니다. 안평대군이 어떻겠소?" 하였다.
세조가 말하기를, "나는 국정에 참여하지 아니하고 또 여러 재상이 있으니, 비록 두어 달 원행을 하더라도 무엇이 해롭겠습니까? 하물며 지금 임금이 어리신데 종실 대신이 명을 받아 분주히 간다면 중국 조정에서도 또한 우리나라의 체통이 있음을 알 것입니다." 하니, 황보인 등이 대답할 수가 없었다. 안평이 여러 계책으로 간청하고 황보인 등도 여러 계책으로 도모하였으나 마침내 얻지 못하니, 안평과 이현로가 분함을 스스로 이기지 못하였다.

－단종실록 즉위년 9월 10일－

9월 10일 세조가 고명 사은사로 갈 것을 청하고 민신을 부사로 삼았다. 권남이 달려와서 세조에게 고하기를, "큰일을 놓칠 터인데, 어찌하여 생각지 못하심이 이토록 심합니까?" 하니, 세조가 웃으며 말하기를, "안평은 나의 적수가 아니요, 황보인·김종서도 또한 호걸이 아니니, 어찌 감히 움직이겠는가? 임금만을 보호하면 무사할 것이다." 하였다.

9월 14일 세조는 집현전 직제학 신숙주를 자기편으로 끌어들이고자 명나라 사은사 서장관으로 삼았다. 처음엔 반대하였으나 완곡히 거부하지 않아 확정되었다. 윤 9월 22일에는 세조가 중국에 가 있는 동안 안평대군과 김종서 등의 불의의 변란을 방지하기 위해 황보인의 아들 황보석과 김종서의 아들 김승규를 중국 사신단으로 데리고 갈 뜻을 권남에게 비쳤다.

처음에 세조가 민신을 부사에 임명하기를 청하였으나, 민신이 작은 병을 칭탁하고 가지 못한다고 하여, 허후로 하여금 대신하게 하니, 허후가 거짓으로 기뻐하면서 김종서에게 청하여 실록 찬수하는 일이 긴급하다고 아뢰어 바꾸었다. 세조가 권남에게 말하기를, "여러 재상의 마음 쓰는 것이 이와 같으니 시정 분위기를 가히 알겠다. 황보석·김승규를 데리고 가고자 하는데 어떨까?"

하니, 권남이 말하기를, "이 계책이 매우 좋습니다." 하므로, 세조가 말하기를,

"안평대군의 흉한 꾀가 부족함이 아니고 다만 나를 꺼리는 것이다. 만약 두 사람의 아들이 나를 따라가면 안평대군이 아무리 속히 거사하고자 하여도, 저 두 사람의 아들이 내 손바닥 가운데 있는데 어찌 난을 일으키는 데 따르겠는가? 반드시 내가 돌아오기를 기다릴 것이다. 이것이 모사를 토벌하는 계책이다." 하였다.

-단종실록 즉위년 9월 14일-

10월 5일 세조가 명나라로 떠나면서 권남에게 한명회와 함께 비밀리에 황보인 등의 종적을 염탐할 것을 지시했다.

세조가 권남에게 말하기를, "그대가 한명회와 더불어 나에게 북경에 가지 말라 하지만, 내가 깊이 생각해 보니, 저들의 간사한 계략이 이미 이루어졌는데, 나는 홀몸으로 후원하는 사람이 없다. 저들이 만약 난을 일으키면 장차 묶여서 사로잡히게 될 것이니, 비록 여기에 있다 하여도 무슨 이익됨이 있겠는가?
그러나 만약 하늘이 우리 종묘와 사직을 도운다면 몇 달 사이에 무슨 일이야 있겠는가? 하물며 전에 생각했던 바와 같이 황보석·김승규 등이 이미 나를 따라가는데, 황보인 등이 즐겨 따르지 않는다 하더라도 염려할 것은 없을 것이다. 그러나 저들이 거리낌이 없어서 장차 더욱 방자할 것이다. 그대는 한명회와 함께 비밀히 그 종적을 염탐하라." 하였다.

-단종실록 즉위년 10월 5일-

10월 12일 세조가 표문[46)을 받들고 명나라에 떠나 이듬해 2월 26일 명나라 예부의 자문[47)을 가지고 와서 복명하니 연회를 베풀어 위로하였다. 이 기간 동안 신숙주와는 만리장성의 회포를 풀며 벗이 되어 돌아온 것이다.

1453년 단종 1년 3월 21일 한명회가 처음으로 세조를 알현하니 세조는 옛 친구같이 맞으며 한명회를 대해 주었고, 한명회는 세조가 중국에 가 있는 동안 안평대군의 집을 출입하는 인사들이 어떤 사람들이며 무슨 계획을 꾸미고 있었는지를 상세하게 보고하였다.

처음에 한명회가 세조에게 배알하니, 세조가 한번 보고 옛 친구와 같이 여겼다. 인하여 말하기를,
"역대의 왕조의 운수는 혹은 길기도 혹은 짧기도 하여 비록 고르지는 아니하지만, 그러나 모두 말기의 임금이 덕을 잃고 정사를 어지럽게 하며 마땅하지 않은 사람을 임용함으로 말미암아, 백성이 도탄에 떨어져 하늘이 노하고 백성들이 원망한 연후에 곧 멸망하는 데 이르는 것이다.
오직 우리 국가는 창업의 규모가 넓고 먼데다. 후세 사람을 풍족되게 하는 자손을 위해 남긴 도리도 이르지 아니하는 바가 없고, 또 열성조의 깊고 후덕한 은택이 백성들의 마음에 흡족하며, 더욱 주상께서 나이는 비록 어리다고 하지만 이미 큰 도량이 있으니, 만약 잘 보좌만 한다면 족히 수성할 것이다.
다만 한스러운 것은 대신이 간사하여 어린 임금을 부탁할 수 없으며, 도리어 이심二心을 품어 선왕의 부탁한 뜻을 저버리는 것이다. 지난번에 권남을 보고, 그대가 이 세상에 뜻이 있음을 알았으니, 청컨대 나를 위하여 책사를 하라."

하니, 한명회가 사례하기를,

---

46) 황제에게 바치는 문서.
47) 국가 간 주고받는 외교문서.

"저는 본래 용렬하고 어리석으니, 어찌 능히 계획하는 바가 있어서 부응하겠습니까? 두루 오랜 옛날의 일을 보건대, 국가에 어린 임금이 있으면 반드시 옳지 못한 사람이 정권을 잡았고, 옳지 못한 사람이 정권을 잡으면 여러 사특한 무리가 그림자처럼 붙어서 미처 생각지 못한 화가 항상 이로 말미암아 일어났습니다.

그때 충의로운 신하가 있어서 일어나 반정을 한 뒤에야 그 어려움이 곧 형통해지니, 막힌 운수가 서로 이어지는 것은 하늘의 도道의 이치라고 하겠습니다. 안평대군이 대신들과 결탁하여 장차 모반을 도모하려 하는 것은 길 가는 사람들도 아는 것이나, 그러나 그의 배반하는 정상을 뒤밟아 그 역모를 드러낼 수 없으니, 비록 즉시 거사를 하려고 하여도 또한 이루기 어려울 듯합니다." 하였다.

이에 저택의 종 조득림으로 하여금 안평의 종 및 여러 소인들과 교제를 맺게 하여 행적을 밟으니, 황보인은 미복으로 안평의 첩의 집을 왕래하고, 또 안평은 김종서·정분·허후·민신·이양·조극관·정효전·정효강과 더불어 밤에 자주 잔치를 벌이고 술을 마셨다. 황보인이 안평에게 백옥 허리띠를 보내니, 안평은 황금 침향대로 보답하고, 또 김종서와 정분에게는 서대(관복띠)를 각각 1요씩 주고, 진귀한 물건과 서화書畵도 여러 사람에게 나누어 주었다.

한명회가 또 말하기를,
"조번은 안평의 심복입니다. 제가 평소부터 그를 아는데, 매우 경박하고 소견이 얕았으니, 만약 조번과 말한다면 가히 정상을 얻을 수 있을 것입니다." 하였다.

이후, 한명회는 조번과 자주 왕래하면서 매우 은근하니 조번이 감격하여 마음을 기울이기 시작하였다. 인하여 이르기를,

"그대는 안평대군의 사람됨을 아는가? 풍채와 재주의 아름다움은 말할 것도 없고, 관대하고 인자한 큰 도량 같은 것에 이르러서도 사람을 사랑하며 선비에게 몸을 낮추어 여러 사람의 환심을 얻으니, 재주와 덕을 가지고 어찌 오랫동안 남의 밑에 있을 사람이겠는가? 요행히 그대도 한번 뵙는다면, 마땅히 그대는 먼저 용납을 받을 것이다."

하면서, 안평이 준 서화와 기물을 모조리 내어다 보여주고, 말이 많이 과장되었다. 한명회가 기쁜 빛을 하며 함께 일을 도모하는 사람들을 물으니, 조번이 말하기를,

"이미 크게 신의 무리들과 이를 도모하고 있다. 나는 판사와 함께 무기고의 병장을 맡았으니 가져오는 것이 어렵지 않고, 또 관장한 별군과 모든 장인匠人들도 수백 명 이상이 되는데 모두 장악하고 있으며, 이명민도 많은 부역자를 영솔하였으니, 또한 가히 1천 인은 얻을 수 있다. 이것을 가지고 간다면 무슨 일인들 이루지 못하겠는가?"

하므로, 한명회가 거짓으로 붙어서 따르려고 하자, 조번은 더욱 교만하여져 모조리 말하고 남김이 없었다. 한명회가 묻기를, "대신은 누구인가?"

하니, 조번이 말하기를, "삼공과 이 찬성과 이조판서와 병조판서가 모두 안평대군과 친하게 지내어 정이 골육과 같으므로 생사도 같이 할 것이다." 하였다.

말하기를, "판사는 누구인가?" 하니, "윤처공이다." 하고,

조번이 또 말하기를, "몇십 일이 지나지 아니하여 마땅히 큰 경사가 있을 것이니, 그대는 방관하라." 하였다.

한명회가 일찍이 밤에 세조의 집으로 가다가 기마병 10여 인이 집으로부터 달려오는 것을 보고 순찰하는 군졸이라고 생각하고 다리 밑에 엎드려서 기다리다가 자세히 살펴보니, 바로 안평과 조번 등의 여러 소인이 왔다.

이튿날 한명회가 조번을 보고 말하기를, "어제 그대의 집에 나아갔다가 마침 그대가 없기에 집의 하인에게 물었더니, 말하기를, '안평대군 집으로 갔다.' 하기에, 즉시 사람을 보내어 찾았으나 찾지 못하였으니, 어느 곳에 있었는지 알지 못하겠다."

하니, 조번이 한참 있다가 말하기를, "안평대군이 우리들을 데리고 수양대군의 집으로 나아갔다가 밤이 깊었으므로 도로 돌아왔다." 하였다.

한명회가 말하기를, "수양대군이 만약 안평대군이 문밖에 있는 것을 알았다면 비록 삼경의 밤중이라도 어찌 나와서 보지 아니하였겠는가?

하니, 조번이 미소 지으며 말하기를, "어찌 일을 헤아릴 수 있겠는가? 서서히 그 변화를 보아야 한다." 하였다.

안평이 성녕 대군의 후계자가 되어 성녕 대군의 아내 성씨와 서로 회피하며 연을 이었다. 성씨는 안평의 집에 있었는데, 하루는 안평이 권은의 아내 황보씨를 그 집에 맞이하고, 성씨를 성녕 대군의 옛 집으로 보내므로, 성씨가 이를 괴이하게 여기어 사람을 시켜 엿보게 하였더니, 안평과 권은의 아내가 친근하게 지냈다. 안평이 권은의 아내에게 의류 등의 물건을 주었는데 이와 같은 일이 잦았다. 안평은 또 친히 권은의 집으로 가서 밤 잔치를 하며 권은의 장인 황보인을 맞이하자, 황보인도 또한 갔다. 그 뒤로부터 뇌물을 보냄이 서로 두터웠고, 자주 밤을 타서 왕래하다가 드디어 안평의 당파가 되고 말았다.

그러나 황보인은 오히려 평안하지 못하여 김종서와 같이 산릉에 갔다가 돌아오는데, 시냇가에서 점심을 먹으며 김종서에게 이르기를,
"우리들은 지위가 신하로서 극품에 이르렀고 이미 연로하였으니, 다시 무엇을 구하겠는가? 편안히 자리 위에서 죽으면 또한 좋지 아니하겠는가?"

하자, 김종서가 눈을 똑바로 뜨고 꾸짖기를, "이미 벌써 정해진 일인데, 어찌하여 이러고 저러고 하는가?"

하니, 김종서 등은 안평의 휘하로 자칭한 것이다. 이양을 도체찰사로, 민신을 이조판서로, 조극관을 병조판서로, 조순생을 사복 제조로, 정효강을 병조 지사로, 윤처공을 군기 판사로, 조번을 군기 녹사로, 이징옥을 함길도 도절제사로, 정이한을 평안도 관찰사로 삼으니, 안평의 우익翼이 전국에 뿌리 박아 요처에 있는 자를 이루 기록할 수가 없었다. 이양은 항상 안평을 부를 때, '상전上典'이라 하며, 혹은 오래도록 뜰에 꿇어앉기도 하였다. 일찍이 안평에게 이르기를, "임금께서는 어리고 병이 많으시니, 비록 자란다 하더라도 반드시 시원치 못할 것입니다. 상전께서 만약 임금이 되신다면 진실로 여론에 화합할 것이니, 우리들의 뜻은 항상 거기에 있습니다." 하였다.

-단종실록 1년 3월 21일-

3월 23일 한명회가 세조를 알현하여 거사를 일으키는 데 필요한 무사 양정, 유수, 유하 등을 소개하였다.

한명회가 세조를 배알하니, 세조가 말하기를, "근자에 권남으로부터 그대가 선비를 많이 얻음을 알고 있는데, 마음으로 기뻐한다."

하니, 한명회가 말하기를, "밝으신 공의 위엄을 힘입어 호걸들을 서로 마음이 통하여 도우니 마음을 돌린 자가 많습니다. 그들은 밤낮으로 친히 윤음받기를 생각하여 성실하고 근면하게 기다린 지 오래입니다. 원컨대 모름지기 조용히 대접해 주시고, 말과 얼굴빛으로 그들에게 진실하고 정성스러움을 보여 주어서 신의를 굳게 하소서." 하였다.

세조가 말하기를, "좋다." 하니, 한명회가 틈을 타서 먼저 양정을 데리고 와서 알현하게 하고, 다음은 유수, 다음은 유하를 데리고 와서 알현하니, 세조가 충심을 기리어 후하게 대우하여 모두 환심을 가졌다. 이어서 말하기를,

"안평은 부도하여 권간들과 결탁하였다. 종묘와 사직이 불안하고, 생령들이 죽어가니, 의리상 대난大難을 평정하지 않을 수 없다. 그대들은 힘을 다할 수 있겠느냐?"

하니, 양정 등이 사례하기를, "무사는 비천한 사람이지만 공의 말씀을 듣고 오히려 분격함을 이기지 못하겠습니다. 진퇴에 오직 명을 따르고 두 마음이 없을 것을 맹세합니다." 하였다.

–단종실록 1년 3월 23일–

9월 29일 한명회·권남·홍달손 등이 세조를 뵙고 10월 10일에 의거하기로 약속하다.

이징석이 세조를 가서 보니, 세조는 그와 더불어 대신과 환관이 정권을 농단하는 것을 서로 말하였다. 이징석이 문사찬文士贊을 외우기를,

"도덕의 으뜸이며, 시서詩書의 원수元帥로다.
고요와 기의 사업이며, 공자·맹자의 문장일세.
흉중에는 북두칠성을 벌렸고, 붓끝에는 천둥과 벼락이 변화하도다."

하고, 무사찬武士贊을 외우기를,

"명성은 중국과 동방에 가득하고, 공은 사직에 있도다.
충성은 해·달처럼 밝았고, 의리는 하늘같이 높도다.
은하수를 끌어서 갑병을 씻고, 건곤을 맑게 하여 역사기록에 새겼네."

하여, 충성과 굳셈을 풍자하였다. 이징석이 가자, 한명회·권남·홍달손·양정·유수·
유하 등이 와서 뵙고 10월 10일에 의거하기로 약속하였다.

−단종실록 1년 9월 29일−

10월 2일 권남이 세조에게 황보인이 세조의 거사를 눈치챈 사실을 아뢰고 의논하다.

한명회·권남이 세조를 보고, 권남이 말하기를, "황보인이 공公이 거사하고자 한다는
것을 듣고 비밀히 김종서에게 편지를 주어 이르기를, '큰 호랑이가 이미 알았으니, 어
찌하겠소?' 하니, 김종서가 이르기를, '큰 호랑이가 비록 알았더라도 마침내 어찌하
겠소?' 하였습니다. 꾀가 누설된 것이 이와 같으니 장차 어찌할 것입니까?"

하니, 세조가 한참 동안 말이 없다가 말하기를, "저들이 비록 알더라도 회의하기를 3
일, 경영하기를 3일, 약속하기를 3일로 하여, 모두 8, 9일은 걸릴 것이니, 만일 10일
의 기한만 어기지 않으면 미칠 수 있다.
그러나 말이 입에서 나오면 사람은 비록 알지 못하더라도 귀신이 알고, 귀신이 알면
사람이 또한 아는 것이니, 혹시라도 입 밖에 내지 말고 더욱 조심하여 기다리고 다
시는 와서 의논하지 말라." 하였으니, 큰 호랑이는 세조를 가리킨 것이다.

−단종실록 1년 10월 2일−

**1453년[67세] 단종 1년 10월 10일 세조가 계유정난을 일으켜 김종서·
황보인·이양·조극관 등을 효수하다.**

세조가 새벽에 권남·한명회·홍달손을 불러 말하기를,

"오늘은 요망한 도적을 소탕하여 종사를 편안히 하겠으니, 그대들은 마땅히 약속과 같이 하라. 내가 깊이 생각하여 보니 간악한 무리 중에서 가장 간사하고 교활한 자로는 김종서 같은 자가 없다. 저 자가 만일 먼저 알면 일은 성사되지 못할 것이다. 내가 한두 장수를 거느리고 곧장 그 집에 가서 선 자리에서 베고 달려 아뢰면, 나머지 도적은 평정할 것도 없다. 그대들은 어떻게 생각하는가?" 하니, 모두 말하기를, "좋습니다." 하였다.

세조가 말하기를, "내가 오늘 여러 무사를 불러 후원에서 과녁을 쏘고 조용히 이르겠으니, 그대들은 느지막에 다시 오라."
하고, 드디어 무사를 불러 후원에서 과녁을 쏘고 술자리를 베풀었다. 한낮쯤 되어 권남이 다시 왔다. 세조가 나와 보고 말하기를,

"강곤·홍윤성·임자번·최윤·안경손·홍순로·홍귀동·민발 등 수십 인이 와서 더불어 과녁을 쏘는데 감히 입을 열지 못하였다. 곽연성은 이미 왔으나 어미의 상중喪中으로 사양하기에, 여러 번 되풀이하여 타이르니, 비록 허락은 하였으나 어렵게 여기는 빛이 있다. 그대가 다시 말하라."

하고, 세조는 도로 후원으로 들어갔다. 권남이 곽연성을 보고 말하기를,

"수양대군께서 지금 종사의 큰 계책으로 간사한 도적을 베고자 하는데, 함께 일할 만한 사람이 없기 때문에 자네를 부른 것이니, 자네는 장차 어찌하려는가?"

하니, 곽연성이 말하기를, "내가 이미 들었습니다. 장부가 어찌 장한 마음이 없을까마는 상복이 몸에 있으니 명령을 따르기가 어렵습니다." 하였다.

권남이 말하기를, "선비는 자기를 알아주는 사람을 위하여 죽는 것이다. 지금 수양대군께서 만번 죽을 계책을 내어 국가를 위하여 의義를 일으키는 것인데, 자네가 어찌 구구하게 작은 절의를 지키겠는가? 또 충과 효에는 두 가지 이치가 없으니, 자네는 구차히 사양하지 말고 큰 효를 이루라." 하였다.

곽연성이 말하기를, "수양대군께서 이미 명령이 있으니 마땅히 힘써 따르겠으나, 이것이 작은 일이 아니니, 그대는 자세히 계략을 말하여 보라." 하였다.

권남이 하나하나 말하니, 곽연성이 말하기를, "나머지는 의논할 것이 없고, 다만 수양대군께서 김종서의 집을 왕래하는 데 이르고 늦는 것을 알 수 없으니, 성문이 만일 닫히면 어찌할 것인가?

하니, 권남이 말하기를, "이것은 미처 생각지 못하였다. 마땅히 선처하겠다." 하였다. 해가 저무니 홍달손이 순찰대로 먼저 나갔다.

세조가 활 쏘는 것을 핑계하고 멀찌감치 무사 등을 이끌고 후원 송정松亭에 이르러 말하기를,
"지금 간신 김종서 등이 권세를 희롱하고 정사를 오로지하여 군사와 백성을 돌보지 않아서 원망이 하늘에 닿았으며, 임금을 무시하고 간사함이 날로 자라서 비밀히 안평대군에게 붙어서 장차 반역을 도모하려 한다. 당파가 이미 성하고 재앙시기 정히 임박하였으니, 이때야말로 충신열사가 대의를 분발하여 죽기를 다할 날이다. 내가 이것들을 베어 없애서 종사를 편안히 하고자 하는데, 어떠한가?"

하니, 모두 말하기를, "참으로 말씀한 바와 같습니다." 하고, 송석손·유형·민발 등은 말하기를, "마땅히 먼저 아뢰어야 합니다." 하니, 의논이 어지러워 혹은 북문을 따라 도망하여 나가는 자도 있었다.

세조가 한명회에게 이르기를, "불가하게 여기는 사람이 많으니, 계교가 장차 어디에서 나오겠는가?" 하니, 한명회가 말하기를, "길 옆에 집을 지으면 3년이 되어도 이루지 못하는 것입니다. 작은 일도 오히려 그러한데, 하물며 큰 일이겠습니까? 일에는 역逆과 순順이 있는데, 순으로 움직이면 어디를 간들 이루지 못하겠습니까? 모의謀議가 이미 먼저 정하여졌으니, 지금 의논이 비록 통일되지 않더라도 그만둘 수 있습니까? 청컨대 공公이 먼저 일어나면 따르지 않을 자가 없을 것입니다."

하고, 홍윤성이 말하기를, "군사를 쓰는 데에 있어 해害가 되는 것은 이럴까 저럴까 결단 못하는 것이 가장 큽니다. 지금 대사가 심히 급박하니, 만일 여러 사람의 의논을 따른다면 일은 다 틀릴 것입니다." 하였다. 송석손 등이 옷을 끌어당기면서 두세 번 만류하니,

세조가 노하여 말하기를, "너희들은 다 가서 먼저 고하라. 나는 너희들을 의지하지 않겠다."

하고, 드디어 활을 끌고 일어서서, 말리는 자를 발로 차고 하늘을 가리켜 맹세하기를, "지금 내 한몸에 종사의 이해가 매었으니, 운명을 하늘에 맡긴다. 장부가 죽으면 사직에 죽을 뿐이다. 따를 자는 따르고, 갈 자는 가라. 나는 너희들에게 강요하지 않겠다. 만일 고집하여 대사를 그르치는 자가 있으면 먼저 베고 나가겠다. 빠른 우레에는 미처 귀도 가리지 못하는 것이다. 군사는 신속한 것이 귀하다. 내가 곧 간흉을 베어 없앨 것이니, 누가 감히 어기겠는가?"

하고, 중문에 나오니 자성 왕비가 갑옷을 끌어 입히었다. 드디어 갑옷을 입고 사내종 임어을운을 데리고 홀로 김종서의 집으로 갔다. 세조가 떠나기 전에 권남과 한명회가 의논하기를,

"지금 대군이 몸을 일으켜 홀로 가니 원조가 없을 수 없다."

하고 권언·권경·한서구·한명진 등으로 하여금 돈의문 안 내성內城 위에 잠복하게 하고, 또 양정·홍순손·유서에게 경계하여 남루한 복장 차림으로 따르게 하였다. 세조가 처음에 권남에게 명하여 김종서를 그 집에 가서 엿보게 하였다. 권남이 명함을 전하자, 김종서가 불러들여 별실에서 한참 동안 같이 이야기를 나누었다. 권남이 돌아와 보고하니, 세조가 말에 올라탔다. 세조가 김종서의 집 동구에 이르니, 김승규의 집앞에 무사 세 사람이 병기를 가지고 귀엣말을 하고 있고 기마병 30여 인이 길 좌우를 끼고 있어 서로 자랑하기를,

"이 말을 타고 적을 쏘면 어찌 한 화살에 죽이지 못하겠는가?" 하였다.

세조가 이미 방비가 있는 것을 알고 웃으며 말하기를, "누구냐?"

하니, 그 사람들이 흩어졌다. 양정은 칼을 차고 유서는 활을 차고 왔다. 세조가 양정으로 하여금 칼을 품에 감추게 하고 유서를 정지시키면서 김종서의 집에 이르니, 김승규가 문 앞에 앉아 신사면·윤광은과 얘기하고 있었다. 김승규가 세조를 보고 맞이하였다. 세조가 그 아비를 보기를 청하니, 김승규가 들어가서 고하였다. 김종서가 한참 만에 나와 세조가 멀찍이 서서 앞으로 나오지 않는 것을 보고 들어오기를 청하니, 세조가 말하기를,

"해가 저물었으니 문에는 들어가지 못하겠고, 다만 한 가지 일을 청하려고 왔습니다."

하였다. 김종서가 두세 번 들어오기를 청하였으나 세조가 굳이 거절하니, 김종서가 부득이하여 앞으로 나왔다. 김종서가 나오기 전에 세조는 모자깃 뿔이 떨어져 잃어버린 것을 깨달았다. 세조가 웃으며 말하기를,

"정승의 모자 뿔을 빌립시다."

하니, 김종서가 급히 사모 뿔을 빼어 주었다. 세조가 말하기를,

"종부시에서 영응대군의 부인의 일을 탄핵하고자 하는데, 정승이 지휘하십니까? 정승은 누대 조정의 훈로이시니, 정승이 편을 들지 않으면 어느 곳에 부탁하겠습니까?" 하였다.

이때에 임어을운이 나오니, 세조가 꾸짖어 물리쳤다. 김종서가 하늘을 우러러보며 한참 말이 없었다. 윤광은·신사면이 굳게 앉아 물러가지 않으니, 세조가 말하기를,

"비밀한 청이 있으니, 너희들은 물러가라."

하였으나, 오히려 멀리 피하지 않았다. 세조가 김종서에게 이르기를, "또 청을 드리는 편지가 있습니다."

하고, 시종을 불러 가져오게 하였다. 양정이 미처 나오기 전에 세조가 임어을운을 꾸짖어 말하기를, "그 편지 한 통이 어디 갔느냐?" 하였다.

지부의 것을 바치니 김종서가 편지를 받아 물러서서 달에 비춰 보는데, 세조가 재촉하니 임어을운이 철퇴로 김종서를 쳐서 땅에 쓰러뜨렸다. 김승규가 놀라서 그 위에 엎드리니, 양정이 칼을 뽑아 쳤다. 세조가 천천히 양정 등으로 하여금 말고삐를 흔들게 하여 돌아와서 돈의문에 들어가, 권언 등을 시켜 지키게 하였다. 이날 김종서가 장수를 모아 음식을 먹이고 병기를 정돈하다가 세조가 이르니, 사람을 시켜 담 위에서 엿보게 하며 말하기를,

"사람이 적으면 나아가 접하고, 많으면 쏘라." 하였다. 엿보는 자가 말하기를, "적습니다."

하니, 김종서가 오히려 두어 자루 칼을 뽑아 벽 사이에 걸어 놓고 나왔다. 처음에 세조가 김종서의 집에 갈 때에 무사들을 집에 있게 하고 나왔다. 여러 사람이 오히려 떠들어대며 다투어 튀어나오려고 하자, 권남이 문에 서서 막으니, 혹은 말하기를,

"먼저 아뢰지 않고 임의로 대신을 베는 것이 가합니까? 장차 우리들을 어느 땅에 두려고 합니까?" 하였다.

권남이 말하기를, "우리들은 용렬하지마는 대군은 고명하니, 익히 계획하였을 것이다. 그대들은 의심하지 말라. 일을 만일 이루지 못하면 내가 어떻게 혼자 살겠는가? 장부는 다만 마땅히 순리를 취하고 거스림을 버리고, 종사를 위하여 공을 세워 공명을 취할 것이다."

하니, 모두 말하기를, "그렇습니다." 하였다.

혹자는 말하기를, "어째서 우리들에게 미리 일러 활과 칼을 준비하지 않았습니까? 지금 다만 빈 주먹이니 어찌합니까?"

하니, 권남이 말하기를, "만일 격투할 일이 있으면 비록 그대들 수십 인이 병기를 갖추었더라도 어찌 족히 쓰겠는가? 그대들은 근심하지 말라."하였다.

한명회가 세조를 따라 성문에 이르렀다가 돌아와서, 또 세조의 명령을 반복하여 고해 이르고, 세조가 돌아오는 것을 머물러 기다리게 하였다. 권남이 달려 순시청에 이르러 홍달손을 보고 세조가 이미 김종서의 집에 간 것을 비밀히 알리고, 순라군을 발하지 말고 기다리라고 약속하고는, 또 두 사람을 나누어 보내어 숭례문·서소문 두 문을 닫게 하였다. 권남은 스스로 갑사 두 사람, 총통위 열 사람을 거느리고 돈의문에 이르러 지키게 하고 명령하기를,

"수양대군께서 일로 인하여 문 밖에 갔으니, 비록 종소리가 다하더라도 문을 닫지 말고 기다리라."

하고, 권언을 시켜 문을 감독하게 하였다. 장차 대군의 집으로 돌아가려 하여 미처 돌다리를 건너기 전에 성 안으로부터 달려오는 사람이 있었다.
돌아보니 세조였다. 웃으며 권남에게 이르기를,

"김종서·김승규를 이미 죽였다." 하였다. 권남이 말하기를, "여러 무사가 아직도 공의 집에 있으니, 보필하게 할까요?" 하였다.

세조가 조금 멈추었다가 부르니 한명회가 거느리고 달려왔다. 세조가 순시청에 이르러 홍달손을 시켜 순졸을 거느려 뒤에 따르게 하고, 임금의 거처로 달려가서 권남을 시켜 숙직 승지 최항을 불러내었다. 세조가 최항의 손을 잡고 이르기를,

"황보인·김종서·이양·민신·조극관·윤처공·이명민·원구·조번 등이 안평대군에게 빌붙어서, 함길도 도절제사 이징옥·경성 부사 이경유·평안도 도관찰사 조수량·충청도 도관찰사 안완경 등과 연결하여 반역한 짓을 공모하여 거사할 날짜까지 정하여 형세가 심히 위급하여 조금도 시간 여유가 없다.
김연·한숭이 또 주상의 곁에 있으므로 와서 아뢸 겨를이 없어서 이미 적의 괴수 김종서 부자를 베어 없애고 그 나머지 잔당을 지금 아뢰어 토벌하고자 한다."

하고, 연하여 환관 전균을 불러 말하기를, "황보인·김종서 등이 안평대군의 뇌물을 받고 전하께서 어린 것을 경멸히 여기어 널리 당파를 심어 놓고, 병력과 교통하여 종사를 위태롭게 하기를 꾀하여 화가 조석에 있어 형세가 궁하고 일이 급박한데 또 반역 당원이 곁에 있으므로, 지금 부득이하여 먼저 실행하고 후에 듣는 일을 본받아 이미 김종서 부자를 잡아 죽였으나, 황보인 등이 아직도 있으므로 지금 처단하기를 청하는 것이다. 너는 속히 들어가 아뢰어라."

하고, 또 말하기를, "너는 마땅히 기운을 돌리고 소리를 부드럽게 하여 천천히 아뢰고 경동할 것이 아니다." 하였다.

도진무 판중추원사 김효성이 숙직하였는데, 세조가 그 아들 김처의를 시켜 부르고, 또 입직한 병조참판 이계전 등을 불러들이어 세조가 최항·김효성·이계전 등과 더불어 의논하여 아뢰고, 황보인·이양·조극관·좌찬성 한확·좌참찬 허후·우참찬 이사철·판중추원사 정인지·도승지 박중손 등을 불렀다.
세조는 처음에 궐문에 이르러 입직하는 내금위 봉석주 등으로 하여금 갑옷과 투구를 갖추고 활을 차고 남문 궁궐에 늘어서서 반역당을 방비하여 엿보게 하고, 또 입직하는 여러 곳의 별시위 갑사·총통위 등으로 하여금 둘러서서 홍달손의 부서를 시위하게 하고.

여러 순군은 시좌소의 앞뒤 골목을 파수하여 차단하게 하고, 친히 순졸 수백 인을 거느려 남문 밖의 가회방 동구 돌다리 가에 주둔하고,

서쪽으로는 영응 대군 집서쪽 동구에 이르고 동쪽으로 서운관 고개에 이르기까지 좌우익을 나누어 사람의 출입을 절제하고, 또 돌다리로부터 남문까지 기마병·보병으로 문을 네 겹으로 만들고, 장수 함귀·박막동·수산·막동 등으로 제3문을 지키게 하고, 영을 내리기를,

"이 안이 심히 좁으니, 여러 재상으로서 들어오는 사람은 청지기를 제거하고 혼자 들어오도록 하라." 하였다.

조극관·황보인·이양이 제 3문에 들어오니, 함귀 등이 철퇴로 때려 죽이고. 사람을 보내어 윤처공·이명민·조번·원구 등을 죽이고, 삼군 진무 최사기를 보내어 김연을 그 집에서 죽이고, 삼군 진무 서조를 보내어 민신을 비석소에서 베고(이때에 민신은 현릉의 비석을 감독하고 있었다) 또 최사기와 의금부 도사 신선경을 보내어 군사 1백을 거느리고 안평을 성녕 대군의 집에서 잡아서 압송하여 강화에 두고, 세조가 손수 편지를 써서 그 뜻을 이르고, 또 시켜서 말하기를,

"네 죄가 커서 참으로 주살을 용서할 수 없으나. 다만 세종·문종께서 너를 사랑하시던 마음으로 너를 용서하고 다스리지 않는다." 하였다.

안평이 사신을 대하여 눈물을 흘리며 말하기를, "나도 또한 스스로 죄가 있는 것을 안다. 이렇게 된 것이 마땅하다." 하였다.

삼군 진무 나치정이 군사를 거느리고 안평의 아들인 이우직을 잡아 압령하여 강화에 두었다. 안평이 양화도에 이르러 급히 그의 종 영기를 불러 옷을 벗어 입히고 비밀히 부탁하기를,

"네가 급히 가서 김종서에게 때가 늦어진 실수를 말하여 주라."

하였으니, 대개 김종서가 이미 주살된 것을 알지 못하고 다시 이루기를 바란 것이다. 또 말하기를,

"일이 만일 이루어지지 않으면 하석河石이 반드시 먼저 베임을 당할 것이니, 네가 꼭 뼈를 거두어 오라. 내가 다시 보고야 말겠다." 하였다.

이우직이 강화에 이르러 안평에게 말하기를, "제가 여쭙지 않았습니까?"

하니, 안평이 말하기를, "부끄럽다. 할 말이 없다." 하였다. 안평의 당黨에 대정이란 자가 있어 성녕 대군의 집에 숨어 있었는데, 성씨가 여복을 입히어 병풍 뒤에 엎드려 있게 하였다. 잡기를 급박하게 하니, 성씨가 부득이하여 내보냈는데, 곧 베었다. 운성위 박종우가 문에 이르러 들어가지 못하고 말하기를,

"비록 부르시는 명령은 없으나 변고가 있음을 듣고 여기 와서 명을 기다립니다."

하니, 세조가 불러들였다. 우승지 권준·동부승지 함우치가 또한 오니, 세조가 권준만 불러들이었다. 정인지가 권남을 시켜 붓을 잡고 이계전·최항과 더불어 함께 교서를 짓는데, 밤이 심히 추웠다. 단종이 환관 엄자치에게 명하여 궁중술과 궁중음식으로 세조 이하 여러 재상을 먹이었다. 세조가 군사에게 술을 먹이도록 아뢰어 청하고, 또 아뢰어 안평의 당黨인 환관 한숭·사알 황귀존을 궐내에서 잡아 의금부에 넘기었다. 김종서가 다시 깨어나서 원구를 시켜 돈의문을 지키는 자에게 달려가 고하기를,

"내가 밤에 어떤 사람에게 상처를 입어 죽게 되었으니, 빨리 의정부에 고하여 의원으로 하여금 약을 싸 가지고 와서 구제하게 하고, 또 속히 안평대군에게 고하고, 아뢰어 내금위를 보내라. 내가 나를 상하게 한 자를 잡으려 한다."

하였으나, 문 지키는 자가 듣지 않았다. 김종서가 상처를 싸매고 여복을 입고서, 가마를 타고 돈의문·서소문·숭례문 세 문을 거쳐 이르렀으나 모두 들어가지 못하고, 돌아와 그 아들 김승벽의 처가에 숨었다. 이튿날 아침에 이명민도 또한 다시 깨어나서 들것에 실려 도망하였는데, 어떤 사람이 홍달손에게 고하니 호군 박제함을 보내어 베었다.
세조가 인하여 여러 적이 다시 깨어날 것을 염려하여, 양정과 의금부 진무 이흥상을 보내어 가서 보게 하고, 김종서를 찾아 김승벽의 처가에 이르러 군사가 들어가 잡으니, 김종서가 갇히는 것이라 생각하여 말하기를,

"내가 어떻게 걸어 가겠느냐? 수레를 가져오라."

하니, 끌어내다가 베었다. 김종서의 부자·황보인·이양·조극관·민신·윤처공·조번·이명민·원구 등을 모두 저자에 효수하니, 길 가는 사람들이 통쾌하게 여기지 않음이 없어 그 죄를 헤아려서 기왓돌로 때리는 자까지 있었고, 여러 관사의 비복들이 또한 김종서의 머리를 향해 욕하고, 환관들은 김연을 발로 차고 그 머리를 짓이겼다. 뒤에 저자 아이들이 난신의 머리를 만들어서 귀신쫓는 놀이를 하며 부르기를,

"김종서 세력에 조극관 관청에 몰수하네." 하였다.

이날 밤에 달이 떨어지고, 하늘이 컴컴하여지자 화살이 떨어졌다. 경비병이 놀라 고하니, 이계전이 두려워하여 나팔을 불기를 청하였다. 세조가 웃으며 말하기를,

"무엇을 괴이하게 여길 것이 있는가? 조용히 하여 진압하라." 하였다.

―단종실록 1년 10월 10일―

10월 10일 김종서의 가족이 그의 죽음에 관해 이야기하다.

김종서가 죽으니, 손녀가 있어 악한 말을 하기를, "적적賊이 항상 이와 같은 일을 꾀하리라고 매양 저물면 무거운 갑옷을 입고 동산을 오르내리시더니……" 하고, 김승규의 처가 또한 악한 말을 하기를, "매양 담을 넘는 것을 시험하더니, 이제 이와 같이되었구나!" 하고, 김종서의 늙은 첩이 또한 말하기를, "부자가 홀로 더불어 꾀하고 의논하기를 7, 8일을 하더니, 죽음을 당하였구나!" 하였다.

황보인이 부름을 당하여 올 때에 종묘 창덕궁 동구에 이르니, 모두가 수레를 내리지 않고 말하기를, "지금에 이르러 초헌에서 내려서 무엇하겠습니까? 지체하고자 하다가 부득이하여 왔습니다." 하고, 지인이 김종서의 죽음을 고하니, 황보인이 사인 이예장의 손을 잡고 말하기를, "나의 후사를 보호하여 주게." 하였다. 민신이 일찍이 이명민에게 말하기를, "안평대군의 무계정사武溪精舍를 나라 사람들이 모두 용이 일어날 땅이라 하는데, 모의가 누설된 것이 아닌가?"

하니, 이명민이 말하기를, "이현로가 이르기를, '큰용이 일어날 땅이라.' 하였다. 이미 황보인·김종서와 더불어 의논하여 정하고 하는 일이니, 염려할 것이 없다." 하였다.

민신이 매양 안평과 더불어 술을 마시고 취하여 돌아오면 문득 스스로 탄식하기를, "국가에서 나의 죄를 알지 못하고 살려 둔다." 하였다. 민신이 비석소碑石所에 있어 감독하는데, 하루는 술에 취하여 크게 울었다. 이날 저물녘에 서조가 가서 불러내니, 민신이 나오지 않고 말하기를, "무슨 일로 나를 부르는가?" 하였다. 서조가 나오기를 독촉하니, 그제야 나와서 형刑에 임하여 말하기를, "내 죄를 안다." 하였다. 이보다 앞서 민신이 역소役所에 있어 꿈을 꾸었는데, 쇠 부처가 목구멍에서 나와서 어깨 위에 앉았다가 공중으로 날라 사라졌다. 깊이 괴이하게 여기어 서울에 들어와 어머니를 뵙고 하직하고 돌아갔는데, 수일이 못 되어 죽음을 당하였다.

-단종실록 1년 10월 10일-

10월 역적의 인척 홍원숙·권은·김승벽 등을 체포하여 벌하기를 청하다.

의금부에서 아뢰기를, "황보인의 사위 홍원숙은 황해도로 가고, 권은은 경기 용인으로 가고, 김종서의 아들 김승벽은 충청도의 청주·공주·전의 등지로 가고, 첩의 자식 김석대는 충주로 가고, 윤처공의 아들 윤경은 전라도 남원으로 갔으니, 청컨대 백호를 보내어 쫓아가서 체포하여 아들은 소재읍에 가두고 사위는 최변방에 안치하소서." 하니, 전교하기를, "가두지 말고, 곧 유배하게 하라." 하였다.

-단종실록 1년 10월 12일-

10월 13일 허후·이세문·유형 등을 안치하고 김처선을 석방하다.

의금부에 전지하기를, "허후를 거제에 안치하고, 이세문을 삼척에 안치하고, 유형을 고성에 안치하고, 윤광은은 간성에 안치하고, 영해에 안치한 김처선을 석방하라." 하였다.
허후가 항상 밖으로는 충성하고 바른 체하며 안으로는 화를 일으키려는 마음을 품고 조정을 어지럽혔다. 매양 제수하는 날이면 반드시 먼저 비밀히 김종서의 집에 가서 후보자를 추천할 것을 의논한 다음에 관청에 나와 제수하였으며, 조정 신하와 연결하여 당파가 조정에 가득하였다. 허후는 정난(靖難, 계유정난)하던 날에 이르러 마음에 불평불만을 품어, 세조가 황보인 등의 난을 꾀한 사유를 말하자, 허후가 말하기를,

"김종서 같은 무리는 내가 감히 알 수 없지마는 황보인이야 어찌 난을 꾀하는 데에 참여하였겠소."

하여, 말이 두둔하는 것이 많았다. 또 머리를 베기를 의논하니, 허후가 효수하지 말기를 청하고 슬픈 눈물이 속눈썹에 맺혔으며, 먹을 때를 당하면 고기를 먹지 않았다. 박종우가 보고 이상하게 여기니, 허후가 말하기를, "같은 관직인 때문이다." 하였다. 또 간신을 몰아낸 인사를 정지하고자 하였다. 찬성을 제수하자 굳이 사양하고 받지 않으니, 세조가 힐난하기를,

"경이 일찍이 내 집에 와서 이 무리가 법을 어지럽히는 것을 말하고 나더러 편안하게 하라고 말하였으며, 또 취하여 도원군을 안고서 말하기를, '우리 군(君)의 아들'이라고 하였는데, 지금에 이와 같이 하는 것은 무엇인가?"

하니, 허후가 대답하기를, "취하였기 때문에 알지 못하오." 하였다. 세조가 말하기를, "경이 스스로 취한 것을 아니, 어찌 그 말을 잊었겠는가?" 하고, 드디어 아뢰어 안치하였다.

–단종실록 1년 10월 13일–

정분·조수량·안완경 등을 변방에 안치하고 사형받은 사람의 가족을 처치하도록 명하다.

의금부에서 아뢰기를, "간악한 무리 박하가 이천에 있으니, 청컨대 백호를 보내어 엄습하여 잡아서 유배보내고, 하석은 도망 중에 있으니, 전국에 일러서 잡아 고하게 하소서."

하니, 그대로 따랐다. 또 아뢰기를, "중국 명나라 율법의 모반 대역조의 해당하는 항목에, '무릇 모반 대역에 다만 공모한 자라도 주모자·추종자를 분간하지 않고 모두

능지처사하고, 아비나 자식이 나이 16세 이상은 모두 교수형에 처하고,

15세 이하 및 모녀·처첩·조부 손자·형제·자매와 자식의 처첩은 공신의 집에 주어 종으로 삼고, 재산은 모두 관에 몰수하며, 남자 나이 80이고 위독한 질병이 있는 것과 여자의 나이 60이고 폐인이 되는 병이 있는 것은 아울러 연좌를 면하고,

백부·숙부나 형제의 아들은 호적의 같고 다른 것에 제한됨이 없이 모두 유배 3천리에 처하여 안치하고, 연좌된 사람으로 동거하지 않은 자의 재산을 관청에 몰수하는 데에는 한계가 있지 않고,

만약 여자가 시집가는 것을 허락하여 이미 그 남편을 정하여 돌아갔거나, 그 지아비의 자손이 다른 사람에게 양자갔거나, 아내를 맞이하되 아직 혼례를 이루지 않은 자는 모두 추가 연좌하지 않는다.' 하였습니다.

지금 안평, 이우직, 황보인, 김종서, 이양, 조극관, 민신, 윤처공, 이명민, 김연, 조번, 김승규, 원구, 이현로, 대정, 하석 등의 아비와 자식의 나이 16세 이상인 자는 모두 교수형에 처하고 백부·숙부와 형제의 자식은 호적의 같고 다른 것을 제한하지 않고 모두 유배 3천리하여 안치하고, 15세 이하 및 모녀·처첩·조손·형제·자매 또는 자식의 처첩은 공신의 집에 주어 종으로 삼고, 재산은 아울러 관에 몰수하소서." 하니,

전교하기를, "정분, 조수량, 안완경, 조충손, 지정, 이보인, 이석정, 이의산, 박하, 조순생, 조완규, 한숭, 이차효산, 안막동, 황귀존, 이징옥 등은 아울러 변방에 안치하고, 목베임을 받은 사람들의 아비와 자식으로 나이 16세 이상인 자는 영원히 변방 관노비에 붙이고, 나이 15세 이하인 자 및 모녀·처첩·조손·형제·자매 또는 자식의 처첩은 영구히 지방 관노비에 붙이고, 백숙부와 형제의 아들은 지방에 안치하라.

안평과 이우직은 종친·의정부·육조·대간이 굳이 법으로 처치하기를 청하나 지친인 때문에 차마 형을 가하지 못하니, 교동현에 옮겨두고, 이용, 이우직, 황보인, 김종서, 이양, 조극관, 민신, 윤처공, 이명민, 김연, 조번, 김승규, 원구, 이현로, 대정, 하석 등 외에는 재산을 적몰하지 말라." 하였다.

−단종실록 1년 10월 13일−

10월 18일 수양대군·정인지 등의 공훈 포상조건을 마련하도록 하다.

의정부에 하교하기를, "우리 태조가 천운에 응하여 개국하고 열성조가 서로 이어 다스림이 높고 도가 흡족하여, 변방은 편안하고 조정은 청명한 지가 60여 년이 되었다. 나 어린 사람이 국가의 불행함을 만나 조처할 바를 알지 못하여 무릇 군국의 사무를 모두 대신에게 위임하여 듣고 결단하였는데,

간신 황보인·김종서·이양·민신·조극관 등이 역모를 마음에 품고 가만히 이용과 결탁하여 안으로는 환관과 통하고 밖으로는 무리를 심어 결사의 군사를 기르며 병기와 갑옷을 운반하여 날을 기약하여 거사하려 하여 화가 헤아리지 못할 지경에 있었는데,

숙부 수양대군·판중추원사 정인지·우찬성 한확·운성위 박종우·판중추원사 김효성·우참찬 이사철·병조참판 이계전·도승지 박중손·좌부승지 최항·첨지중추원사 홍달손·집현전 교리 권남·행 경덕궁직 한명회 등이 충성을 분발하여 계책을 결정하고, 기미를 밝혀서 제거하여 왕실을 다시 만든 공은 사직에 있어서 만세에 길이 힘입는다.

우승지 권준·우부승지 신숙주·제용감 정 윤사윤·호군 양정·유수·유하·행 호군 봉석주·전 주부 홍윤성·전 부사직 곽연성·행 동판내시부사 엄자치·행 동첨내시부사 전균은 모의와 의논에 참여하여 큰 일을 도와 이루었고,

상호군 이흥상·사인 이예장·집현전 직제학 성삼문·행 사직 김처의·겸 군기 주부 권언·부사직 설계조·유사·행 사용 강곤·부사직 임자번·주서 유자황·사정 권경·승사랑 송익손·사용 홍순손·전 사용 조윤·학생 유서·부사직 안경손·진사 한명진·진의 부의 한서구·전 대부 이몽가·전 사직 홍순로 등은 한 마음으로 모의에 협조하고 분주하게 힘을 다하였다.

이에 정난한 공을 생각하여 마땅히 공훈 책봉의 법전을 보여야 하겠다. 포상하는 조건을 담당관으로 하여금 마련하여 아뢰어라." 하였다.

-단종실록 1년 10월 18일-

10월 21일 안평의 첩과 이우직의 아내를 외방의 관비로 정하다.

의금부에서 아뢰기를, "안평의 첩과 이우직의 아내를 황보인 등의 처첩의 예에 의하여 외방의 관비로 정하소서." 하니, 그대로 따랐다.

-단종실록 1년 10월 21일-

10월 25일 안평대군이 반역 모의한 정상을 조목조목 열거하여 널리 공표한 내용은 다음과 같다.

의정부에서 아뢰기를, "안평의 역모한 정상을 대소 인민이 혹 알지 못하니, 청컨대 조목을 자세히 열거하여 전국에 알리게 하소서." 하니, 그대로 따랐다.

"1. 이용(안평)의 역모는 하루 아침 하루 저녁이 아니라. 세종·문종 때에 있어, 맹인 지화가 이용의 운수를 보고 망령되게 군왕의 운수라고 말하였고, 이현로가 또한 말하기를, 귀貴하기가 말할 수 없어서 나라 임금의 팔자라 하고, 또 도참서에 의거하여 말하기를 하원갑자下元甲子(음력 4월15일 갑자일)에, '성인이 나와서 남산 우물의 물을 마신다.' 운운하였는데, 백악 북쪽이 바로 그곳이어서 참으로 왕업을 일으킬 땅이니, 그곳에 살면 복을 받을 수 있다 하였다. 이용이 그것을 믿어 그곳에 집을 짓고 무계정사武溪精舍라고 칭호하여 예언서에 응하려고 하였으며, 또 여러 번 사람에게 말하기를, '내가 끝내 대군만 되고 말 사람이 아니다.' 하였다.

1. 지화가 주상의 나이와 의춘군 이우직의 팔자를 비교하여 점을 쳤다.

1. 이용이 성녕대군의 대를 이어, 성녕의 부인 성씨成氏를 간통하였고, 또 세종 때에 궁의 담을 넘어 출입하여 두어 계집종을 간음하였고, 또 문종 2년 동안에 여러 소인들과 더불어 남루한 옷차림으로 마을에 나가 간음하여 남의 아내와 첩을 빼앗은 것이 그 수를 알 수 없고 친척도 가리지 않아서 꺼리는 바가 없었다.

1. 이용이 가만히 국내의 높고 낮은 조정 선비와 불평한 무리에게 후하게 베풀어 인심을 거두어 후일의 지반을 만드니, 불평한 소인들이 구름처럼 붙어 다녔다.

1. 이용이 이미 집정 대신과 결탁하고, 또 가까이 모시는 환관 김연 등과 결탁하여 안팎으로 상응하여 화가 예측할 수 없는 데에 있었다.

1. 이용이 남루한 차림으로 밤을 틈타서 황보인·김종서·정분·이양·민신 등과 자주 연회하고 마시면서 행적을 심히 비밀로 하였다.

1. 황보인·김종서·정분·이양·민신 등에게 지시하여 심복인 조극관을 병조판서로 삼고, 조충손을 병조정랑으로 삼아 병권을 맡게 하고, 윤처공을 군기 판사로 삼고, 조번을 군기 녹사로 삼아 병기를 맡게 하였다.

1. 군기 판사 윤처공·녹사 조번·지부 김승규·진무 원구 등이 밤낮으로 서로 이용의 집에 모여서 심복이 되고, 윤처공·조번은 무기고와 병기를 맡아 응원을 도모함으로써 날을 기약하여 거사하려 하였다.

1. 김종서의 집이 성城의 서문 밖에 있었는데 이용이 김종서의 계책을 써서 언제나 마포 별장에서 서로 모이기를 편하게 하여, 서로 내왕하면서 마포에서 모여 자지 않으면 반드시 김종서의 집에 모여 잤다.

1. 조수량·안완경은 본래 이용의 무리인데, 조수량이 평안도 관찰사가 되어, 이용의 마포 별장에 모여서 정자 위에서 마시고 또 배가운데서 마시어 사람을 물리치고 비밀히 심중을 말하였으며, 금대金帶 같은 물건을 바치었고, 이용은 또 아내를 장례하는 일로 여주에 이르러, 충청도 관찰사 안완경을 청하여 맞아서 연회하여 마시고, 친히 먹을 것을 주고 비밀한 말로 약속하였다.

1. 이용이 정분에게 후하게 뇌물을 주고 밤을 타서 서로 모였으며, 정분도 또한 선공감의 공장工匠과 재목·기와를 나누어 이용에게 헤아릴 수 없이 주었으며, 또 이명민을 시켜 이용의 청을 모조리 들어 못하는 것이 없었다.

1. 이용이 항상 사냥을 빙자하여 말탄 군사 1백여명을 이끌고 때없이 출입하여 나라 사람의 이목에 익혔으며, 이르는 주·군마다 분주하게 물품을 대어 주는 것이 임금의 행차와 같았다. 무리가 나라에 가득하고 또 서로 결탁한 조정 선비들이 밤을 범하여 내왕하여 마포의 길이 탄탄대로가 되었다.

1. 이용이 해주에 갈 때에 사냥을 칭탁하고 배천으로부터 해주에 이르기까지 군사를 발하여 크게 사냥하여, 쓸 수 있는가의 여부를 시험하여 열흘에 이르렀다.

1. 인사발령의 권세가 모두 이용의 뜻에서 나와, 승직·발령의 쓰고 버림을 오로지 임의로 하여 스스로 상벌을 지어서 인심을 거두고, 무릇 간청하는 것을 황보인과 김종서가 따르지 않음이 없었다.

1. 이현로가 가만히 장사 수십 인을 길러 자칭 휘하麾下라 하여, 다른 사람에게 자랑하기를, '내 휘하는 모두 용맹한 사람이다.' 하고, 스스로 말하기를, '남아男兒의 공명은 알 수 없는 것이다. 하늘이 내 재주를 내었으니 반드시 쓸 데가 있을 것이다.' 하고, 또 사람에게 말하기를, '멀지 않아 반드시 난亂이 일어날 것이다. 내가 안평에게 권하여 「힘써 인심을 수습하라.」고 하였다.' 하였다.

1. 황보인·김종서·이양 등이 이용의 중한 뇌물을 받고 지난해 가을에 함길도로 하여금 군사를 발하게 하고 자기들은 내응하여서 이용을 추대하고자 하여, 경성의 병기를 배로 안변에 실어오도록 하였으나, 마침내 간 곳이 없었다. 또 도모하기를, 함길도 변방 장수로 하여금 변방의 급한 것을 보고하면 김종서가 먼저 가서 방어하고 회군하여 이르면, 이양이 서울로부터 김종서를 맞아서 물리친다고 말하고는 양쪽 군사가 합세하여 서울로 돌아오면 뜻을 이룰 수 있을 것이라 하였고, 또 달달의 소문을 칭하여 말하여 황해도·충청도 두 도 연해 여러 고을의 군기를 배로 실어 마포에 이르면, 이용이 스스로 거느려 일어나고, 이명민은 따로 반역도 중의 건장한 자를 뽑아서 서울로부터 응하면, 또한 뜻을 이룰 수 있다 하여, 그리 하고자 하였다.

1. 지난해 가을에 수양대군이 이현로가 망령되게 길흉화복을 말하여 이용을 꾀어 종사를 위태롭게 하기를 도모하는 것을 알고 이용 및 황보인·김종서와 더불어 한 곳에 모인 자리에서 이현로를 때리어 짐짓 단서를 만들어 법에 따라 처치하려 하였으나, 황보인·김종서 등이 이용에게 아부하여 끝내 내버려두고 묻지 않았다.

1. 이용이 해주에서 목욕한다 칭탁하여 평양 기생 박비朴妃를 실어 오고, 또 군사를 일으켜 사냥하였는데, 뒤에 사헌부에서 탄핵하니, 황보인·김종서 등이 중간에서 저지하여 묻지 않았다.

1. 주상께서 처음 즉위하여 내린 교서에 당상관 이상 및 국경수령·대간·이조와 병조 등의 벼슬은 의정부로 하여금 감찰하여 임명하라 하였는데, 황보인·김종서 등이 주상을 어리다고 무시하고 문무관의 임명을 대소 할 것 없이 모두 다 잡아서 권세를 부려 황표[48]를 붙여서 주상으로 하여금 손을 놀릴 수 없게 하고, 탐욕을 자행하여 공공연하게 뇌물을 받아, 주·군에서 뇌물로 올리는 것이 공물바치는 것보다 배나 되었으며, 조정을 어지럽히어 매관하고 옥사를 여는 것이 미치지 않음이 없었다. 마음에 앙심을 간직하여 이용에게 아부하여 이용의 복심으로 하여금 전국에 포진하여 권세 있는 요직을 나누어 차지하였다.

1. 집의 하위지가 여러 번 면대하기를 청하니, 주상이 만나고자 하였는데, 황보인·김종서 등이 억제하고 막아서 언로를 막았고, 또 지평 유성원이 경연에서 황보인·김종서 등의 권세를 오로지하고 불법한 일을 극력 아뢰니, 주상이 모두 윤허하였는데 황보인·김종서 등이 친 자식의 관직을 더하는 것을 피하지 않고, 주상의 귀를 속이는 것이 모두 다 옛과 같았으며, 유성원의 직언을 꺼려서 다른 벼슬로 고쳐 발령하고, 부드럽고 나약한 자나 자기에게 따르는 자를 끌어들여 대간에 앉혀, 방자하게 행동하기가 기탄이 없었으며, 또 수양대군이 예전 예에 의하여 종실출신의 여자를 접견하기를 아뢰어 청하니, 황보인 등이 자기의 잘못을 말할까 꺼려서 또한 저지시켰다.

1. 황보인·민신 등이 이용의 심복 이명민으로 하여금 많이 인부를 맡아서 응원에 대비하고, 이용은 이명민에게 의복·안장을 후하게 주었으며, 무릇 건축에 있어, 크면 재목·기와·철·돌 같은 물건과 작으면 단청 같은 모든 필요한 것을 자기 물건 쓰듯 하였다.

1. 김종서가 김연과 결탁하려 주상의 동정을 엿보아 말하고 웃는 미미한 것까지 알지 못함이 없었다.

1. 허후가 이용의 집에 자주 왕래하고, 황보인·김종서에게 여우처럼 아첨하여 황보인과 김종서의 아들·사위를 발탁하여 높은 자리에 두고, 매양 인사발령을 당하면 황보인과 김종서의 뜻에 맞추기를 바랐다.

---

48) 인사발령에서 반드시 3인의 천거하였는데, 그중에 뽑아야 할 사람의 이름 아래 황표를 붙여서 올리면 임금은 다만 붓으로 낙점할 뿐이었다. 황표정사라고도 한다.

1. 이징옥은 한 방면의 대장으로서, 경성부사 이경유가 황보인·김종서의 역모를 받아 군기를 도둑질하여 실어 낸 것을 알고도 끝내 내버려두고 묻지 않았다.

1. 조순생·이석정·지정 등은 함께 무관으로서 이용에게 아부하여 밤낮으로 왕래하여 함께 당파가 되었다." 하였다.

-단종실록 1년 10월 25일-

내불당 문제로 이어진 경복궁의 불안설

1452년 단종 즉위년 6월 13일 의정부 당상과 풍수학 제조가 창덕궁에 가서 살피었다. 처음에 세종이 불당을 경복궁의 성 북쪽에 세우니 술자術者가 금기禁忌로 상서하여 중지하기를 청하였으나, 세종이 들어주지 않았다. 몇 해가 못되어 세종이 승하하고 문종이 또 승하하여 연하여 큰 변고가 있으니, 술자들이 다투어 불길함을 말하였다. 의정부에서는 곤란하게 여기어 곧 창덕궁을 수리하고 이어하자는 의논이 있었다. 이 역사에 선공감 부정 이명민이 경기도·강원도·충청도·황해도의 수군水軍을 부역시키어 밤낮으로 쉬지 않았다. 이때에 산릉과 혼전의 역사를 한때에 아울러 하니 백성들이 심히 괴로워하였다.

7월 6일 불당을 헐어 버릴 것을 청한 문득겸의 상서를 윤허하지 않고 보류하다.

부사직 문득겸이 상소하여 불당을 헐어 버리도록 청하여 말하기를, "주산主山의 내맥에 절을 세우고 우물을 파서, 앞에 문소전이 있습니다. 동림洞林에 이르기를, '불당이 뒤에 있고 신전이 앞에 있으면 절멸할 상이라' 하니, 신은 여러 신들이 불당에 읍례하므로 혼魂이 불안할까 두렵습니다. 만일 불당을 옮기지 않는다면, 문소전을 옮길 것이요, 양쪽이 다 불가하다면 우선 불당의 종소리와 범패 소리를 정지하소서."
하니, 상서를 답을 내리지 않고 상소장을 궁중에 머물러두게 하였다.

─단종실록 즉위년 7월 6일─

1453년 단종 2년 1월 3일 끊이지 않는 경복궁에 대한 불안설, 세종이
여러 가지 이유로 설립한 내불당을 철거하는 문제로 논란하다.

집현전 부제학 김구 등이 상서하였다. "신 등이 그윽이 생각하건대, 내불당의 일을
전후에 진언한 자가 하나둘이 아니었으니, 사악함과 바름과 옳고 그름을 다시 재론
하지는 않겠습니다. 목전에 본 바로서 만약 고질이 흉복부에 있고, 가시가 등에 있으
면, 이를 없애는 일이 급하지 않을 수 없습니다.

신 등의 직책이 논의하고 궁구하는 데에 처해 있으므로 입을 다물고 가만히 있을
수 없습니다. 대저 불당이 사당을 위압하여 아침·저녁으로 종 소리·북 소리·범패
소리가 신위神位를 진동하여 신神들을 평안히 모시지 못하니, 선조를 받드는 도리에
어그러짐이 있습니다. 또 흉측하고 더러운 물건을 궁궐 가까이에 두니 오로지 한때
의 통분일 뿐만 아니라, 후일에 헤아리기 어려운 후회가 있을까 두렵습니다.
처음에 불당을 지은 것은 본래 나라의 복과 이익을 구하려는 것이었으나, 창건하여
세운 지 얼마 되지 아니하여 문종께서 세자로 계실 때 잇달아 나쁜 종기에 걸려서
거의 치료할 수가 없었으며, 세종께서 병환이 위독하여 기도하였으나 아무런 효과가
없어서, 몇 년 안에 잇달아 국상을 당하였습니다.

또 근일에 계유정난이 있어서 개국 이래로 이와 같은 참상이 있지 않았습니다. 지난
번에 술사術士가 음양의 사위하는 것에 의거하여, 종묘와 사직을 침핍한다고 말하여
여러 번 번독하여 마지 않았는데, 계유정난이 있은 이래로 스스로 증명이 되었음이
지극하다 하겠습니다. '불당을 혁파하지 아니하고는 이 궁궐을 다시 막을 수가 없다.'
고 하는데, 서울과 지방에서 이 말을 듣는다면 여러 사람들의 의논이 흉흉하여 위태
로워하고 두려워하지 아니함이 없을 것입니다.

술사의 말은 비록 족히 믿을 것이 못되나 '종묘와 사직을 침핍한다.'고 말하니, 신하
로서 이를 듣고 차마 그대로 둘 수가 없습니다. 만일 그것이 증험이 없다면 참으로

국가의 다행이겠으나, 만약 그것이 헛된 말이 아니라면 어찌 천만세 종묘사직과 백
성들의 한이 되지 아니하겠습니까? 이것으로써 말씀드린다면 불당은 마땅히 혁파하
여야 하며, 조정에 있는 신료들도 누군들 '옳지 않다.'고 하겠습니까? 엎드려 바라건
대, 전하께서 임금님의 마음에서 결단하여 뒷날의 후회를 끼치지 말도록 하소서." 임
금이 명하여 대신에게 의논하게 하였으나 불당을 철거하지는 않았다.

-단종실록 2년 1월 3일-

황보인의 후손을 길러 대를 이은 노비 단량

　포항시 남구 구룡포읍 성동3리 뇌성산(봉화산)자락에 자리잡고 있는 광
남서원. 여느 서원들과 별반 차이도 없는 평범한 서원처럼 보일 수도 있
겠지만 이곳에는 조선초 계유정난의 피바람이 회오리치던 날 밤의 역사
적 잔흔을 570여 년이 지난 오늘날까지 고이 지녀 온 잔잔한 사연이 남
아 있다. 서원 담벼락 밑에 충비단량지비(忠婢丹良之碑)[49]가 바로 그 역사
다. 서원에 노비를 기리는 비석이 있다는 것은 고개를 갸우뚱하게 한다.

　계유정난, 단종 1년(1453년) 10월에 수양대군이 왕위를 노려 쿠데타를
일으켰던 날이다. 당시 영의정이었던 황보인은 좌의정 김종서와 함께 어
린 단종을 보필하다가 수양대군의 왕권욕에 무참히 살해되었다.
　황보인은 계유정난으로 두 아들 황보석과 황보흠, 손자 황보원과 황보
문 등 다섯 가족이 무참히 처형되었고, 남은 식솔들도 남자는 죽임을 당
하고 여자는 노비로 뿔뿔이 흩어졌다.

---

49) 충성스런 노비 단량의 비.

화를 당하기 전, 이 소식을 전해 들은 황보인의 차남 황보흠은 곧 황보 가문에 멸문의 화를 막을 방책을 강구하였다. 도성을 에워싼 성문은 이미 수양대군의 군사들이 장악하였고, 오가는 사람들을 엄중히 검색하고 있을 게 자명했다. 황보흠은 다급한 궁리 끝에 집에서 가장 믿을 수 있고 충절을 지닌 노비 단량을 불렀다.

"물동이에 넣으면 될 듯합니다."

100일도 안 된 아들 단溥을 몰래 도성 밖으로 데려가야 한다는 말에 단량이 순간적으로 궁리해낸 방안이었다. 황보흠은 고개를 끄덕였다. 언제 다시 볼지도 모르는 먼 길에 사용하도록 금붙이 몇 개를 물동이 안에 넣어준 사람은 황보흠의 처였다.

새벽녘, 물을 길으러 가는 아녀자처럼 행색을 꾸민 단량은 종소리가 들리자 곧장 아기를 숨긴 물동이를 이고 경비가 삼엄한 성문을 통과해 도성을 빠져나왔고, 멀고 먼 팔백 리 길을 걸어서 도착한 곳은 경상도의 북쪽 봉화의 닥실 마을이었다. 황보인의 막내 사위 윤당이 사는 곳이었다.

하지만 그곳 역시 마음 놓고 머물 수 있는 장소는 아니었다. 언제 한양에서 첩보를 받은 군사들이 들이닥칠지 모를 일이었다. 윤당은 노자돈을 주면서 "여기도 안전한 곳이 아니니 어디든지 땅끝까지 가서 안전한 곳에서 살되 어미처럼 이 아이를 키워서 조상에 대한 내력을 일러 주어라"고 당부하였다. 노비 단량은 단을 데리고 또다시 홀로 피신 길에 나섰다.

그렇게 태백산맥을 넘고 불령계곡을 넘고넘어 무작정 물설고 낯선 지방을 걸인처럼 떠돈 지 수개월, 마침내 아기를 업은 단량이 도착한 곳은 동해안의 한적한 바닷가, 경상도 포항의 대보면 구만리의 짚신골이었다. 그곳에서 그녀는 단을 자식처럼 애지중지 키워 성년이 되었을 때 조상에 대한 내력을 일러주었다.

단瑞의 아들은 서瑞이며, 단瑞의 손자는 강剛이고, 단瑞의 증손은 억億이다. 나중에 증손 억이 포항시 구룡포 성동리로 이주하여 새로운 세거지를 이루었다.

참으로 충직하고 의로운 여인이었다. 후일, 충비 단량의 충절과 희생으로 멸문지화를 피한 황보 가문은 4대째 숨어 살다가 290년이 지난 숙종대에 와서 역적의 누명이 풀렸고, 영조대에 와서 황보인과 두 아들인 황보석, 황보흠은 관작을 회복했다. 290년 만에 누명이 풀려 충신으로 추앙받게 되자 황보씨 가문이 다시 되살아나 오늘에 이른 것이다.

정조 15년(1791년)에 뜻있는 지방의 선비들이 황보인과 그의 두 아들 황보석, 황보흠을 제사 지내기 위해 광남서원을 세웠고, 황보씨의 후손들은 황보인의 손자 황보단을 살려서 키워준 가문의 은인인 단량에 대한 고마움과 뜻을 기려서 비석을 세웠다. 그 비석이 지금 구룡포의 광남서원廣南書院에 우뚝 서 있다(황보인과 노비 단량, 네이버).

졸기를 남기지 못한 영의정

1746년 영조 22년 12월 27일 단종 묘에 상신 김종서·황보인·정분의 관작을 추복하다.

유신을 불러들여 단종 묘에 상신 김종서·황보인·정분의 관작을 회복시키라고 명하였다. 이보다 앞서 황보씨와 김씨의 후손이 상소하여 신원을 청구하니 상소를 대신들에게 내려보내어 의논케 하였는데, 대신들이 윤허하는 것이 좋다고 의견을 아뢰었으나, 임금이 정난공신에 세조가 관여되었다는 이유로 난처해 하였다. 영의정 김재로가 아뢰기를,

"옛날 태종께서는 정몽주를 죽이고 나서 곧바로 시호를 내려 포장하는 은전을 베푸셨는데, 두 정승의 일은 정몽주의 경우와 똑같습니다. 김종서·황보인을 제거하지 않고서는 정난의 거사를 이룩할 수 없었기 때문에 세조께서 어쩔 수 없이 죽였던 것입니다. 그러나 예종을 훈계함에 이르러서는, '나는 고난을 주었지만, 너는 태평을 주라.'는 하교가 있었습니다. 예종께서 대리함에 이르러 드디어 당시 연좌되었던 모든 사람을 다 석방하셨으니, 그렇다면 당시에도 대개 이 두 정승을 역적으로는 보지 않았던 것이고, 선조에서도 또한 신원하자는 의논이 제기된 적이 있었는데, 어떤 장애가 있어 신원의 일은 중지되었지만 그 자손들을 녹용하라는 명이 내려졌으니, 임금의 뜻을 가히 상상할 수 있습니다.
성상께서 공적을 가지고 의문을 품으십니다만, 세조께서 즉위하신 이후 공훈을 어찌 논할 것이 있었겠습니까? 그럼에도 성삼문 등의 관작 회복에 있어서도 또한 당시의 공적에 대하여 혐의를 두지 않는데, 유독 이 두 정승에게만 무슨 혐의를 둘 것이 있겠습니까?

신이 듣건대 황보인의 묘가 파주에 있는데, 비석의 앞면에 '영천 황보공지묘'라고만 쓰여 있고 관작과 이름은 쓰여 있지 않다고 하니, 더더욱 슬픈 일입니다. 신의 생각에는 결단코 시행하여야 한다고 여깁니다."

하고, 영돈녕 조현명 또한 아뢰기를, "당시에 주살한 것은 종사를 위한 큰 계책에서 나온 것이고, 후세의 포장은 백세의 공론으로 말미암은 것이니, 두 가지가 병행하여 서로 어긋남이 없습니다."

하였으며, 다른 여러 대신들도 다 같이 옳다고 하니, 임금이 말하기를, "성삼문 등 여러 사람들의 일은 세조의 등극 이후에 있었으니, 이는 바로 군상을 침범한 일이거니와, 두 사람은 임금과 신하의 관계를 이루지 못하였다. 이렇게 볼 때 두 사람의 일은 매우 가벼운 데에 속한다 하겠다. 그러나 다시 상량하여 보겠다." 하였다.

이날 밤 교리 한광회가 말하기를, "홍문관에 또한 '훌륭한 임금이 되기 위한 제범'이 있는데, 세조의 훈시 글이 뒷 부분에 붙어 있습니다."

하니, 즉시 들여오라고 명하여 계속해서 읽도록 하더니, '나는 마땅히 고난을 주었지만, 너는 마땅히 태평을 주라.'는 구절에 이르러서 임금이 세 번이나 감탄을 하면서 말하기를,

"아! 황보인·김종서 등의 일을 가리키는 것인가? 마치 귀를 잡고 직접 명령하시는 것 같다."

하고, 이에 당장 전교를 써서 황보인·김종서 등의 관작을 회복시켰다. 그러자 병조판서 원경하가 또 아뢰기를,

"정분은 후사가 없어서 청원을 하지 못하였기 때문에 은총이 그에게만 미치지 못한 것입니다. 그때 같이 죽은 세 사람은 일체로 신원함이 마땅합니다."

하니, 이에 정분의 관작도 함께 회복시키게 하고, 하교하기를,

"김종서·황보인 등의 복관에 대한 일은 대신이 이미 의견을 아뢰었고 경연 신이 또한 모두 아뢰었는데도, 내가 주저하고 있는 것은 다름이 아니라, 한편으로는 고 판서 김진규의 헌의를 회상해서였다. 이제 임금이 내린 글의 서문 가운데 '나는 마땅히 고난을 주었지만, 너는 마땅히 태평을 주라.'는 교명을 받들어 읽고 나니, 마치 귀를 잡고 직접 하명하시는 것 같아서 나도 모르는 사이에 슬픈 감회가 인다.

그리고 훈사의 말미는 곧 지난날 사육신의 복관에 대한 일을 잘 계술하라는 뜻인데, 또한 어찌 잘 계술하지 않겠는가? 지난날의 교명을 본받는 것은 곧 자식된 자의 도리이고, 또 사육신을 복관시키더라도 사직과 국가를 보위한 공훈 명은 그대로 남아 있게 되는 것이니, 이로 미루어볼 때 지금 세 사람을 복관시키더라도 그 훈적은 그대로 남아 있게 되는 사실을 알 수 있는 것이다. 아! 지금 훈사를 받들어 보니, 서문이 감격을 자아내어 마치 이곳을 오르내리시며 지도하는 것과 같으니, 아무리 신중을 기하기로서니 어찌 다시 주저할 것이 있겠는가? 김종서·황보인·정분을 특별히 복관시켜 임금의 뜻을 표창하노라." 하고, 이어 교서감에 명하여 타이르는 말을 간행하여 올리라고 하였다.

–영조실록 22년 12월 27일–

1758년 영조 34년 충정忠定이라는 시호를 부여하였다.

1791년 정조 15년 단종 묘 장릉의 충신단忠臣壇에 배향되었다.

1804년 순조 4년 황보인의 옛집 앞에 정문을 세웠다.

1807년 순조 7년 부조지전不祧之典을 내려, 조상의 위폐를 사당에서 옮기지 않고 영원히 배향하게 하였다.

[승진과정]

1412년[26세] 태종 12년 4월 내자직장 면직,
　　　　　　　원단 행사에 오방신에 폐백을 잘못 올린 이유
1413년[27세] 태종 13년 11월 감찰직에서 파직
1414년[28세] 태종 14년 문과 급제
1418년[32세] 세종즉위년 8월 좌정언
1420년[34세] 세종 2년 3월 좌헌납
1422년[36세] 세종 4년 7월 강원도 경차관, 10월 사헌부 장령
1423년[37세] 세종 5년 사헌부 장령
1424년[38세] 세종 6년 사헌부 장령
1425년[39세] 세종 7년 1월 한성소윤 겸 경상도 찰방,
　　　　　　　3월 사헌부 장령
1426년[40세] 세종 8년 3월 업무소홀로 파면
1428년[42세] 세종 10년 2월 사헌 집의
1429년[43세] 세종 11년 2월 동부대언, 9월 좌부대언
1430년[44세] 세종 12년 7월 우대언, 8월 지신사(도승지)
1431년[45세] 세종 13년 2월 직위 파면, 6월 형조참의,
　　　　　　　7월 강원도 관찰사

1432년[46세]   세종 14년 3월 형조좌참의, 7월 형조좌참판.
                9월 병조우참판
1436년[50세]   세종 18년 4월 병조참판 12월 병조판서
1440년[54세]   세종 22년 2월 평안 함길도 도체찰사.
                8월 의정부 좌참찬 겸 판병조사
1441년[55세]   세종 23년 1월 20일 좌참찬
1443년[57세]   세종 25년 4월 우찬성
1445년[59세]   세종 27년 1월 9일 도체찰사
                1월 24일 좌찬성겸 판이조사. 12월 16일 도체찰사
1447년[61세]   세종 29년 6월 우의정
1449년[63세]   세종 31년 10월 좌의정
1450년[64세]   문종 즉위년 8월 중국 명나라 사은사
1451년[65세]   문종 1년 1월 귀국보고. 10월 27일 영의정
1452년[66세]   문종 2년 2월 세종실록을 찬술
1452년[66세]   5월 14일 문종승하. 춘추가 39세이셨다.
1452년[66세]   단종즉위년 5월 18일 근정문에서 단종이 즉위
1453년[67세]   단종 1년 10월 10일 계유정난으로 처결되다.
1719년[사후]   숙종 부분적인 신원 복위
1746년[사후]   영조 22년 완전한 신원 복위
1746년[사후]   영조 22년 12월 27일 황보인의 관작을 추복하다.

19. 수양대군
명분 없는 왕위찬탈의 선례를 남기다

생몰년도	1417년 9월~1468년 9월 [52세]
영의정 재직기간	(1453.10.11.~1455.윤6.11.) (총 1년 9개월)
본관	전주
자	수지粹之
이름	이유李瑈
군호	진양대군, 수양대군
기타	영의정과 왕을 함께 경험한 역사적 인물
조부	태종대왕-이방원, 왕권을 쟁취한 임금
부	세종대왕-조선조 가장 큰 공적을 쌓은 임금
어머니	소헌왕후 심씨
장남	도원군-조졸(덕종으로 추존)
큰며느리	인수대비 한씨-폐비윤씨로 인해 처절히 복수를 당하다
손자	성종-성군 자질을 갖추었으나 일찍 세상을 떠나다
증손자	연산군-광폭한 폭군으로 자질 문제가 있었던 임금
증손자	중종-반정으로 왕이 되어 준비가 미흡했던 임금
2남	예종-조졸(병약한 임금)
손자	인성군-조졸(한명회의 외손)
동생	안평대군-세조와 대항하여 세력을 키우다가 처형당하다
동생	임영대군-세조를 도와 대대로 복을 누리며 살아가다
동생	광평대군-20세에 요절
동생	금성대군-세조의 불의를 거사하다가 처형
동생	평원대군-18세에 두창으로 요절
동생	영응대군-33세에 사망

계유정난으로 왕위를 찬탈하다

계유정난을 일으켜 영의정 황보인, 좌의정 김종서 등 현직 정승들을 주살하고, 영의정에 오른 인물은 바로 수양대군 이류였다.

수양은 세종의 둘째 아들로 1417년 9월에 태어났다. 그의 묘비명에서 그를 평가하기를 '수양은 예지롭고 재주가 뛰어나고 굳세었으며, 어질고 검소하며 용맹한 힘은 세상을 뒤덮을 만하였다. 학문에는 불경과 제자백가를 두루 꿰뚫어 몸소 연구하지 않음이 없었으며, 일을 처리하는 데는 바르고 커서 말 한마디와 한 가지 동작도 결점을 지적하여 비난한 것이 없었다. 수양의 재주와 학문은 세종을 닮았고, 태조 이성계의 무예를 이어받은 듯 무술과 병서에 밝았고, 태종의 이방원의 성품을 이어받아 호방하고 술을 좋아했으며 명예와 권력욕이 강했다'고 기록하고 있다.

1446년에 어머니 소헌왕후가 승하하고, 1450년에 아버지 세종이 승하하니, 수양은 애통해 하여 몸이 쇠약해지도록 예를 다하여 보는 자가 모두 슬퍼하였다 한다.

1452년에 형 문종마저 승하하자 단종은 수양을 명나라 사신으로 명하여 표문을 받들고 중국으로 가 황제의 시호와 제문과 단종의 고명을 받아오게 하였다.

1453년 계유정난을 일으켜 김종서와 황보인 등을 처형하니, 공훈으로 '분충장의 광국보조 정책 정난공신'에 봉해져 영의정에 오르고, 이조판서와 병조판서(판이조병조사)를 겸하여 인사권과 병권을 모두 장악하였다. 수양의 사돈이던 정인지를 좌의정에 제수하고, 며느리의 친정아버지

인 한확을 우의정에 제수하였으며, 최항을 도승지로 삼아 조정 대신들을 모두 자신의 측근으로 임명하였다.

단종 즉위 2년 후인 1455년 6월에는 공포 분위기를 조성하여 단종에게 왕위를 선위 받았다. 7월에는 장자 도원군을 세자로 삼고, 자신을 왕위에 오르게 한데 힘을 쓴 공신 43인의 노고를 기려 좌익공신에 봉하였다.

1456년 세조 2년 6월 2일 성균사예 김질이 우찬성 정창손과 함께 성삼문의 불궤를 고발하였다. 이에 심문을 가하니 박팽년, 하위지, 유성원, 유응부, 이개 등과 함께 단종복위 거사계획을 꾸몄다고 자백하였다.

1457년 세조 3년 6월에 단종의 장인 판돈녕부사 송현수 등의 모사 계획을 적발하여 반역자로 규정하여 단종을 노산군으로 강봉하고 영월에 거주시켰다.

백성 김정수가 전 예문 제학 윤사윤에게 말하기를, "판돈녕부사 송현수와 행 돈녕부 판관 권완이 반역을 도모합니다." 하니, 윤사윤이 이를 아뢰었다.
임금이 사정전에 나아가서 영의정 정인지·우의정 정창손·우찬성 신숙주·도승지 한명회·좌승지 조석문·동부승지 김질 등을 불러 보고 송현수와 권완을 의금부에 하옥시켰다.

이어서 교지를 내리기를,
"전날 성삼문 등이 말하기를, 상왕도 그 모의에 참여하였다.' 하였으므로, 종친과 백관들이 합동하여 말하기를, '상왕(단종)도 종사에 죄를 지었으니, 편안히 서울에 거주하는 것은 마땅하지 않습니다.' 하고, 여러 달 동안 청하여 마지 않았으나, 내가 진실로 윤허하지 아니하고 처음에 먹은 마음을 지키려고 하였다. 지금에 이르기까지 인심이 안정되지 아니하고 계속 잇달아 난을 선동하는 무리가 그치지 않으니, 내가 어찌 사사로운 은혜로써 나라의 큰 법을 굽혀 하늘의 명과 종사의 중함을 돌아보지 않을 수 있겠는가? 이에 특별히 여러 사람의 의논을 따라 상왕을 노산군으로 강봉하고 궁에서 내보내 영월에 거주시키니, 의식을 후하게 봉공하여 종시 목숨을 보존하여서 나라의 민심을 안정시키도록 하라. 오로지 너희 의정부에서 전국에 공포하라."

하고, 첨지중추원사 어득해에게 명하여 군사 50명을 거느리고 호송하게 하였다. 군
자감 정 김자행·판내시부사 홍득경이 따라갔다.

-세조실록 3년 6월 21일-

1457년 9월에 세자가 병들어 죽으니 시호를 의경이라 하고, 동생 예종
을 세워 세자로 삼았다. 세조는 자녀교육에 관심이 많아 친히 훈사 1편
을 저술하였다.

또 문신文臣에게 명하여 역대 왕조의 좋은 글과 좋은 정치를 책으로
만들어 국조보감이라 하고, 동국통감을 찬술하였는데, 모두 임금의 명
을 받들어 찬술한 것이다.

1458년에 호패법을 세웠고, 1459년에 학자들의 가르침이 분명치 못하
고 사람마다 각각의 소견이 있는 것을 걱정하여 여러 선비들을 모아 오
경五經의 같고 다름을 논하게 하고, 친히 결정하였으므로 여러 가지 의심
이 얼음 녹듯이 풀리었고, 또 역학계몽 요해를 저술하여 학자를 이끌어
주었다.

1460년에 세조는, '한漢나라 광무제는 천하가 컸어도 오히려 관리를
축소하여 열에 하나만을 두었는데, 나라는 작고 관리가 많아서 먹는 것
이 일보다 지나치니, 어찌 하늘이 내린 녹을 무겁게 여기는 뜻이겠느냐?'
하고 쓸모가 없는 관리 백여 명을 도태시켰다.

1461년에 각도의 군적을 개편하게 하고, 평안도와 황해도는 백성들은
드물고 땅은 넓었으므로 백성들을 이곳으로 이주시키고 10년 동안 부역
을 면제하게 해주었다.

1463년에는 교지를 내려 장수를 모집하며 벼슬이 낮거나 높거나 친척

이거나 인척이거나에 구애되지 말고 재주와 행실을 기록하여 아뢰게 하였다. 세조는 군사에 열심히 하여 매달 두 번씩 진陣을 사열하고, 봄·가을로 군사훈련을 겸한 수렵대회를 하였으며, 스스로 병장설兵將說 등을 제술하여 여러 장수를 격려하였다. 매양 장수들에게 말하기를, '무武를 하면서 문文을 하지 아니하면 장수가 아니다.' 하고, 돈독히 장려함을 더하니 장수들은 무릇 병영중에 있으면서도 독서를 하지 않을 수 없었다.

1465년 가을 남쪽 온양에 순행하여 인재선발과 노인들에게 잔치하기를 서쪽 순행의 예와 같이 하였다.

1466년에는 여러 조정에서 입법한 법률조항이 번거롭고 상법과 신분에 손익되었다 하여 경국대전을 만들었고, 공물과 세금이 고르지 못하므로 규칙을 정하여 사용하니, 관리들이 쉽게 봉행할 수 있게 되었고, 민폐를 덜어주었다. 또 동쪽 강릉에 순행하여 인재를 선발하고, 조세가 밀린 것을 면제해 주고서, 논밭의 조세를 감해주었다.

1467년 세조 13년에 함경도에서 이시애가 반란을 일으키자 조카 귀성군과 남이장군을 파견하여 평정케 하고, 강순을 파견하여 건주위建州衛 여진족을 토벌하였다. 군사가 돌아오자 장수와 사졸에게 차등 있게 상을 주며, 적개공신 45인을 봉하였다. 8월에는 세자에게 제왕으로서 나라를 다스리는 방도에 대해 이야기하였다.

임금이 고령군 신숙주·능성군 구치관·좌의정 최항·우의정 홍윤성·우참찬 윤자운·호조판서 노사신·형조판서 서거정과 승지 등을 불러서 정사를 의논하고, 이어서 술자리를 베풀었다. 세자가 입궐하니, 임금이 명하여 술을 올리게 하고 이르기를,

"나라를 다스리는 도는 일을 경건히 하여 미덥게 하고, 물품을 절약하여 사람을 아끼고, 백성을 부리되 때를 맞추는 세 가지 것에 지나지 않을 따름이다. 대저 재화라는 것은 천하의 규율이니, 진실로 남용하면 다 없어질 것이다."

하니, 신숙주가 나와서 말하기를, "그런 까닭으로 그 이름을 '천화(泉貨: 화폐)'라 일컫는데, 그것을 남용하면 다 없어진다는 뜻입니다." 하였다.

임금이 다시 세자에게 이르기를, "주역에 이르기를, '무엇으로 백성을 모으는가? 재물로써 한다.' 하였으니, 대개 재물이 모이면 백성도 모이고, 재물이 흩어지면 백성도 흩어지는 것이다. 재물을 모으는 방도는 생산하는 자가 많고 먹는 자가 적으며, 일하는 자가 빠르고 쓰는 자는 느려야 하는 것이 가장 좋으니, 너는 마땅히 알아야 한다. 이제 중들의 무리들이 나라의 모적(蟊賊: 탐관오리)이 되어, 나의 신심만을 믿고 백성들에게 이치에 어그러진 행동을 하여, 백성들로 하여금 그 괴로움을 슬퍼하고 그 해독을 원망하게 하고, 심지어 중의 나라이고 중의 시대이라고 비방하는 지경에 이르렀으니, 그 누구의 연고인가? 내가 비록 난언이라고 비방하는 자에게 죄를 주지만, 이것은 나의 과실이라 하겠다. 내가 그 견책을 달게 받겠으니, 너도 알지 아니할 수 없을 것이다."

하고, 또 이르기를, "백성을 보살필 때 그 도를 얻으면 능히 그의 국가를 안보할 것이나, 보살필 때 그 도를 잃으면 도리어 일개 미천한 보병 처지와 같지 못할 것이다." 하였다.

신숙주가 세자에게 고하기를, "금일의 가르침은 참으로 국가를 경륜하는 도이니, 원컨대 마음속에 간직하여 잠시도 잃지 마소서." 하였다.

임금이 신숙주를 가리키면서 세자에게 이르기를, "이 사람은 너의 스승이니 너는 마땅히 공경하라. 중용의 구경九經50)에서도 대신을 공경하는 것을 큰 것으로 삼았으니, 너는 마땅히 본받아야 한다." 하였다.

-세조실록 13년 8월 3일-

1468년 세조는 자신의 건강이 점점 악화되어 가고 있음을 깨닫고, 한명회 및 신숙주, 구치관 등을 불러 왕세자를 잘 보필해줄 것을 부탁했다.

---

50) 중용에, 몸을 닦는 것과 어진 이를 높이는 것과 어버이를 친히 하는 것과 대신을 공경하는 것과 여러 신하들을 체찰하는 것과 서민을 자식처럼 돌보는 것과 모든 기술공인들을 오게 하는 것과 먼 곳 사람들을 부드럽게 하는 것과 제후들을 따르게 만드는 것이라고 하였음.

9월 7일에 왕세자에게 왕위를 물려주고 다음 날인 9월 8일에 병으로 수강궁의 정침에서 승하하니, 향년 52세였고, 재위한 지는 14년이었다.

세자교육을 위한 훈사訓辭 10조

세조는 자녀교육에 관심이 많았다. 세자의 교육을 세자시강원에 맡기고도 별도로 스스로 생각했던 바를 훈사訓辭로 엮어 시강원에 내려 세자에게 전달하게 했다. 훈사 10장의 서문에 이르기를,

"부모가 너를 위하여 교육하고자 생각하는 바가 한 가지가 아니다. 네가 외로운 몸으로 장차 종묘사직을 부탁받게 되면, 사람과 하늘이 애처롭고 가엾게 여길 것이니, 마땅히 이 뜻을 본받으라.

오늘 아침에 너의 모친이 나와 더불어 세상 일을 논하다가 거짓말의 두려움에 이르러 말씀하기를, '참소[51]하는 사람은 반드시 죄값을 받아야 합니다.' 하므로, 내가 말하기를, '옳은 말씀이오, 다만 참소를 당한 사람을 용서할 뿐이오, 공자의 뜻도 이에 불과하오.' 하니, 너의 모친께서 감탄하며 말씀하기를, '참으로 그렇습니다. 모름지기 이 뜻을 알아야 합니다.' 하므로, 내가 곧 마음속으로 감동하고, '나는 어려움을 당했으나, 너는 태평함을 만나야 된다.'고 생각하였다. 일이란 세상에 따라 변하는 것이니, 만약 네가 나의 선례에 구애되어 변통할 줄 모르면, 이는 곧 이른바 원착방예圓鑿方枘[52] 인 것이다. 그러므로 간략하게 훈사訓辭를 지어

---

51) 거짓을 진실처럼 꾸며서 아뢰는 말. 거짓말.

52) 둥근 모양의 구멍에 모난 막대를 넣으려는 상황을 빗댄 말로 양자가 서로 어울리지 않음을 비유한 말.

서 너에게 주어, 종신토록 몸에 지니고 다니는 물건으로 삼게 하니, 너는 모름지기 잊지 말라." 하였다.

1장에 이르기를,

"늘 변함 없이 한결같은 덕을 가질 것이다[恒德]. 배필을 중하게 여기고 대신을 공경하며, 어진 신하를 가까이 하고 소인을 멀리 하며, 동정을 반드시 삼가고 주고 받는 것을 반드시 자세히 살펴라. 임금이 놀기를 좋아하면 너그러움이 많게 되고, 너그러움이 많으면 업신여김을 받게 되어, 기강이 무너지게 된다. 그러므로 때때로 종친과 모이게 되면, 아랫사람을 예로써 접대하고, 조금이라도 착함이 있거든 반드시 상을 주고, 조금이라도 허물이 있으면 벌을 줄 것이니, 요컨대, 그 덕德을 변함없이 한결같이 지닐 것이다."

2장에 이르기를,

"신을 공경하여 섬길 것이다[敬神]. 눈앞에 보이는 것은 사람이고 눈으로 볼 수 없는 것은 신神이니, 사람을 학대할 수 없는데, 신을 어찌 업신여길 수 있겠는가? 사람의 일은 아래에서 위로 미치고, 신의 일은 위에서 아래로 미치는 것이니, 이것이 그 순서인 것이다. 신을 업신여기고 백성을 학대하면, 복록이 모르는 사이에 없어질 것이다."

3장에 이르기를,

"간언을 받아들일 것이다[納諫]. 무릇 임금이 재능이 있으면 반드시 스스로 능하다 하고, 덕이 있으면 반드시 스스로 자랑을 하며, 공功이 있으면 반드시 스스로 뛰어나다 하니, 이 세 가지 공적과 재능이 있으면 자신 같은 사람은 없다고 생각하게 된다. 그렇게 되면 반드시 자기가 옳다고 하고, 자기가 옳다고 생각하면 반드시 간諫하는 것을 거절하게 되며, 간하는 것을 거절하게 되면 바른말을 하는 자가 없게 되니, 이로 말미암아 고립되고 조언하는 자가 없게 되어 세상일에 어두워서 아는 바가 전연 없고, 폐단을 알 길이 없게 되어 민심이 이반하여 망국의 길이 된다."

4장에 이르기를,

"참소를 막을 것이다[杜讒]. 임금은 백성들로 하여금 근심이 없고 두려움이 없게 하기 위하여 항상 너그러이 용서하고, 무고한데도 원통하게 되는 것을 염려하여 항상 민심을 살펴야 한다. 그러면 참소가 행하여질 수 없다."

5장에 이르기를,

"사람을 쓰는 데 대한 일이다[用人]. 사람을 쓰는 데는 마땅히 그 마음을 취하고, 재주에서 취하지 말 것이다. 만약에 힘을 취한다면 곰이나 범을 취하는 것과 다를 바 없으니, 어찌 이로써 쓰겠는가? 마음을 취하는 방법은 부자·형제에게서 구하는 것뿐이니, 육친에게 화목하지 못하고 임금에게 충성한 자가 일찍이 없었다. 무릇 자상하고 화목하고 은혜로운 사람은 반드시 아랫사람의 마음을 얻게 되고, 아랫사람의 마음을 얻은 자는 많은 세력이 있는 자이니, 여러 사람의 힘이 곧 한 마리의 곰과 같을 수 있겠는가? 병서에 '이른바 기세와 위엄이 먼저 견고하게 되면 기력이 생기는 것이다.' 하였다."

6장에 이르기를,

"사치하지 말 것이다[勿侈]. 임금이 귀하게 되고 한 나라가 부유함이 있으면, 그 풍성함과 사치함을 타고 총애가 날로 심하게 되어, 악공과 재인이 마음에 들려고 하고, 사치한 마음이 반드시 생기게 되니, 비록 사치해서는 안 된다는 것을 안다 하더라도 이것을 하고야 말게 되는 법이다. 만약에 한 번 그 단초를 열게 되면 여섯 마리의 말이 달리는 것과 같아서 그 기세를 막을 수 없게 되어, 재물을 손상하고 백성들을 해치게 됨이 이보다 더 심한 것이 없다. 그러므로 현군·성주는 띠로 지붕을 잇고 통나무 서까래로 집을 지으며, 채소를 먹고 술을 마시지 않았으며, 잔치를 베풀 때에도 귀한 요리를 구하지 않았으니, 너는 백성을 위하여 정사를 부지런히 할 뿐이다."

7장에 이르기를,

"환관을 부리는 일이다[使宦]. 임금이 궁중에 깊이 거하고 환관이 명령을 전하는 것은 진실로 불가하다. 그리고 또 분명한 신념이 없이 한갓 구설만 듣는 것은 온갖 병폐가 생기는 원인이 되니, 반드시 항상 바깥 신하를 만나서 정사를 들어야 한다. 그렇지 못하면 서면 글씨도 가하다. 그리고 명령을 전하는 자는 마땅히 바꾸어서 맡겨야 한다."

8장에 이르기를,

"형벌을 삼가야 할 것이다[愼刑]. 국가에서 가장 신중히 해야 될 일은 사람을 지나치게 형벌함이 없도록 해야 하는 것이다. 증자曾子가 말하기를, '한 마리의 짐승을 죽이고 한 개의 나무를 베는 것도 제때에 하지 않으면 효孝가 아니다.'라고 하였으니, 짐승을 죽이는 것도 오히려 이러한데 인명을 어찌 그렇게 하겠는가? 형벌을 억울하게 하여 진술을 받으면, 원한을 품고 죽게 된다."

9장에 이르기를,

"학문을 일으키고 무예를 익힐 것이다[文武]. 술을 좋아하지 말고 대신을 자주 접하며, 사냥을 폐하지 말고 훈련과 열병을 엄하게 하며, 항상 학문을 일으키고 무예를 익히며, 농상을 권하고 비용을 절약하며, 교화에 힘쓰고 금법을 완화하며, 일이 있으면 서두르지 말라."

10장에 이르기를,

"부모의 뜻을 좇을 것이다[善述]. 예전에 나는 세종 때에 오로지 부모의 마음으로 마음을 삼고, 명령에 어긋남이 없이 행실을 삼아, 가르치는 바와 경계하는 바를 취하지 않은 것이 없어, 다른 일은 모르고 밤낮으로 분주하였다. 말년에 이르러 문종과 함께 친히 유언을 받았는데, 오늘날에 이르도록 행하는 바가 유언을 받은 것에 따르지 않은 것이 없었다. 비록 '부모의 뜻과 사업을 잘 계승하고 좇았다.' 하더라도 예로부터 능히 부모의 일을 다 성취한 자는 없었다. 하물며 어느 겨를에 자신의 일을 이룰 수 있겠는가? 옛말에 이르기를, '선왕의 법을 준수하여 과오가 되는 것은 없다'고 한다."

하였다. 마침내 어서御書를 동부승지 이극감에게 내려 주며 이르기를,

"오늘 이른 아침에 중궁이 나와 더불어 참소讒訴의 두려움을 논하다가 말하기를, '세자가 반드시 이 뜻을 알아야 한다.'고 하므로, 내가 곧 마음속으로 감동하고, 세상 일과 인재는 같을 수 없다고 생각하였다. 그러므로 옛날의 현군도 훈계를 지어서 자손에게 남겨 주었으니, 내가 비록 아는 것은 없으나 아비의 도리는 있으므로, 마음 속

에 품은 바를 서술하여 세자에게 그 대략을 주는 것일 뿐이다. 경은 처음부터 세자를 가르치는 직임을 받았으니, 마땅히 이 뜻을 알고 여러 사부들과 더불어 훈사를 자세히 기록해 두고, 이 가르치는 항목들을 우선 가르쳐서 하루 속히 깨우치게 하여 종신토록 몸에 지니고 다니는 물건으로 삼게 하라." 하였다.

-세조실록 4년 10월 8일-

술판으로 정치를 이끌었던 세조

세조는 술을 좋아했고 재임기간 중 거의 술로 세월을 보냈다. 중삭연이라 하여 공신들을 위한 정기잔치를 연 4회 만들 정도로 다양한 잔치가 베풀어졌다. 정사에 기쁜 일이 있거나 슬픈 일이 있어도 술자리를 만들었고, 재상의 자녀나 형제 중에서 좋은 일이 생겨도 술자리를 베풀었다. 거기엔 항상 양녕대군을 비롯한 총친들을 반드시 초청했음은 물론이다.

세조가 임금으로 재위하는 동안 베푼 궁궐잔치기록은 다른 왕조에서는 거의 찾아볼 수 없을 정도로 많다. 왕조실록에 기록된 내용만으로도 재임 14년 동안 궁궐 내에서 540회의 술잔치를 벌인 것으로 기록하고 있고, 대신들의 집이나 외부로 나가 잔치를 베푼 비공식 기록까지 800회는 더 될 것으로 보인다. 공식기록만으로도 연평균 38.5회니 월 평균 3회 이상 연회를 베푼 셈이다. 등허리에 종기가 나서 곪아 가는데도 술로서 달래었으니 술을 좋아하는 성품 탓이기도 하지만 어린 조카의 왕위자리를 아무 명분 없이 빼앗고 죽인 도덕적 번뇌와 동생 안평대군을 죽인 죄책감에서 벗어나고자 했던 심정이 강했던 같다. 많은 연회에 왕비가 함께 참여하여 잔치를 베푼 기록도 자주 보인다. 남녀가 유별한 당시대에 왕비가 한명회에게 술잔을 따라 주었다는 기록도 있다. 그만큼 정희왕후가 여장부다웠음을 나타내는 대목이기도 하며, 부부금슬 또한 좋았던 것으로 보인다. 세조는 재위 10년 이상 왕위를 누린 왕들 중 후궁을 가장 적게 둔 왕 중의 한 사람이기도 하다. 술로서 건강을 해쳤을지언정 여자 문제로 속을 썩이지는 않았다.

술판이 자주 열리니 취중실수가 자주 일어났는데 술에 취해 왕의 이름을 부른 정인지, 왕위를 세습하라는 남이장군과 정창손 등은 태종조에 벼슬을 하였다면 벌써 목이 날아갔을 중죄였음에도, 이들은 바로 용서되었다. 왕권을 잡기까지는 서릿발 같은 세조였지만 왕이 된 후에는 훈훈한 면모도 많이 보였다. 계유정난과 사육신의 거사 속에서도 고분고분했던 동생 임영대군을 무척 찾았고, 임영의 아들이자 조카인 29세 된 귀성군 준을 영의정에 앉힐 정도로 허세를 부려 조카로부터 빼앗은 정권을 다른 조카로부터 메우려는 객기를 부리기도 했다.

세조의 잦은 술자리로 취중에 실수도 비일비재하게 일어났는데 그 일화를 살펴보면 다음과 같다.

> 1455년 세조 1년 11월 21일 이예에게 초피 이엄을 하사하니, 전일의 술주정을 사죄하다.
> 1456년 세조 2년 1월 13일 좌헌납 구종직이 술주정을 사죄하다.
> 1456년 세조 2년 4월 21일 하마연에서 술주정한 민발을 유배하다.
> 1458년 세조 4년 2월 13일 활쏘는 것을 구경한 후, 취중에 실수한 정인지를 추국하고 고신을 거두다.

1458년 세조 4년 9월 16일 의정부와 충훈부에서는 술자리에서 실수한 정인지의 불경함을 국문할 것을 청했으나 윤허하지 않았다.

> 의정부와 충훈부·육조 참판 이상이 아뢰기를, "어제 하동 부원군 정인지가 성상 앞에서 한 말이 공손하지 못하니, 청컨대 죄를 주소서." 하니, 전교하기를, "정인지는 실로 죄가 없다." 하였다.

또 아뢰기를, "신하로서 죄가 있는 자는 마땅히 그 정상을 국문해야 하니, 죄를 가하는 여부를 임금님의 판단으로 재량하소서." 하니, 전교하기를, "정인지가 정상이 없는데 어떻게 힐문하겠는가?" 하였다. 또 아뢰기를, "만약 정인지를 공신이라 하여 죄를 주지 아니하면, 마땅히 벼슬을 파하고 지방으로 돌려보내어 신들의 여망에 답하소서." 하니, 전교하기를, "이 말이 어디서 나왔는지 나는 모르겠다." 하고, 윤허하지 않았다.

—세조실록 4년 9월 16일—

1458년 세조 4년 9월 19일 의정부·육조·충훈부에서 술자리에서 실수를 한 정인지에게 죄줄 것을 청하는 상소문.

의정부·육조·충훈부에서 상소하기를,
"신 등이 그윽이 생각하건대, 주역에 '서리를 밟는 것[53)]'을 삼가라.' 하고, 예기에 '칙을 차는 것을 경계하라.' 하였으니, 불경不敬함을 막고 신하의 도리를 다하지 않는 자를 경계함이 지극합니다. 그러므로 신하의 죄는 불경보다 더 큰 것이 없으니, 왕법[54)]으로 시행하여 신하 노릇을 하지 않는 자에게는 반드시 엄히 합니다. 그리하여 신하로서 불경을 범하면 사람들이 모두 원망하게 되고, 인주人主도 역시 사사로이 죄를 용서할 수 없는 것입니다.
근일에 정인지가 성상의 부름을 받아 뵙고 이야기하였는데, 이는 성상의 위엄이 불과 지척간에 있었을 때인데도 일찍이 두려워하고 꺼리는 바가 없었을 뿐 아니라, 그 언동에 있어서도 교만하고 무례하며 거침없이 오만하여 불경함이 막심하였습니다.
사람의 언동이란 평소에 마음먹은 바에 따라 나타나는 것이므로, 그 언동을 보면 그 마음을 알 수 있는 것입니다. 비록 정인지가 술에 취해 그러하였다고는 하나 술에 취한 자라도 물이 마른 우물에 들어가는 법은 없으니, 그 불경한 죄는 정인지로서 피할 수 없는 것입니다. 신 등은 몹시 놀랍고 한심하여, 그 죄를 다스리기를 여러 번 임금님께 청하였으나, 아직까지 윤허를 얻지 못하여 분하고 억울함을 이길 수 없습니다.

---

53) 서리가 내리면 차가운 얼음이 이른다는 뜻으로, 일의 조짐을 보고 그 화를 미리 경계하라는 말임. 주역의, "서리를 밟으면 단단한 얼음이 이른다."[履霜堅氷至]에서 나온 말임.

54) 국법.

정인지의 불경한 죄는 신 등이 상세히 알고 있는 바이므로, 알고도 청하지 않으면 그 죄가 같습니다. 그렇기 때문에 신 등은 감히 다시 임금님의 귀를 모독하니, 엎드려 바라건대, 굽어 여론에 좇으시어 크게 마음을 돌리시고 강단을 내리셔서, 밝게 법에 따라 처치하여 크게 막아 방어를 엄히 하고 크게 경계를 보이시면, 종사 만년에 심히 다행할 것이니, 엎드려 성상의 재결을 바랍니다." 하였다.

-세조실록 4년 9월 19일-

1464년 세조 10년 7월 4일 신숙주에게 계책을 써서 벌연을 베풀게 하다.

화위당에 나아가니, 인순부 윤 한계희·행 상호군 임원준 등이 입시하였다. 임금이 비빙가의 옛 일을 이용하여 신숙주를 속이고 벌연罰宴을 마련하게 하려고 하여, 주서 유순을 불러서 말하기를,

"지금 너에게 친제 적병시 1봉과 쌍화병 1합, 소주 5병을 부치니, 네가 가지고 신숙주의 집에 가라. 술병은 별감을 시켜서 가지고 가게 하되, 마치 하사하여 보내는 척하고, 시詩는 네가 가지고 가되, 마치 공사公事인 척하라. 네가 그 집 문에 도착하자마자 곧 그 집에 전해 주고 즉시 말을 달려서 돌아오라. 네가 붙잡히게 되면 네가 이기지 못하게 되는 것이고, 그 집에서 너를 능히 붙잡지 못하면 신숙주가 이기지 못하게 되는 것이니, 벌연罰宴을 베풀어야 한다."

하였다. 유순이 왕명을 받들고 그 집에 가서, 속여서 전해 주고 즉시 말을 달려 돌아오니, 신숙주가 깨닫고 쫓아갔으나 따라 잡지 못하였다. 유순이 돌아와서 아뢰니, 임금이 웃으면서 말하기를.
"신숙주가 마땅히 벌연을 베풀어야 한다."
하고, 유순에게 녹피鹿皮 1장을 내려 주었다. 한참 있다가 신숙주가 입궐하니, 임금이 명하여 오기를 재촉하였는데, 신숙주가 와서 뵈오니, 임금이 말하기를,
"지혜로운 자가 천 번 생각하더라도 반드시 한 번 실수는 있는 법이다. 경은 지금 나에게 속은 것이니, 즉시 술을 올리도록 하라." 하고, 또 정침鄭沈에게 요직을 주었다.

-세조실록 10년 7월 4일-

1466년 세조 12년 6월 8일 술을 베풀어 양정을 위로하다가 반쯤 취하니 양정이 퇴위를 권유하다.

양정이 평안도로부터 와서 임금을 알현하니, 임금이 사정전에 나아가서 양정을 만나고 세자와 신숙주 한명회 김국광 서거정 등을 불러서 입실하게 하였다. 임금께서 양정이 오랫동안 변경에 있었다고 하여 술자리를 베풀어서 그를 위로하였다.

술이 반쯤 취하니, 양정이 앞에 나아와 꿇어앉아서 아뢰기를, "성상께서 어찌 과도하게 근로하기를 이와 같이 하십니까?" 하니,
임금이 말하기를, "군주는 만기를 모두 다스리고 있으니, 어찌 근심하고 부지런하지 않을 수가 있겠는가?" 하였다.

양정이 대답하기를, "전하께서 취임하신 지가 이미 오래되었으니, 오로지 한가하게 안일하심이 마땅할 것입니다."
하므로, 임금이 말하기를, "경이 말하는 바는 곧 성공한 자는 물러간다는 것인가?"

하니, 양정이 대답하기를, "그렇습니다." 하였다.

임금이 말하기를, "내가 평소부터 왕위에서 물러나 스스로 편안하려고 했으나 감히 하지 못하였다." 하니,

양정이 말하기를, "이것이 신의 마음입니다." 하였다.

임금이 말하기를, "경이 서방西方에 오랫동안 있었는데, 서방의 인심도 또한 이와 같던가?" 하니, 양정이 대답하기를, "사람들이 그 누군들 그렇게 말하지 않겠습니까?" 하였다.

임금이 말하기를, "내가 어찌 임금의 자리를 탐내는 사람인가?" 하고,

즉시 승지 등에게 명하여 옥새를 가지고 오게 하여 즉시 세자에게 왕위를 전하려고 하니, 승지 등이 부복하여 일어나지 않았다. 신숙주·한명회 등이 눈물을 흘리고 울면서 큰 소리로 말하기를,

"이것이 무슨 말씀입니까? 그렇다면 종묘와 사직을 어찌하겠습니까?"

윤필상에게 명하여 재촉하니, 도승지 신면이 옥새를 받들고 합문 밖으로 나왔다. 임금이 명하여 옥새를 강녕전에 두게 하고, 신면을 불러 술잔을 올리게 하고서 말하기를,

"그대는 신숙주의 아들이니, 진실로 인물이 무리가 각기 같지 않도다." 하였다. 여러 신하들이 모두 헤어져 나갔다. 신숙주·한명회·한계희 등은 사정전 문 밖에 남아 있으면서 아뢰기를,

"양정의 말은 정상情狀이 없지 않으니, 청컨대 법사에 내려서 추국하여 중한 형벌을 처하게 하소서."
하니, 임금이 신숙주 등을 불러 다시 술자리를 베풀고는 전교하기를, "양정이 어찌 정상이 있겠는가? 이것도 또한 바른 말을 한 것뿐이다."

하였다. 신숙주 등이 머리를 조아리면서 아뢰기를, "양정의 말은 도리에 어긋남이 이보다 심할 수 없습니다."

하면서 청하기를 그치지 않았으나, 임금은 양정이 공신이라 하여 차마 가두어 국문하지는 않고 논의하다가 시간이 넘어서야 파하였다.

—세조실록 12년 6월 8일—

결국 정난공신이자 좌익공신인 양정은 세조가 베푼 위로의 술자리에서 취하여, 세조에게 왕위를 전위하라는 말 한마디를 했다가 6월 12일 참수를 당하고 말았다. 술자리가 빚은 비극이다.

정난·좌익·원종 공신 발표와 반납소동

세조는 배포가 컸고 권력욕이 강했다. 세조가 왕이 되는데 처한 첫 조치가 계유정난이었고 계유정난에 협조한 공신을 정난공신이라 명명하였다. 세조는 공신자를 포상할 때 정난에 참여하지 않은 신하들까지 공신 명단에 포함시켜 포상하려 하였다. 세조의 입장에서는 크게 인심을 써서 참여하지 않은 사람까지 내 편으로 만들기 위한 전략이었지만 그날 밤 쿠테타가 있는 줄도 몰랐던 정인지, 신숙주, 성삼문 등이 포함되어 있는 가 하면, 엄자치, 전균 등 환관까지도 챙겨 언관들의 입에 오르내렸다. 당시 수양대군의 서슬이 워낙 두려워 강한 반발은 없었지만 당사자들의 훈공 반납소동은 당연한 것이었다. 이 과정을 실록을 통해 살펴보자.

김종서 황보인 안평대군을 처형하는 데 공을 세운 동·서반직 관료들에게 정난한 공을 세웠다 하여 차등있게 정난공신 훈공을 부여하였다.

세조·정인지·한확·박종우·김효성·이사철·이계전·박중손·최항·홍달손·권남·한명회를 1등으로 삼고,
권준·신숙주·윤사윤·양정·유수·유하·봉석주·홍윤성·곽연성·엄자치·전균을 2등으로 삼고,
이흥상·이예장·성삼문·김처의·권언·설계조·유사·강곤·임자번·유자황·권경·송익손·홍순손·조윤·유서·안경손·한명진·한서구·이몽가·홍순로를 3등으로 삼고아 3품 이하는 세 자급을 승급하였다.

-단종실록 1년 10월 11일-

이들 정난공신에게는 품계만 승급한 게 아니라 훈공에 따라 포상품도 하사하였다.

정난 공신 일등인 정인지 이하 11인에게 각각 안장 갖춘 내구마 1필과 백은白銀 50냥, 비단의 안팎 옷감 2벌씩을 하사하고, 2등인 신숙주 이하 11인에게 내구마 1필, 백은 25냥, 채단의 안팎 옷감 1벌, 3등인 20인에게 내구마 1필, 백은 10냥, 채단의 안팎 옷감 1벌씩 하사하였다.

11월 12일에는 수양대군의 노비와 임영대군의 노비에게도 정난한 공이 있어 상을 내렸는데 사헌부에서 공훈을 남발한다며 반대 상소를 올렸고, 11월 18일에는 최항과 신숙주가 본인들은 계유정난에 세운 공이 없으므로 공신의 호를 삭제해 줄 것을 청하였다. 그다음 날에는 좌의정 정인지·우의정 한확·판중추원사 김효성·좌찬성 이사철·병조판서 이계전·참판 박중손·첨지중추원사 이흥상·좌사간 성삼문 등이 나서서 "신들은 모두 공로가 없이 외람되게 공신의 대열에 참여하였으므로, 사헌부에서 지적하는 말이 옳사오니, 청컨대 신들의 공신의 호를 삭제하여 주소서." 하였으나, 듣지 않았다.

일주일이 지난 11월 24일에 성삼문이 다시 공신의 호를 받은 것의 부당함을 이유로 직임을 파하기를 청하였다.

좌사간 성삼문이 상소하기를, "신은 본래 어리석고 지식도 없는데 한갓 문관의 변변치 못한 재주로 오랫동안 청요직을 더럽혔습니다. 전하께서 즉위하심에 미쳐서는 경연에 모셨었으나 일찍이 한 자의 도움도 드리지 못하여 죄를 받기를 기다린 지 1년여나 되었는데, 어찌 정난靖難 때 공로와 능력이 없는 신으로서 외람되게 공훈서명에 참여되리라 생각했겠습니까?

그리고 곧 사간원에 탁용되었으니, 신은 근심과 두려움으로 편안치를 못하여 몸둘 바를 모르고 있었사온데, 다만 조정에서 신의 말에 따라 진퇴하지 않기 때문에 감히 공신을 사면하지 못하고 뻔뻔스럽게 직임에 나아가 오늘에 이르렀습니다.

신이 그윽이 생각건대, 간관은 위로 인군의 득실을 말하고, 아래로 대신과 더불어 시비를 가리는 것이니, 자신의 결함이 조금도 없어서 남이 비난하여 의논할 수 없는 사람이 아니면 하루도 이 직임에 있어서는 안 됩니다. 어찌 신과 같이 용렬하고 유약한 자가 외람되게 그 직책을 도적질할 수 있겠습니까?

바야흐로 지금 권력을 가진 간신들이 조정을 탁란(濁亂 : 흐리고 어지럽힘)시킨 이후에 새로운 정치로 고치는 날에 말할 일이 매우 많사온데, 신이 어두워 말할 바를 모르고 있으니, 이것은 신의 사람됨이 매우 무상하기 때문입니다. 지난번에 한두 가지 관견을 아뢰었으나, 조정에서 이를 쓰지 않았으니, 이것은 그 말이 쓸 만하지 못하기 때문이며, 신이 직책에 이바지하는 바가 또한 적합하지 못하기 때문입니다.

하물며, 신은 조그마한 공효도 없이 외람되게 훈상(勳賞)을 받아 마음속에 불안한데, 어느 겨를에 남의 시비와 득실을 말하겠습니까? 근일에 대간에서 낭관들에게 품계를 건너뛴 일에 대한 잘못을 말했으나, 신은 한마디 말도 하지 못했고, 또 내시에게 군을 봉한 것이 불가하다고 글을 올려 논박하는 데 신은 처음에 서명하려 하지 않았습니다. 이것은 신이 두렵고 위축되어서가 아니라, 안으로 부족하기 때문입니다. 신이 이 일에 대하여 말을 하자니 혐의가 두렵고, 말을 하지 않으려 하니 직무에 태만하여, 밖으로는 여론이 두렵고 안으로는 동료들에 부끄럽습니다.

하물며 사헌부와 사간원은 일체인데 지금 사헌부에서 공신의 등급이 옳지 못하다고 논박하니, 신은 부끄러운 낯으로 재직하여 통행인을 금하며 다닐 수 없습니다. 신의 이 말은 진실로 중정(中情)에서 나온 것이니, 엎드려 바라건대, 신의 직임을 파하여 현능한 사람으로 대신하소서." 하였다.

-단종실록 1년 11월 24일-

다음날 세조는 성삼문을 불러 사직서를 돌려주었다. 그로부터 7개월 후인 단종 2년에 계유정난시 처형된 적신들로부터 압수한 노비와 벼슬을 정난공신들에게 하사하였다.

병조에 명하기를, "정난 공신 1등 11인과 반인伴人[55] 각 10인에게는 체아遞兒직[56] 6품 이하의 실직 1과 산관散官[57] 4를 주고,

2등 공신 11인과 반인 각 8인에게는 체아직 7품 이하의 실직 1과 산관 2를 주고,

3등 공신 20인과 반인 각 6인에게는 체아직 8품 이하의 실직 1과 산관 3을 주어서 1년마다 4도목都目[58]으로 서로 바꾸어 벼슬을 시키라." 하였다.

–단종실록 2년 6월 15일–

계유정난으로 모든 인사권과 병권과 의정부 통치권을 수양대군에게 넘겨주었던 단종은 결국 왕위까지 전위하는 형식으로 수양에게 넘겨주고 만다. 이에 단종은 상왕으로 물러나고 세조가 즉위하였다.

세조는 본인이 즉위하는 데 공을 세운 공신을 좌익공신이라 칭하고 공적에 따라 1등, 2등, 3등 공신으로 구분하여 공훈을 내렸다. 이번에 다시 공신부여에 반발할 것을 대비하여 미리 그 사유를 설명하였다. 세조 1년 9월 14일 사정전에서 좌익공신에게 물품을 하사하고 술자리를 베풀었다.

임금이 사정전에 임어하여 좌익공신들에게 옷감·백금·내구마를 하사하니, 여러 공신이 절하여 사례하였다. 임금이 친히 술을 내리고 손수 조그마한 종이에 써서 이를 참판 권남에게 주어 좌우에 두루 보이고는 말하기를,

"이징석이 역적의 형으로서 연좌도 되지 않고 공신이 되어 사람들이 반드시 이를 의심할 것이다. 그러나 이징석이 정난 이전에 일찍이 내게 말하기를, '지금의 군주는 어리시고 온 나라가 의심하고 있는데, 간신은 한둘이 아니라 혹시 위급한 일이 있으면 대군께서는 집에만 있어서 모르신다 하시겠습니까?' 하고, 이어 글을 써서 나에게

---

55) 호위무사. 재상을 따라다니며 보호하던 무사. 병조에서 관장하였으며 반당이라고도 함.

56) 실무현직을 떠난 문·무관에게 계속해서 녹봉을 주기 위해 만든 직.

57) 실제 근무처는 없고 명칭만 있는 관직.

58) 매년 2회 또는 4회씩 이조와 병조에서 행하던 인사평가. 관원들의 성적을 내서 승급, 연임, 해임 등의 정리를 함. 도목정사라며 4도목은 4회 평가를 말함.

보이니, 그 글 속의 말이 바로 오늘의 이 일과 서로 부합되는 것이었다. 그렇다면 이 징석이 공신이 되는 것은 또한 마땅하지 않은가?" 하였다.

그 글에 이르기를, "명성은 중국과 오랑캐에 떨치고, 공로는 국가에 있었다. 충성이 일월같이 드높고 의로운 기운은 구름과 하늘도 얇도다. 하늘의 은하를 당겨 갑병을 씻고, 새로운 천하를 정하고 그 공덕을 금석에 새기도다."

라고 하였다. 술이 두어 순배에 이르렀을 때 임금이 궁인을 불러 음악을 연주하게 하고 말하기를, "내가 이에 경들을 사랑하는 뜻을 표시하고, 또 즐겁고 흡족함을 다하려는 것이다."

하였다. 공신들이 번갈아 일어나서 술잔을 올려 극진히 즐기다가 파하였다. 이날 전 형조 정랑 윤찬이 윤형의 맏아들로서 역시 잔치에 참석하였는데, 물건과 술을 하사하기를 친 공신과 똑같이 하였고, 양정·원효연·최유는 모두 외방에 있었기 때문에, 명하여 그 아들을 불러 물건을 하사하고 인하여 승정원에서 음식 대접을 하였다.

－세조실록 1년 9월 14일－

세조 1년 9월 27일 이조에서 좌익공신 부모의 추증을 정난공신의 예에 따를 것을 청하였다.

이조에서 아뢰기를, "정난공신 부모의 추증[59]은 그 아들의 직위를 따라 그 품계에 상대하여 준해서 계산하되 공신의 등급에 따라 등급을 올려서 봉작하였으니, 이제 좌익공신의 부모도, 청컨대 이 예에 의하여 추증하게 하소서." 하니, 그대로 따랐다.

－세조실록 1년 9월 27일－

정난공신과 좌익공신에 포함되지 않았던 관료들을 원종공신이라 녹훈하고 1품계씩 승급시키니 2,202명의 백관들이 원종공신[60]에 해당되었다.

---

59) 공신이나 종2품 이상 문무관의 죽은 부모·조부모 등에게 사후에 벼슬을 주던 제도.
60) 큰 공이 없는 등외等外의 공신.

통큰 잔치를 베푼 것이다. 지방 말단직을 제외하고는 대부분의 중앙직에 있던 사람은 공신에 오르고 한 계급씩 특진 된 셈이다.

교서를 내리기를,

"공功을 기록하고 상賞을 주는 것은 나라의 아름다운 법이다. 내가 부족한 덕으로 외람되게 임금의 자리에 앉았는데, 사저에서의 어려울 때를 회고하니, 덕이 같은 신하들이 전후좌우에서 과인을 보호하였기 때문이다. 혹은 나의 동렬로서, 혹은 나의 요좌(僚佐 : 보좌관)로서 혹은 가까운 친척으로서 혹은 오래 수종하던 사람으로서, 혹은 내가 중국에 갈 때에 산을 넘고 물을 건넌 노고를 함께 하였고, 혹은 정난에 참여하여 방위에 힘쓰고, 아래로 노비에 이르기까지 힘을 다하였으니, 모두 원종原從의 공이 있어서 오늘의 아름다움에 이르렀으니, 내가 감히 잊겠는가? 마땅히 먼저 포상하는 법을 보여서 처음부터 끝까지 변하지 아니하는 의리를 굳게 하려고 한다. 너희 의정부에서는 나의 지극한 마음을 몸받아서 마땅히 빨리 거행할 것이다.

1등에게는 각각 1품계를 더하여 주고, 자손은 음직을 받게 하며 후세에까지 죄를 지으면 너그러이 용서하고 부모에게는 작을 봉하고, 자손 중에서 한 사람을 자원에 따라 품계를 주고 직위가 없는 직급 산관 1품계를 더하여 주라.

2등에게는 각각 1품계를 더해 주고 자손을 음직을 받게 하고, 후세에까지 죄를 지으면 너그러이 용서하고, 자손 중에서 한 사람을 자원에 따라 산관 1품계를 더하여 준다. 그 가운데 자손이 없는 자에게는 형제·사위·조카 중에서 자원에 따라 산관 1품계를 더하여 준다.

3등에게는 각각 1품계를 더해 주고, 자손은 음직을 받고 후세에까지 죄를 지으면 너그러이 용서한다. 공신 가운데 정3품 통정대부 이상은 자손·형제·조카·사위 가운데에서 한 사람을 자원에 따라 산관 1품계를 더하여 주고, 죽은 자에게는 각각 본등本等에 의하여 시행하고 1품계를 추증한다.

죄를 범하여 산관이 된 자는 본품本品으로 서용하고 상중喪中에 있는 자와 연고가 없이 산관이 된 자는 1품계를 더하여 주어 서용하며, 영구히 서용하지 못하게 된 자에게는 벼슬길에 통함을 허락한다. 고신告身을 거둔 자는 돌려주고, 첩의 아들은 한품限品을 적용하지 말고, 공사노비는 모두 천인을 면하게 하고, 사노비는 주인에게 공노비로 보상하게 한다." 하였다.

의정부에 전지하기를, "연창위 안맹담·성원위 이정녕·좌찬성 권제 〈중략〉사직 임원준·훈련 녹사 김교·사정 김대래·상호군 박불동·사약 문금종·사직 임어을운이·학생 황양은 원종 공신 1등에 녹한다(80명).

예조판서 김조·호조판서 이인손·지돈녕 강석덕 〈중략〉 사용 박막동, 종 박용은 2등에 녹한다(838명).

좌참찬 정갑손·판한성부사 이사임·온성 절제사 유사지 〈중략〉 별감 김매방, 종 박금경, 별감 김용수·박금강, 급사 김금음동·종 현물금·재인 천우·부급사 김검송등은 3등에 녹한다." 하였다. 1,284명(총 2,202명).

—세조실록 1년 12월 27일—

공신에게 중삭연을 베푸니 축시를 올리다

사정전에 나아가 공신에게 중삭연(仲朔宴)[61]을 베푸니, 왕세자와 종친·재추[62]·공신 등이 모시었다. 왕세자가 술을 올리고, 개국공신 의령군 남경우·정사공신 청해군 이효정·좌명공신 영천부원군 윤사로·정난공신 정인지·좌익공신 계양군 이증 등이 차례로 술을 올리니, 어서(御書)[63]로 말하기를,

"개국·정사·좌명·정난·좌익 오공신(功臣)이 헌수(술잔을 올림)하니, 내가 스스로 경사로움을 이기지 못하겠다. 자리에 있는 공신·재신(宰臣)·종친과 부마를 위하여 뜻을 일러 두겠다. 만약 죽어서 앎이 없다면 자손을 위한 계교가 없음이 마땅하나, 개국 공신들은 자손이 있으니 오늘의 의식이 어떠한가? 천하 고금에서 모두 그 공(功)을 먹거늘, 너희들은 집에 거하면서 한 가지라도 공(空)으로 얻은 물건이 있는가? 항상 의식(衣食)의 넉넉함과 향복(享福: 복을 누리는)이 다하는 이치가 있음을 생각하면 기뻐하는 것이 어찌 나쁨이겠는가? 하늘이 반드시 이를 도우리라."

하고, 드디어 어서를 충훈부에 내리었다. 임금이 심히 기뻐하여, 명하여 궁녀 몇 사람과 기녀에게 음악을 연주하게 하고, 군신으로 하여금 일어나 춤을 추게 하였는데, 정인지가 임금님 상 아래에 나아가 아뢰기를,

"성상께서 주자소에서 법화경(法華經) 등 여러 불경 수백 벌을 인쇄하게 하였고, 또 대장경 50벌을 인쇄하였는데, 또 이제 석보(釋譜)를 간행하시니, 신은 그윽이 생각하건대, 옳지 못한가 합니다."

---

61) 궁중에서 임금이 신하들을 위로하기 위하여 매철 중삭(仲朔:2월, 5월, 8월, 11월에 베풀던 정례의 잔치.

62) 임금을 보좌하며 모든 관원을 지휘하고 감독하던 이품 이상의 벼슬을 통틀어 이르던 말. 재신(宰臣)이라고도 함.

63) 임금이 쓴 글.

하니, 임금이 노하여 취중에 이 말을 듣고 잔치를 파하였다. 군신들은 이미 물러가 각각 시詩를 지어 바쳤는데, 정인지가 그 서문을 짓기를,

"1458년 세조 4년 봄에 오공신五功臣이 성상에게 헌수를 드리니, 2월 12일 신축에 천도를 받들고 인도를 몸받으며 문채가 빛나고 영특하고 용맹하신 우리 전하께서 사정전에 납시어 약주를 두어 순배를 받으시고 글을 내리셨는데, 말씀하기를, '오공신이 헌수하니, 내가 스스로 경사로움을 이기지 못하겠다. 〈중략〉 항상 의식의 넉넉함과 향복이 다하는 이치가 있음을 생각하면 기쁜 것이 어찌 나쁠이겠는가? 하늘이 반드시 도우리라.' 하셨습니다.

이에 군신이 자리를 피하여 북쪽을 향하여 머리를 조아리고 공경스러이 가르침에 복종하고 절하며 시詩를 지어서 사례하기를 청하니, 명하여 다시 자리에 나아가게 하고 신으로 하여금 서序하게 하시고, 드디어 한껏 즐기다가 파하였습니다.

넓고 크신 우리 태조께서 하늘의 뜻에 응하고 민의에 순종하시어, 개국하여 통치를 자손에 전하시니, 곧 더불어 뛰어난 사람을 따라서 출세하는 신하가 산하山河를 가리켜 맹세하였는데, 뻗쳐서 자손에게 미치었습니다.
태종 대왕은 화란을 평정하시니, 당시에는 정사·좌명의 공신이 있어 충의위를 세워 삼공신의 자손을 관작과 봉록을 내리어 길이 잊지 않음을 보였습니다.
이제 우리 전하께서는 나라를 새롭게 하시고 정난靖難한 뒤에도 계속하여 좌익佐翼에게 특별한 은총이 있음은, 전후에 비할 것이 없습니다.

아아! 삼성(三聖: 태조·태종·세조)께서 공신을 후하게 대우함이 지극하시니, 대저 직위는 교만하기를 기약하지 않는데도 교만이 스스로 이르고, 녹봉은 사치하기를 기약하지 않는데도 사치가 스스로 이르렀습니다. 교만하고 사치스러운 생각은 한 번 생기면 반드시 방탕하고 음란한 행실이 있게 되니, 이것은 역대 공신이 왕왕 문호를 보전하지 못하고, 처음은 있으나 끝이 없게 된 까닭입니다. 그렇다면 신하가 된 자는 부귀가 자기의 것이 되는 것을 생각하지 않고 선한 길을 가르쳐 주고 삿되고 그름을 억제하며 두려워함으로써 그 충의의 절개를 온전하게 하는 것이 가하지 않겠습니까?
우러러 생각하건대, 임금의 가르침에 이른바, '항상 의식의 넉넉함과 행복이 다하는 이치가 있음을 생각하라.'는 조금도 틀림없이 깊고 절실한 뜻이 말 밖에서 넘치고,

'기쁜 것이 어찌 나쁨이겠는가? 하늘이 반드시 도우리라.' 한 말에 이르러서는 참되고 정성스러운 마음을 미루어서 사람의 마음속에 두고 사람으로 더불어 착하게 하는 정성을 즐거워함이니, 진실로 제왕의 큰 도량이십니다.

대저 군신은 한몸이니, 임금은 신하 보기를 수족과 같이 하고, 신하는 임금 보기를 같은 마음으로 하여, 의로써 군신이 되고 은혜로써는 부자父子가 되며, 따뜻한 마음은 서로 믿고 지성은 간격이 없는 까닭으로 상하가 서로 친할 수 있고, 국운은 이것으로써 신령스럽고 길 것입니다. 슬기와 속임으로써 아랫사람을 지배하고, 신하의 과실을 살펴서 갑자기 귀양보내거나 주륙을 가할 것만을 생각한다면 이것이 어찌 임금의 도리이겠습니까?

누가 우리 전하같이 군사의 도를 다하여 임금으로서 기르고 스승으로서 가르쳐 군신이 허물없는 데에 이르게 하여 함께 태평한 복을 누리게 하겠습니까? 그러므로 군신이 임금님의 글을 받들어 깊이 생각하며 읽음은 우주의 높은 하늘에 비껴서 만물이 그 빛을 보는 것 같으며, 임금님의 가르침을 전송하는 것은 시경과 서경을 요임금과 순임금께 드리우고 만세토록 그 아름다움을 우러르는 것 같습니다.

기쁨을 어찌할 줄 몰라 각각 마음속에 펴고 시를 지어 그 충애하는 마음을 붙이어 한가지로 삼가 생각하고 마음으로 공경합니다. 크고 화목한 기상은 진실로 화답하는 날에 부끄럽지 않으며 만세토록 무궁한 업을 점칠 만하니, 아아! 성대합니다." 하였다.

군신들은 또한 각기 임금을 칭송하는 시를 지어 올렸다.

신숙주의 시

천도天道는 소식이 있사오나 인사人事는 가득하면 엎어지오니,
생각마다 공功으로 먹는다 하면 거의 장구히 복을 누리오리다.
가르침이 떳떳하고 사리가 밝고 명확하니 소신은 마음으로 감격하옵니다.
원컨대 충성된 진심을 보전하여 길이 태평한 즐거움을 입게 하소서.

박원형의 시

아비로 동토東土에 임하여 이 백성을 아들로 삼으시니
권력과 귀에 기대어 기쁘게 일월의 새로움을 바라보았습니다.
영구한 훈신으로 일찍이 한나라의 맹세 전하였음을 알았고
큰 잔치로로 이제 주빈周賓을 잔치함을 보았습니다.
10행十行의 아름다운 법도는 처음 반포한 명이요,
그 자리의 영웅은 모두 정신이 상쾌합니다.
술에 취해 배불러 노래한 나머지는 소식素食을 부끄러워하고
밤낮으로 다시 좇아 더욱 공경함을 생각합니다.

한명회의 시

용이 날아서 흥하는 운수를 만났으니
홀로 임금님의 덕을 만난 것을 기뻐합니다.
큰 꾀로 처음 나라를 재건하시니
신과 같은 공은 지구의 축을 굴렸습니다.
삼한三韓은 종묘사직을 정하였고
사방엔 뽕나무와 삼베가 무성합니다.
밝은 때는 5백을 즈음하고
큰 업적은 천억을 드리웠습니다.
접한 땅엔 바람과 구름을 모우고
하늘엔 일월을 밝히셨습니다.
차근히 신의 공을 생각하니
절절히 경계와 타이름을 거듭하셨습니다.
우러러 임금님의 가르침의 깊은 뜻을 생각하고
구부려 공의 엷음을 부끄러워합니다.
임금은 본시 요임금과 순임금인데
신하는 옛 명신 직稷과 설契이 아니옵고
임금은 성왕成王·강왕康王의 다스림을 지나치시는데
신하는 유방의 재상 소하蕭何와 조삼曹參의 계책에 부족합니다.
처음과 끝을 산하에 서약하니
충의는 금석金石같이 보존하리.
마땅히 이 마음을 다하여서
영세토록 넓은 은혜를 입으리이다.

홍윤성의 시

하늘이 우리 임금님을 돌보시니
때를 건져 태평함을 열었습니다.
경륜은 자손을 편안하게 하는 도움을 끼치었고
인재활용은 영웅호걸을 거느리셨습니다.
성대한 업적은 전대의 위인보다도 빛났고
원로 훈신은 수성을 도왔습니다.
스스로 조그만 도움도 없음을 부끄러워하는데
어떻게 다행히 공훈 맹서에 참여하오리까?
후한 대우는 충훈부를 넘었으며
화려한 자리는 녹평을 드렸습니다.
임금님의 눈은 지척에 임하였고
큰 가르침은 다시 이를 데 없었습니다.
임금님의 글씨의 찬란함을 받들어 보니
견마犬馬의 정성 보낼 것을 생각합니다.
밝습니다! 내세를 경계하며
끝끝내 공명을 보전하겠습니다.
〈이하생략〉

-세조실록 4년 2월 12일-

단군·기자전과 선왕조의 시조에 제사를 행하다

집현전 직제학 양성지가 상소하기를, "신이 엎드려 보니, 주상 전하께서는 왕의 자질로서 대위에 영광스럽게 오르시어 고금 치란의 자취와 민속의 온갖 고초를 통찰하지 않음이 없으시고 정사에 부지런히 도모하셔서 우리 조선 억만 년 태평 성업의 기틀을 닦으시니, 진실로 삼한에서 한 번 번성할 때입니다. 무릇 국가의 크고 작은 일은 변변치 못한 작은 뜻이라도 상량하여 확정하지 않을 수 없으므로, 만의 일이라도 보탬이 있으리라고 생각하고 감히 몇 가지 일을 가지고 조목을 기록하여 바치니, 엎드려 바라건대 통찰하여 주시면 다행하겠습니다.

전대의 임금과 재상을 제사하는 것입니다. 신이 그윽이 명나라 제사의 맡은 일을 보니, 관원을 보내어 역대의 임금을 제사하는 데 제물로서 쓰니 심히 성대한 거사입니다. 본조는 역대의 군왕이 도읍하였던 곳에서 정리정돈을 하는 데도, 당연히 제사 지내야 할 텐데 제사하지 않는 것이 있고 혹은 배향한 대신이 없어 흠이 된 것 같으니, 바라건대 매년 봄·가을로 동교東郊에서 전 조선왕 단군, 후 조선왕 기자, 신라의 시조·태종왕·문무왕, 고구려의 시조·영양왕, 백제의 시조, 고려의 태조·성종·현종·충렬왕 이상 12위位를 합동으로 제사하고, 신라의 김유신·김인문·고구려의 을지문덕, 백제의 흑치상지와 근일에 정한 고려의 배향 16신과 한희유·나유(원나라 반란세력 합단哈丹을 막는 데 공이 있었음)·최영·정지(왜구를 막는 데 공이 있었음) 등을 배향하게 하소서." 하니, 임금이 기꺼이 받아들였다.

세조 6년 10월 임금이 친히 영숭전에 제사하고, 마침내 단군·고구려 시조·기자전에 나아가 제사를 행하였다. 승지 홍응에게 묻기를, "고구려 시조가 누구인가?" 하니, 홍은이 대답하기를, "고주몽高朱蒙입니다." 하였다. 임금이 말하기를, "삼국 중에서 고구려가 막강하였다." 하였다.

단군임금에 대한 기록은 조선을 건국한 태조 때부터 조선 말기 순종 때까지 꾸준히 등장하고 있다. 태종 12년 7월부터 봄·가을로 단군 사당에 제를 올렸으며 세종 때에는 단군 사당을 평양으로 옮겨 지은 것으로 기록하고 있다. 성종 3년 2월에 황해도 관찰사 이예가 삼성당의 사적을 기록하여 보고하였다.

황해도 관찰사 이예가 글로 보고를 올리기를,
"신이 전번의 하명으로 인하여, 문화현의 옛 노인 전 사직 최지·전 전직 최득강을 방문하고 삼성당의 기록을 얻어 그것을 조목으로 보고하여 아룁니다.

1. 속언에 전하기는 단군이 처음 신神이 되어 구월산에 들어갔다고 합니다. 사당은 패엽사의 서쪽 대증산의 불찰에 임하여 있었다가 그 뒤에 절 아래 작은 봉우리로 옮겼고, 또 다시 소증산으로 옮겼다 하는데, 곧 지금의 삼성당입니다. 대증산과 패엽사 아래의 작은 봉우리에 지금은 당기(堂基 : 터)가 없고, 따라서 그 때 제를 올린 것과 또 삼성三聖도 아울러 제사 지냈는지 그것은 알 수가 없습니다.

1. 단군과 아버지 환웅, 할아버지 환인을 일컬어 삼성三聖이라 하고 사당을 세워 제사를 지내다가, 제사를 폐한 뒤로부터 사당이 기울어져 무너졌었는데, 1450년 세종 32년에 이르러 현령 신효원이 중건하고, 1458년 세조 4년에 현령 매좌가 단청을 베풀었습니다.

1. 삼성당三聖堂에 환인 천왕은 남향하고, 환웅 천왕은 서향하고, 단군 천왕은 동향하여 다 위패가 있습니다. 속설에 전하기를, 옛날에는 모두 목상이 있었는데, 태종조에 하윤이 모든 사당의 목상을 혁파할 것을 건의하여 삼성의 목상도 또한 예에 따라 파하였다 하며, 의물의 설치 여부는 알 수 없습니다.

1. 삼성당의 서쪽 협실에는 구월산 대왕이 가운데 있고, 왼쪽에 토지신이, 오른쪽에 사직 사자가 있는데, 그 위판은 모두 남향하여 있습니다.

1. 예전에는 전사청이 없었는데, 매좌가 삼성당 아래에 초옥 수 칸을 지어 승려로 하여금 거주하게 하고, 제사 때는 여기에서 재숙하고 제물도 또한 여기에서 장만하였습니다.

1. 삼성당의 서북쪽 3리쯤에 두 절이 있고, 5리쯤에 한 절이 있고, 동북쪽 4리쯤에 한 절이 있습니다.

1. 패엽사도 또한 삼성당 서쪽 6리쯤에 한 고개와 한 시내를 사이에 두고 있습니다.

1. 삼성당의 제기는 옛적에는 금·은을 사용하였는데, 왜란 이후 사기沙器를 쓰다가 매좌가 비로소 놋쇠로 만들었습니다.

1. 묘우를 평양으로 이전한 뒤로는 이 당의 제사를 폐지한 것이 벌써 60여 년이 되었다 하고, 혹은 태종조 1400년·1401년·1402년 사이라고도 하니, 어떤 것이 옳은지 알 수 없으며, 향을 내려 치제한 의궤도 또한 상고할 수 없습니다.

1. 구월산 상봉에는 천왕당이 아니고 이름을 사왕봉이라 하며, 또한 예전에 향을 내려 치제하던 곳이 있었는데, 태종 1415년 사이에 처음 혁파하였다 하나 그 당기堂基를 일찍이 본 사람이 없고, 이제 또한 얼음이 얼어 위험하여 사람이 올라갈 수도 없습니다.

1. 『관서승람』에 문화현 고적을 기재하기를, '구월산 아래 성당리에 소증산이 있는데 환인·환웅·단군의 삼성사가 있고, 구월산 마루에는 사왕사四王寺가 있는데, 옛적에 별자리에 제사하던 곳이다.' 하였습니다.

1. 삼성당을 평양으로 옮긴 뒤로부터 비록 국가에서는 제를 올리지 않았으나, 기우제·기청제를 할 때는 현관이 조복을 갖추고 친히 제사 지내며, 제사에는 흰떡·백반·폐백·실과를 쓰고 이 밖에 다른 제사는 행할 수가 없는데, 고을의 풍속에는 영험이 있다고 일컬어 사람들이 감히 와서 제사하지 못합니다.

1. 기우 용단(기우제 단)은 삼성당 아래 백여 보에 있으나, 설치한 날짜는 알지 못하고, 현에 소장된 송나라 1006년 고려 목종 9년 5월 의례집에는, '떡·밥·술과 흰거위를 사용하여 제사를 행했다.'고 기재되었으나, 지금은 흰 닭을 대신 쓰고 돼지는 쓰지 않습니다.

1. 삼성당 아래 근처에는 인가가 조밀하였는데, 제사를 파한 뒤로부터 악병惡病이 발생하기 시작하여 인가가 텅 비었습니다. 그러나 닭·돼지를 도살하여 신령이 싫어하였다는 말은 듣지 못하였습니다."

하니, 예조에서 이것을 근거하여 아뢰기를,

"백성이 모두 삼성당을 평양부에 옮기고 제를 올리지 않자 그 뒤로부터 악병이 일어났다고 하니, 이는 비록 괴이하고 허황하며 근거 없는 말이나, 그러나 옛 기록에, '단군이 아사달산에 들어가 화하여 신이 되었다.' 하였고, 지금 본도 문화현 구월산에 그 묘당이 있으며, 또 전에는 향을 내려 제를 올렸으니, 청컨대 백성의 원하는 바에 따라 평양의 단군묘의 예에 의하여 해마다 봄·가을로 향과 축문을 내려 제사를 행하소서." 하니, 그대로 따랐다.

—성종실록 3년 2월 6일—

위의 기록에 실린 삼성당과 불교사찰의 삼성각은 같은 인물을 달리 해석하여 전해지는 것은 아닐까.

학문을 장려하는 흥학조건

공조판서 구종직이 학문을 일으키는 조건을 올렸는데, 그 조건은 이러하였다.

"1 옛날에는 가숙家塾·당상黨庠·술서術序·국학國學[64]이 있어 한 곳도 학문을 위한 것이 아님이 없었습니다. 후세에 와서 가숙家塾의 법이 폐지된 까닭으로 궁벽한 마을의 늦게 태어난 사람과 연소자는 비록 훌륭한 재주와 아름다운 자질이 있더라도 어찌 능히 스스로 그 몽매한 것을 깨우칠 수가 있겠습니까?

신은 원하건대 주·군의 각 마을에 학문과 덕행이 있는 사람을 가려서 스승으로 삼아 가까운 곳에 거주하는 자제를 가르치도록 하고, 그 성명을 써서 차례대로 보고하여 임금에게 아뢰도록 하되, 만약 효과와 이익이 있으면 신역(부역)을 면제해 주도록 명하고, 그중에 더욱 훌륭한 사람은 혹은 산관(직위가 없는 벼슬)의 관직을 임명한다면 낮에는 농사 짓고 밤에는 공부하는 기풍이 마을에서 일어나게 되고, 장년이 되어 군에 입대하는 사람도 또한 임금을 높이고 윗사람을 사랑하는 도리를 알게 될 것입니다.

2. 옛날에는 창을 손에 쥐고 왕궁을 숙위하는 것이 모두 사대부의 직책이었는데, 진나라·한나라 이래로 이 제도가 폐지되어, 방패를 가지고 섬돌 밑에서 지키고 창을 쥐고 호위하는 일을, 혹은 사람을 때려죽여서 파묻어 버리는 어리석고 사나운 무리로 둘러서게 했으니, 진실로 개탄할 만한 일입니다. 지금은 도총관과 위장衛將·부장部將이 모두 사대부의 직책을 겸무하고 있으니, 이것은 하·은·주 삼대 이전의 훌륭한 법입니다.

신은 원하건대 천자를 호위하는 군사·궁성을 호위하는 군사도 소학의 다섯 곳 중, 통(通 : 2등급)[65] 이상인 사람에게 시험하여 처음의 관작을 허가한다면, 비록 정미한 학문의 연구에는 들어가지 못하더라도 또한 신하가 되어 충성을 위해 죽고, 자식이 되어 효도를 위해 죽는 도리를 알게 될 것입니다.

---

64) 가숙은 집안의 글방을 말하며, 당상은 5백 가家인 당黨의 학교이고, 술서術序는 1만 2천 5백 가家인 술術의 학교임.

65) 성적평가의 단위. 순(純, 최상)·통(通, 상)·약(略, 보통)·조(粗, 하)·불(不, 낙제)로 나누었음.

3. 지금 전국에서 스승의 책임을 맡은 사람이 같은 무리의 저술을 답습하여 다행히 과거에 합격하여 등급을 뛰어올라 스승의 자리에 거처하는 사람이 간혹 있습니다. 신은 원하건대 향교의 책임을 맡은 사람은, 해당 도의 감사와 수령으로 하여금 일동이 강의를 살펴서 등급을 나누어서 장부에 기록하여 차례대로 이들을 임용한다면, 인재를 만들어 성취시키는 공로가 있게 되고 해亥자와 시豕자를 구분하지 못하고 노魯자와 어魚자를 분별하지 못하는 탄식은 없을 것입니다.

4. 문무를 병용하는 것은 고금의 공통된 도리이니, 피차에 경중을 매길 수가 없습니다. 신은 원하건대 과거에서 선비를 뽑는 즈음에 문과에 입격한 사람 중에서 일찍이 무과의 향시든지 훈련관시에 입격했던 사람이 있으면 그 분수를 다른 것에 비교하여 더 주도록 하고, 무과에 입격한 사람 중에서 일찍이 문과의 향시든지 성균관시[66]에 입격했던 사람이 있으면 그 분수를 또한 다른 것에 비교하여 더 주도록 한다면, 문무의 재간이 다 두 가지를 겸하여 익히게 되고 한쪽을 버리지는 않을 것입니다.

5. 경서와 사서 중에서 본받을 만한 글과 선행은 소학의 한 책에 갖추어져 있으니, 진실로 학자의 시초에서 끝까지 완성시키는 글입니다. 신은 원하건대 문과에서 경을 강할 때에 모름지기 소학으로 한 가지의 경서에 충당시킨다면 그 나아가는 바가 바르므로 군자가 되는 방향을 잃지는 않을 것입니다.

6. 국가에서 6부 관청과 백관에 있어 비록 서署든지 국局이든지 작은 관청일지라도 제조製造[67]가 이를 겸하여 다스리고 있으니, 신은 원하건대 종친의 학당과 사학四學에 각기 제조를 두어 상시로 근면하고 태만한 실상을 살피게 한다면 가르치는 책임을 맡은 사람이 그 직책을 다하게 되고, 학도들도 또한 태만하고 해이한 지경에는 이르지 않을 것입니다.

7. 공자의 말씀에, '제자는 집에 돌아오면 효도하고 밖에 나가면 우애하며, 실행하고도 남은 힘이 있으면 글을 배우라.'고 했는데, 이를 해석하는 사람의 말에, '덕행은

---

66) 무과의 초시로서 서울의 훈련관에서 보이던 시험. 문과는 성균관에서 보였는데, 이를 관시라 하였음.

67) 기술, 잡직 계열의 관아 일을 겸직으로 지휘하거나 총괄하던 종일품 내지 종이품의 관원.

본업이고 문예는 말업이니, 덕행을 닦으려고 한다면 모름지기 옛날 사람의 자취를 실천한 연후에 덕행이 그제야 성취될 것이다.'라고 했습니다.

신은 원하건대 과거에서 선비를 뽑는 즈음에는 반드시 경사(경서와 사서)에 널리 통한 것을 우선으로 삼고 제술(시나 글을 지음)을 뒤로 삼는다면 선비의 풍습이 경박하고 화려함을 숭상하는 지경에는 이르지 않을 것입니다.

8. 공자의 말씀에, '그대의 아는 사람만 천거하라.'고 했으니, 전 사성 주백손·전 사예 임수겸·전 직강 이극증·검상 이극기·경력 구치동·군수 김영벽·현감 김석통·방강 등 8인은 학술이 정밀하고 심오하므로, 모두가 남의 스승이 될 만합니다. 그들의 관작 차례에 따라서 성균관이든지 종학[68]이든지 사학四學의 책임을 맡긴다면, 학도들이 반드시 모두 제자가 되기를 즐겨하고 부형이 자제를 소속시키기를 원하는 사람도 마땅히 또한 많을 것이니, 이것도 또한 학문을 일으키는 한 부분입니다."

-세조실록 12년 6월 7일-

구종직은 이와 같이 교육에 대한 식견과 관심이 높아 교관직에서 한 해 동안에 관등이 뛰어올라 판서에 이르니 임금의 총애가 날로 깊어 가는데도, 임금의 비위를 맞추는 데만 전일하여 선배를 업신여겼다고 기록하고 있다.

---

68) 조선조 때 왕족의 교육을 맡던 학교. 1428년(세종 10년)에 베풀어서 연산군 때에 폐하였고, 중종 때에 또 베풀었다가 그 뒤 다시 폐하였음.

[승진과정]

1428년[12세] 세종 10년 6월 이유李瑈를 대광 보국 진평대군으로 삼다.

1433년[17세] 세종 15년 7월 이유를 진양대군으로 삼다.

1439년[23세] 세종 21년 7월 종친 관리 종부시 제조

1444년[28세] 세종 26년 전제소 제조

1445년[29세] 세종 27년 군호를 진양대군에서 수양대군으로 바꾸다.

1452년[36세] 문종 2년 4월 관습도감 도제조

1453년[37세] 단종 1년 10월 10일 계유정난 김종서, 황보인, 이양 처형,
             안평대군을 감금

1453년[37세] 단종 1년 10월 11일 영의정부사 겸 영경연 서운관사 겸 판이병조사,
             10월 사면령

1453년[37세] 단종 1년 10월 25일 이징옥의 난

1454년[38세] 단종 2년 3월 영의정부사 겸 영집현전 경연 예문 춘추관 겸
             판이병조사에 전국 병마 도통사

1455년[39세] 단종 3년 윤 6월 11일 세조가 즉위하다.

1455년[39세] 세조 1년 10월 22일 좌익공신과 함께 충성 맹세

1456년[40세] 세조 2년 2월 단종복위 사육신 거사 발각하다.

1457년[41세] 세조 3년 1월 15일 왕세자 및 백관의 하례를 받다

1457년[41세] 세조 3년 9월 금성대군의 단종 복위계획 발각되다.

1458년[42세] 세조 4년 2월 희생으로 쓰는 소를 8월에 거두어
             10월 보름에 간택케 하다.

예조에서 아뢰기를, "제향에 쓸 희생의 법을 살펴보건대. 모든 제사의 희생에 쓰는 숫소는 큰 제사에는 9순旬, 중제사에는 3순旬. 하제사에는 1순旬이었습니다. 이제 전생서典牲署의 하늘에 제사 지내는 데 쓸 송아지는 정생正牲이 6이고, 부생副牲이 2이며, 예비생이 8인데, 해마다 10월 상순 전에 수납합니다. 그러나 혹 실어다 바치는 것이 정제하지 못하든가 혹은 희생에 맞지 아니하니, 이 때문에 9순旬 내에 수량을 채워 가리지 못합니다. 청컨대 이제부터는 모든 읍으로 하여금 해마다 8월 그믐날 안에 거둬들이는 것을 마치고, 10월 15일 안으로 간택하게 하되, 어긴 자는 중하게 논하소서." 하니, 그대로 따랐다.

1458년[42세] 세조 4년 2월 공신에게 중삭연仲朔宴을 베풀다.
1458년[42세] 세조 4년 10월 세자에게 훈사 10장을 지어 내리다.
1459년[43세] 세조 5년 1월 권남에게 군신의 도리를 이르다.
1460년[44세] 세조 6년 7월 구종직이 흥학조건을 올리다.
1468년[52세] 세조 14년 9월 8일 세조가 52세의 나이로 훙하다.
        11월 28일 세조를 광릉에 장사지내다.

세
조
시
대

20. 정인지 鄭麟趾
세종이 알아본 당대의 큰 학자

생몰년도	1396년(태조 5)~1478년(성종 9) [83세]
영의정 재직기간	(1455.윤 6.11.~1458.2.13.) (2년 8개월)
본관	하동
자	백저伯睢
호	학역재學易齋
시호	문성文成
훈공	정난공신, 좌익공신, 좌리공신, 익대공신
혼맥	세조와 사돈
학맥	이제현-이색-정몽주-권우-정인지, 세종대왕
저서	고려사, 고려사절요, 용비어천가, 훈민정음 서문
묘소	충북 괴산군 불정면 외령리에 안장
기타	세조조 최초 영의정, 세종이 알아본 당대의 큰 학자
조부	정을귀鄭乙貴-종부시 영(종3품)
부	정흥인鄭興仁-석성현감(종6품), 하성부원군, 증 영의정부사
장남	정광조鄭光祖-정의공주(세종의 손녀)의 사위
2남	정현조鄭顯祖-의숙공주(수양대군 차녀)의 남편, 하성군
손자	정홍좌鄭弘佐 외 4인
3남	정숭조鄭崇祖-호조판서, 하남군
손자	정승렴鄭承廉-유자신(광해군의 장인)의 외조부
4남	정경조鄭敬祖-계양군 이증의 사위
손자	정승우鄭承佑
5남	정상조鄭尙祖-좌찬성, 정의공주의 손녀사위
증손녀	(하동부대부인)-선조의 생모

4대공신(정난·좌익·좌리·익대공신)에 세조와 사돈

영의정 수양대군이 단종의 왕위를 찬탈하여 왕위에 오르고, 좌의정이던 정인지가 수양의 뒤를 이어 영의정이 되었다. 정인지의 본관은 하동이며, 자는 백저伯雎, 호는 학역재學易齋로 석성현감 정흥인의 아들로 부여에서 태어났다. 어려서부터 기억력이 비상하고 글을 잘 지었다. 다섯 살 때에 고전을 읽었고, 일곱 살에 소학小學을 읽어 통달하고 열세 살에 성균관에 입학하여 여러 책을 강론하니 모든 선비들이 경탄하고 탄복하였다 한다.

19세에 문과에 장원급제하여, 첫 벼슬로 예빈시禮賓寺의 종6품 주부主簿에 제수되었는데, 궁중행사에 쓰는 식품류를 관장하는 직위였다. 출발부터 장원 급제하여 다른 동료보다 1~2품 앞서서 출발한 정인지는 학자로서의 인품이 드러나 예문관 부교리, 사헌부 감찰, 예조좌랑을 역임하니, 관직에서 승승장구한 셈이다.

1418년 세종즉위년 8월 병조좌랑이 되었는데, 상왕 태종이 세종에게 정인지를 특별 추천하며, "대임을 맡길만한 인물이니 중용하라!"고 당부하였다. 이에 세종은 정인지를 병조정랑에 승진시키니 그때 나이 26세였다.

세종은 정인지를 이조와 예조의 정랑 자리에 연달아 역임시켰다가 정4품 응교에 임명하였고, 곧 직전直殿에 발탁하였다. 1427년, 정인지는 재직자들의 승진시험 중시重試에 다시 장원으로 뽑히니, 세종은 그에게 훈민정음연구의 중추적 임무를 맡겼다.

이후 정인지는 세자시강원 좌필선, 예문관 제학, 이조참판, 충청도 관찰사, 집현전 제학, 형조참판을 거쳐 1440년 5월 형조판서에 발탁되니 나이 45세였다. 그해 11월 명나라 사은사로 다녀와 학자로서 최고의 관직인 대제학에 올랐다.

1443년 세종은 토지조사와 조세제도연구를 목적으로 전제상정소를 설치하였는데, 대제조大提調에 수양대군, 제조提調에 정인지를 발탁하니, 수양과 정인지가 가까워지는 계기가 되었다. 이로부터 10년 후인 1453년에 계유정난이 일어나고, 이듬해 세조가 왕위에 등극할 때 정인지가 한 역할은 특별히 없었으나, 조정 대신으로서 세조의 왕위찬탈 행위에 반박하지 않았고, 침묵으로 일관한 것이 세조를 왕위에 오르게 하는 데 협조한 것이라 하여 정난공신과 좌익공신에 포함시켰다. 계유정난으로 수양대군이 영의정이 될 때 정인지는 좌의정에 올랐고, 1455년 수양이 왕으로 등극하자 영의정이 되었다.

　1455년에는 정인지의 둘째 아들 정현조가 세조의 유일한 여식인 의숙공주와 혼인하니, 세조와 사돈이 되었다.

　1458년 학자로서 최고의 관직인 대제학을 지낸 정인지는 유학자로서 세조의 불교서적 간행을 극구 반대하다가 세조의 노여움을 사게 되어 영의정 자리에서 물러났다.

　1459년 취중에 직간(직접 간언)한 일이 국왕에게 무례를 범했다고 논죄되면서 다시 직첩을 몰수당하고 지방에 유배되었다. 그해에 다시 소환되어 직첩을 환급받고, 그 이듬해 하동부원군에 복직되었다.

　1465년 나이 70을 이유로 사직을 청했으나, 허락받지 못하고 궤장을 하사받았다. 다음 해 관제 개혁으로 인한 부원군호의 개칭과 함께 하동군에 봉해졌다.

　1468년(예종 즉위년) 세조가 병으로 죽자 예종이 즉위하여 초반까지 한명회, 신숙주 등과 함께 원상의 한사람으로서 국정 혼란을 수습하고 정사를 보았다. 1469년 11월 예종이 승하하고 성종이 즉위하였다. 1470년(성종 1년) 원상으로서 국정을 총괄했다. 다시 부원군으로 봉군되어 하동부원군이 되고, 경연영사에 임명되었다.

　1471년 성종의 즉위를 지지한 공로로 좌리공신 2등에 책록되었다.

1478년 성종 9년 11월 정인지는 83세 일기로 눈을 감았다. 그는 당대의 대표적 학자로 추앙받았으나 단종 폐위를 눈감아야 했고 세조와 혼맥을 맺고 그를 도와 정치를 한 것이 그에게는 의롭지 못한 인물로 비춰지곤 한다. 왕조실록에는 정인지에 대해 "단종 이후 성종 초기까지 학덕을 갖춘 원로대신으로서의 풍도를 지켜, 빈번한 정변과 어린 국왕의 등장으로 인한 경직되고 혼란스런 정치 분위기와 민심을 가라앉히는데 크게 기여하였다."고 기록하고 있다.

정인지의 장남 정광조는 대호군, 차남 정현조는 세조의 사위로 하성부원군, 3남 정숭조는 호조판서, 4남 정경조는 평안도 관찰사, 막내 정상조는 좌찬성에 올랐고, 3남 정숭조의 아들 정세호가 중종 임금과 사돈을 맺어, 덕흥대원군의 장인이 되었으니, 덕흥대원군의 3남 이공은 후에 선조임금에 올라, 정인지는 선조의 외증조부가 되는 등 가문이 크게 번창하였다.

『치평요람治平要覽』등 많은 저술을 남긴 정인지에 대해, 단종을 추모하고 성삼문 등 사육신을 흠모하던 유림들이 높게 평가하지 않았으나, 그는 분명히 일세를 풍미한 큰 학자였으며 정치가였다.

훈민정음 서문 작성

1446년 세종 28년 9월 29일 훈민정음을 반포하였는데 정인지가 훈민정음의 서문을 작성하였다.

"천지자연의 소리가 있으면 반드시 천지자연의 글이 있게 되니, 옛날 사람이 소리로 인하여 글자를 만들어 만물의 정情을 통하여서, 삼재(천·지·인)의 도리를 기재하여 뒷세상에서 변경할 수 없게 한 까닭이다. 그러나, 사방의 풍토가 구별되매 음성과 기색도 또한 따라 다르게 된다. 대개 외국의 말은 그 소리는 있어도 그 글자는 없으므로, 중국의 글자를 빌려서 그 일용에 통하게 하니, 이것이 둥근 막대가 네모진 구멍에 들어가 서로 어긋남과 같은데, 어찌 능히 통하여 막힘이 없겠는가. 요는 모두 각기 처지에 따라 편안하게 해야만 되고, 억지로 같게 할 수는 없는 것이다.

우리 동방의 예악 문물이 중국에 견주었으나 다만 방언과 속어만이 같지 않으므로, 글을 배우는 사람은 그 목적과 취지의 이해하기 어려움을 근심하고, 옥사를 다스리는 사람은 그 곡절의 통하기 어려움을 괴로워하였다. 옛날에 신라의 설총이 처음으로 이두를 만들어 조정과 민간에서 지금까지 이를 행하고 있지마는, 그러나 모두 글자를 빌려서 쓰기 때문에 혹은 몹시 어렵고 혹은 싫어하거나 꺼려, 다만 비루하여 근거가 없을 뿐만 아니라 언어의 사이에서도 그 만분의 일도 통할 수가 없었다.

계해년 겨울에 우리 전하께서 정음正音 28자를 처음으로 만들어 예例를 간략하게 들어 보이고 명칭을 훈민정음訓民正音이라 하였다. 물건의 형상을 본떠서 글자는 고전(古篆 전서)을 모방하고, 소리에 인하여 음音은 칠조(궁상각치우)에 합하여 삼극(천지인)의 뜻과 이기(음양)의 정묘함이 구비 포괄되지 않은 것이 없어서, 28자로써 전환하여 다함이 없이 간략하면서도 요령이 있고 자세하면서도 통달하게 되었다.

그런 까닭으로 지혜로운 사람은 아침나절이 되기 전에 이를 이해하고, 어리석은 사람도 열흘 만에 배울 수 있게 된다. 이로써 글을 해석하면 그 뜻을 알 수가 있으며, 이로써 송사訟事를 듣고 판단하면 그 실정을 알아낼 수가 있게 된다.
자운字韻은 청탁淸濁을 능히 분별할 수가 있고, 악가樂歌는 가락이 능히 화합할 수가 있으므로 사용하여 구비하지 않은 적이 없으며 어디를 가더라도 통하지 않는 곳이 없어서, 비록 바람소리와 학의 울음이든지, 닭 울음소리나 개 짖는 소리까지도 모두 표현해 쓸 수가 있게 되었다.

마침내 해석을 상세히 하여 여러 사람들에게 이해하라고 명하시니, 이에 신臣이 집현전 응교 최항, 부교리 박팽년과 신숙주, 수찬 성삼문, 돈녕부 주부 강희안, 행 집현전 부수찬 이개·이선로 등과 더불어 삼가 모든 해석과 범례를 지어 그 대강을 서술하여, 이를 본 사람으로 하여금 스승이 없어도 스스로 깨닫게 되는 것이다. 그 연원의 정밀한 뜻의 오묘한 것은 신臣 등이 능히 발휘할 수 없는 바이다.

삼가 생각하옵건대, 우리 전하께서는 하늘에서 낳으신 성인으로서 제도와 시설이 백대의 제왕보다 뛰어나시어, 정음正흠의 제작은 전대의 것을 본받은 바도 없이 자연적으로 이루어졌으니, 그 지극한 이치가 있지 않은 곳이 없으므로 인간 행위의 사심私心으로 된 것이 아니다. 대체로 동방에 나라가 있은 지가 오래되지 않은 것이 아니나, 사람이 아직 알지 못하는 도리를 깨달아 이것을 실지로 시행하여 성공시키는 큰 지혜는 대개 오늘날에 기다리고 있을 것인져." 하였다.

―세종실록 28년 9월 29일―

취중 실수로 곤욕을 치르다

1458년 2월 12일 날씨가 풀리자 세조는 중삭연仲朔宴을 베풀었다. 중삭연은 4계절의 가운데 달인 매년 음력 2월, 5월, 8월, 11월에 임금이 신하를 위로하기 위해 베푸는 정기적인 잔치였다.

잔이 돌고 술기운이 오르자 세조는 중신들에게 기녀들의 판소리에 맞추어서 한 사람씩 춤을 추라고 권했다. 춤을 추던 정인지는 춤을 멈추고 세조에게 나아가 그는 "성상께서 주자소에 법화경 등 여러 경을 수백 벌 인쇄하게 하였고, 또 대장경 50벌을 인쇄했사옵니다. 그런데 또 월인석보 등을 간행하시니 신이 그윽이 생각하건대, 옳지 못한가 합니다." 하니, 임금이 노하여 잔치를 파하였다.

다음날 세조는 임금이 조석문으로 하여금 정인지를 힐문하게 하기를,
"내가 복세암을 세우고 대장경을 만들어도 경은 대신으로서 한마디 말도 없더니, 바로 어제 취중에 나를 욕보임은 무슨 연고인가?"

하니, 대답하기를, "취중의 일이라 살펴 기억하지 못합니다." 하였다.

또 조석문에게 명하여 말하게 하기를, "어제의 말은 경이 취했기 때문에 기억하지 못한다고 하나, 지금은 경이 취하지 않았으니 일일이 내게 고하라. 부처의 도리가 되는 것은 어떠하며, 유학의 도리가 되는 것은 어떠한가?"

하니, 정인지가 분명하게 말하지 못하였다. 또 조석문에게 명하여 말하게 하기를, "군왕이 묻는데 경이 대답하지 못하니, 이것은 불경함이다."
하니, 정인지가 또 어제 너무 취하였음을 핑계하며 끝내 변명하지 않았다. 임금이 정인지에게 명하여 술잔을 올리게 하였다. 정인지가 물러가서 말하기를,

"신숙주는 잘 마시면서도 마시지 않았는데, 나는 신숙주의 잘 마시면서도 마시지 않음만 같지 못하여 이 지경에 이르렀다." 하였다. 날이 저무니, 명하여 정인지에게 그의 집에 돌아가게 하고, 의금부에 전지하기를,

"정인지는 임금 앞에서 무례하게 말하기를, '하루도 보전할 수 없습니다.' 하고, 또 말하기를, '연일 맞서니 깊은 못에 떨어지려는 것 같습니다.' 하였다. 친히 중용과 대학을 물은즉, 말귀마다 승려 설로써 대답하며 남을 얕잡아보고 위를 능멸하였고 한마디 대답도 없이 양녕대군에게 눈짓하며 내 말을 듣고도 조금도 귀에 남지 않아, 대군으로 하여금 도움을 요청하는데 이르렀으니 그를 추국하여 아뢰라." 하고, 명하여 정인지의 고신을 거두었다.

—세조실록 4년 2월 13일—

1458년 세조 4년 9월 17일 세조가 말하기를 "전날 술좌석에서 정인지가 나를 보고 너라고 칭하며 '그같이 하는 것을 모두 나는 취하지 않겠다.'고 하였는데, 이것은 비록 술이 몹시 취하였다 하더라도, 옛사람이 이르기를, '술에 취하면 그 본정을 드러내 보인다.'고 하였으니, 정인지가 한 말은 너무 방자하였다." 하니 임영대군 이구가 아뢰기를,

"정인지가 한 말을 보면 진실로 역신逆臣이니, 성삼문과 다를 것이 없습니다. 그 죄는 사형을 용납할 수 없습니다." 하니,

전교하기를, "대신의 죄는 종친이 마땅히 함께 논할 바가 아니다." 하였다.

영중추원사 이계전이 아뢰기를, "군신 간에는 얕잡아볼 수 없는 것인데, 지금 정인지는 성상께 대하여 너라고 칭하였으니, 청컨대 그를 베어 죽이소서." 하니, 임금이 글을 내려 의정부에 내리기를,

"이제부터 확실히 알지 못하는 일은 말하여 청하지 말라." 하고, 정인지를 내전으로 들어오도록 명하였다.

9월 21일 의정부·육조·충훈부에서 정인지의 취중 죄를 아뢰다.

의정부·육조·충훈부에서 상소하기를,

"무릇 예禮라는 것은 천하의 원칙이니 하루도 없어서는 안 되는 것입니다. 만약에 예가 아니면, 비록 요堯·순舜이라 하더라도 다스리지를 못했을 것입니다. 지금 정인지가 어찌 예의를 범해서는 안 되고 언동을 소홀히 해서는 안 된다는 것을 모르고 소홀히 하고 업신여기며·경솔히 하여 무례한 태도를 번번이 임금을 뵐 때에 나타냈겠습니까? 이것은 전하께서 특별히 훈구대신이라 하여 매양 너그러이 용납해 주시고 돌보아 주심이 더욱 더 돈독하시어 마침내 징계됨이 없어 이 같은 근일의 소행에 이르렀고, 더구나 차마 하지 못할 말을 한 것이 있으니, 신하된 자로서 어느 누가 마음이 상하지 않겠습니까?

정인지의 죄가 그 자신에게만 관계된다면 전하께서 혹 내버려 두고 논죄하지 않아도 가하나, 이것은 매우 엄숙하고 위엄 있는 지존 앞에서 거만하게 하여 예를 무너뜨렸으니, 불경하기가 막심하여 진실로 국가의 죄인입니다. 전하께서 어찌 사사로이 공을 폐하실 수 있겠습니까? 엎드려 바라건대, 전하께서는 위로 종묘사직의 중함을 생각하시고 신들의 청을 굽어 좇으시어, 의義로써 결단하여 그 죄를 올바르게 밝혀서 큰 계율을 보이시고 원칙을 엄히 하소서."

하였다. 대간에서 상소하기를,

"신 등은 그윽이 생각건대, 국가가 국가답게 되기 위하여서는 군신의 분별이 있어야 하니, 신하가 군부에 대하여 조금이라도 거만한 마음이 있으면 마땅히 불경죄를 가하여야 합니다. 정인지는 거만한 마음이 있을 뿐 아니라, 성상의 앞에서 교만하고 무례하여 말을 삼가지 아니하여 대불경을 범하였으니, 그 죄악이 천지에 사무쳤습니다. 그러므로 전하께서 마땅히 그 죄를 올바르게 밝혀서 법에 따라 처치해야 합니다.

의정부·육조와 조정에 있는 대신들이 연명하여 죄를 주기를 굳이 청하였으나, 전하께서 너그러이 용서하시니, 일국의 국민들이 통분하지 않는 자가 없습니다. 무릇 신하의 도리를 다하지 않은 불경한 죄는 나라에 통용법이 있습니다. 법이란 것은 천하만세의 공법이므로 전하께서도 사사로이 할 수 없습니다. 엎드려 바라건대, 결단을 내리시어 의심하지 마시고 정인지를 법에 의해 처치하여 국법을 바르게 하시면 나라에 심히 다행하겠습니다."

하였다. 상소가 올라가니, 임금이 어서御書로 답하기를,

"말한 바는 옳으나, 어디서 명확하게 들었느냐? 들은 것이 있으면 바르게 써 옴이 가할 것이다. 어찌 애매한 근거가 불확실한 말로써 묻지 않고 죄줄 수 있겠느냐? 불경한 죄는 내가 본래 반드시 다스렸다."

하고 또 전교하기를,

"정인지가 취중에 한 말은 모두 오랜 친구의 정을 잊지 못하고 한 말이지, 다른 뜻이 있어서가 아니다. 더구나 정인지는 나랏일을 맡아 보는 대신도 아니고 노쇠한 일개 학자일 뿐이니, 어찌 족히 논하겠느냐?" 하였다.

-세조실록 4년 9월 21일-

1459년 세조 5년 8월 1일 임금이 중궁과 더불어 내전에 나아가 종친들을 만나고, 종친에게 경서를 강독하였다. 임금이 하동 부원군 정인지를 불러 내전에 들어오게 하고 함께 술자리를 베풀었다. 문제는 다음날에 일어났다. 좌의정 강맹경·좌찬성 황수신·우찬성 권남·예조판서 홍윤성 등이 아뢰기를,

"어제 정인지가 성상의 앞에 있으면서 말이 무례한 데에 관계되었으니, 죄는 용서할 수가 없습니다. 청컨대 해당 관사에 내려서 사유를 추국하도록 하소서."

하니, 전교하기를, "정인지의 무례한 짓은 오늘에 시작된 것은 아니다. 매양 술에 크게 취하면 이와 같았으니, 어찌 책망할 수가 있겠는가? 또 내전에서 사사로이 모였던 일을 말하여 밝힐 수가 없다."

하였다. 강맹경 등이 다시 아뢰기를, "평범한 사람일지라도 붕우 사이의 교제에서는 마땅히 서로 존경하여 대우해야 하는데, 하물며 군신의 사이이겠습니까? 그가 반드시 불경한 마음을 늘 가지고 있었던 까닭으로 여러 번 말을 내게 된 것이니, 어찌 내전에서 있었던 일이라도 해서 이를 숨겨 둘 수가 있겠습니까? 청컨대 그 죄를 밝게 바루소서."

하니, 전교하기를, "정인지는 공신이므로 죄를 가할 수는 없다. 마땅히 정인지를 불러서 경 등이 모인 자리에서 질책하여 그로 하여금 스스로 허물을 알도록 하겠다."

하였다. 강맹경 등이 다시 아뢰기를, "공신의 조그만 실수는 그렇다 치고 용서할 수가 있지마는, 만약 불충·불효의 죄라면 사사로이 용서할 수 없습니다. 또 법이란 것은 천하 고금의 공공된 일이니 군주가 사사로이 할 수는 없는 것입니다. 정인지의 죄는 불경에 관계되므로 죽어도 남는 죄가 있을 것이니, 청컨대 죄를 다스려 용서하지 마소서."

하니, 전교하기를, "친히 경 등의 보는 자리에서 정인지를 깊이 책망하겠다." 하고, 임금이 정인지를 불러서 친히 책망하여 타이르고는 파직하기를 명하니, 강맹경 등이 다시 아뢰기를, "정인지의 죄는 비록 직첩을 거두고 외방에 부처 시키더라도 또한 다행한 일인데, 다만 그 관직만 파면하게 하니 신 등은 실망하고 있습니다." 하였다. 임금이 즉시 의금부에 명하여 고신을 거두고 외방 종편[69] 하게 하였다. 9월 아버지 정흥인의 고향인 부여로 유배되어 안치되었다. 3개월 뒤인 11월에 세조는 친히 그를 석방시키면서 역마를 타고 올라오게 했고, 12월 품계를 돌려주었다. 불가 상소가 빗발쳤음은 두말할 나위가 없다.

-세조실록 5년 8월 1일-

1460년 11월엔 세조가 평안도를 시찰하고 돌아오는 길에 술 잔치를 벌여 풍수에 대한 이야기가 오갔는데, 이때 정인지는 풍수에 대한 이론을 늘어놓다가 "여기까지만 하겠습니다. 풍수의 심오한 것까지 들어가면 전하께서 아마 잘 모르실 것입니다."라고 하니, 세조는 친히 세종이나 소헌왕후, 문종 등의 장례를 주관하고 길지를 찾는데 동참했으므로 스스로 풍수의 전문가라고 자부하고 있었다. 정인지로부터 무시당한 세조는 격분하여 그대는 뭐가 그리 잘나서 남을 깔보느냐 라고 질책하고 연회장을 파하였다. 이후 사헌부, 사간원에서 탄핵 상소가 올라왔지만 세조는 취중 실수라는 이유로 용서하였다.

---

69) 외방종편은 죄인을 서울 이외의 외방에 스스로 원에 따라 어느 한 곳을 지정하고 편리한 대로 안치하던 제도.

1466년 세조 12년 2월에는 연회 자리에서 술에 취해 세조에게 전왕을 지칭하는 태상太上이라 불렀다 하여, 정창손·신숙주·구치관 등이 아뢰기를 "하동군 정인지가 주상을 일컬어 태상이라고 하였으니, 진실로 신하의 뜻이 아닙니다. 청컨대 죄를 가하소서." 하니, 임금이 윤허하지 아니하였다. 정창손 등이 다시 청하니, 전교하기를, "하동군이 내게 이와 같이 말한 것은 예전에도 그러하였는데, 경 등은 무엇을 괴이히 여기는가? 또 그가 훈공이 있는데, 어찌 죄를 가함이 마땅하겠는가?" 하였다. 정창손 등이 또 청하기를, "정인지가 성상 앞에서 예전부터 그러하였다면 그 죄가 더욱 중합니다. 또 공신인 까닭으로서 은총과 대우가 지극히 깊었으니, 정인지를 위해서는 마땅히 더욱 근신을 더 해야 할 것인데, 무례함이 이에 이르렀으므로 죄를 용서할 수 없습니다." 하고, 청하기를 마지않으니, 전교하기를, "이것으로 죄를 주면 공신이 무슨 소용인가? 그것을 다시 말하지 말라." 하였다.

이토록 연회를 베풀 때마다 잦은 실수를 하는 정인지를 세조는 술자리가 있을 때마다 불렀고 술자리에서는 늘 습관처럼 잦은 실수를 하였으나 세조는 그런 그를 원로대신으로 여겨 따스하게 맞아주고 지켜주었다.

세조 시대   261

자을산군을 지지하다

　　1469년 성종즉위년 11월 28일 예종의 목숨이 위급해지자 원상 고령군 신숙주·상당군 한명회·능성군 구치관·영성군 최항·영의정 홍윤성·창녕군 조석문·좌의정 윤자운·우의정 김국광 등이 사정전 문밖에 모였다. 내시가 고하기를,

"승지 등은 사정전으로 나아가시오."

하므로, 승지와 원상 등이 모두 사정전의 문안으로 나아갔다.

진시辰時에 임금이 자미당에서 훙薨[70]하였다. 승전 환관 안중경이 대궐 안으로부터 곡하며 나와서 모든 재상에게 훙하였음을 고하니, 모든 재상들도 실성하며 통곡하였다. 안중경이 태비의 명을 선포하여 이르기를,

"예조판서가 와서 받들어 확인하라."

하였다. 겸 판서 신숙주가 도승지 권감과 함께 자미당에 들어갔다가 나오고, 입직한 도총관 노사신이 또한 대궐문 안으로 들어오니, 모든 재상들이 노사신과 함께 의논하여, 경비병으로 하여금 궁성의 모든 문을 굳게 지키게 하였다. 신숙주가 권감에게 이르기를,

"국가의 큰일이 이에 이르렀으니, 주상主喪은 불가불 일찍 결정하여야 한다."

하니, 권감이 정인지의 아들 하성군 정현조와 더불어 태비(태상왕비, 세조)에게 아뢰기를,

---

70) 예기, 곡례편에 따르면, 죽음에 대해 천자는 붕崩, 제후는 훙薨, 대부는 졸卒, 선비는 불록不祿, 서민은 사死라고 칭했다. 국왕이나 왕후의 장례는 '국장國葬', 세자·세자빈·후궁·대원군·공주 등의 장례는 '예장禮葬'이라 했다.

"청컨대, 주상자主喪者(상주)를 정하여서 나라의 근본을 굳게 하소서. 이것은 큰 일이 므로 내시를 시켜 전달할 수 없으니, 청컨대 친히 아뢰게 하소서."

하고는 정현조가 들어가 친히 아뢰고, 왕복하면서 출납하기를 서너 번 하자, 이윽고 태비가 강녕전 동북쪽 곁방에 나와서 원상과 도승지를 불러 들어오게 하였다. 신숙주·한명회·구치관·최항·홍윤성·조석문·윤자운·김국광·권감 등이 들어오고, 한계희·임원준 등이 또한 자미당으로부터 들어오니, 태비가 슬피 울었다. 조금 지나 서 신숙주가 아뢰기를,

"신 등은 밖에서 다만 성상의 옥체가 미령하다고 들었을 뿐이고, 이에 이를 줄은 생 각도 못 하였습니다."

하니, 태비가 이르기를, "주상이 앓을 때에도 매일 내게 문안하였으므로, 나도 생각 하기를, '병이 중하면 어찌 이와 같이 하겠느냐?' 하고, 심히 염려하지 않았는데, 이 제 이에 이르렀으니, 장차 어떻게 하겠느냐?"

하였다. 정현조와 권감을 시켜 여러 재상에게 두루 묻기를,

"누가 주상자主喪者로서 좋겠느냐?"

하니, 모두 말하기를, "신 등이 감히 의논할 바가 아니니, 원컨대 전교를 듣고자 합니다."

하므로, 정현조에게 명하여 전교하기를, "이제 원자 제안대군이 바야흐로 어리고, 또 월산군은 어려서부터 병에 걸렸으며, 홀로 자을산군이 비록 어리기는 하나 세조께 서 일찍이 그 도량을 칭찬하여 태조에 비하는 데에 이르렀으니, 그로 하여금 주상을 삼는 것이 어떠냐?"

하니, 모두 말하기를, "진실로 마땅합니다." 하니, 그대로 따랐다. 인하여 슬피 울며 목이 메어 슬픔을 스스로 이기지 못하였다. 신숙주가 아뢰기를,

"국가의 액운이 이에 이르렀으니, 어찌하겠습니까? 엎드려 원하건대, 종묘와 사직을 염려하여 슬픔을 조금 누르시고 자을산군을 잘 보살펴서 제왕의 기업을 보존하게 하소서."

하고, 인하여 아뢰기를, "내전은 논의하기가 번거로우니, 사정전 뒷뜰로 나가서 일을 의논하고자 합니다." 하고, 드디어 태비에게 하직하고 사정전 뒤 서쪽 뜰로 나갔다.

신숙주가 최항과 더불어 의논하여 교서를 초안작성하였다. 신숙주 등이 의논하여 장차 한명회와 권감 등을 시켜 경비병 20여 인을 거느리고 자을산군 본가에 가서 맞아오려고 하였는데, 미처 아뢰기 전에 자을산군이 이미 입궐하였다가 부름을 받고 안으로 들어갔다. 여러 신하들이 의논하여 아뢰기를,

"병방 승지 한계순을 보내어서 환관 3인, 겸사복 10인, 내명부 경비병을 거느리고 자을산군의 부인을 본가에서 맞아들이게 하소서." 하였다. 신숙주 등이 태비의 청정聽政을 아뢰어 청하였다.
태비가 전교하기를, "나는 이미 박복하여 일이 이와 같으니, 심신을 화평하게 하기 위하여 스스로 수양하려고 한다. 또 나는 문자文字를 알지 못하지만 수빈(인수대비)은 문자도 알고 사리에도 통달하니, 가히 국사를 다스릴 것이다."

하니, 신숙주 등이 아뢰기를, "옛날부터 전해오는 일이 있고, 또 온 나라 국민의 여망이 이와 같습니다."

하였다. 태비가 두 번 세 번 사양하므로, 원상과 승지 등이 굳이 청하고 이어서 글을 올려서 이르기를,

"신 등이 그윽이 생각하건대, 국가가 성상의 슬픔을 만나 재앙과 근심이 연달아 일어났습니다. 세조 대왕께서 향년이 길지 못하였는데, 또 이제 대행 대왕[71]도 갑자기 만기萬機[72]를 버리시었고, 대를 이을 후사가 너무 어려 온나라의 신민들이 당황하여 어찌할 바를 알지 못하니, 자성 왕대비 전하께서는 슬픔을 조금 누르시고, 종묘와 사직의 중함을 생각하시어, 위로는 옛 전례를 생각하고, 아래로는 여론에 따라 무릇 국가의 기밀을 함께 듣고 검토하다가, 임금이 능히 스스로 살필 때를 기다려서 정사를 돌려주시면 이보다 더 다행한 일이 없겠습니다." 하니, 그대로 따랐다.

                                                        —성종실록 즉위년 1월 28일—

---

71) 대행대왕은 돌아가신 임금을 말한다. 대행왕.

72) 국정업무 전체를 통틀어 만기라 한다.

11월 28일 자을산군을 임금으로 명하다.

백관이 흰옷과 오사모(烏紗帽 검은 깃모자)·흑각대(黑角帶 검은 허리띠) 차림으로 근정
전 뜰에 나아가 곡하고 교서를 반포하였는데, 그 교서는 이러하였다.

"자성 왕태비께서 이르시기를, '하늘이 불쌍히 여기지 아니하고 우리 집안에 화를
내려, 세조 대왕께서 향년이 오래지 못하였는데, 왕위를 이어받은 임금이 애통하여
병을 얻어서 갑자기 일어나지 못하여 재앙과 근심이 서로 연첩하니, 아픔과 슬퍼함
을 어찌 다 말할 수 있겠느냐?

내가 생각하건대, 왕위는 잠시라도 비울 수 없는 것이다. 돌아가신 왕의 아들이 바야
흐로 보자기 속에 있고, 또 본래부터 병에 걸려 있다. 세조의 적손嫡孫으로 다만 두
사람이 있을 뿐인데, 의경 세자(덕종)의 아들 월산군 이정李婷은 어려서부터 병이 많
고, 그의 형제인 자을산군(성종)이 재능이 뛰어나고 숙성하여, 세조께서 매양 그 자
질과 기도가 보통과 특별히 다른 것을 칭찬하여 우리 태조에 비하는 데에 이르렀다.
이제 연령이 점점 장성하고, 학문이 날로 나아가므로 가히 큰일을 맡길 만하다.

이에 대신과 더불어 의논하니, 대신들이 합사하여 여망에 합당하다 하므로, 자을산
군을 명하여 왕위를 잇게 하였다. 생사를 느끼어 생각하니 마음을 둘 곳이 없으나,
너희 대소 신료는 모두 나의 뜻을 몸 받을지어다. 아아! 슬프도다. 이를 전국에 반포
하여 백성들로 하여금 모두 듣고 알게 하라.' 하셨다."

−성종실록 즉위년 1월 28일−

삼로와 정인지의 재산증식

1478년 성종 9년 2월 19일 장령 박숙달이 정인지를 삼로로 삼는 것은 문제가 많음을 제기하였다.

임금이 경연에 나아갔다. 강연을 마치자, 장령 박숙달이 아뢰기를, "이제 정인지를 삼로(부형의 예)로 삼으려고 하시나, 정인지는 가난하고 문벌이 변변치 못한 데에서 일어나 오로지 재산을 불리어 치부하였습니다. 예전禮典에 이르기를, '부자가 되려 하면 어질지 못하다.'고 하였습니다. 정인지가 어찌 연유 없이 치부하였겠습니까? 삼로三老[73]는 장차 왕의 스승으로 삼는 것인데, 이와 같은 사람이 될 수 있겠습니까? 성균관의 유생이 정인지를 삼로로 삼는다는 말을 듣고 뭇 의논이 자자하게 상소하여 논란하고자 합니다."

하니, 임금이 말하기를, "내가 어찌 알겠는가?" 하고, 좌우를 돌아보면서 물었다.

정창손이 말하기를, "다른 이익이 되는 일을 관리한 것은 없고 다만 재산을 불려서 치부하였을 뿐입니다. 그러나 지금의 재상으로서 누가 이자놀이를 하지 않겠습니까?"

하고, 영사 김국광이 말하기를, "신도 또한 많이 축적하였다고 들었을 뿐이고, 의롭지 못한 일은 듣지 못하였습니다." 하고, 지사 강희맹이 말하기를, "자공子貢은 공자 문하의 높은 제자인데도 재산 불리는 것을 면하지 못하였고, 또 사람이 버리는 것을 나는 취하고 사람이 취하는 것을 나는 버리는 것이 옛사람의 재산을 늘리는 길인데, 지금 정인지가 재산을 불리는 것이 무엇이 나쁩니까?"

하니, 임금이 말하기를, "다만 집이 부자라고 해서 재산을 불렸다고 말함은 불가하지 않은가? 정인지는 대대로 훈공이 있는 대신이므로 한 가지 일로 용이하게 의논하기는 어려우니, 내가 천천히 좌우에 물으리라." 하였다.

―성종실록 9년 2월 19일―

---

73) 중국 고대에 천자天子가 삼로오경三老五更을 설치하고 부형父兄의 예로 공경하고 봉양한 것을 말함.

2월 20일 박숙달이 정인지를 삼로로 삼는 문제에 대해 마땅치 않음을 다시 제기하여 이를 의논하다.

"이제 태학에 거둥하여 예를 올릴 때에 정인지를 삼로로 삼으려 하시나, 정인지는 성품이 본래 이利를 탐해서 날마다 재산증식을 일삼고 그 인근 사람의 집을 다 침탈하여 아울러 가졌으니, 만일 정인지를 삼로로 삼으면, 신은 후세에 비난을 남길까 두렵습니다."

하니, 임금이 말하기를, "과연 그런 일이 있었는가?"

하고, 좌우에게 물었다. 영사 한명회가 대답하기를,

"다만 정인지가 장리(이자놀이)를 한다는 것을 들었을 뿐이고, 재산을 불린다는 것은 듣지 못하였습니다. 만일 장리하는 것을 재산 불리는 것이라고 하면, 지금의 조정 선비로서 누가 재산을 불리는 자가 아니겠습니까? 또 그 이웃집은 각각 자기의 소원대로 스스로 서로 매매하였는데, 무슨 불가함이 있겠습니까?"

하고, 박숙달이 말하기를, "다른 사람 중에 장리를 놓는 사람이 있을지라도 정인지와 같이 전념하지 않습니다. 그 이웃집 사람도 또한 어찌 다 자기의 소원대로 서로 매매하였겠습니까?"

하였다. 임금이 말하기를, "비록 장리가 있더라도 백성을 해치지 않는다면 재산을 불렸다고 할 수 없고, 비록 이웃집을 아울러 차지하더라도 소원대로 스스로 서로 매매한다면 또한 무슨 허물이 있겠는가? 하물며 정인지는 여섯 조정에 벼슬하여 공功이 중대하고 또 큰 허물이 없음에라? 전하여 들은 말로 경솔히 논의함은 불가하다."

하니, 박숙달이 말하기를, "신은 죄를 가하고자 함이 아니라, 다만 재산을 불린 사람은 임금의 스승 되는 것이 마땅치 않으므로 감히 아뢸 뿐입니다. 하물며 태학생도 또한 불가하다고 하여 상소하고자 하기에 이르렀는데, 저들의 말도 이치가 있으므로 미친 선비라고 하여 그 말을 버리는 것은 옳지 않습니다."

하였다. 임금이 말하기를, "유생들이 참으로 알고서 말하는 것인가? 만일 전하여 들은 것을 가지고 망령되게 말한다면 잘못이다."

하니, 박숙달이 말하기를, "정인지가 재산 불린 것을 거짓으로 알지 못한다 하는데, 만일 정인지가 재산을 불리지 않았다고 말한다면, 이는 성상을 속이는 말입니다. 지금의 대신으로서 누가 알지 못하겠습니까?"

하였다. 한명회가 말하기를, "정인지가 재산 불린 것은, 신은 자세히 알지 못합니다. 신이 듣건대, 정인지가 예전에 병조판서가 되었을 때에 황보인과 김종서가 권세를 마음대로 하여 일을 처리하였는데, 다른 사람은 다 의지하여 따라도 정인지는 뭇사람에 뛰어나서 굴하지 않았으므로, 김종서 등이 심히 미워해서 곧 벼슬을 교체하였으니, 그 지조가 가상합니다. 이로 말미암아 세조께서 매우 의지하여 중히 여기셨으며, 또 자신이 여러 조정을 섬기었고 또한 큰 과실이 없었으니, 부자가 된 것은 천명이 있기 때문입니다. 지금 시정市井 사람은 조그마한 이익도 계산하여 미치지 못할세라 낮에도 헤아리고 밤에도 생각하나, 혹 가난함을 면하지 못하는 자가 있는 것은 천명이 아니기 때문입니다. 정인지는 여러 조정에 벼슬하여서 벼슬이 높고 녹이 두터웠으니, 그 부富 또한 당연하지 않습니까?"

하고, 박숙달이 말하기를, "정인지를 삼로로 삼아서 웃음꺼리를 후세에 남기는 것보다는 그만두는 것이 낫습니다."

하니, 임금이 말하기를, "장차 여러 대신에게 물으리라." 하였다.

—성종실록 9년 2월 20일—

1478년 성종 9년 2월 21일 정인지가 자신의 재산 증식에 대해 상소하다.

하성 부원군 정현조가 그 아버지 정인지의 상소장을 가지고 와서 아뢰기를, "신의 아비가 대궐에 나아가 친히 아뢰고자 하였으나, 행보가 어려우므로 신으로 하여금 아뢰게 하였습니다. 아비가 말하기를, '근래에 성상께서 배로의 예禮를 행하고자 하신다고 들었으나, 누가 삼로三老가 되는지는 알지 못하였었는데, 이제 신을 그 수數에 포함한다고 들었습니다. 대간에서 신이 재산을 불리었다고 논하는데, 신이 비록 재산을 불리지 않았더라도 본래 재주와 덕이 없으니, 어찌 삼로에 끼기를 바라겠습니까? 신의 이자놀이는 있었으나, 재산을 불렸다는 것이 어찌 이자놀이를 말하는 것이겠습니까? 대간은 반드시 달리 들은 바가 있어서 말하는 것일터이니, 청컨대 그 사실을 물으시어 신으로 하여금 밝히게 하여 주소서.' 하였습니다."

하고, 정현조가 스스로 자기 말로 아뢰기를,

"신의 아비가 19세 때부터 비로소 벼슬길에 올랐는데, 여러 번 공신에 참여해서 나라의 두터운 은혜를 입었으므로 궁핍하지는 않습니다. 만일 이자놀이 한 것을 가지고 재산을 불린 것이라 한다면, 이는 온 나라가 다 하는 일이고, 하물며 세종·세조의 조정에서 다 내수사를 설치하여 정리하였으니, 어찌 이자놀이 하였다 하여 사람이 부덕하다고 하겠습니까?

무릇 부유한 사람의 집에서는 반드시 거마車馬·의복·기완(器玩 : 골동품)을 사치하게 하는데, 신의 아비는 일찍이 검소함을 숭상하여 비용을 절약하였습니다. 만일 사람을 보내어 아비의 집을 살펴보면, 사치한가 검소한가를 알 수 있을 것입니다."

하였다. 그리고 정인지의 글에 말하기를,

"신은 학문을 제대로 배우지 못하여 학문의 깊이도 없으면서 성상의 은혜를 과분하게 입어서 재상에 임명되어, 사철의 녹을 받고 공신전에서 세를 거두고 스스로 조금 농사를 지으므로, 조석의 공급이 빚지는 데에는 이르지 않을 뿐이고, 서울과 지방에서 조금이라도 영리한 일이 없습니다.

지금 대간이 신의 죄과를 들추어내어 재산을 불리었다고 하는데, 신의 재주가 용렬하여 진실로 성상의 물음에 만에 하나라도 응하지 못할 것이므로, 신은 차라리 내심으로도 생각지 않았습니다. 그러나 대간이라는 것은 의리가 당연히 말을 바르게 하고 논의를 바르게 해서 풍속을 바르게 해야 하는 것이니, 거짓말을 지어 죄를 꾸미고 없는 사실을 만들어 함정에 빠지게 해서 사사로운 분노심을 쾌하게 하여서는 안 됩니다.

성균관 유생이 상소한다는 말은 과연 옳은지 알지 못하겠으나, 직접 보지 못한 일로 우러러 임금을 속이니, 또한 어찌 신하로서의 예라고 하겠습니까?

지금 신의 집에 모아 둔 화폐가 얼마이며 쌓아 둔 곡식이 얼마인가를, 관할청에 회부하여 신의 집을 철저히 탐색하게 하소서. 신이 만일 속였으면 죄를 달게 받아 사양하지 않을 것이고, 저들이 만일 속였으면 또한 죄를 다스려야 할 것입니다." 하였다.

임금이 명해서 그 글을 돌려보내고, 이어 전교하기를,

"사헌부 관원이 전하여 들은 말을 말하였으니, 내가 널리 대신에게 물어서 처리하겠다." 하였다.

사관이 논평하기를, "이승소가, 정인지가 이렇게 아뢰었다는 것을 듣고 남에게 말하기를, '정인지의 아들과 딸이 나가서 살 때에는 반드시 은銀장독을 만들어서 주니, 지극한 부자가 아니고서야 능히 그렇게 할 수 있을까?' 하였다." 하였다.

—성종실록 9년 2월 21일—

정인지의 졸기

1478년[83세] 성종 9년 11월 26일 하동 부원군 정인지의 졸기.

하동 부원군 정인지가 졸卒하였다. 조회를 철폐하고, 부의·조제·예장 등을 전례와 같이 하였다. 정인지의 자는 백저伯睢이고, 호는 학역재이며, 본관은 하동이다. 고려 때의 첨의 찬성사 정지연의 후손이며, 석성 현감 정흥인의 아들인데, 정흥인이 내직 별감으로 있을 때 소격전[74]에 들어가 재齋를 올리면서 집안을 일으킬 아들을 낳게 해달라고 마음속으로 빌었었다. 그래서 그의 아내 진씨가 임신하였을 때 이몽異夢을 꾸고 정인지를 낳았는데, 5세에 독서할 줄 알아 눈만 스치면 곧 암송하고 글도 잘 지었다.

1411년에 16세로 생원시에 합격하였고, 1414년에 문과의 제일第一로 뽑혀 예빈시 주부에 제수되었고, 사헌부 감찰·예조 좌랑을 거쳐 병조 좌랑으로 옮겨졌다. 어느 날 군신이 조정에 모였는데, 정인지가 궁궐 계단에서 모시었다.

---

74) 도교道敎의 일월성신日月星辰을 구상화한 신을 제사하는 전당.

태종이 명하여 앞에 나오게 하고 말하기를, "내가 그대의 이름을 들은 지 오래였으나, 다만 얼굴을 알지 못하였을 뿐이다."

하고, 머리를 들게 하고서 자세히 본 뒤에 태종이 세종에게 말하기를, "나라를 다스림은 인재를 얻는 것보다 더 먼저 해야 할 것은 없는데, 정인지는 크게 등용할 만하다." 하였다.

그 후 여러 번 승진하여 예조·이조의 정랑과 집현전 응교에 전직되고, 1427년에 문과 중시에 장원하여 집현전 직제학에 제수되었으며, 이어 모친상을 당하였다. 세종이 바야흐로 문학을 숭상하여 경연관을 중하게 선발하였는데, 1428년에 상중임에도 특별히 기용하여 부제학에 경연 시강관으로 삼았다. 정인지는 이를 굳이 사양하였으나, 윤허하지 아니하였다.

1430년에 우군 동지총제로 예문관 제학·인수부윤·이조참판을 역임하였다. 당시 정인지의 아버지 정흥인이 늙어서 부여현에 살고 있었는데, 정인지가 집으로 돌아가 부모를 봉양하기를 희망하였으나, 세종이 윤허하지 아니하고 이어 충청도 관찰사로 제수하였다. 1436년에 부친상을 당하였는데, 세종이 부의를 특별 하사하였고 1438년에 예문관 제학에 제수되었다가 형조참판으로 옮겼다.
세종이 판서 정연鄭淵에게 묻기를, "경을 대신할 만한 자가 누구인가?"

하니, 정연이 대답하기를, "정인지가 재주와 덕망이 출중합니다."

하니, 곧 발탁하여 판서로 삼았다. 그리고 예문관 대제학, 의정부 우참찬, 예조·이조·공조의 판서와 의정부 좌참찬을 역임하였다. 1452년에 병조판서에 제수되고 얼마 안 되어 판중추원사로 옮겨졌다.

1453년에 세조가 정권을 잡을 때 정인지가 계책에 참여하여 의정부 우의정으로 승진해서 제수되고, 추충위사협찬정난공신의 위호位號를 받았으며, 하동 부원군에 봉작되었다. 1455년에 세조가 즉위하고는 영의정에 승진되고, 동덕 좌익공신의 위호를 받았다. 1456년에 부원군으로 봉해지고 곧이어 다시 영의정으로 제수되었다.
1458년에 부원군에 봉해졌는데, 세조가 일찍이 정인지와 유교와 불교의 시비를 논란하다가 세조의 뜻에 거슬러 부여현으로 귀양 갔었고, 한 달이 넘어 소환되어 다시 부원군에 봉해졌다.

1465년에 나이 70세이었는데, 나이가 많아 벼슬에 물러나기를 청하였으나 윤허하지 않고, 궤장几杖을 내려 주었다. 예종이 즉위하고 남이南怡가 반역죄로 죽게 되자, 정난 익대공신의 위호를 내렸고, 성종이 즉위하고는 순성명량경제 좌리공신의 위호를 내렸으며, 이때에 와서 졸卒하였는데, 나이가 83세였다.

정인지는 타고난 자질이 호걸스럽고 영매하며, 마음이 활달하고, 학문이 해박하여 통하지 아니한 바가 없었다. 세종이 천문과 산술에 뜻을 두어 그 대소의 천문 관측 기구인 간의簡儀, 규표圭表와 흠경각·보루각의 제작에 있어서 다른 신하들은 그 깊이를 이해하지 못하였는데,

세종이 말하기를, "정인지만이 이것을 함께 의논할 수 있다."

하고, 명하여 모두 담당하게 하였다. 또 역대의 역법의 같고 다른 점과 일식·월식·오성(五星 : 금성 목성 수성 화성 토성)·사암(四暗 : 관측되지 않는 어두운 네 별), 그리고 전도(躔度 : 천체운행의 도수)의 유역(留逆: 순역) 관계를 편찬하게 하였는데, 정인지가 직접 맡아서 계산한 것은 천체운행을 관측함이 매우 정확하여 노련한 관측관이라도 따라갈 수가 없었다. 그 밖에 자치통감훈의·치평요람·역대병요·고려사도 정인지가 참여하여 만들었다. 정인지가 일찍이 말하기를,

"국가에서 일일이 현지를 답사하여 조사한 뒤에 세금을 매기는 것은 선왕의 제도가 아닙니다."

하고, 상소장을 올려 지세제도 공법貢法을 중지할 것을 청하였으나, 군신群臣이 각각 자기의 소견을 고집하여 논의가 분분하였다. 그러나 세종은 마침내 정인지의 계책에 따라 이에 정인지를 순찰사로 삼아서, 충청도·경상도·전라도의 토지의 품질을 살펴보고 그에 알맞은 법을 제정하게 하니, 백성이 매우 편리하게 여겼다.

중국의 사신인 시강侍講·예겸倪謙이 왔을 때 정인지를 접대관으로 삼았는데, 어느 날 밤늦게까지 자지 않고 있다가 예겸이 말하기를,
"이 달은 어느 분야分野에 있소?"

하니, 정인지가 대답하기를, "동정(東井: 동쪽 우물자리)에 있소이다."

하니, 예겸이 탄복하였다.

정인지의 문장은 넓고 크고 기상이 뛰어나 다듬어 손질함을 일삼지 아니하였다. 오래도록 문학상의 주도권을 장악하여 임금의 명으로 출간되는 서적 등이 그의 손에서 많이 나왔다. 시호는 문성文成인데, 도덕이 높고 견문이 넓음이 문文이고, 임금을 도와 끝맺음이 있음이 성成이다. 아들은 정현조·정숭조·정경조·정상조이다. 정현조는 세조의 딸인 의숙 공주에게 장가들었고, 좌리공신에 참여하여 하성군에 봉해졌으며, 정숭조도 좌리공신에 참여하여 하남군에 봉해졌다.

사관이 논평하기를, "정인지는 성품이 검소하여 자신의 생활도 매우 박하게 하였다. 그러나 재산 늘리기를 좋아하여 여러 만석萬石이 되었다. 전원田園을 널리 차지했으며, 심지어는 이웃에 사는 사람의 것까지 많이 점유하였으므로, 당시의 의논이 이를 그르다고 하였다. 그의 아들 정숭조는 아비의 그늘을 바탕으로 벼슬이 재상에 이르렀으며, 그 재물을 늘림도 그의 아비보다 더하였다." 하였다.

―성종실록 9년 11월 26일―

[승진과정]

1411년[16세] 태종 11년 생원시 장원, 성균관 입학
1414년[19세] 태종 14년 3월 문과 장원급제, 집현전 학사
1415년[20세] 태종 15년 예문관 부교리, 사헌부감찰,
              6월 서류 오기로 의금부에 5일간 투옥
1416년[21세] 태종 16년 11월 예조좌랑
1418년[23세] 세종즉위년 8월 병조좌랑
1419년[24세] 세종 1년 1월 사신 맞이 잘못으로 의금부 3일간 투옥,
              2월 태장(곤장) 40대를 맞고 병조좌랑에 복직
1421년[26세] 세종 3년 3월 병조정랑, 6월 집현전 춘추 겸직
1427년[32세] 세종 9년 2월 예문 응교, 3월 문과중시 장원급제
              3월 집현전 직제학, 8월 좌필선, 8월 모친상
1428년[33세] 세종 10년 12월 집현전 부제학
1430년[35세] 세종 12년 11월 우군동지 총제
1432년[37세] 세종 14년 3월 예문관 제학 겸 동지춘추관사
1433년[38세] 세종 15년 2월 인수부윤, 6월 예문관 제학
1434년[39세] 세종 16년 4월 이조참판, 10월 예문관 제학
1435년[40세] 세종 17년 3월 겸 대사성, 6월 충청도 관찰사
1436년[41세] 세종 18년 9월 부친상, 훈민정음 창제에 참여
1938년[43세] 세종 20년 12월 형조참판
1439년[44세] 세종 21년 9월 예문관 제학
1440년[45세] 세종 22년 4월 형조참판, 5월 형조판서,
              10월 명나라 사은사, 11월 지중추원사
1441년[46세] 세종 23년 2월 귀국보고, 지중추원사
1443년[48세] 세종 25년 12월 겸 하삼도(충청·전라·경상도) 도순찰사
1444년[49세] 세종 26년 7월 예문관 대제학
1445년[50세] 세종 27년 1월 의정부 우참찬, 4월 용비어천가를 올리다.

1446년[51세] 세종 28년 4월 예조판서, 9월 29일 훈민정음 완성

1447년[52세] 세종 29년 6월 이조판서

1449년[54세] 세종 31년 12월 공조판서

1450년[55세] 세종 32년 1월 명나라 사신 접대 관반사

1450년[55세] 문종 즉위년 7월 의정부 좌참찬, 7월 공조판서

1451년[56세] 문종 1년 7월 겸 성균관 대사성, 8월 고려사 보완

1452년[57세] 문종 2년 2월 고려사절요 편찬, 2월 세종실록 총재 감수

1452년[57세] 단종즉위년 10월 병조판서, 12월 판충추원사

1453년[58세] 단종 1년 계유정난, 10월 좌의정, 정난공신 1등

1454년[59세] 단종 2년 3월 세종실록 편찬 완성, 4월 하동부원군

1455년[60세] 세조 1년 윤 6월 11일 영의정, 7월 겸 세자사, 9월 좌익공신 2등

1456년[61세] 세조 2년 2월 5일 영의정

1458년[63세] 세조 4년 2월 13 영의정 파직(술자리에서 실수),

　　　　　　 2월 하동부원군, 6월 29일 좌익 2등 공신

1459년[64세] 세조 5년 술에 취해 세조에게 전왕을 지칭하다.

　　　　　　 9월 아버지 정흥인의 고향인 부여로 유배.

1460년[65세] 세조 6년 10월 다시 하동부원군

1466년[71세] 세조 12년 1월 하동군, 11월 70세가 넘어 궤장을 하사받다.

1467년[72세] 세조 13년 원상

1468년[73세] 세조 14년 9월 7일 예종즉위.

　　　　　　 10월 남이의 역모 사건으로 익대공신 3등급

1469년[74세] 성종즉위년 1월 28일 자을산군을 지지하다.

1470년[75세] 성종 1년 12월 원상, 9월 하동부원군 겸 영경연사

1471년[76세] 성종 2년 3월 좌리공신 2등

1472년[77세] 성종 3년 2월 대광 보국숭록대부 영춘추관사

1475년[80세] 성종 6년 10월 정인지 등이 원상의 혁파를 청하다.

1478년[83세] 성종 9년 2월 21일 자신의 재산 증식에 대해 상소하다.

1478년[83세] 성종 9년 11월 26일 하동부원군 정인지가 죽다.

21. 정창손鄭昌孫
청백리로 훈민정음 창제에 반대하다

생몰년도	1402년(태종 2)~1487년(성종 18) [86세]
영의정 재직기간	1차 (1458.12.7.~1459.11.6.) 2차(1461.4.29.~1462.5.10.)
	3차 (1475.6.7.~1485.3.27.) (총 11년 8개월)
본관	동래
자	효중孝仲
호	동산東山
시호	충정忠貞
공훈	좌익공신, 익대공신, 좌리공신
배향	성종 묘정에 배향, 연산군 때 부관참시剖棺斬屍
묘소	경기도 양평군 양서면 부용리
기타	집현전 학사, 훈민정음 창제 반대, 청백리에 오름.
	사육신의 거사를 밀고한 김질의 장인
증조부	정구鄭矩
조부	정부鄭符
부	정흠지鄭欽之—중추원사
장남	정개鄭价—첨지
손자	정주함鄭奏咸, 정계함鄭啓咸
2남	정칭鄭偁—첨지
3남	정괄鄭佸—좌의정(연산조)
장녀	정씨
사위	김질金礩—좌의정, 사육신 밀고
사돈	김사형金士衡
고모부	홍여방—인수대비의 외조부

3대공신(좌익·익대·좌리공신)

정창손은 좌익공신, 익대공신, 좌리공신이다. 세조의 사돈이자 술자리에서 실수를 자주한 영의정 정인지의 뒤를 이은 인물이 정창손이다. 성삼문이 단종의 복위를 계획할 때 정창손의 사위 김질이 복위계획을 밀고함에 따라 그로 좌익공신 3등급에서 2등급으로 승급되었고, 훗날 정창손은 영의정에 오르고 사위 김질은 좌의정에 올랐다.

정창손의 본관은 동래이고, 자는 효중孝仲으로, 중추원사 정흠지의 여섯 아들 중 넷째로 태어났다.

1423년 세종 5년 사마시를 거쳐, 1426년 식년시 문과에 급제하여 권지승문원 부정자가 되었는데 머리가 뛰어나 천재적 두뇌의 인물로 명성이 잦았다. 이어 집현전의 저작랑과 교리를 역임하면서 『통감훈의』의 편찬에 참여했으며, 1443년 집현전 응교로 재직시 한글의 창제를 반대하다가 파직, 투옥되었다.

같은 해 풀려 나와 응교로 복직된 뒤 1445년 집의가 되었는데, 이듬해 세종이 불경佛經을 간행하려 하자, 왕실의 불교 숭상을 강력히 반대하다가 다시 좌천되었다. 1447년 용서를 받아 예문관에 등용되고, 같은 해 문과 중시에 장원급제하여 집현전 직제학을 거쳐 1448년 집현전 부제학이 되었다.

그동안 여러 번 왕실의 불교 숭상에 반대하는 상소를 올렸으나 세종은 듣지 않았다. 1449년 부제학으로 춘추관 편수관과 수사관修史官을 겸직하면서 『고려사』·『세종실록』·『치평요람』의 편찬에 참여하였다.

이듬해 문종이 즉위하자 우부승지를 거쳐 1451년 대사헌이 되었는데, 조정의 관원들로부터 남달리 깨끗하며 절조를 잘 지키면서 자신의 산업

産業을 일삼지 않는다는 찬사를 받았다. 이어 제학·대제학·병조판서 등을 지내면서 『문종실록』의 편찬에 참여하였다.

이어 1453년 단종 1년 이조판서가 되었는데 외척 홍원용과의 상피관계로 사헌부에서 피혐하기를 주장했으나 왕명으로 피혐되지 않았다. 1455년 세조 1년 우찬성으로 세자좌빈객과 판이조사를 겸했으며, 좌익공신 3등에 녹훈되고 봉원군에 봉해졌다.

이듬해 사위 김질이 성삼문·박팽년·이개·하위지·유성원·유응부, 권자신(단종의 외숙) 등과 함께 단종 복위를 모의했는데, 일이 여의치 않자 김질이 이 사실을 정창손에게 폭로함에 따라 이를 세조에게 고변하였다.

이 공으로 좌익공신 3등에서 1자급을 올려 2등 수충경절 좌익공신이 되고 보국숭록대부가 더해졌으며 부원군으로 봉해졌다. 이어 대사성·대제학을 겸직하고 우의정에 올랐다.

그는 이러한 처사로 절의를 숭상하는 생육신의 한 사람인 김시습 등으로부터 많은 비난도 받았다. 그러나 세조로부터는 대단한 신임을 얻어 1457년 좌의정이 되었고, 이듬해에 어머니의 상을 당하여 사직을 하자 세조는 1일간 조회를 정지하고 부의를 내렸으며, 여묘살이를 하고 있는 그를 기복시켜 영의정으로 삼았다.

여러 번 상소를 올려 이를 사양했으나 세조는 이를 허락하지 않았다. 1462년 세조 앞에서 왕위를 세자에게 양위할 것을 말했다가 삭직되고 여산에 귀양되었으나, 곧 용서받고 봉원부원군에 복작되었다. 1468년 예종이 즉위한 뒤 남이와 강순의 옥사를 잘 다스려 익대공신 3등에 올랐다. 1469년 성종이 즉위하자 대광보국숭록대부로 승품되고 원상이 되었다.

1470년 나이가 70이 되어 사직하기를 청하였으나 허락되지 않고 궤장이 하사되었다.

1475년 영의정에 재임되었으며, 이듬해 왕이 왕비를 폐하려고 할 때 영의정으로 있으면서 강력하게 간하지 못하였다. 이후 여러 번 사직을 청했으나 허락되지 않다가 1485년 나이 84세에 영의정으로 재임된 지 10년 만에 사직하였다. 그리고 2년 뒤인 1487년 86세로 죽자 왕은 청빈재상이라 하여 많은 물품 등을 부의로 하사하였다.

　사후 1504년 연산군 10년 갑자사화 때에 연산군의 생모를 폐출하는 논의에 참여한 죄로 윤필상·한치형·한명회·어세겸·심회·이파·김승경·이세좌·권주·이극균·성준 등과 함께 십이간十二奸으로 몰려 부관참시되었다.

　1506년 중종 1년에 신원되고 청백리에 녹선되어 부관참시 때 철거한 석물을 다시 세우고 예로써 개장改葬하였다. 박학강기博學强記[75]하고 문장과 글씨에 능했으며, 풍채가 준수하고 수염이 배까지 내려왔다고 한다. 성종의 묘정에 배향되었으며, 시호는 충정忠貞이다(한국민족문화 대백과사전, 한국학 중앙연구소).

---

75) 배운 지식이 많고 학식이 넓으며 오래도록 잊지 않고 잘 기억함.

한글 창제에 반대하다

정창손이 집현전의 정4품 응교자리에 있을 때 세종의 한글창제를 반대하여 유배를 가게 된다. 세종이 백성들에게 충효사상을 고취하고자 반포한 삼강행실을 두고, "사람이 행하고 행하지 않음은 타고난 자질에 있는 것이지 언문으로 번역하여 읽힌다 해서 모두 본받는 것은 아니다"며, 한글의 불필요함을 주장하다가 끝내 옥에 갇히고 파직까지 당하였다. 그때의 한글 창제 반대 상소문을 살펴보면 다음과 같다.

집현전 부제학 최만리 등이 상소하기를, 신 등이 엎디어 보옵건대, 언문(한글)을 제작하신 것이 지극히 신묘하여 만물을 창조하시고 지혜를 운전하심이 천고에 뛰어나시오나, 신 등의 구구한 좁은 소견으로는 오히려 의심되는 것이 있사와 감히 간곡한 정성을 펴서 삼가 뒤에 열거하오니 엎디어 재가하시옵기를 바랍니다.

1. 우리 조선은 조종 때부터 내려오면서 지성스럽게 대국(중국)을 섬기어 한결같이 중국의 제도를 좇아서 행하였는데, 이제 글을 같이하고 법도를 같이하는 때를 당하여 언문을 창작하신 것은 보고 듣기에 놀라움이 있습니다.
   설혹 말하기를, '언문은 모두 옛 글자를 본뜬 것이고 새로 된 글자가 아니라' 하지만 글자의 형상은 비록 옛날의 한자 글씨체를 모방하였을지라도 음을 쓰고 글자를 합하는 것은 모두 옛것에 반대되니 실로 의거할 데가 없사옵니다. 만일 중국에라도 흘러 들어가서 혹시라도 비난하여 말하는 자가 있사오면, 어찌 대국을 섬기고 중화를 사모하는 데에 부끄러움이 없사오리까.

1. 옛부터 중국 전역에 풍토는 비록 다르오나 지방의 말에 따라 따로 문자를 만든 것이 없사옵고, 오직 몽고·티베트·여진·일본과 중앙아시아의 종류가 각기 그 글자가 있으되, 이는 모두 오랑캐의 일이므로 족히 말할 것이 없사옵니다. 옛글에 말하기를, '조선을 써서 오랑캐를 변화시킨다.' 하였고, 조선이 오랑캐로 변한다는 것은 듣지 못하였습니다.
   역대로 중국에서 모두 우리나라는 기자箕子의 남긴 풍속이 있다 하고, 문물과 예악을 중화에 견주어 말하기도 하는데, 이제 따로 언문을 만드는 것은 중국을 버리고 스스로 오랑캐와 같아지려는 것으로서, 이른바 소합향(향나무)을 버리고 당랑환(말똥구리)을 취함이오니, 어찌 문명의 큰 흠절이 아니오리까.

1. 신라 설총의 이두吏讀는 비록 야비한 속된 말이오나, 모두 중국에서 통행하는 글자를 빌어서 도움글에 사용하였기에, 문자가 원래 서로 분리된 것이 아니므로, 비록 서리(말단 서기)나 복예(종)의 무리에 이르기까지라도 반드시 익히려 하면, 먼저 몇 가지 글을 읽어서 대강 문자를 알게 된 연후라야 이두를 쓰게 되옵는데, 이두를 쓰는 자는 모름지기 문자에 의거하여야 능히 의사를 통하게 되는 때문에, 이두로 인하여 문자를 알게 되는 자가 자못 많사오니, 또한 학문을 흥기시키는 데에 한 도움이 되었습니다.

만약 우리나라가 원래부터 문자를 알지 못하여 매듭을 이용하여 의견을 교환하는 세대라면 우선 언문을 빌어서 한때의 사용에 이바지하는 것은 오히려 가할 것입니다. 그래도 바른 의논을 고집하는 자는 반드시 말하기를, '언문을 시행하여 임시방편을 하는 것보다는 차라리 더디고 느릴지라도 중국에서 통용하는 문자를 습득하여 길고 오랜 계책을 삼는 것만 같지 못하다.'고 할 것입니다.
하물며 이두는 시행한 지 수천 년이나 되어 장부와 문서나 회계 등의 일에 방애됨이 없사온데, 어찌 예로부터 시행하던 폐단 없는 글을 고쳐서 따로 야비하고 상스러운 무익한 글자를 창조하시나이까.

만약에 언문을 시행하오면 관리된 자가 오로지 언문만을 습득하고 학문하는 문자를 돌보지 않아서 관리가 둘로 나뉘어질 것이옵니다. 진실로 관리 된 자가 언문을 배워 통달한다면, 후진이 모두 이러한 것을 보고 생각하기를, 27자의 언문으로도 족히 세상에 입신할 수 있다고 할 것이오니, 무엇 때문에 고심 노사하여 성리性理의 학문을 궁리하려 하겠습니까.

이렇게 되오면 수십 년 후에는 문자를 아는 자가 반드시 적어져서, 비록 언문으로써 능히 관리의 사무를 집행한다 할지라도, 성현의 문자를 알지 못하고 배우지 않아서 담을 대하는 것처럼 사리의 옳고 그름에 어두울 것이오니, 언문에만 능숙한들 장차 무엇에 쓸 것이옵니까.

우리나라에서 오래 쌓아 내려온 학문숭상의 교화가 점차로 땅을 쓸어버린 듯이 없어질까 두렵습니다. 전에는 이두가 비록 문자 밖의 것이 아닐지라도 유식한 사람은 오히려 야비하게 여겨 이문吏文으로써 바꾸려고 생각하였는데, 하물며 언문은 문자와 조금도 관련됨이 없고 오로지 시골의 상말을 쓴 것이겠습니까.

가령 언문이 고려조 때부터 있었다 하여도 오늘의 문명한 정치에 유풍만으로 변화시키려는 뜻으로서 오히려 그대로 물려받을 수 있겠습니까. 반드시 고쳐 새롭게 하자고 의논하는 자가 있을 것으로서 이는 환하게 알 수 있는 이치이옵니다.

옛것을 싫어하고 새것을 좋아하는 것은 고금에 통한 우환이온데, 이번의 언문은 새롭고 기이한 한 가지 기예에 지나지 못한 것으로서, 학문에 방해됨이 있고 정치에 유익함이 없으므로, 아무리 되풀이하여 생각하여도 그 옳은 것을 볼 수 없사옵니다.

1. 만일에 말하기를, '형벌에 대한 진술기록 같은 것을 이두문자로 쓴다면, 문리를 알지 못하는 어리석은 백성이 한 글자의 착오로 혹 원통함을 당할 수도 있겠으나, 이제 언문으로 그 말을 직접 써서 읽어 듣게 하면, 비록 지극히 어리석은 사람일지라도 모두 다 쉽게 알아들어서 억울함을 품을 자가 없을 것이라.' 하오나, 예로부터 중국은 말과 글이 같아도 송사 사이에 억울한 것이 심히 많습니다.

가령 우리나라로 말하더라도 옥에 갇혀 있는 죄수로서 이두를 해득하는 자가 친히 진술내용을 읽고서 허위인 줄을 알면서도 매를 견디지 못하여 그릇 항복하는 자가 많사오니, 이는 진술내용의 글 뜻을 알지 못하여 원통함을 당하는 것이 아님이 명백합니다.

만일 그러하오면 비록 언문을 쓴다 할지라도 무엇이 이보다 다르오리까. 이것은 형벌의 공평하고 공평하지 못함이 형무소 관리의 어떠하냐에 있고, 말과 문자의 같고 같지 않음에 있지 않은 것을 알 수 있으니, 언문으로써 옥사를 공평하게 한다는 것은 신 등은 그 옳은 줄을 알 수 없사옵니다.

1. 무릇 공훈과 업적을 세움에는 가깝고 빠른 것을 귀하게 여기지 않사온데, 국가가 근래에 조치하는 것이 모두 빨리 이루는 것을 힘쓰니, 두렵건대, 정치하는 체제가 아닌가 하옵니다. 만일에 언문은 할 수 없어서 만드는 것이라 한다면, 이것은 풍속을 변하여 바꾸는 큰일이므로, 마땅히 재상으로부터 아래로는 백관에 이르기까지 함께 의논하되, 나라 사람이 모두 옳다 하여도 오히려 세월이 흘러 다시 세 번을 더 생각하고, 제왕帝王에 꾸짖어 바로잡아 어그러지지 않고 중국에 상고하

여 부끄러움이 없으며, 백세대라도 성인을 기다려 의혹됨이 없은 연후라야 이에 시행할 수 있는 것이옵니다.

이제 넓게 여러 사람의 의논을 채택하지도 않고 갑자기 관리 10여 인으로 하여금 가르쳐 익히게 하며, 또 가볍게 옛사람이 이미 이룩한 한문을 고치고 근거 없는 언문을 억지로 끌어 붙여 장인 수십 인을 모아 인쇄하여서 급하게 널리 반포하려 하시니, 천하 후세의 공론에 어떠하겠습니까.
또한 이번 청주 초수리에 거동하시는 데도 특히 농사가 흉년인 것을 염려하시어 수행하는 모든 일을 간략하게 하셨으므로, 전일에 비교하오면 10에 8, 9는 줄어 들었고, 아뢰는 공무에 이르러도 또한 의정부에 맡기시어, 언문 같은 것은 국가의 급하고 부득이하게 기한에 미쳐야 할 일도 아니온 데, 어찌 이것만은 순행하는 자 리에서 급급하게 하시어 옥체를 보살피시는 때에 번거롭게 하시나이까. 신 등은 더욱 그 옳음을 알지 못하겠나이다.

1. 선비가 이르기를, '여러 가지 노리개는 대개 의지와 기개를 빼앗는다.' 하였고, '서 찰에 이르러서는 선비의 하는 일에 가장 가까운 것이나, 외곬으로 그것만 좋아하 면 또한 자연히 지기가 상실된다.' 하였습니다.
이제 동궁이 비록 덕성이 성취되셨다 할지라도 아직은 임금의 학문에 깊이 몰두 하시어 더욱 그 이르지 못한 것을 궁구해야 할 것입니다. 언문이 비록 유익하다 이를지라도 특히 선비의 육예(六藝 : 예, 악, 사, 어, 서, 수)의 한 가지일 뿐이옵니다.

하물며 만에 하나도 정치하는 도리에 유익됨이 없사온데, 정신을 연마하고 사려 를 허비하며 날을 마치고 때를 옮기시오니, 실로 동궁의 학업에 손실되옵니다. 신 등이 모두 시문의 보잘것없는 재주로 측근에서 근무하고 있으므로, 마음에 품은 바가 있으면 감히 함구할 수 없어서 삼가 마음속 깊이 다하여 우러러 성총을 번 거롭게 하나이다."

하니, 임금이 상소를 보고, 최만리 등에게 이르기를,

"너희들이 이르기를, '음을 사용하고 글자를 합한 것이 모두 옛 글에 위반된다.' 하 였는데, 설총의 이두도 역시 음이 다르지 않으냐. 또 이두를 제작한 본뜻이 백성을 편리하게 하려 함이 아니하겠느냐. 만일 그것이 백성을 편리하게 한 것이라면 이제 의 언문은 백성을 편리하게 하려 한 것이다.

너희들이 설총은 옳다 하면서 임금이 하는 일은 그르다 하는 것은 무엇이냐. 또 네가 운서韻書를 아느냐. 사성 칠음四聲七音에 자모字母가 몇이나 있느냐. 만일 내가 그 운서를 바로잡지 아니하면 누가 이를 바로잡을 것이냐.

또 상소에 이르기를, '새롭고 기이한 하나의 기예技藝라.' 하였으니, 내 늘그막에 날을 보내기 어려워서 서적으로 벗을 삼을 뿐인데, 어찌 옛것을 싫어하고 새것을 좋아하여 하는 것이겠느냐. 또는 사냥으로 매사냥을 하는 예도 아닌데 너희들의 말은 너무 지나침이 있다.

그리고 내가 나이 늙어서 국가의 사무를 세자에게 오로지 맡겼으니, 비록 미세한 일일지라도 참여하여 결정함이 마땅하거든, 하물며 언문이겠느냐. 만약 세자로 하여금 항상 동궁에만 있게 한다면 환관에게 일을 맡길 것이냐. 너희들이 측근 신하로서 내 뜻을 밝게 알면서도 이러한 말을 하는 것은 옳지 않다."

하니, 최만리 등이 대답하기를,

"설총의 이두는 비록 음이 다르다 하나, 음에 따르고 해석에 따라 말도움과 문자가 원래 서로 떨어지지 않사온데, 이제 언문은 여러 글자를 합하여 함께 써서 그 음과 해석을 변한 것이고 글자의 형상이 아닙니다. 또 새롭고 기이한 한 가지의 기예技藝라 하온 것은 특히 글의 기세와 힘에 인하여 이 말을 한 것이옵고 의미가 있어서 그러한 것은 아니옵니다. 동궁은 공무라면 비록 미세한 일일지라도 참여하시지 않을 수 없사오나, 급하지 않은 일을 무엇 때문에 시간을 허비하며 심려하시옵니까."

하였다. 임금이 말하기를,

"전번에 김문金汶이 아뢰기를, '언문을 제작함에 불가할 것은 없습니다.' 하였는데, 지금은 도리어 불가하다 하고,

또 정창손은 말하기를, '삼강행실을 반포한 후에 충신·효자·열녀의 무리가 나옴을 볼 수 없는 것은, 사람이 행하고 행하지 않는 것이 사람의 자질 여하에 있기 때문입니다. 어찌 꼭 언문으로 번역한 후에야 사람이 모두 본받을 것입니까.' 하였으니, 이 따위 말이 어찌 선비의 이치를 아는 말이겠느냐. 아무짝에도 쓸데없는 옹졸한 선비이다."

하였다. 먼젓번에 임금이 정창손에게 하교하기를, "내가 만일 언문으로 삼강행실을 번역하여 민간에 반포하면 어리석은 남녀가 모두 쉽게 깨달아서 충신·효자·열녀가 반드시 무리로 나올 것이다." 하였는데, 정창손이 이 말로 아뢰었기에 이제 이러한 하교가 있던 것이었다.

임금이 또 하교하기를, "내가 너희들을 부른 것은 처음부터 죄주려 한 것이 아니고, 다만 상소 안에 한두 가지 말을 물으려 하였던 것인데, 너희들이 사리를 돌아보지 않고 말을 변하여 대답하니, 너희들의 죄는 벗기 어렵다."

하고, 드디어 부제학 최만리·직제학 신석조·직전 김문, 응교 정창손·부교리 하위지·부수찬 송처검, 저작랑 조근을 의금부에 하옥시켰다가 이튿날 석방하라 명하였는데, 오직 정창손만은 파직시키고, 이어 의금부에 전지하기를, "김문이 앞뒤에 말을 변하여 아뢴 사유를 국문하여 아뢰라." 하였다.

-세종실록 26년 2월 20일-

후에 세종은 정창손의 기개와 공직자로서의 깨끗함을 인정하여 복직시켰는데, 1946년에는 세종의 불경간행에 반발하고 나섰다가 좌천을 당하게 된다. 번번이 세종의 정책과 마찰을 빚었던 정창손이었지만 그의 재주는 빛이 바랠 수 없었는지 1947년 문과 중시에서 장원급제를 하여 집현전 직제학에 이르게 된다. 이어 집현전 부제학에 춘추관 편수관과 수사관을 겸직시켜 고려사 등 역사서적 편찬을 주도하게 하였다.

1450년 세종이 승하하고 문종·단종시대를 거치면서 우부승지·대제학·병조와 이조의 판서 등 요직을 거쳤는데, 1455년 세조가 즉위하면서 정창손을 우찬성에 세자좌빈객, 판이조사을 겸하게 하여 인사권까지 갖도록 힘을 실어 줌과 동시에 좌익공신 3등에 책록하고 봉원군에 봉했다.

사위 김질에게 사육신의 모의를 밀고하게 하다

1456년 6월 성삼문 등 신진관료들이 단종 복위를 모의하였는데, 거기에 정창손의 사위 김질이 뜻을 같이하였다가 일이 커지자 장인 정창손을 찾아와 거사전모를 고백하였다. 사실 사육신들은 거사가 성공하면 영의정에 평판이 좋은 정창손을 추대하기로 결정하고 있었다. 정창손은 자신을 믿어주는 세조를 배신할 수 없어 사건의 진상을 고하지 않을 수 없었다. 이때 성균사예 김질이 임금께 고한 내용을 세조실록에는 다음과 같이 기록하고 있다.

1456년 세조 2년 6월 2일 성균 사예 김질이 그 장인인 의정부 우찬성 정창손과 더불어 청하기를, "비밀히 아뢸 것이 있습니다." 하므로, 임금이 사정전에 나아가서 만났다. 김질이 아뢰기를,

"좌부승지 성삼문이 사람을 시켜서 신을 보자고 청하기에 신이 그 집에 갔더니, 성삼문이 한담을 하다가 말하기를, '근일에 혜성이 나타나고, 수라간의 시루가 저절로 울었다니, 장차 무슨 일이 있을 것인가?' 하므로, 신이 말하기를, '과연 앞으로 무슨 일이 있기 때문일까?' 하였습니다.

성삼문이 또 말하기를, '근일에 상왕(단종)이 창덕궁의 북쪽 담장 문을 열고 금성대군 이유의 옛집에 왕래하시는데, 이것은 반드시 한명회 등의 방책에 의한 것이리라.' 하기에, 신이 말하기를, '무슨 말인가?' 하니, 성삼문이 말하기를, '그 자세한 것은 아직 알 수 없다. 그러나 상왕을 좁은 곳에다 두고, 한두 사람의 장수를 시켜 담을 넘어들어가 불충한 짓을 도모하려는 것에 지나지 않는다.' 하였습니다.

이윽고 또 말하기를, '상왕과 세자는 모두 어린 임금이다. 만약 왕위에 오르기를 다투게 된다면 상왕을 보필하는 것이 정도正道이다. 모름지기 그대의 장인(정창손)을 타일러 보라.' 하므로, 신이 말하기를, '그럴 리가 만무하겠지만, 가령 그런 일이 있다 하더라도 우리 장인이 혼자서 어떻게 할 수 있겠는가?' 하니, 성삼문이 말하기를, '좌의

정 한확은 북경에 가서 아직 돌아오지 아니하였고, 우의정 이사철은 본래부터 결단성이 없으니, 윤사로·신숙주·권남·한명회 같은 무리를 먼저 제거해야 마땅하다. 그대의 장인은 사람들이 다 정직하다고 하니, 이러한 때에 의병을 일으켜 상왕을 다시 세운다면 그 누가 따르지 않겠는가? 신숙주는 나와 서로 좋은 사이지만 그러나 죽어야 마땅하다.' 하였습니다. 신이 처음에 더불어 말할 때에는 성삼문은 본래 말투가 너무 높은 사람이므로, 이 말도 역시 우연히 하는 말로 여겼는데, 이 말을 듣고 나서는 놀랍고도 의심스러워서 다그쳐 묻기를, '역시 그대의 뜻과 같은 사람이 또 있는가?' 하니, 성삼문이 말하기를, '이개·하위지·유응부도 알고 있다.' 하였습니다."

하니, 명하여 경비하는 군사들을 집합시키게 하고, 급하게 승지들을 불렀다. 도승지 박원형·우부승지 조석문·동부승지 윤자운과 성삼문이 입실하였다. 내금위 조방림에게 명하여 성삼문을 잡아 끌어내어 꿇어 앉힌 다음에 묻기를,

"네가 김질과 무슨 일을 의논했느냐?"

하니, 성삼문이 하늘을 우러러보며 한참 동안 있다가 말하기를,

"청컨대 김질과 면대하고서 아뢰겠습니다." 하였다.

김질에게 명하여 그와 말하게 하니, 말이 채 끝나기도 전에 성삼문이 말하기를,

"다 말하지 말라." 하고서 이어 말하기를, "김질이 말한 것이 대체로 같지만, 그 곡절은 사실과 다릅니다." 하였다.

임금이 성삼문에게 이르기를, "네가 무슨 뜻으로 그런 말을 하였는가?"

하니, 대답하기를, "지금 혜성이 나타났기에 신은 거짓을 아뢰는 사람이 나올까 염려하였습니다." 하였다.

임금이 명하여 그를 결박하게 하고 말하기를, "너는 반드시 깊은 뜻이 있을 것이다. 내가 네 마음을 들여다보기를 충심을 보는 듯이 하고 있으니, 사실을 소상하게 말하라."

하고, 명하여 그에게 곤장을 치게 하였다. 성삼문이 말하기를, "신은 그 밖에 다른 뜻이 없었습니다." 하였다.

임금이 같이 공모한 자를 물었으나 성삼문은 말하지 아니하였다. 임금이 말하기를,

"너는 나를 안 지가 가장 오래되었고, 나도 또한 너를 대접함이 극히 후하였다. 지금 네가 비록 그 같은 일을 하였다고 하더라도 내 이미 친히 묻는 것이니, 네가 숨기는 것이 있어서는 안 된다. 네 죄의 가볍고 무거움도 역시 나에게 달려 있다."

하니, 대답하기를, "진실로 아뢴 바와 같습니다. 신은 벌써 큰 죄를 범하였으니, 어찌 감히 숨김이 있겠습니까? 신은 실상 박팽년·이개·하위지·유성원과 같이 공모하였습니다."

하였다. 임금이 말하기를, "그들뿐만이 아닐 것이니, 네가 모조리 말함이 옳을 것이다."

하니, 대답하기를, "유응부와 박쟁도 또한 알고 있습니다." 하였다.

명하여 하위지를 잡아들이게 하고 묻기를, "성삼문이 너와 함께 무슨 일을 의논하였느냐?"

하니, 대답하기를, "신은 기억할 수 없습니다."

하였다. 임금이 말하기를, "혜성 변괴의 일이다." 하니, 대답하기를, "신이 전날 승정원에 이르러서야 비로소 혜성 변을 알게 되었습니다."

하였다. 임금이 말하기를, "혜성 변의 일로 인하여 반역의 일을 같이 공모했느냐?"

하였으나, 하위지는 말하지 아니하였다. 또 이개에게 묻기를, "너는 나의 옛 친구였으니, 참으로 그러한 일이 있었다면 네가 모조리 말하라."

하니, 이개는 말하기를, "알지 못합니다."

하였다. 임금이 말하기를, "이 무리들은 즉시 엄한 형벌을 가하여 국문함이 마땅하나, 관할청이 있으니, 그들을 의금부에 하옥하라."

하고, 여러 죄수가 나간 다음에 임금이 말하기를, "전일에 금성대군의 집 정자를 상왕께 바치려고 할 때에 성삼문이 나에게 이르기를, '상왕께서 이곳에 왕래하게 되신다면 거짓을 아뢰고 이간질하는 사람이 있을까 염려됩니다.' 하기에 내가 경박하다고 여기었더니 지금 과연 이와 같구나."

하였다. 임금이 윤자운을 상왕(단종)에게 보내어 고하기를,

"성삼문은 심술이 좋지 못하지만, 그러나 학문을 조금 알기 때문에 그를 승정원에 두었는데, 근일에 일에 실수가 많으므로 예조에서 공조로 바꾸어 임명하였더니, 마음으로 원망을 품고 말을 만들어내어 말하기를, '상왕께서 금성대군 이유의 집에 왕래하는 것은 조용히 불측한 일을 꾸미고 있는 것이다.' 하고, 인하여 대신들을 모조리 죽이려고 하였으므로 이제 방금 그를 국문하는 참입니다."

하니, 상왕이 명하여 윤자운에게 술을 먹이게 하였다. 공조참의 이휘는 사실이 발각되었다는 말을 듣고, 승정원에 나와서 아뢰기를,

"신이 전일에 성삼문의 집에 갔더니, 마침 권자신·박팽년·이개·하위지·유성원이 모여서 술을 마시고 있었습니다. 성삼문이 말하기를, '자네는 시정 사건을 알고 있는가?' 하고 묻기에, 신이 '내가 어찌 알겠나?' 하였더니, 성삼문이 좌중을 눈짓하면서 말하기를, '자네가 잘 생각하여 보게나. 어찌 모르겠는가?' 하였습니다. 신이 묻기를, '그 의논을 아는 사람이 몇 사람이나 되는가?' 하였더니, 성삼문이 대답하기를, '박중림과 박쟁 등도 역시 알고 있다.' 하기에, 신이 곧 먼저 나와서 즉시 아뢰고자 하였으나, 아직 그 사실을 알지 못하였기 때문에 감히 즉시 아뢰지 못하였습니다."

하니, 임금이 사정전으로 나아가서 이휘를 불러 만나고, 다시 성삼문 등을 끌어들이고, 또 박팽년 등을 잡아와서 친히 국문하였다. 박팽년에게 곤장을 쳐서 붕당을 물으니, 박팽년이 대답하기를,

"성삼문·하위지·유성원·이개·김문기·성승·박쟁·유응부·권자신·송석동·윤영손·이휘와 신의 아비였습니다."

하였다. 다시 물으니 대답하기를, "신의 아비까지도 숨기지 아니하였는데, 하물며 다른 사람을 대지 않겠습니까?"

하였다. 그 시행하려던 방법을 물으니, 대답하기를, "성승·유응부·박쟁이 모두 별운검(임금을 지키는 무관)이 되었으니, 무슨 어려움이 있겠습니까?"

하였다. 그 시기를 물으니 대답하기를,

"어제 연회에 그 일을 하고자 하였으나 마침 장소가 좁다 하여 별운검을 없앤 까닭에 뜻을 이루지 못하였습니다. '대개 어전에서는 2품 이상인 무인 2명이 큰 칼을 차고 좌우에 시립侍立하게 되어 있다. 이날 임금이 단종과 함께 대전에 나가게 되고, 성승·유응부·박쟁 등이 별운검이 되었는데, 임금이 대궐안 좁다고 하여 별운검을 없애라고 명하였다. 성삼문이 승정원에 건의하여 없앨 수 없다고 아뢰었으나 임금이 신숙주에게 명하여 다시 대궐 안을 살펴보게 하고, 끝내 별운검을 들어가지 말게 하였다.' 그래서 후일에 농작물을 살펴볼 때 노상에서 거사하고자 하였습니다."

하였다. 이개에게 곤장을 치고 물으니, 박팽년과 같이 대답하였다. 나머지 사람들도 다 진술에 승복하였으나, 오직 김문기만이 진술에 불복하였다. 밤이 깊어지자 모두 하옥하라고 명하였다. 도승지 박원형·좌참찬 강맹경·좌찬성 윤사로·병조판서 신숙주·형조판서 박중손 등에게 명하여 의금부 제조 파평군 윤암·호조판서 이인손·이조참판 어효첨과 대간 등과 함께 같이 국문하게 하였다. 유성원은 집에 있다가 일이 발각된 것을 알고 스스로 목을 찔러 자살했다.

－세조실록 2년 6월 2일－

단종복위 거사에 참여했던 사육신과 그 밖의 대신들은 친족·외족·처족의 9족까지 남자일 경우 멸족을 당하거나 귀양을 가야 했고, 여자일 경우 세조에게 공을 세운 공신들의 노비로 뿔뿔이 배분되었다. 사육신 거사 적발에 1등 공을 세운 정창손은 좌익공신 3등에서 2등으로 승봉되었고, 사위 김질은 좌익공신 3등으로 추가 책봉되었다.

취중 실수한 정인지를 탄핵했다가 되갚음을 당하다

정창손은 1456년 10월에 우의정에 오르고, 1457년 3월에 좌의정에 올랐다. 이듬해 2월에 영의정 정인지가 취중에 실수를 하여 세조가 직첩을 거두었다가 다음 날 돌려주는 명을 내리자 좌의정 정창손이 나서서 극력 반대하여 파직 기간이 길어지게 된다. 좌의정으로서 영의정의 취중 실수를 보아 넘길 수 없었던 것이다. 이때의 기록을 살펴보면 다음과 같다.

1458년 2월 좌의정 정창손·우의정 강맹경·우찬성 황수신·좌참찬 박중손 등이 아뢰기를, "정인지는 성상께 무례하였으니, 죄가 매우 큽니다. 청컨대 그 죄를 논하게 하소서." 하니, 세조가 명하여 계양군 이증에게 전교하기를,

"정인지는 명예를 구하고 이기기를 좋아하는데 지나지 않는 사람이다. 그의 직첩을 돌려주고 복직하게 하라."

하였다. 정창손 등이 다시 아뢰기를, "정인지는 지위가 수상에 있으면서 성상께 항거하고 무례하였으니, 법에 의하여 죄주지 않을 수 없거늘, 복직하기를 명하시니 실로 신 등이 아뢴 뜻이 아닙니다."

하니, 전교하기를, "정인지가 나에게 이르기를, '부처를 좋아하여 하루도 보전할 수 없습니다.' 고 하였으니, 내가 만일 몸을 버려 종이 되고 메밀가루를 가지고 제사음식을 삼는다면 보전하지 못할 것인데, 어찌 내가 부처를 좋아하여 끝내 보신保身하지 못할 것을 알겠는가? 그러나 옛적에 신하가 임금에게 이르기를, '걸나라·주나라 같은 임금이 함이라.[76]'고 하였으니, 나의 악소문도 또한 그르지 않겠는가? 또 공신을 보전하고자 함이다." 하였다.

---

76) 걸주는 중국 고대의 하나라의 걸왕과 은나라의 주왕을 아울러 이르는 말로서 천하의 폭군을 이르는 말이다.

정창손 등이 다시 아뢰기를, "예전에 직언하고 극간한 자를 혹 걸나라·주나라에 비유하여 일컬은 자도 있었습니다만, 이제 정인지는 성상께 항거하였으니 극간이 아닙니다. 예로부터 공신으로 능히 보전하지 못한 자의 부류가 모두 스스로 그 허물을 지은 자뿐이니, 의정부가 다 보는 데서 가볍게 벼슬에 돌아오게 하는 것은 불가합니다."

하니, 전교하기를, "정인지에게 비록 다른 마음이 없더라도 경 등의 말이 옳으니, 그 벼슬자리에 돌아오지 말게 하라." 하였다.

—세조실록 4년 2월 15일—

같은 삼정승으로 매번 만나 정사를 논하는 자리에 있었으나 술 마시고 실수한 언사에 대해 한 치의 사사로운 정을 베풀지 않았던 정창손은 후일 본인이 유사한 실수를 범하게 되었을 때 정인지에게 똑같은 앙갚음을 당하게 된다.

당시의 조선의 관제는 벼슬아치가 부모상을 당할 경우 3년간 벼슬을 할 수 없었던 터라 정창손이 1458년 2월에 모친상을 당하자 좌의정에서 사직을 하고 묘소 옆에서 여묘살이를 하게 된다. 여묘살이를 하고 있는 정창손에게 임금은 우부승지로 하여금 음식을 내리게 하고 그해 12월 임금의 특명으로 영의정에 제수하였다. 그러나 정창손은 벼슬에 욕심이 없어 여러 번 상소를 올려 물러나고자 하였으나 세조는 결코 허락하지 않았다. 1460년 5월, 겨우 자리를 물러났는데, 1461년 4월 다시 영의정에 제수하였다.

1462년 5월에 세조가 왕세자의 학문을 논하는 중에 영의정 정창손이 실언을 하게 된다. 그때의 실록 기록을 살펴보면

임금이 사정전에 나아가 약식조회를 받고, 정사를 보고 국정을 논하였다. 영의정 정창손, 우찬성 구치관, 좌참찬 이승손, 우참찬 성봉조, 예조판서 홍윤성, 병조판서 윤자운, 광성군 이극감, 중추원 부사 어효첨·한계희, 공조참판 이연학, 문성군 유수, 병

조참판 김국광, 중추원사 윤사흔, 형조참판 서거정, 이조참의 임원준, 호조참의 안철손, 예조참의 신영손이 입실하고 술자리를 베풀었다. 임금이 정창손에게 이르기를,

"내가 매달 초 1일과 15일의 조정 하례에 성균관 유생으로 하여금 참석하도록 하고, 이어서 여러 경서를 강하려고 하는데 어떠하겠는가?"

하니, 정창손이 대답하기를, "진실로 마땅합니다. 단지 무인武人 중에서 도시(지방 무과시험)에 1등 한 자는 모두 승급하는데, 문신文臣의 과거시험은 3차례를 수석하여야 1등급을 더하니, 권면 장려하는 방법에 다름이 있습니다."

하니, 임금이 말하기를, "내가 이미 그것을 알고 있었다. 그러나 이전에는 1차 수석을 한 자에게 1등급 더하여 남수문·권채는 매양 수석을 차지하여 승급하였더니, 그 때에 문신들이 모두 불가하다고 이른 까닭으로 이제 거행하지 않을 뿐이다. 서거정·임원준은 다 글을 잘하는 자이다. 그러나 두 사람의 벼슬은 높지만, 모두 학문으로써 이에 이른 것이 아니다. 임원준은 다른 재주로 썼으며, 서거정도 또한 스스로 이른 것이다. 근자에는 문신을 포상하는 천거가 없다."

하고, 즉시 정창손으로 하여금 서거정에게 중용을 강하고, 이어서 제술하도록 하고 이를 보았다. 또 안철손을 불러 공물의 대납하는 일을 물으니, 대답하기를, "대납代納은 매우 폐단이 있습니다."

하니, 임금이 말하기를,

"너는 호조 참의로서 대납하는 본래의 취지를 알지 못하니 옳은가? 가령 2인이 있는데 그 1인은 꿀을 가지고 있고, 1인은 쌀을 가지고 있다면, 마땅히 그 진정한 바람이 있음을 듣고 그들로 하여금 바꾸어 바치도록 하고, 억지로 하는 것을 불허하는 법은 대전大典에 나타나 있는데, 수령이 능히 받들어 행하지 못하니, 죄는 진실로 죽을 죄에 해당한다. 너희들은 어찌 이러한 법을 거듭 밝혀서 그들로 하여금 행하도록 하지 아니하고 급히 이러한 말을 하는가? 너희들이 스스로 받들어 행하지 아니하고, 법을 가지고 그르다고 하니 옳겠느냐?" 하였다.

이렇게 국정을 논의하고 있던 중 그때에 양녕대군 이제가 연풍 온천으로부터 돌아오니, 임금이 만나서 담화하며 술을 올리게 하였다. 임금이 정창손과 더불어 세자의 학문을 의논하기를,

"크게 통달한 뒤에 국사國事를 돌려주려고 한다." 하니, 정창손이 대답하기를, "진실로 마땅합니다."

하니, 여러 신하들이 모두 다른 말이 없었는데, 홀로 양녕이 말하기를, "무슨 가르침인지 가리키는 바를 알지 못하겠습니다." 하였다. 또 말하기를, "정창손이 잘못 응대하였으니, 옳지 못합니다." 하였다.

저녁에 임금이 교태전에 나아가 도승지 홍응을 불러 말하기를, "내가 선위하려고 하니, 속히 모든 일을 준비하라."

하니, 홍응이 몹시 놀라고 까닭을 알지 못하여 고개를 숙이고 엎드리고 나가지 못하니, 임금이 엄히 이를 재촉하였다. 홍응이 천천히 아뢰기를, "선위해 주는 것은 큰일입니다. 신하가 차마 듣지 못할 일이니, 신은 감히 명을 받들 수가 없습니다."

하니, 임금이 일어나 홍응에게 나오게 하여 악수를 하고 말하기를, "정창손은 나로 하여금 빨리 직위를 버리게 하였는데, 너는 나의 명을 따르지 않음은 어째서인가?"

하였다. 홍응이 대답하기를, "오늘 아침에 정창손의 말은 신은 실로 미처 알지 못하였습니다."

하니, 임금이 이르기를, "이극감은 이를 안다." 하였다.

이때에 이극감이 도진무로서 입직하였으므로, 불러서 물으니, 대답하기를, "정창손의 말이 그와 같았습니다."

하니, 임금이 말하기를, "조정이 모두 나를 미워하는 까닭으로 정창손의 말이 이에 이른 것이니, 내가 무슨 미련이 있어 미루어 머무르겠는가?" 하였다.

-세조실록 8년 5월 8일-

세조가 "세자의 학문이 크게 통달한 뒤에 국사國事를 돌려주려고 한다."는 취중 한마디와 맞장구친 정창손의 "진실로 마땅합니다"라는 말은 일파만파 되어 신숙주·권남 등이 정창손을 추국하도록 건의하여 그다음 날 영의정에서 파직당하게 된다. 그러자 대간들은 정창손의 죄는 파직으로 끝날 일이 아니라고 주장하게 되고, 이튿날에는 정인지가 처벌이 미흡하다고 상소를 하게 된다. 이전 취중 실수를 모른 체하고 탄핵한 데 대한 되갚음이었는지 모를 일이다. 정인지의 상소문을 살펴보자.

충훈부 당상 정인지 등이 상소하기를, "신 등은 이달 초 8일에 성상의 말씀이 정사를 전수하겠다고 하는 데에 미치니, 정창손이 대답하기를, '진실로 마땅합니다.'고 하였다는 것을 신 등이 듣고는 놀람을 이기지 못하여 그 까닭을 문초할 것을 청하였으나 윤허를 받지 못하였으니, 깊고 절실하게 매우 민망하여 감히 모람됨을 무릅쓰고 우러러 임금님의 귀를 귀찮게 합니다.

신 등은 그윽이 생각하건대, 군신과 부자는 하나입니다. 집에 있어서는 효도하고, 나라에 있어서는 충성하는 것이 진실로 스스로를 다함이니, 어찌 아비가 집을 버리려고 하는데 자식으로 즐겨 따르는 자가 있겠습니까? 이것은 어리석은 어린아이도 모두 아는 바입니다.

신하의 마음이 있는 자는, 진실로 마땅히 놀라고 두려워하며 격렬하고 절실하여 죽음으로써 힘써 간쟁하여야 할 것이니, 이것은 견주어 따져보고 살피기를 기다리지 않고도 스스로 말할 수가 없습니다.
대답하기를 '진실로 마땅합니다.'고 한 것은 무슨 뜻이 있음이며, 이미 진실로 마땅하다고 일렀으면 어찌 그 마음이 없고서 이런 대답이 있겠습니까? 말은 마음에서 나오니, 그 대답의 근원은 그 마음의 무엇을 일렀겠습니까? 신 등이 청하여 마지않은 것은 이 때문입니다.

성상께서는 오히려 공신·대신이라 하여 이를 용서하시고 단지 그 직무만 파하시니, 만일 다른 실수라고 한다면 공功으로써 이를 가리는 것이 가하겠으나, 이런 일은 진실로 군신의 대의에 관계되어 공신·대신인 자는 마땅히 힘써 간쟁하여야 할 것인데,

정창손은 간쟁하지 않았을 뿐 아니라, 겨우 말씀이 있음을 듣고는 문득 진실로 마땅하다고 말하였으니, 대신·공신의 의리가 어디에 있으며, 그 나머지 곁에 있던 자들도 또한 각각 마음이 있었으면 진실로 마땅히 먼저 간쟁하고 굳이 간쟁하여야 할 것인데, 한결같이 정창손의 말을 듣고도 세력에 따라 침묵하고 거의 한마디 말도 없었으니, 군신의 의리가 진실로 이 같아야 옳겠습니까?

엎드려 바라건대, 전하께서는 강단으로 결단하시어, 그 까닭을 국문하도록 명하여, 그 죄를 밝히고 바르게 하시면 종묘사직에 매우 다행하겠으므로 상소장을 올립니다."

하니, 친필로 상소장 가운데 '정사를 전수하겠다.'는 말의 곁에 쓰기를, "금일로 정사를 전수한다는 말이 아니다."

하고, '공으로써 이를 가린다.'는 말의 곁에 쓰기를, "공신에게 무엇으로 갚겠는가?"
하고, '그 나머지 곁에 있던 자'란 말의 곁에 쓰기를, "곁에 있던 자는 없었고, 다만 구치관만이 곁에 있다가 말하기를, '불가합니다.'고 하였다."

정인지 등이 다시 아뢰기를, "친필로 '금일로 정사를 전수한다는 것이 아니다.'고 말씀하시니, 신 등은 생각하건대, 금일이나 금일이 아니거나 다름이 없다고 여깁니다. 친필에 '공신에게 무엇으로 갚겠는가?'고 하시니, 신 등은 생각하건대, 만약 다른 일이라면 공신이라 하여 의논하지 말도록 하셔도 가하겠지만, 이것은 실로 군신의 대의에 관계되는 것입니다. 공신이라 하여 용서함은 불가하니, 청컨대 그 죄를 올바르게 밝히소서."

하니, 전교하기를, "따로 진실로 물을 만한 것이 없고, 이미 파직하였으니, 다시 어찌 죄를 더하겠느냐?" 하였다.

정인지 등이 다시 청하기를 서너 번 하니, 전교하기를, "어제 파직할 때에 내가 이미 다 말하였으니, 나는 다시 말하지 않겠다." 하였다.

정인지 등이 또 아뢰기를, "친필에는, '곁에 있던 자는 없었고 다만 구치관만이 곁에 있다가 말하기를, 「불가합니다」고 하였다.'고 하셨는데, 신 등은 생각하건대, 어제 이극감이 아뢰기를, '신도 또한 들었으나 미처 대답하지 못하였습니다.' 하였으니, 이것은 즉 곁에 있던 사람이 없지 않다고 하는 것이니, 청컨대 아울러 국문하소서."

하니, 전교하기를, "이극감이 비록 들었다고 하더라도 진실로 아뢸 틈이 없었다." 하였다.

-세조실록 8년 5월 11일-

냉혹한 권력의 세계에는 어제의 동지가 오늘의 적인 셈이다. 정창손은 실언한 3일 후인 5월 12일 여산으로 유배를 가게 된다. 말 한마디의 실수가 6개월간 유배를 살게 된 것이다. 12월에 석방되어 봉원부원군으로 봉해졌고 12월 8일 세조는 정창손을 지켜주지 못해 미안했는지 궁궐로 불러들여 주연을 베풀고 함께 춤을 추었다.

폐비 윤씨 문제를 논하다

1477년 성종 8년 3월 29일 대왕대비의 명으로 중궁을 폐하는 문제를 논하게 하였다. 일찍이 정승을 지낸 사람과 의정부·육조 판서·대사헌·대사간을 모두 부르게 하니, 정창손·심회·조석문·윤사흔·윤필상·서거정·임원준·이승소·강희맹·이극증·허종·어유소·윤계겸·이예·김영유 등이 부름에 나왔다. 내시 문중선·김효강이 함께 빈청에 당도하였는데, 문중선이 언문 한 장을 꺼내어 대왕대비의 뜻을 선포하기를,

"세상에 오래 살게 되면 보지 않을 일이 없다. 감찰 집에서 보낸 글에 의하면, 이달 20일에 권숙의의 집에 언문을 던지는 자가 있었는데, 권숙의의 집에서 주워 보니 정소용과 엄숙의가 서로 통신하여 중전과 원자를 해치려고 한 것이다. 생각건대, 정소용이 한 짓인 듯하다. 그러나 지금 바야흐로 임신하였으므로 해산한 뒤에 국문하려고 한다.

그런데 하루는 주상이 중궁에서 보니 종이로써 쥐구멍을 막아 놓았는데, 쥐가 나가자 종이가 보였고, 또 중궁의 침소에서 작은 상자가 있는 것을 보고 열어 보려고 하자 중궁이 숨겼는데, 열어 보았더니 작은 주머니에 비상이 들어 있고, 또 굿하는 방법의 서책이 있었다.

이에 쥐구멍에 있는 종이를 가져다가 맞춰 본즉 부절(符節: 둘로 쪼개어 갈라서 맞춰보는 신표)과 같이 맞았는데, 이것은 책이 잘린 나머지 부분이었다.

놀라서 물으니, 중궁이 대답하기를, '누에를 칠 때 종 삼월이가 바친 것이라.'고 하고, 또 삼월이에게 물으니 삼월이 모두 실토하여 모두 그 사실을 알았다. 중궁이 만일 이때에 사실대로 아뢰었다면 좋았을 것인데, 중궁이 능히 그러하지 못했다.

중궁이 옛날 숙의로 있을 때 일하는 데에 있어서 지나친 행동이 없었으므로 주상이 중하게 여겼고, 삼전(왕대비, 대비, 중궁)도 중히 여겼으며, 모든 빈嬪들 가운데에 또한 우두머리가 되기 때문에 책봉하여 중궁을 삼았는데, 정비에 오르면서부터 일이 잘못됨이 많았다. 그러나 이미 귀중한 몸이 되었으니 어찌 일마다 책망할 수 있겠는가? 지금에서 본다면 전일에 잘못이 없었던 것은 주상이 정실 왕비가 없으므로 각자 이름을 드러내려고 했을 것이다.

지금 주상이 바야흐로 중히 여기고 있는데 중궁이 어찌 주상을 가해하려고 하겠는가? 다만 이것은 잉태한 첩을 제거하려는 것일 것이다.

부인은 옳은 것도 없고 그른 것도 없는 것으로 덕德을 삼는 것인데, 투기하는 것은 아름다운 일이 아니다. 하물며 제후는 아홉 여자를 거느리는 것인데 지금은 그 수가 차지 않았으니, 어찌 한나라에서 어머니로서 모범이 되어야 하는데도 하는 바가 이와 같아서야 되겠는가? 우리 삼전이 같이 앉아서 묻는다면 중궁도 능히 대답을 하지 못할 것이니, 이것은 애매하여 밝히기 어려운 것이 아니다.

지금 바야흐로 사랑을 받고 있는데도 하는 일이 이와 같은데, 혹시 조금이라도 뜻대로 되지 않는 일이 있다면 어찌 이보다 지나친 일이 있지 않을 것을 알겠는가? 종묘와 사직에 관계됨이 있기 때문에 경들을 불러 의논하는 바이다. 내가 당초에 사람을 분명하게 알아보지 못했음을 부끄럽게 생각한다. 중궁이 이미 국모가 되었고 또한 원자가 있는데, 장차 어떻게 처리할까?" 하였다.

김효강이 왕비 책봉문서를 널리 알리기를, "내가 즉위한 뒤로 이미 좋은 일도 보고 또한 좋지 못한 일도 보았으니, 이것은 내가 능히 집안을 다스리지 못한 소치인지라 내가 몹시 부끄러워하니, 경 등은 그것을 의논하라."

하자, 좌우에서 서로 돌아보고 실색하여 말할 바를 알지 못하였다. 영의정 정창손이 아뢰기를,
"죄를 의논하는 데에 있어서 경한 것도 있고 중한 것도 있는데, 마땅히 옛일을 상고 하여 아뢸 것입니다."

하니, 전교하기를, "이것은 내가 자세히 아는 바이다. 중궁이 또한 스스로 말하기도 하고 간접으로 듣기도 하였으니, 경 등은 그 죄를 의논하라." 하자,

정창손이 말하기를, "주상의 뜻은 폐하려고 하는 것이다." 하였다.

바야흐로 여러 사기史記의 후비전을 예문관에서 가져오라고 하니, 예문관에서 황급 하여 미처 찾아오지 못하자 좌중에서 몹시 재촉하였다. 그러자 예조판서 허종이 의 젓하게 자리에서 일어나 좌우에게 말하기를,

"당나라 이필이 덕종에게 간하기를, '원컨대, 폐하는 궁에 돌아가셔서 이 말을 들추 어내지 마소서. 좌우에서 들으면 태자가 위태롭습니다.'라고 하였으니, 바로 이를 두 고 하는 말이다."

하고, 나아가 김효강에게 말하여 아뢰게 하기를,

"옛날에 폐하지 않아야 할 것을 폐하였다가 잘못된 것이 있고, 마땅히 폐해야 할 것 을 폐하지 않음으로 해서 옳은 경우도 있었는데, 질투하는 것은 부인의 상정입니다. 전하의 금지옥엽(원자)이 장차 번성하려 합니다. 그러니 미리 헤아릴 수 없으며, 원자 가 지금은 비록 어리다 하더라도 이미 장성한다면 어떻게 처리하겠습니까? 그때는 후회해도 미칠 수 없을 것입니다. 신은 청컨대 이런 일을 조정이나 민간에 반포하지 마시고 별도로 하나의 방에 거처하게 하여 2, 3년 동안 개과천선함을 기다린 연후에 다시 복위시킴이 옳을 것 같습니다. 만일 그렇지 못하면 그때에 폐하는 것도 무엇이 어렵겠습니까?"

하니, 전교하기를, "판서의 뜻은 마치 태갑太甲[77]을 동궁에 옮겨 그 개과천선하게 한 것과 같이 하려 하는가?"

하니, 허종이 말하기를, "그렇습니다." 하였다. 전교하기를,

"폐하여 사저에 거처하게 하여 빈嬪의 예로 대접한다면, 이것은 원자를 폐하지 않는 것이다. 경 등의 생각은 어떤가?" 하니, 정창손이 말하기를,
"폐하여 사저에서 거처하게 하는 것도 옳지 않고 마땅히 별궁에 거처하게 해야 합니다."

하고, 이에 한나라 무제의 진 황후와 효성 황제의 허 황후와 화제의 음 황후와 송나라 인종의 곽후의 고사로 아뢰었다. 전교하기를,

"그러면 폐할 뜻으로 국민에게 유시하고 종묘에 고해야 하는가?"

하니, 정창손 등이 말하기를, "투기는 일상적인 정인데, 종묘·사직에 관여되지 않습니다. 또, 교서를 포고하는 것은 미안하니, 전지를 쓴 것이 어떻습니까?"

하였다. 전교하기를, "이것은 큰 사건이니 종묘와 사직에 고하고, 전국에 유시하는 것이 옳다."

하니, 허종이 또 말하기를, "성상께서 이 일에 있어서 반드시 깊이 생각하셨을 것입니다. 그러나 마땅히 자세히 참작해야 할 바이니, 원컨대, 전하께서는 정승들과 함께 다시 3일을 생각하셔서 후회를 남기지 않게 하소서."

하였다. 전교하기를, "판서의 말은 잘못이다. 판서의 생각은 다른 날에 만일 다른 아들을 낳는다면 원자를 어느 곳에 두느냐는 생각일 것이다. 그러나 큰일을 당했는데 어찌 뒷날을 생각하겠는가? 뒷날에도 대신이 있을 것이다. 오늘 일은 종묘와 사직을 위한 것이지 사사로운 정에 인한 것이 아니다. 정승 등은 내일 다시 와서 자세히 의논하라."

---

77) 은나라 제2대의 임금. 처음 즉위하여 방탕하니, 이윤伊尹이 동궁桐宮으로 추방시켰는데 3년 뒤에 자신의 잘못을 반성하였으므로 다시 맞이하였는데, 그 후 선정을 베풀었음.

하였다. 허종이 말하기를, "옛사람이 말하기를, '선갑 3일 후갑이 3일'[78]이라고 하였
으므로, 우러러 임금님의 귀를 모독하였으니, 죽어 마땅한 죄를 지었습니다."

하였다. 도승지 현석규와, 의금부 판사 윤필상에게 명하여 내관 조진·김효강과 함께
윤구의 아내 및 종 삼월이와 사비를 구현당에서 국문하게 하니, 삼월이의 진술에 이
르기를,

"굿하는 책, 방양서는 전 곡성현감 이길분의 첩의 집에서 얻어 종 사비를 시켜서 등
사하게 하였고, 언문으로 쓴 큰 것은 제가 생각해 낸 것으로 윤구의 아내가 썼으며
작은 것은 사비가 썼습니다. 비상은 중궁(폐비윤씨)의 어머니가 내주셔서 언문과 함께
작은 버드나무 상자에 담아 석동으로 하여금 감찰의 집 심부름꾼이라고 사칭하여
권숙의 집에 던지게 하였는데, 모두 제가 꾸민 짓입니다."

하였고, 사비의 진술도 또한 같았다. 내관이 윤구의 아내를 데리고 오자, 말하기를,

"저는 언문을 모릅니다." 하였다. 삼월이와 사비를 대변을 시키니, 두 종이 교활한 자
여서 묻는 대로 대답하였다. 진술한 말을 다 써서 아뢰니, 밤이 이미 새벽 3시가 되
었다.

-성종실록 8년 3월 29일-

1477년 성종 8년 3월 30일 대신들과 의논하여 중궁을 폐하여 빈으로 낙점하다.

이른 아침에 재상들을 모두 모아 놓고 전교하기를,

"내가 반복해서 생각해 보니, 이 문제는 투기만이 아니다. 가지고 있는 주머니에 비
상이 있었으니, 비록 나를 해치려고 하지는 않았다 하더라도 그 국모의 법도를 잃는
것이 심하다. 별궁에 두는 것으로는 징계하는 뜻이 없다."

---

78) 처음 제정한 법령을 발표하기 전후하여 과오가 없게 하기 위하여 신중히 검토하여 알리는 것을
뜻함.

하니, 정창손 등이 대답하기를,

"옛부터 폐하여 서인을 만드는 것은 없습니다. 지금 낮추어서 빈嬪으로 삼으면 마땅히 시종이 있어야 할 것이니, 사저에 거처하게 할 수는 없습니다. 옛말에도 '폐하여 소대궁에 거처하게 했다.' 하였고, 또 이르기를, '폐하여 이원尼院과 선원仙院에 거처하게 했다.' 하였으니, 중궁을 빈으로 강등한다면 어찌 징계함이 아니겠습니까? 사저 같은 데는 누추하여 거처할 수 없습니다."

하니, 전교하기를,

"백방으로 생각해 보아도 별궁에 거처하게 하는 것은 옳지 못하다."

하자, 정창손 등이 전과 같이 대답하였다. 전교하기를,

"정승의 말은 비록 이와 같으나 나의 의혹은 풀리지 않는다. 사저에 두면 어미와 함께 거처할 것이다."

하였다. 정창손 등이 말하기를,

"옛 임금들이 왕후를 폐하려 하면 대신들이 막는 자가 있었습니다. 그러나 지금 중궁은 실수한 바가 크기 때문에 신이 감히 청하지 못합니다. 신의 생각은 별궁에 두었다가 만일 뉘우쳐 고치지 않을 경우 별궁으로부터 사저에 돌아가게 해야지 애당초 사저에 두면 뒤에 비록 뉘우쳐 깨달음이 있다 하더라도 그때는 다시 별궁에 거처하게 할 수가 없을 것입니다. 또, 중궁의 어머니가 실정을 안다면 마땅히 성城 안에 있지 못하게 할 것입니다."

하였다. 도승지 현석규가 아뢰기를,

"교서에는 일의 전말을 갖추지 않을 수 없습니다. 형벌도구를 갖춘 뒤에 종묘에 고하고 교서를 반포하는 것이 어떻겠습니까?"

하니, 전교하기를,

"나는 자수궁에 두고 싶다. 그 감봉할 명칭을 상의하여 아뢰어라. 종묘에 고하고 교서를 반포하는 것은 형벌도구가 갖추어진 것을 기다리는 것이 옳다."

하였다. 정창손 등이 의논하여 수빈·귀인·소의로 아뢰니, 빈으로 낙점하였다. 서거정으로 하여금 교서를 초안 잡게 하고, 강희맹과 이승소는 종묘에 고할 축문을 초안하게 하고 모든 재상들은 물러갔다.

－성종실록 8년 3월 30일－

1477년 성종 8년 3월 30일 대신들이 중궁을 빈으로 강등함이 부당하다고 아뢰다.

승정원에 전교하기를, "오늘 빈이 출궁할 모든 일을 갖추어 놓고 기다리라."

하고, 또 전교하기를, "빈嬪은 호號가 없을 수 없으니 속히 의논해서 아뢰어라." 하였다. 교자(가마)는 이미 건양문 밖에 갖추어져 있었는데, 좌승지 이극기와 우승지 임사홍이 선창하여 모든 승지와 함께 편전 앞문 밖에 나아가 문중선을 맞아서 아뢰기를,

"신 등이 아뢸 것이 있습니다." 하니, 전교하기를, "얼굴을 보고 말하려고 하는가?" 하므로 대답하기를, "그렇습니다." 하였다.

임금이 선정전에 나아가니, 이극기의 무리가 들어와서 알현하였다.

이극기가 말하기를, "신 등은 재상으로 하여금 회의하게 했다는 것을 들었는데, 오늘 또 회의를 하니 신 등은 무슨 일인지 알지 못하겠습니다. 지금 들으니, 중궁을 강봉할 이름을 의논하도록 명하였다 하는데, 신 등은 그 까닭은 알 수 없으나 강봉하여 빈으로 삼는다면 마땅히 종묘에 고해야 할 것인데 무슨 죄인지 알지 못하겠습니다. 죄목을 만들어 종묘에 고한다면 또 어찌 반드시 빈으로 책봉해야 합니까? 또 그를 처음 봉할 때 이미 중국에 명을 받았으니 지금 폐위한다면 또한 마땅히 중국에 주문해야 할 것입니다. 그러면 장차 무슨 말로 주문하겠습니까? 이미 종묘에

고하면 또한 반드시 사방四方에 고해야 하는데 또 무슨 말로 해야 하겠습니까? 이러한 절목은 신 등으로서는 어렵습니다."

하니, 임금이 말하기를, "각각 생각한 것을 말하고자 하는가?"

하니, 임사홍이 말하기를, "그렇습니다. 지금 중궁의 한 행위는 진실로 죄가 있고 주상이 처리하신 것도 마땅합니다. 그러나 신 등은 생각하기를 주상께서 즉위하신 지 9년에 궁중에 잘못된 일이 있지 않았으니, 이는 옛부터 없었던 훌륭한 일입니다. 지금 중궁이 비록 작은 실수가 있었다 하나 이미 원자를 두어 나라의 근본이 정해졌는데 갑자기 폐위한다 하니, 신 등은 비록 과오가 있는 바를 알지 못하지만 진실로 한심스럽습니다.

또한 근래에 두 번이나 중국의 고명을 받았는데 또 폐위하려고 하니, 후일 왕비에 계승할 자는 또한 마땅히 중국에 고명을 청해야 할 것인데, 구실을 만들어 아뢰자면 그 언사가 불미스러울 것입니다. 더군다나 지금 결여된 의식을 거행하여 그 아름다운 행동을 칭송하고 두 번 교서를 반포하자 뭇 신하가 칭송할 뿐 아니라 사방 사람들이 기뻐하지 않는 사람이 없었는데, 갑자기 허물과 악함을 반포하여 사방에 반포하면 듣는 자가 놀라지 않겠습니까? 신 등이 가까이 지척에 모시고 있어도 궁중의 일은 오히려 다 알지 못하는데, 사방에서 어떻게 알겠습니까?
〈중략〉
동부승지 홍귀달이 말하기를, "이극기 등의 말이 옳습니다. 지금 이 일에 네 가지 옳지 못함이 있으니, 종묘에 고하는 것이 옳지 못하고, 중국에 고하는 것이 옳지 못하고, 사방에 반포하여 유시하는 것이 옳지 못하고, 원자가 있는데 흔들게 하는 것이 옳지 못합니다."

하니, 임금이 말하기를, "고명(승인)을 청하는 데에 있어서는 어렵지 않으니, 옛날 제왕도 이 같은 자가 있었다."

하였다. 홍귀달이 말하기를, "일이 꼭 잘한 것이 아닌데도 옛날에 있었다고 해서 행하고, 일이 꼭 잘못이 아닌 데도 옛날에 없던 일이라고 해서 행하지 않는 것은 모두 잘못입니다. 요는 때에 따라 조치하여 적당하게 할 뿐입니다."

하였다. 임사홍이 말하기를, "일에는 권(權: 때에 따라 알맞게 함)과 경(經 : 일정한 규칙을 지킴)이 있는데, 어찌 한결같이 경經만 할 수 있겠습니까? 문득 폐하는 뜻으로 조정에 고하는 것은 어떠할지 알지 못하겠습니다."

하였다. 우승지 손순효가 말하기를, "골육 사이에서 생긴 일이므로 참고 숨겨서 발설하지 못하는 것은 사람의 상정입니다."

하니, 임금이 말하기를, "옛날에 사랑하고 미워함으로써 폐한 자가 있었으나 지금 이 일은 그렇지 않다. 중궁은 한 나라의 어머니로서 한 나라에 모범이 되고, 궁중에 본보기가 되어야 하는데, 하는 바가 이와 같으니 어떻게 함께 종묘를 받들겠는가?" 하였다. 〈중략〉

임사홍이 말하기를, "비록 그러하나 이것은 뭇 소인들이 한 짓인데, 아마 혹시 알지 못할 수도 있을 듯하며, 또 비록 알고 있다 하더라도 관련되어 미치는 자가 있을까 염려되기 때문에 감히 발설하지 못한 것인지 어찌 알겠습니까? 신 등은 죄가 없다고 이른 것이 아니라 요점으로서 아뢴 것뿐입니다. 지금 전하의 춘추가 한창이라서 금지옥엽이 반드시 번성할 것입니다. 그러나 원자가 어진 덕이 있으면 폐할 수 있겠습니까?"

하니, 임금이 말하기를, "뒤에 비록 아들을 두더라도 원자야 어떻게 폐할 수 있겠는가?" 하였다.

임사홍이 말하기를, "옛부터 나라의 근본이 강하고 약한 것은 모후의 경중에 관계되니, 모후가 폐위된다면 원자는 능히 보전하지 못할 것입니다. 지금 강등하여 빈嬪으로 삼으면 그 원자가 장성함에 미쳐 비록 다시 작위를 바로잡으려 한다 하더라도 할 수 없을 것입니다. 그러니, 지금은 비록 이같으나 뒤에는 반드시 뉘우칠지라도 미치지 못할 것입니다."

하니, 임금이 말하기를, "예조판서의 생각도 이와 같았다. 마치 태갑이 동궁에 옮긴 것같이 별궁에 거처하여 개과천선하도록 하였으나, 이것은 옳지 못한 일이다."

하였다. 임사홍이 말하기를, "중궁의 춘추가 매우 젊으므로 지금 비록 작은 허물이 있다 하더라도 뒤에 반드시 고쳐 행할 것인데, 지금 강등하여 빈으로 삼으면 뒤에 착한 행실이 있어서 직위를 회복하려고 하더라도 미치지 못할 것입니다. 존호를 버리지 말고 별궁에 살게 해서 반성하게 하는 것만 같지 못합니다. 그래서 착한 행실이 있으면 정비로 회복하는 것이 무방하고, 만일 허물을 뉘우치지 않으면 그대로 종신하게 하는 것도 또한 옳을 것입니다."

하였는데, 임금이 말하기를, "사람은 능히 허물을 뉘우치는 자가 적다. 그의 마음이 어찌 참으로 나를 해치려 했겠는가마는, 그 마음쓰는 것을 논한다면 허물이 적지 않다. 그러니 그러한 자로서 남의 위에 있게 할 수는 없다. 어찌 자기 몸이 바르지 않고 능히 그 밑에 사람을 제어할 자가 있겠는가?" 하였다.

－성종실록 8년 3월 30일－

중궁을 폐위하자는 논란이 있은 지 2년 후인 1479년 성종 10년 6월 2일 성종은 결국 중궁 폐출의 교서를 내렸다.

교서를 반포하기를,
"바르게 시작하는 길은 반드시 내치內治를 먼저 해야 하는 것이니, 하나라는 도산塗山[79]으로서 일어났고, 주나라는 포사褒姒[80]로서 패망했다. 후비后妃의 어질고 어질지 못함은 국가의 성쇠가 매인 것이니, 돌아보건대 중하지 아니한가? 왕비 윤씨는 후궁으로부터 드디어 정비가 되었으나, 내조의 공은 없고, 도리어 투기하는 마음만 가지어, 지난 1477년(성종 8년)에는 몰래 독약을 품고서 궁인宮人을 해치고자 하다가 음모가 분명히 드러났으므로, 내가 이를 폐하고자 하였다.
그러나 조정의 대신들이 합사해서 청하여 개과천선하기를 바랐으며, 나도 폐하는 것은 큰일이고 허물은 또한 고칠 수 있으리라고 여겨, 감히 결단하지 못하고 오늘에 이르렀는데, 뉘우쳐 고칠 마음은 가지지 아니하고, 실덕失德함이 더욱 심하여 일일이 열거하기가 어렵다. 그러니 결단코 위로는 종묘를 이어 받들고, 아래로는 국가에 모범이 될 수가 없으므로, 이에 1479년 6월 2일에 윤씨를 폐하여 서인으로 삼는다. 아

---

79) 우임금의 아내를 가리킨 말로서, 우임금이 도산塗山으로 장가를 갔으므로, 이렇게 일컬어진 것임.
80) 유왕의 왕비.

아! 법에 칠거지악이 있는데, 어찌 감히 조금이라도 사사로움이 있겠는가? 일은 반드시 여러 번 생각하는 것이니, 만세를 위해 염려해야 되기 때문이다." 하였다.

-성종실록 10년 6월 2일-

1479년 성종 10년 6월 5일 중궁을 폐출한 연유를 대신들에게 알리다.

일찍이 정승을 지낸 이와 의정부·육조·대간 등이 와서 아뢰기를, "윤씨가 폐해져서 사저로 돌아간 것은 옳지 못합니다."

하니, 전교하기를, "경 등은 내가 폐비한 연유를 알지 못하고 모두 다 이를 의심하니, 내가 일일이 면대하여 말하겠다."

하고, 곧 선정전에 나아가 승지·주서·사관을 입실하게 하였다. 임금이 이르기를,

"경들은 모두 다 나에게 대사大事를 가볍게 조처했다고 한다. 그러나 폐비를 내가 어찌 쉽게 했겠는가? 옛날 제왕이 혹 참소하는 말을 듣고서 후后를 폐한 자가 있었으나, 내가 어찌 이와 같이 했겠는가? 대비께서도 말씀하기를, '내가 일찍이 화禍가 주상에게 미칠까 두려워하여 하루도 안심을 하지 못했으므로, 드디어는 가슴앓이가 생겼는데, 이제는 점점 나아진다.'라고 하였으니, 이는 대비께서 폐비한 것으로 인하여 안심이 되었다는 것이다.

지난 1477년(성종 8년)에 윤씨가 몰래 독약을 품고 사람을 해치고자 하여, 곶감과 비상을 주머니에 같이 넣어 두었으니, 이것이 나에게 먹이고자 한 것인지도 알 수 없지 않는가? 혹 자식이 없게 하는 일이나, 혹 반신불수가 되게 하는 일, 그리고 무릇 사람을 해하는 방법을 작은 책에 써서 상자 속에 감추어 두었다가, 일이 발각된 후 대비께서 이를 취하여 지금까지도 있다. 또 엄씨 집과 정씨 집이 서로 통하여 윤씨를 해치려고 모의한 내용의 언문을 거짓으로 만들어서 고의로 권씨의 집에 투입시켰는데, 이는 대개 일이 발각되면 엄씨와 정씨에게 해가 미치게 하고자 한 것이다.

항상 나를 볼 때, 일찍이 낯빛을 온화하게 하지 않았으며, 혹은 나의 발자취를 찾아서 없애버리겠다고 말하였다. 비록 초부(樵夫:나무꾼)의 아내라 하더라도 감히 그 지

아비에게 저항하지 못하는데, 하물며 왕비가 임금에게 있어서이겠는가?

또 거짓문서를 만들어서 본가本家에 통하여 이르기를, '주상이 나의 뺨을 때리니, 장차 두 아들을 데리고 집에 나가서 내 여생을 편안하게 살겠다.'고 하였는데, 내가 우연히 그 글을 얻어보고 일러 말하기를, '허물을 고치기를 기다려 서로 보도록 하겠다.'라고 하였더니, 윤씨가 허물을 뉘우치고 말하기를, '나를 거제나 요동이나 강계에 있게 하더라도 달게 받겠으며, 남방기南方記에서 소원을 빈대로 사람의 허물을 무량수불(아미타불) 앞에서 손에 불을 붙여 이를 맹세하겠습니다.'라고 하므로, 내가 이를 믿었더니, 이제 도리어 이와 같으므로, 전일의 말은 거짓 속이는 말이었다.

또 약식으로 조회를 받는 날에는 비妃가 나보다 먼저 일찍 일어나야 마땅할 것인데도, 조회를 받고 안으로 돌아온 뒤에 일어나니, 그것이 부녀의 도에 있어서 있을 수 있는 일인가? 항상 궁중에 있을 때에 대신들의 가정사에 대해서 말하기를 좋아하였으나, 내가 어찌 믿고 듣겠는가? 내가 살아 있을 때에야 어찌 변란을 만들겠는가마는, 내가 죽으면 반드시 난亂을 만들어낼 것이니, 경 등은 반드시 오래 살아서 목격할 자가 있을 것이다." 하였다. 〈하략〉

-성종실록 10년 6월 5일-

폐비 윤씨를 궁중에서 추방하여 3년이 지난 성종 13년 8월 16일 형방 승지 이세좌에게 명하여 윤씨를 그 집에서 사사하게 하였다.

정창손의 졸기

정창손은 85세 때 영의정 자리를 물러나 이듬해인 1487년 1월 86세 나이로 숨을 거두었다. 시호는 충정忠貞으로 내려졌는데, 임금을 섬김에 절의를 다한 것이 충忠이고, 도道를 곧게 지키고 굽히지 아니한 것이 정貞이다. 사심이 없는 지극한 충성심으로 임금을 받들고 나랏일을 자기집 일처럼 여겨왔던 정창손은 학식이 높았고 기개가 강했고 중종 때 청백리에 녹선되었다.

1487년[86세] 성종 18년 1월 27일 봉원 부원군 정창손의 졸기.

봉원 부원군 정창손이 졸하였는데, 조회를 철하고 조제弔祭·예장禮葬을 예와 같이 하였다. 정창손의 자는 효중孝中이며 본관은 동래인데, 중추원사 정흠지의 아들이다. 어려서부터 글읽기를 좋아하여 1423년에 사마시에 합격하고, 1426(세종 8년)에 문과에 합격하여 권지 승문원 부정자에 보임되었다가 곧 집현전 저작랑으로 옮기고 여러 번 승진하여 교리에 이르렀다. 1441년에 사섬서 령에 제수되고, 1442년에는 승진하여 시전장 부정에 임명되었다가 집현전 응교로 옮겼다. 1445년에 사헌 집의에 임명되어 의롭고 용기가 있어 곧은 말을 하였고, 1446년에는 말실수로 좌천되어 군기 부정이 되었다.

1447년(세종29년) 에는 직예문관에 임명되었다가 중시重試에 합격하여 집현전 직제학에 제수되었고, 1448년에 부제학에 승진하여 고려사와 세종실록을 편수하는데 참여하였다. 1450년에 승정원 좌부승지에 임명되었다가 우승지로 옮기고 1451년(문종원년)에 가선 대부 사헌부 대사헌에 올라 조정의 기강을 크게 떨치게 하였다. 1452년에 예문 제학으로 옮기고, 1453년(단종원년) 세조 정난에 뽑혀서 자헌대부 이조판서에 제수되고, 1454년에는 자급이 정헌대부에 올랐다.

1455년에 세조가 즉위하자, 숭정대부를 가하여 의정부 우찬성에 임명되고 추충 좌익 공신의 호를 받고 봉원군에 봉해졌으며, 1456년(세조 2년)에는 숭록대부에 가자되었다. 이때 성삼문·박팽년 등이 난을 꾀하자, 정창손이 변을 고하여 경절 공신의 칭호가 더 내려지고 보국숭록대부 봉원 부원군에 오르고 성균관 대사성을 겸하였는데, 대개 대제학을 맡은 것이었다. 곧 대광 보국숭록대부 의정부 우의정에 올랐다가 1457년(세조 3년)에 좌의정으로 올랐다.

1458년에는 어머니가 상을 당하였는데, 예例에 부인은 조회정지가 없었으나 임금의 특명으로 조회를 하루 정지하여 특별한 은혜를 보였다. 장사지냄에 미쳐 정창손이 묘墓에 있고 한 번도 사저에 오지 아니하였는데, 세조가 듣고 직제학 서강을 보내어 궁중술과 소찬을 내려 주었으며, 서울 집에 있고 묘墓에 돌아가지 말도록 하였으나 예전대로 무덤을 지키고 있었다. 세조가 장차 평안도에 거동하려고 하면서 정창손을 서울에 머물게 하여 지키도록 하려고, 특별히 상중에 불러들여 영의정을 삼았으나 글을 올려 사양하자, 친필로 유시하기를,

"나에게 경은 좌우의 손과 같으니 장차 백관을 거느리고 친히 가서 불러오도록 하겠다."

하고, 갑자기 순행을 정지하였는데, 정창손이 또 글을 올려 굳이 사양하였다. 1460년(세조 6년)에 상을 마치자 세조가 내전에 불러들여서 위로하고, 단의段衣 한 벌을 내려주며 부원군으로 봉하였다.

1461년에 영의정에 임명되었다가 1462년에 어떤 사건으로 여산군에 귀양갔으나 곧 불러서 부원군에 봉해지고 특별히 잔치를 내려 위로해 주었다. 1468(세조14)에 예종이 즉위하여 남이 등을 죽일 적에 추충 정난 익대 공신의 칭호가 내려지고, 1469(성종즉위)년에 임금이 즉위하자 원상院相으로 서무를 참여하여 결정하였다.

1471년에 순성 명량 경제 좌리 공신의 칭호를 받고 나이가 70인 까닭으로 사의를 표했으나 윤허하지 아니하였다. 1472년에 궤장을 하사받고 1475년에 영의정에 임명되었는데 1485(성종 16년)에 늙었다고 하여 사직하고 다시 부원군에 봉해졌는데, 이때에 이르러 졸하니 나이가 86세이다. 아들은 정개鄭价·정칭鄭侮·정괄鄭佸이고 사위는 김질金礩이다.
부음이 알려지자, 전교하기를, "청빈한 재상이니, 부의 물건을 넉넉히 주도록 하라." 하였다.

정창손의 죽음에 대해 사관이 논평하기를

정창손은 천성이 조용하고 소탈하여 재화를 모으는 일을 경영하지 아니하였으며 집에 사는 것이 쓸쓸하고 뇌물을 받지 아니하여 비록 지친이라도 감히 사사로이 간청하지 못하였다. 어버이에게 효도하고 친구에게 신의를 지켜 정승이 된 지 30여 년 동안 한결같이 청렴하고 정직하여 처음부터 끝까지 변하지 아니하였다. 나이가 많아지자 정신이 혼란하여 일을 의논할 때에 비록 더러 착오는 있었으나 조금도 임금의 뜻에 맞추어 아부하는 사사로운 마음이 없었다. 매양 조정의 모임에서 기거 동작하는 데에 넘어지면서도 오히려 사직하지 아니하므로 사람들이 가만히 비난하였다.

그러나 한편으로 사육신을 받드는 유학자들은 정창손을 좋게 평가하지 않았다. 정창손은 정개·정병·정괄의 세 아들을 두었는데 정개와 정병은 첨지중추부사에 이르렀고, 정괄은 연산군 때 우의정에 올라 명나라 사신으로 나갔다가 돌아오는 길에 병을 얻어 숨졌다.

1504년 연산 10년 4월 폐비 윤씨가 퇴출당할 때 폐출 논의에 참여한 죄로 폐서인되어 부관참시를 당하다.
1506년 중종반정으로 신원 복관되다.

[승진과정]

1423년[22세] 세종 5년 사마시합격
1426년[25세] 세종 8년 문과 급제, 권지 승문원 부정자, 집현전 저작랑
1434년[33세] 세종 16년 7월 경연관
1435년[34세] 세종 17년 6월 집현전 교리
1441년[40세] 세종 23년 사섬서령
1443년[42세] 세종 25년 1월 집현전 응교,
                    2월 한글의 제정 반대 파직, 투옥
1444년[43세] 세종 26년 6월 집현전 응교 복직
1445년[44세] 세종 27년 7월 수사헌집의
1446년[45세] 세종 28년 10월 불경간행 반대로 의금부 투옥, 좌천
1447년[46세] 세종 29년 직예문관, 문과 중시 장원급제, 집현전 직제학
1448년[47세] 세종 30년 5월 집현전 부제학,
                    7월 불당설치 불가 상소 사직, 출근하여 다시 상소
1450년[49세] 세종 32년 2월 17일 세종 승하
1450년[49세] 문종 즉위년 2월 22일 문종 즉위
1450년[49세] 문종 즉위년 7월 승정원 좌부승지, 8월 우승지
1451년[50세] 문종 1년 동부승지, 예문관 제학, 5월 사헌부 대사헌
1452년[51세] 문종 2년 2월 예문관 제학
1452년[51세] 단종즉위년 5월 18일 단종이 즉위
1452년[51세] 단종즉위년 7월 예문관 제학
1453년[52세] 단종 1년 10월 이조판서, 10월 계유정난에 협력
1455년[54세] 세조 1년 윤 6월 11일 세조즉위, 윤 6월 우찬성,
                    7월 겸 세자좌빈객, 9월 좌익 공신 3등

1456년[55세] 세조 2년 2월 우찬성 겸판이조사, 6월 성삼문의 불궤를 고하다.

1456년[55세] 세조 2년 10월 우의정

1457년[56세] 세조 3년 3월 좌의정

1458년[57세] 세조 4년 윤2월 모친상, 여묘살이, 12월 9일 특명으로 영의정에 제수,
12월 18일 사직

1460년[59세] 세조 6년 4월 봉원부원군

1461년[60세] 세조 7년 4월 29일 영의정부사

1462년[61세] 세조 8년 5월 8일 실언으로 6개월간 유배생활

1462년[61세] 세조 9년 12월 8일 석방된 정창손에게 주연을 베풀다.

1468년[67세] 세조 15년 9월 7일 예종 즉위, 9월 8일 세조 승하

1468년[67세] 예종즉위년 원상, 남이의 옥사로 익대공신 3등

1469년[68세] 예종 1년 11월 28일 예종 승하

1469년[68세] 성종즉위년 11월 28일 성종 즉위

1470년[69세] 성종 1년 9월 대광 보국숭록대부, 12월 원상

1471년[70세] 성종 2년 좌리공신 2등

1472년[71세] 성종 3년 4월 궤장 하사

1475년[74세] 성종 6년 6월 7일 의정부 영의정

1479년[78세] 성종 10년 6월 2일 중궁 폐출의 교서를 내리다.

1482년[81세] 성종 13년 8월 16일 윤씨를 사사하게 하다.

1485년[84세] 성종 16년 3월 27일 84세의 고령으로 사퇴

1487년[86세] 성종 18년 1월 27일 봉원 부원군 정창손이 죽다.

1504년[사후] 연산 10년 4월 폐서인되어, 종묘에서 퇴출, 부관참시하다.

1506년[사후] 중종 1년 중종반정 이후 다시 신원, 복권되었다.

1514년[사후] 중종 14년 청백리로 복권

22. 강맹경姜孟卿
황희가 칭찬하고 정인지가 인정한 인물

생몰년도	1410년(태종 10)~1461년(세조 7) [52세]
영의정 재직기간	(1459.11.6.~1461.4.17.) (1년 5개월)
본관	진주晉州
자	자장子章
시호	문경文景
군호	진산부원군晉山府院君
공훈	좌익공신 2등 수양대군이 세조로 즉위하는데 협조한 공로
묘소	경기도 양평군 옥천면 신복리
신도비	묘소옆에 있는 신도비는 신숙주가 글을 짓고 강희안이 글씨를 씀
기타	황희정승이 칭찬한 인물로 정인지에 의해 인정받다
증조부	강시姜蓍–상의문하부사
조부	강회백姜淮伯–승추부 판사
부	강우덕姜友德–창녕현감
모	이혜李惠의 딸–지보주사知甫州事
장남	강윤범姜允範–경상도 관찰사, 중추부 첨지사
손녀	남희南曦에게 출가
손녀	박수장朴壽長에게 출가
장녀	정계우鄭繼禹에게 출가

좌익 2등공신

강맹경은 세종 때 벼슬을 시작하였는데 명재상 황희가 칭찬하기를 "내 늙은 몸으로 사람을 많이 보았지만 강맹경과 같이 훌륭한 사람은 보질 못했다. 10년이 지나지 않아 내 자리를 차지할 것이다." 했는데 그대로 적중되었다. 인물이 인물을 알아보았던 모양이다. 거기다가 강맹경은 명문가 출신이었고, 세조 즉위시 협조한 공로로 좌익공신 2등에 책봉되어 훌륭한 배경을 가지고 벼슬길을 달린 것이다.

강맹경은 진주 강씨로 대대로 명덕이 있고 높은 벼슬이 서로 잇닿았는데, 고려 때 재주가 넘쳐 '한강이남 제일학동'으로 칭송을 받던 한림원 강창서의 후손이다. 증조부 강시는 고려 공양왕과 사돈으로 문하찬성사였고, 조부 강희백은 태조 때 동북면 도순문사를 지냈다.

강맹경은 융성했던 명문가에서 조선 태종 때 창녕현감 강우덕의 두 아들 중 장남으로 태어나니 휘는 맹경孟卿이요 자字는 자장子章이다.

어려서부터 책을 읽어 나이 17세에 생원 진사시에 합격하였고, 20세에 문과에 급제하여 약관의 나이로 관직에 올라 예문관에 선발되어 들어갔다. 벼슬길이 순조로워 승정원 주서가 되었다가 곧 사헌부 감찰로 옮겼으며 외직으로 나가서 충청도 감사를 보좌하다가 돌아와 이조 좌랑에 제수되었다. 의정부 검상·사인, 사헌부 집의 등 청요직을 역임하였으며, 이르는 곳마다 명성과 실적이 있어 조정 내의 추천 후보로 강맹경을 모두 첫째로 꼽았다.

전고(典故 : 옛 기록)에 정통하였으므로 논의가 명쾌 유창하고 사려가 정밀 민첩하여 늘 기무(機務 : 보안업무)가 구름 모이듯 하였으나, 얼굴빛이 동요됨 없이 여유 있는 자세로 처리하니, 사람들은 모두 삼공(영의정·좌의정·우의정)의 지위에 오를 것이라고 기대하였다. 이러한 그의 평판에 힘입어 요직을 거치며 세종의 신임을 받았고, 문종이 즉위하자 42세 나이로 도승지에 올랐다.

문종이 승하하니, 임종하기 직전 김종서를 불러 "어린 세자를 부탁한다"는 고명을 내릴 때 입직승지 신숙주·성삼문 등과 함께 사실을 기록하기도 하였다. 단종이 어린 나이에 즉위하니 권간(權姦 : 권력을 차지하려는 간신)들이 명에 따르지 않았는데, 강맹경은 중요한 자리에 있으면서 공정하게 처리하고 정세에 위축되지 아니하니, 그들이 여러 번 강맹경을 모함하려 하였으나 끝내는 어쩌지 못하였다.

1453년 단종원년 여름에 이조참판이 되어 병이 나서 집에서 병을 치료하였는데, 이해 10월에 세조가 계유정난을 일으켜 이조참판 직을 사직하였으나 수리되지는 않았다. 이후 대세의 흐름을 간파한 강맹경은 세조가 즉위하는데 협조를 하게 된다. 이로 인해 좌익공신 2등에 책봉되었고, 의정부의 참찬·찬성을 거쳐 우의정·좌의정으로 승진하였다.

1459년 세조 4년 11월 6일 정창손의 뒤를 이어 영의정에 오르니, 나이 50세로 비교적 이른 나이였다.

의정부에 있은 지 40년에 주상께서 새 정사를 펴는 초기를 맞이하여 많은 조치를 강맹경이 건의한 바가 많았는데, 차분하고 너그럽고 엄격하고 정중하여 대신의 체통이 있었다. 강맹경은 타고난 자질이 뛰어난데다 예절과 법도에 밝아 빈례(賓禮: 손님 접대례)나 제례(祭禮 : 제사례) 등 큰 의식이 있을 적마다 임금은 반드시 강맹경에게 환영사나 접반사를 시켰는데 끝까지 격식에 어긋나는 일이 없었다.

한번은 강맹경이 영의정에 갓 올랐을 때 세조가 양녕대군과 걸음을 같이하여 강맹경의 집을 찾았다. 기둥이 낡아 쓰러져가는 초옥의 뜰에는 질그릇 두어 개가 놓여 있을 뿐 집안은 곤궁함이 가득하였다. 이에 양녕대군은 "기둥이 썩어가고 있구려! 사람이 다칠 것 같소. 일국의 수상집이 이와 같으니 이 또한 아름다운 일이 아니겠소!" 하고 경탄하였다.

강맹경의 어머니는 지보주사 이혜의 딸이었는데, 현모양처의 귀감이었으며, 어머니의 도道가 준엄한 여걸로, 고향인 진주에서 살기를 고집했다. 어느 날 영의정에 오른 강맹경이 고향의 어머니를 찾아보고 잔치를 베풀려 진주로 내려오다가, 도중에 지방관청에 들려 쉬면서 오느라 미리 예고해 드린 날짜보다 하루가 늦게 고향집에 닿았다. 이에 마음이 상한 노모는, 재상인 아들의 관대를 벗기고 긴 회초리로 재상의 종아리를 사정없이 치면서, 아들의 경솔했던 행동을 꾸짖었다. 이에 사람들은 "그 어머니에 그 아들이다!"라고 찬탄하였다 한다.

강맹경은 천성이 지극히 효성스러워서, 모친이 진주의 옛집에 계시므로 서울로 모셔다가 봉양하려고 하였으나 연세가 높아 고향에 편히 여기는 뜻에 어긋날까 걱정하여 여러 번 고향으로 돌아가 봉양할 것을 아뢰었는데, 임금께서는 들어주지 아니하고 특별히 한 해에 한 번 돌아가 뵙도록 윤허하였다. 그리고 귀향할 때마다 임금이 몸소 전송하며 하사품을 후히 내려 대부인에게까지 미치게 하였다. 또 관할관서에 명을 내려 잔치토록 하여 향리에서 돋보이게 하니, 온 세상이 영예롭게 여겼다.

1460년 세조 6년 가을에 수중다리병을 앓기 시작하여 병이 악화되자 주상께서 내의에게 명해 치료케 하여 나았는데, 주상께서 기뻐서 특별히 의원 전순의와 강맹경의 아들·사위에게 벼슬 1자급씩을 높여 승진시켰다. 다음 해 봄에 이르러 수중다리병이 재발하자 주상께서 또 내의 두어 사람에게 명하여 치료케 하였고 내관이 왕래하며 매일 증후를 아뢰게 하였으며, 약의 사용에 주상께서 몸소 약방문을 고찰하여 결정하였다.

그러나 천명天命이 다하여 병세가 점점 위중해지자, 강맹경은 자제를 불러놓고 말하기를, "나는 죽어도 여한이 없다. 다만 늙은 부모가 계시니 이 점이 한이다." 하고, "나는 아마도 일어나지 못할 것이다. 어머니께 나의 병을 말씀드리지 말라. 내가 죽은 뒤에나 말씀드려라. 내 병을 걱정하시고 또 나의 죽음을 슬퍼하시게 하여 나의 노모로 하여금 거듭 괴롭게 해드릴 수 있겠느냐? 아, 애달프다." 하였다. 그리고 상례는 일체 가례에 따르도록 명하였다. 이틀 뒤 1641년 세조 7년 4월 17일, 51세의 젊은 나이로 눈을 감으니, 임금이 매우 슬퍼하며 "인군人君이 신하를 위하여 복服을 입는 것이 비록 옛 제도에는 없으나, 나는 강맹경을 위하여 마땅히 7일을 행할 것이다." 하였다. 시호는 문경공으로 내려졌다. 경기도 양평군 옥천면 신복리에 그의 묘소가 마련되었고, 이듬해에 신도비를 세웠는데, 비문은 영의정 신숙주가 짓고, 4촌 아우인 호조참의 강희안이 전자篆字와 함께 글씨를 썼다(국역 국조인물고, 세종대왕기념사업회).

등용해야 할 사람과 퇴출시켜야 할 사람

1450년 문종 즉위년 9월 18일 이조판서 권맹손이 고과평가의 엄격한 적용을 아뢰자 이를 의정부에 의논하게 하였다. 처음에 이조판서 권맹손이 아뢰기를,

"여러 도의 관찰사와 각 관청의 제조提調[81]들이 구습을 그대로 따라 행하므로 인사평가가 엄하지 못하여 시위소찬尸位素餐[82] 하면서 관직에 있는 사람이 매우 많게 되니, 청컨대 등용과 퇴출을 크게 밝혀서 선비의 기풍을 권장하게 하소서."

했는데, 이때에 와서 임금이 도승지 이계전을 만나고 이를 의논하게 하니, 이계전이 아뢰기를,

"지금 순자循資의 법[83]을 행하니, 현명한 사람과 우매한 사람이 같이 침체하게 됩니다. 만약 대신과 더불어 그 현명함과 우매함을 의논함에 있어 과연 현명하다면 일상적인 례에 구애받지 말고 등용하여 승진시킨다면 사람들이 모두 온 힘을 다하여 착한 일 하는 데 힘쓸 것이며, 우매하다면 직위를 낮추어 물리친다면 사람들이 모두 두려워하여 악한 일 하는 것을 꺼리게 될 것이니, 인재를 임용함에는 순자循資의 법만 한갓 지킬 수는 없습니다."

하였다. 임금이 이에 의정부에 교지를 내리기를,

"어질고도 재간있는 사람이 임용된다면 백성이 편안할 수가 있는데, 관할서에서 순자의 법만 굳이 지킨다면 어진 사람이 있더라도 침체함을 면치 못하게 된다. 의정부와 이조·병조참판 이상과 이방·병방 승지 등은 서울과 지방의 관리로 현명함과 우매함을 의논하여 승진할 사람과 물리칠 사람을 아뢰어라."

---

81) 각 관아를 통솔하는 겸직 관직.

82) 하는 일 없이 자리만 차지하고 녹을 받아먹는 관리.

83) 관리를 승진임용할 때 품계의 차례에 따라서 승진시키는 법.

하니, 이에 영의정 하연·좌찬성 김종서·우찬성 정분·좌참찬 정갑손·이조판서 권맹손·병조판서 민신·참판 조수량·도승지 이계전·좌부승지 김문기 등이 의정부에 모여 의논하였다.

중앙직인 민공·박중손·노숙동·권자공·강맹경·신숙주·하위지·김순·강희안·박원형·김수·설정신과
지방관인 이예손·유규·박쟁·조어·이호성·김을손·정유용·윤처공·김약회·조수문·박연세·박유성 등 24인을 승진시킬만 하다고 의논하고,
판내자시사 이효례·판예빈시사 구차숭은 모두 연로하니 한 관아의 장관이 될 수 없으며, 판제용감사 신균은 처신이 게으르고 또 능히 아랫사람을 통솔하지도 못하여 매양 하급관리에게 능욕을 당하였으며,
군자감 정 방구행은 나이 만 70세가 되었으며, 제용감 정 이근은 그 전에 수령이 되었을 적에도 청렴하거나 근신하지도 못하였는데, 지금 본직 제용감 정이 되어서는 또 장관을 능욕했으며,

동부지돈녕부사 이의경은 형제가 서로 화목하지 못하였고, 제용감 판관 김계는 어리석고 사리에 어두워 사무를 능히 처리하지 못했으며,
예빈시 직장 이영충은 그 전에 풍저창 승이 되었을 적에 관청 쌀 20여 석을 훔쳐 사용했고, 사재감 직장 이문은 장인의 관을 열고 금대를 끄내었으며, 장인의 빈소 곁에 있으면서 거문고를 탔고,
강화 부사 김경은 조세의 징수가 매우 과중하므로 백성이 고통을 감내하지 못했으며, 또 사당 시제時祭로 인하여 서울에 왔을 적에는 배로 공물 2척을 수송했으며, 연풍 현감 유간은 감사의 임명을 받아 조세의 징수를 감독하면서 각 고을의 말과 되를 마음대로 널려 과중하게 수납하여서 수량이 3천여 석에까지 이르게 되었으며,

안동 부사 정지담은 관할 구역 백성의 말을 사고, 금령을 범하여 다른 고을의 공납철을 사사로이 바치고는 그 대가를 받았으며, 또 백성을 다스리는 임무에는 적합하지 못하며, 단성 현감 양금석은 관사를 조성한다고 핑계하고서 민간으로 하여금 큰 재목을 바치게 하고, 바치지 못한 사람에게는 면포綿布로써 징수하여 모두 함부로 사용했으며,
기장 현감 윤종순은 첩을 거느리고 부임했고, 또 백성을 다스리는 일에 적당하지 못하며, 강음 현감 이종운은 국왕께 올리는 글을 모시고 북경에 도착하여 술과 안주

를 갖추어 의녀醫女의 방으로 가서 그 첩과 같은 의녀를 접대했으며, 발령지에 있을 때는 촌백성의 탁주를 얻어 마셨으며,

지평해군사 임부는 늙어서 정신이 흐리며, 지정선군사 유치지는 인품이 용렬하며, 울진 현령 박이경은 쇠약하고 용렬하며, 덕원 부사 조상명은 이미 자손이 있는데도 세도가의 손자를 수양으로 삼아 발령지에 거느리고 갔으니, 심지가 천하고 너절하였으며,

지서산군사 구익수는 술을 마시면 번번이 술먹은 김에 기세를 부리고 또 사무를 처리하지 못했으며, 행 부정 양수는 전일에 강화에 재임했을 적에 자못 청렴하지 못했다는 비난이 있었으니 무릇 이 21인은 물리칠 만하다고 의논하였다.

대호군 신경종은 혼미하여 함부로 추측하니 관례로써는 마땅히 퇴출해야 하겠지만, 그러나 후령군이 장인이라서 관례로써 파면할 수가 없으니 그 관직을 강등시킬 것을 청하기로 하였다.

의논을 마치므로 써서 올리니, 임금이 사정전에 나아가 이계전과 김문기 등을 만나고 묻기를,

"내가 듣건대 민공은 경상 감사가 되었을 때 그 직무를 감내하지 못했다 하니 승진시킬 필요가 없다. 승진시킬 만한 사람 중에 어찌 성삼문이 없는가?"

하니, 이계전이 대답하기를,

"성삼문도 또한 쓸모가 있는 사람입니다. 그러나 근일에 동료 박팽년 등이 반대 상소할 적에 성삼문은 그 말이 간절함을 꺼려서 핑계를 하고는 참가하지 않았으니 지사志士의 기풍이 없었으므로, 여러 사람의 의논이 이를 그르게 여겼습니다."

하니, 임금이 말하기를,

"박팽년의 상소가 잘못된 것이고, 성삼문의 참가하지 않은 것이 옳은 것이니, 어찌 이 일로써 그르게 여길 수 있겠는가? 이영충의 범죄는 홍심洪深의 말로써 탄핵된 것이 아닌가?"

하였다. 이계전이 대답하기를, "그렇습니다." 하였다.

"사인·검상과 이조·병조의 낭청 중에서 승진할 만한 사람이 없는가? 무슨 까닭으로 도무지 한 사람도 승진시킬 만한 예例에 있지 않는가?"
하니, 이계전이 대답하기를,

"여러 사람이 의논하기를, '이 무리들은 이미 정선하여 마땅히 승진할 만한 반열에 있다.'고 하므로 당상관의 처지로써 낭청을 천거함이 마음에 미안하게 되어 아울러 기록하지 않았던 것입니다." 하였다.

임금이 명하여 박쟁·조어·이호성·박연세와 지대구군사 이보흠에게 작위 1급을 승진시키고,
신균·이근·김계·이영충·이문·김경·유간·정지담·양금석·윤종순·이종운·임부·유치지·박이경·조상명·구익수 등을 파면시켰다.

박쟁·이호성·박연세는 장차 장수가 될 만한 사람이고, 조어는 청백함으로써 세상에 이름이 난 사람이었다. 이보흠은 꾸밈새 없이 순박하고 허식이 없으니 임금이 평소부터 아끼었으므로 승진할 만한 예例에 있지 않았는데도 특명으로 승진시켰던 것이다.

후일에 또 관할사의 청으로써 파면을 당한 사람은 이효례·이영선·홍유강 등 수인이었다. 이영선은 그전에 예빈시의 관원이 되었을 적에 관청의 인장을 훔쳐 사용했으며, 홍유강은 그전에 수령이 되었을 적에 관비를 간통했으며, 후일에 평안도 도절제사의 군관이 되어서는 직장 군관 장즙과 더불어 도리를 어기고 구타하여 싸웠던 것이다. 또 이조에서 의논하기를,

"대사헌 이승손은 지난번에 인사를 맡았을 적에 친척을 부유한 여러 군郡에 나누어 배치하여 토산물을 운반해 와서 내왕이 잇대어 끊이지 않았으므로, 세상 사람이 공물을 바치는 것이라고 비난했으며, 또 남의 뇌물을 많이 받았었다.

일찍이 연회를 베풀었는데 자리에 앉은 내빈 10여 인이 각기 소의 혓바닥을 바쳤으니 이것은 곧 10여 마리의 소이고, 다른 물건도 이와 같았다. 또 자식과 조카들을 가르치기를 근실하지 못하게 하여 모두가 뇌물죄를 범하고 있으니, 시랑(豺狼 승냥이와

이리)이 요처를 차지하고 있는데 호리(狐狸: 여우와 이리) 따위를 어찌 죄를 묻겠는가?"

하고는, 이내 아뢰기를,

"이승손은 행동이 탐오貪汚하므로 사헌부의 장관에는 적합하지 못하니 파면시키기를 청합니다."

하였다. 후일에 이승손을 중추원 사에 제수하였는데, 아들은 이영선을 가리킨 것이고, 조카는 이영충을 가리킨 것이었다. 김문기는 성품이 악을 미워하기 때문에 의정부에 모여 의논할 적에 물리칠 만한 사람은 그의 입에서 많이 나왔는데, 혹시 다른 의견이 있으면 반드시 온갖 말로 변명하면서 이기기를 힘써서 옆에 사람이 없는 것같이 하니, 여러 사람이 말하기를,

"한 사람의 소문으로써 경솔히 진퇴를 삼을 수가 없으니 반드시 좌중에 있는 세 사람의 들은 바가 같은 뒤에야 그 거취를 정하도록 할 것이다."

하니, 김문기는 말하기를,

"김보지가 길주 판관이 되었을 때 뇌물죄를 범하여 법도가 없었다."

하고는, 따라서 물건의 명칭과 수량까지 말하였다. 김보지의 사람됨이 본디 탐오했으니 김문기의 말한 것이 반드시 옳지 않은 것은 아니지마는 소문을 들은 것이 세 사람에 차지 않는다는 이유로 물리칠 만한 예例에 두지 않으니, 김문기는 매우 원망하여 말과 얼굴빛에까지 나타나게 되었으니 그 당시에 이르기를,

"승진과 퇴출의 의논이 실상을 얻기가 어려우니 한 번만 시행할 것이고, 두 번은 시행할 수 없다." 하였다.

-문종실록 즉위년 9월 18일-

강맹경의 졸기

1461년[52세] 세조 7년 4월 17일 영의정 강맹경의 졸기.

영의정 강맹경이 졸卒하였다. 임금이 매우 슬퍼해서 소찬을 들고 아울러 3일 동안 조회를 철회하고, 공신 등에게 명하여 그 집에 가서 곡하게 하였다. 쌀과 콩 70석과 종이 1백 권을 내려 주었다. 강맹경은 성품이 관후하고 활달하며 풍채가 훌륭하였다. 젊어서 과거에 올라 여러 벼슬을 거쳐 의정부의 사인舍人이 되고, 문종 조에 미치어서는 판내자시사로 전직되었다가 승정원의 동부승지로 발탁되고, 여러 번 도승지에 올랐었는데 병 때문에 예문관 제학으로 바꾸었다. 세조가 임금의 계통을 잇게 되자 좌익공신에 참여하여 더욱 알아줌을 받아서 드디어 영의정에 올랐다. 힘써 대체를 따르고 대신다운 위엄이 있어서 매양 담론하고 주대할 때마다 말이 급히 흐르는 물과 같이 거침없이 유창하다. 정인지가 일찍이 만나서 말하기를,

"경은 정사政事에 재주가 있으나, 다만 박학하지 못한 것이 한이다."

라고 하였다. 시호를 문경이라 내려 주었는데, 충성하고 신의가 있으며 예문에 의거한 것이 문文이요, 의義로 말미암아 구원한 것이 경景이다.

[승진과정]

1426년[17세] 세종 8년 진사시 합격
1429년[20세] 세종 11년 문과 급제, 사인 지승문원사, 집의
1430년[21세] 세종 12년 8월 예문관 검열
1433년[24세] 세종 15년 윤 8월 주서
1434년[25세] 세종 16년 6월 사헌 감찰
1443년[34세] 세종 25년 1월 사인舍人
1447년[38세] 세종 29년 11월 수지승문원사
1448년[39세] 세종 30년 1월 지승문원사, 4월 일본국 선위사,
　　　　　　　 6월 귀국 보고(복명), 예조낭청
1449년[40세] 세종 31년 3월 지승문원사, 8월 의금부 부진무, 12월 지승문원사
1450년[41세] 세종 32년 윤 1월 수사헌집의
1451년[42세] 문종 1년 1월 동부승지, 5월 우부승지, 8월 좌부승지
1452년[43세] 문종 2년 2월 도승지
1452년[43세] 단종즉위년 5월 18일 단종즉위
1453년[44세] 단종 1년 6월 이조참판, 10월 계유정난, 11월 예문관 제학
1454년[45세] 단종 2년 6월 판한성부사, 윤 6월 11일 세조즉위,
　　　　　　　 8월 의정부 우참찬, 12월 좌참찬
1455년[46세] 세조 1년 9월 좌익공신 2등
1456년[47세] 세조 2년 10월 의정부 좌찬성
1457년[48세] 세조 3년 2월 우의정, 8월 진산부원군
1458년[49세] 세조 4년 12월 좌의정
1459년[50세] 세조 5년 11월 영의정
1460년[51세] 세조 6년 11월 진주로 낙향하니 술을 내려 주었다.
1461년[52세] 세조 7년 4월 17일 영의정 강맹경이 죽다.
1461년[사후] 세조 7년 4월 17일 강맹경의 죽음에 이르러 의원들이 약에 정성을 들이지
　　　　　　　 않음을 의정부에 국문케 하다.

23. 신숙주申叔舟
세조의 동갑내기 친구로 세조의 위징

생몰년도	1417년(태종 17)~1475년(성종 6) [59세]
영의정 재직기간	1차 (1462.5.20.~1466.4.18.)
	2차 (1471.10.23.~1475.6.17.) (총 7년 6개월)
본관	고령高靈
호	희현당希賢堂, 보한재保閑齋
시호	문충文忠
공훈	정난공신, 좌익공신, 익대공신, 좌리공신에 책록
출생	전남 나주군 노안면 금안리 오룡동
묘소	경기 의정부시 고산동 산5번지
배향	성종 묘정에 배향, 청주 구봉영당, 청주시 묵정서원에 배향
기타	폐비 윤씨의 친정어머니인 신씨는 신숙주의 삼촌 신평申枰의 딸
	4대 공신에 오른 세조의 동갑내기 친구
증조부	신덕린申德隣—전의판서
조부	신포시申包翅—공조참의
부	신장申檣—공조참판
장남	신주申澍—(요절)
며느리	청주 한씨—한명회의 딸(공혜왕후, 장순왕후의 자매)
2남	신면申㴐—함길도 관찰사
3남	신찬申澯—황해도 관찰사
4남	신정申瀞—후녕군(태종의 서7남)의 사위 손자, 이조참판
5남	신준申浚—병조참의
6남	신부申溥—홍주목사
7남	신형申泂—장령
8남	신필申泌
후처	정경부인 배씨
9남	신결申潔—유일한 서자

4대공신(정난·좌익·익대·좌리공신)

　신숙주는 김종서와 황보인을 처단한 계유정난의 정난공신이자, 세조를 왕위에 오르게 한 좌익공신이며, 남이장군의 역모를 물리친 익대공신이자, 성종의 등극을 주도한 좌리공신으로 정치적 기반을 탄탄하게 갖추었다. 혼맥 관계에서도 장남을 한명회의 딸과 혼사를 맺어 사돈관계를 맺었으며, 4남은 태종 서손녀에게 장가를 보내 왕족의 사위 손자가 되었고, 오남의 손녀도 태종 서손자에게 시집을 보내는 등 혼맥도 든든하였다. 신숙주의 집안도 명문가의 출신이었고 그의 인품과 실력도 당대가 알아주는 출중한 인물이었으니 미래는 보장되다시피 하였다.

　신숙주는 1417년 태종 17년 음력 6월에 공조참판 신장의 다섯 아들 중 셋째로 그의 외가가 있던 전라도 나주에서 태어났다. 본관은 고령으로, 자는 범옹이고, 호는 보한재 또는 희현당이라 했다. 신숙주의 선대 가계는 고려 때 명문가였다. 증조부 신덕린은 전의판서였는데 정몽주와 친분이 깊었고, 고려가 망하자 전라도 광주에 은거하였다. 조부 신포시도 아버지를 따라 향리에 숨었다가, 세종 때 임금의 부름을 받고 나와 공조참의를 지냈다. 아버지 신장은 공조참판을 지냈는데 오랫동안 문형(대제학)을 지내 유림의 종주로 불렸다. 어머니 나주 정씨는 지성주군사를 지낸 정유의 딸이다. 연산군 때 폐비 윤씨의 친정어머니인 부부인 신씨는 신숙주의 삼촌 신평申枰의 딸로, 신숙주는 연산군의 외외재종 조부가 된다.

　아버지 신장은 남에게 맞서기를 싫어하는 온화한 성품의 문인이었으나 술을 좋아하였는데 동료 문인인 허조는 "이런 어진 사람을 오직 술이 해쳤다."며 한탄할 정도였다. 신장은 아들들의 이름에 술을 뜻하는 의미의 주酒 자를 붙였는데, 숙주외에 다섯 아들들의 이름이 맹주孟舟·중주仲舟·숙주叔舟·송주松舟·말주末舟였다. 신장은 글씨를 잘 썼는데 숭례문의 현판 글씨 중 하나는 그의 글씨체라는 설이 전한다.

동생 신말주의 손자 신공섭은 조선 후기의 유명한 화가 신윤복의 선조이고 일제 강점기의 역사학자 단재 신채호는 그의 직계 18대손이 된다.

신숙주는 어려서부터 영민하고 준수하여 그를 본 사람들은 모두 그가 장차 큰 그릇이 될 줄 알았다. 장성해서는 학문을 좋아하여 천하의 서적을 두루 섭렵하지 않은 것이 없었다. 이렇게 쌓은 공부가 많아서 시문詩文을 지으면 바닷물이 넘실거리듯이 크게 분방하였으면서도 속된 글은 짓지 않았다. 그래서 당시 사람들이 서로 전해가며 신숙주의 글을 표준으로 삼았다.

1438년 세종 20년 신숙주는 진사시에서 초시와 복시에 연이어 장원급제를 하였고, 1439년에 문과에 급제하여 첫 관직으로 전농시 직장에 제수되었는데, 궁중의 농산물을 관장하는 직위였다. 이조에서 신숙주를 성균관 문묘에 제례를 올릴 때 제집사祭執事로 임명하였는데, 이조의 서리가 신숙주에게 통보를 하지 않아 일을 빠뜨리게 되자 사헌부에서 탄핵을 하였다. 신숙주는 이조의 서리가 늙었다는 말을 듣고 그가 죄를 받아서 파면될까 염려하여 자신이 거짓으로 자복하고 벌을 받았다. 이로 말미암아 관후한 장자長子라는 칭찬을 받았다.

1441년 세종 23년 집현전 부수찬이 되었는데 매일 아침 장관에게 보고가 끝나면 장서각으로 들어가 쉴 새 없이 책을 읽었다. 간혹 동료들을 대신하여 숙직하게 되면 밤새도록 책을 보았다. 어느 날 밤 12시가 지나서 세종이 보낸 어린 환관이 집현전에 이르렀는데 신숙주가 단정히 앉아서 책을 읽고 있었다. 사경四更에 또 보내어 엿보게 하니 역시 그러하였다. 그래서 곧 어의御衣를 내려 장려하였다.

1442년 세종 24년에 훈련원 주부로 옮겼다. 일본국이 사장詞章[84]을 좋아하므로 매양 통빙通聘[85]하게 되면 반드시 문사文士를 가려서 서장관을 삼았다. 서장관에 의망된 자가 모두 풍파가 험난한 것을 꺼려서 가지 않으려 하였는데 신숙주의 순서가 되자 거리낌 없이 나섰다.

1443년 세종께서 여러 나라가 각기 글자를 제정하여 그 나라 말을 기록하고 있는데 유독 우리나라에만 없으므로 자모字母 28자를 몸소 제정하여 언문諺文이라고 하고 서국書局을 대궐 안에 설치하고 정인지, 신숙주 등 문신을 가려 찬정撰定하도록 하였다.

1448년 세종 30년 집현전 응교를 거쳐 1449년 세손강서원 우익선으로 있을 때, 세손에게 사부를 세워 교육할 것을 청하였다. 이후 세종의 명으로 윤회, 김종서 등과 함께 고려사절요, 고려사 등의 편찬 작업에 참여하였다. 세종은 만년에 병환이 깊어지자 집현전의 학사들을 불러서 어린 세손 홍위(단종)의 앞날을 부탁한다고 했다. 이때 세종에게 어린 세손을 부탁한다는 부탁을 들은 신하들 중에는 신숙주 외에 성삼문과 박팽년 등이 있었다. 이때 세종의 유언을 들은 사람들이 주축이 되어 사육신으로 결의하게 된다.

1450년 세종 32년 봄, 명나라 사신 예겸이 황제 칙서를 가지고 우리나라에 왔다. 많은 조선의 대신들이 중국 사신의 학문이 짧다고 무시하였

---

84) 문장과 시부를 통칭하는 말.

85) 서로 교류함.

다가, 막상 한강을 유람하면서 시문을 주고받을 때는 그를 당할 자가 없어서 망신을 당하게 되었다. 이에 신숙주가 성삼문과 함께 왕명을 받들어 예겸을 상대하게 되었고 이는 중국의 고사와 운율을 배우게 하려는 것이었다. 예겸이 신숙주를 한 번 보고는 옛 친구처럼 여기고 서로 문장과 시를 주고받으며 신숙주를 동방의 거벽(巨擘 : 동방에서 가장 학식이 뛰어난 사람)이라 일컬었다. 예겸이 '설제등루부雪霽登樓賦'를 지으니, 신숙주는 보운(步韻 : 같은 운을 써서 시를 지음)으로 이에 화답하였다. 그가 돌아가서 보내온 시에 이르기를, '사부(詞賦 : 한시)는 일찍이 굴송, 굴원과 송옥의 수준에 올랐으니, 명성이 전하여 온 세상이 다 알고 있네.' 하였다. 그들이 신숙주를 공경하고 중히 여긴 것이 이와 같았다. 임금이 신숙주에게 경세제민의 재주가 있음을 알고 시험하고자 하여 특별히 사헌부 장령을 제수하였다. 신숙주는 자주 상소하여 기탄없이 모두 아뢰었으니 신숙주에게는 옛날 쟁신(諍臣 : 간관)의 기풍이 있었다.

1455년 세조 원년 여름, 세조가 즉위하자 매양 침전으로 신숙주를 불러들여 대사大事를 자문하였다. 신숙주가 고금의 사적을 인용하여 이로움과 병통을 지적해 아뢰면 임금은 아름답게 받아들이며 이르기를, "만약 다시 경과 같은 자 한 사람만 더 얻을 수 있다면 내가 무엇을 걱정하겠는가?" 하였다. 동덕 좌익 공신의 호를 내리고 품계를 뛰어 예문관 대제학을 제수하고 고령군으로 봉하였다.

1456년 세조 2년 봄에, 병조판서로 옮기게 되자 아뢰기를, "우리나라는 삼면으로 적의 침략을 받고 있으나 해구(왜구)가 가장 사나워 막아내기가 더욱 어렵습니다. 한번 그 기회를 놓치면 남쪽은 지키기가 쉽지 않습니다." 하였다. 임금이 이르기를, "경은 일찍이 사명을 받들고 그곳에 갔다 온 일이 있으니 그들의 사정을 잘 알 것이다. 지금부터 그들을 응접하는 일은 모두 경에게 위임한다." 하였다. 이로부터 예조를 전담하게 되었다. 그해 여름에, 성삼문 등의 옥사가 일어나 수백 명이 연루되어 옥에 갇히자 신숙주에게 옥사를 다스릴 것을 명하였다. 신숙주는 정상을 참작해서 자세히 보고하였으므로 목숨을 구한 자가 많았다. 판중추원사로 승진하면서 병조판서를 겸하였다. 의정부 우찬성으로 옮기면서 성균관 대사성을 겸하게 하여 문형을 맡도록 하였다.

1457년 세조 3년 가을에 좌찬성으로 바뀌고, 겨울에는 우의정에 승진되었다.

1459년 세조 5년 여름에 오랫동안 비가 계속 내리는 재변이 있어 사직하니 어서御書를 내려 윤허하지 않고 이르기를, "내가 경과 더불어 치적을 이루어 가고 있는데 경이 만약 물러가면 내가 어떻게 나아갈 수 있겠는가?" 하였다. 겨울에 좌의정에 올랐다. 이보다 앞서 야인들이 자주 들어와 노략질하므로 임금이 정벌하려고 하였으나 조정의 의논이 일치되지 않았다. 신숙주만이 홀로 정벌할 수 있다고 하고 이길 방책을 아뢰니 임금이 이르기를 "경의 말이 내 뜻에 꼭 맞다."고 하였다.

1460년 세조 6년 가을에 신숙주를 강원 함길 양도 도체찰사로 임명하여 야인을 정벌하게 하였다. 신숙주는 장병을 여러 부대로 나누어 여러 길로 한꺼번에 진격하도록 하여, 깊숙이 그들의 소굴에 들어가 풀을 뽑듯 새를 잡듯 쉽게 이기고 돌아왔다. 다시 오랑캐가 밤을 타서 뒤를 공격해 오자 진영에서 떠들썩하게 맞아 싸웠다. 그러나 신숙주는 꿈쩍 않고 누워서 일어나지 않은 채 막료를 불러 시 한 수를 읊었는데 그 시에, '오랑캐 땅 서리 내려 변방은 찬데, 철기는 백리 사이를 누비네. 밤 싸움은 그치지 않았는데 날이 새려 하네. 누워서 북두성 보니 영롱히 반짝이네.'라고 하였다. 장수와 병졸들이 공이 이렇게 편안하고 한가한 것을 보고는 용기를 내어 동요하지 않았다. 그 방략을 가르쳐 주고 용기있는 자나 겁내는 자 모두 분발하게 하여 위기에 신속하고 적절하게 대응하여 승리하였으니 그 배포는 과히 옛날의 명장이라도 신숙주보다 더할 수는 없었을 것이다. 승리해서 돌아오니, 임금이 기뻐하여 하사한 물품이 헤아릴 수 없을 정도로 많았다.

1462년 세조 8년에 영의정에 올랐다. 1464년 세조 10년에 벼슬이 너무 가득 찬 것을 들어 사직을 청하였으나 고령군으로 봉함을 받았다.

1466년 세조 12년 4월에 50세의 나이로 신숙주는 영의정에서 물러났는데, 이는 세조의 왕위찬탈과도 관련이 깊다. 세조가 왕이 된 이후 정난공신. 좌익공신, 익대공신 등 많은 공신들이 배출되었다. 이들 공신에 대한 보훈으로 영의정 자리를 한 사람에게 오랫동안 앉혀둘 수가 없었던 것이다. 신숙주는 세조가 아끼는 빼어난 인물이었지만, 세조를 보좌한 한명회, 권람, 홍윤성 등 측근들도 아직 영의정에 오르지 못하고 있었고 세조의 건강도 좋지 못한 상태였다. 세조는 신숙주 뒤를 이어 구치관을 영의정에 앉혔다. 술을 무척 좋아하던 세조는 신숙주와 구치관을 불러 연회를 열고는

"오늘 두 분 정승 분들께 물어볼 말이 있는데, 잘 대답하면 좋고 못 대답하면 벌주를 내리겠소" 라고 운을 떼고 "신 정승"이라고 불렀다.
신숙주가 대답하자 "나는 새 정승을 불렀지 신숙주 대감을 부른 것이 아니오."라며 신숙주에게 벌주를 내렸고, 다음에는 "구 정승"을 불렀는데 당연히 구치관이 대답하자 이번에 세조는 "나는 옛 정승을 불렀지 구치관 대감을 부른 게 아니오"이라며 구치관에게 벌주를 메겼다. 다시 한번 "신 정승"을 부르자 이번에는 구치관이 대답했는데 세조 왈, "이번에 나는 성으로 부른 거요" 라며 구치관에게 벌주를 주었다.

세조가 "구 정승"이라 부르자 신숙주와 구치관 둘 다 대답을 안 했는데 세조는 이런 말을 하며 두 정승 모두에게 술을 마시게 했다. "임금이 부르는데 신하가 대답을 않다니 불경하다! 둘 다 벌주를 마셔라."

—해동야언, 허봉—

술을 좋아했던 세조가 승하하고 1468년 예종이 즉위하여 원상이 되었고, 이듬해 예종마저 승하하니 10세 된 성종이 왕위에 올라 세조비 정희왕후가 수렴청정을 하였는데 다시 원상이 되었다.

1471년 성종 2년 여름에 성종은 신숙주에게 순성명량 경제홍화 좌리공신의 호를 내리고 병부를 맡겨 왕궁출입표를 주며 사변을 방비하게 하였다. 겨울에 다시 한번 영의정으로 발탁되니, 그는 두 번에 걸쳐 8년간 영의정 자리를 지킨 셈이다.

1475년 성종 6년 병으로 사직을 청했으나 왕이 허락하지 않아 계속 영의정직에 있었다. 왕이 그에게 특별히 궤장과 안대를 하사하려 하였지만 그는 자신이 궤장을 받을 나이는 아니라며 조용히 사양하였다.

신숙주의 병환이 깊자 임금은 내관·내의·측근에게 명하여 문병하게 하였고 약과 수라상을 내려 주었는데 이를 운반하는 이들이 길에서 서로 이어질 정도로 많았다.

병이 위독해지자 임금은 승지를 보내어 뒷일을 물었다. 신숙주는 국가가 태평하기 때문에 국경의 방비가 소홀하다는 점을 들어 북방의 방어에 대해 급히 조치해야 한다고 아뢰었다. 한편으로 일본과 여진을 경계하여 북방과 해안가의 방비에 주력할 것을 건의하기도 하였다.

그리고 유언하기를, "장례를 박하게 지내고 서적을 함께 묻어 주며, 불교의 법은 따르지 말라." 하였다. 임종 직전에 문병 온 성종이 조언을 문자 '일본과의 화친 관계를 잃지 마소서'라고 유언하였다. 6월 58세 나이로 숨을 거두었다.

사후 경기도 양주군 별내면 고산리 야산에 안장되었다. 묘비문은 이승소가 썼고, 신도비문은 정난종이 찬하였다. 문충文忠의 시호가 추서되었다. 청주시 구봉영당, 청주시 묵정서원 등에 제향되었고, 정난공신, 좌익공신, 익대공신, 좌리공신 등에 책록되었으므로 성종은 그에게 부조지전을 내려 불천지위가 되었다. 성종이 승하하자 성종의 묘정에 배향되었다.

신숙주의 아들에 주澍·면沔·찬澯·정瀞·준浚·부溥·형泂·산汕 여덟이 있어 모두 인물이 출중하였다.

그의 초상화는 1445년경 명나라 화공에 의해 그려졌는데 아직까지 그 영정이 전한다. 영정은 청주시 구봉영당에 봉안되어 있다가 대한민국 보물 제613호로 지정되었다(국역 국조인물고, 신숙주, 세종대왕기념사업회).

훈민정음 창제에 참여

세종의 신임을 얻은 신숙주는 집현전 수찬에 발탁되어 훈민정음 창제에 참여하였다. 세종이 여러 나라가 각기 글자를 제정하여 그 나라 말을 기록하고 있는데 유독 우리나라에만 없으므로 자모 28자를 몸소 제정하여 언문이라고 하고 서국(書局 : 서적제작소)을 대궐 안에 설치하고 문신을 가려 편찬하도록 하였다.

신숙주는 홀로 내전에 출입하여 친히 명을 받들어 오음五音의 청탁의 분별과 세자細字·한자의 구성원리 등의 법을 정했는데 다른 학사들은 그대로 따를 뿐이었다. 명나라의 사신이 조선에 입국했을 때도 태평관에 친히 왕래하면서 사신으로 온 명나라 학자에게 운서에 대해 질문하여 그 음을 정확하게 하는 등 국내외를 다니며 음운을 연구했다.

신숙주는 이두는 물론 중국어·일본어·몽골어·여진어를 두루 구사하였는데, 훈민정음을 연구하는 과정에서 이들 언어를 비교 분석하고 조선인의 발음과 비교하여 유사점과 차이점을 가려내었다.

세종은 또 언문을 중국음으로 번역하고자 하였는데 명나라의 한림학사 황찬이 죄를 짓고 요동에 유배되었다는 말을 듣자 신숙주에게 명하여 사절단을 따라 요동에 들어가 황찬에게 질문하도록 하였다. 신숙주는 말을 들으면 쉽게 해득하고 털끝만큼도 틀리지 않았으므로 황찬은 신숙주를 매우 뛰어난 사람이라고 여겼다. 이때 요동을 왕래한 것이 무릇 13차례였다.

이렇게 하여 훈민정음이 1443년 12월에 완성되었고, 한자음의 표준음을 정하기 위해 신숙주 등에게 동국정운을 편찬하고 1447년에 책이 완성되자 신숙주에게 서문을 짓게 하였는데 이때 신숙주의 나이 31세였다.

1447년 세종 29년 9월 29일 이달에 동국정운東國正韻이 완성되니 모두 6권인데, 명하여 간행하였다. 집현전 응교 신숙주가 왕명을 받들어 서문을 지었는데, 이르기를,

"하늘과 땅이 화합하여 조화가 유통하매 사람이 생기고, 음과 양이 서로 만나 기운이 맞닿으매 소리가 생기나니, 소리가 생기매 칠음七音이 스스로 갖추이고, 칠음이 갖추이매 사성四聲이 또한 구비된지라, 칠음과 사성이 경위(經緯:날줄 씨줄)로 서로 사귀면서 맑고 흐리고 가볍고 무거움과 깊고 얕고 빠르고 느림이 자연으로 생겨난 이러한 까닭으로,

포희(庖犧: 중국 삼황중 한명, 복희)가 괘를 그리고 창힐(蒼頡: 문자를 창제한 사람)이 글자를 만든 것이 역시 다 그 자연의 이치에 따라서 만물의 실정을 통한 것이고, 양나라 심약·수나라 육법언 등 여러 선비에 이르러서, 무리에 따라 나누고 종류에 따라 모아서 성조(聲調: 소리 높낮이)를 고르고 운율을 맞추면서 성운(聲韻: 초성·중성·종성)의 학설이 일어나기 시작하매.
글 짓는 이가 서로 이어서 각각 기교를 내보이고, 이론理論하는 이가 하도 많아서 역시 잘못됨이 많았는데. 이에 송나라 사마온공이 그림으로 나타내고, 송나라 소강절이 수학으로 밝히어서 숨은 것을 찾아내고 깊은 것을 긁어내어 여러 학설을 통일하였으나, 오방(五方: 동서남북중)의 음이 각각 다르므로 그르니 옳으니 하는 분변이 여러 가지로 시끄러웠다.

대저 음이 다르고 같음이 있는 것이 아니라 사람이 다르고 같음이 있고, 사람이 다르고 같음이 있는 것이 아니라 지방이 다르고 같음이 있나니,
대개 지세가 다름으로써 풍습과 기질이 다르며, 풍습과 기질이 다름으로써 호흡하는 것이 다르니, 동남 지방의 이와 입술의 움직임과 서북 지방의 볼과 목구멍의 움직임이 이런 것이어서, 드디어 글 뜻으로는 비록 통할지라도 성음聲音으로는 같지 않게 된다.

우리나라는 안팎 강산이 자작으로 한 구역이 되어 풍습과 기질이 이미 중국과 다르니, 호흡이 어찌 중국음과 서로 합치될 것이랴. 그러한즉, 말의 소리가 중국과 다른 까닭은 이치의 당연한 것이고, 글자의 음에 있어서는 마땅히 중국음과 서로 합치될 것 같으나, 호흡의 돌고 구르는 사이에 가볍고 무거움과 열리고 닫힘의 동작이 역시 반드시 말의 소리에 저절로 끌림이 있어서, 이것이 글자의 음이 또한 따라서 변하게 된 것이니, 그 음훕은 비록 변하였더라도 청탁과 사성(평성·상성·거성·입성)은 옛날과 같은데,

일찍이 책으로 저술하여 그 바른 것을 전한 것이 없어서, 용렬한 스승과 속된 선비가 글자를 반절反切하는 법칙을 모르고 자세히 다져 보는 요령이 어두워서 혹은 글자 모양이 비슷함에 따라 같은 음으로 하기로 하고,
혹은 전대의 임금이나 조상의 이름을 피하여 다른 음으로 빌어서 하기도 하며, 혹은 두 글자로 합하여 하나로 만들거나, 혹은 한 음을 나누어 둘을 만들거나 하며, 혹은 다른 글자를 빌어 쓰거나, 혹은 점이나 획을 더하기도 하고 감하기도 하며, 혹은 옛 중국음을 따르거나, 혹은 속음에 따르거나 하여서,
첫소리 칠음과 청탁·사성이 모두 변한 것이 있으니, 아음牙音으로 말할 것 같으면 계모(ㅋ 첫소리)의 글자가 태반이 견모(ㄱ 첫소리)에 들어갔으니, 이는 자모字母가 변한 것이고, 계모의 글자가 혹 효모(ㅎ 첫소리)에도 들었으니, 이는 칠음이 변한 것이라.

우리나라의 말소리에 청탁의 분변이 중국과 다름이 없는데, 글자음에는 오직 탁성이 없으니 어찌 이러한 이치가 있을 것인가. 이는 청탁의 변한 것이고, 말하는 소리에는 사성이 심히 분명한데, 글자 음에는 상성·거성이 구별이 없고, '질'의 운과 '물'의 운들은 마땅히 단모(ㄷ소리)로서 종성을 삼아야 할 것인데, 세속에서 내모(ㄹ소리)로 발음하여 그 소리가 느리게 되므로 입성入聲에 마땅하지 아니하니, 이는 사성의 변한 것이라.

'단(ㄷ소리)'을 '내(ㄹ소리) 소리'로 하는 것이 종성(받침)에만 아니고 차제次第의 '제'와 목단牧丹의 '단'같은 따위와 같이 초성(첫소리)의 변한 것도 또한 많으며, 우리나라의 말에서는 계모(ㅋ 첫소리)를 많이 쓰면서 글자 음에는 오직 '쾌'라는 한 글자의 음뿐이니, 이는 더욱 우스운 것이다.
이로 말미암아 글자의 획이 잘못되어 '어魚'와 '노魯'에 참것이 혼란되고, 성음聲音이 문란하여 탁한 물과 맑은 물이 함께 흐르는지라 가로로는 사성의 세로줄을 잃고 세

로로는 칠음의 가로줄에 뒤얽혀서, 날經과 씨緯가 짜이지 못하고 가볍고 무거움이 차례가 뒤바뀌어, 성운의 변한 것이 극도에 이르렀는데, 세속에 선비로 스승된 사람이 이따금 혹 그 잘못된 것을 알고 사사로이 자작으로 고쳐서 자제들을 가르치기도 하나, 마음대로 고치는 것을 중난하게 여겨 그대로 구습을 따르는 이가 많으니, 만일 크게 바로잡지 아니하면 오래될수록 더욱 심하여져서 장차 구해낼 수 없는 폐단이 있을 것이다.

대개 옛적에 시詩를 짓는 데에 그 음을 맞출 뿐이었는데, 3백편(시경)으로부터 내려와 한·위·진·당의 모든 작가도 또한 언제나 같은 운율에만 구애하지 아니하였으니, '동東'운을 '동冬'운에도 쓰고, '강江'운을 '양陽'운에도 씀과 같은 따위이니, 어찌 운韻이 구별된다 하여 서로 통하여 맞추지 못할 것이랴.

또 자모를 만든 것이 소리에 맞출 따름이니, 혀 앞부분·혀 윗부분과 입술의 무거움·입술의 가벼움과 치두齒頭·정치正齒와 같은 따위인데, 우리나라의 글자 음에는 분별할 수 없으니 또한 마땅히 자연에 따라 할 것이지, 어찌 꼭 36자에 구애할 것이랴.

공손히 생각하건대 우리 주상 전하께옵서 유교를 숭상하시고 도를 소중히 여기시며, 문학을 힘쓰고 교회를 일으킴에 그 지극함을 쓰지 않는 바가 없사온데, 만물을 살피시는 여가에 이일에 생각을 두시와, 이에 신숙주와 수 집현전 직제학 최항, 수 직집현전 성삼문·박팽년, 수 집현전 교리 이개, 수 이조 정랑 강희안, 수 병조정랑 이현로, 수 승문원 교리 조변안, 승문원 부교리 김증에게 명하시와 세속의 습관을 두루 채집하고 전해 오는 문적을 널리 상고하여, 널리 쓰이는 음에 기본을 두고 옛 음운의 반절법에 맞추어서 자모의 칠음과 청탁과 사성을 근원의 상세한 것까지 연구하지 아니함이 없이 하여 옳은 길로 바로잡게 하셨사온데,

신들이 재주와 학식이 얕고 짧으며 학문 공부가 좁고 비루하매, 뜻을 받들기에 미달하와 매번 지시하심과 돌보심을 번거로이 하게 되겠삽기에, 이에 옛사람의 편성한 음운과 제정한 자모를 가지고 합쳐야 할 것은 합치고 나눠야 할 것은 나누되, 하나의 합침과 하나의 나눔이나 한 성음과 한 자운마다 모두 위에 결재를 받고, 또한 각각 고증과 빙거를 두어서, 이에 사성으로써 조절하여 91운과 23자모를 정하여 가지고 어제御製하신 훈민정음으로 그 음을 정하고, 또 '질質'·'물勿' 둘의 운韻은 '영(影ㆆ소리)'으로써 '내(來ㄹ소리)'를 기워서 속음을 따르면서 바른 음에 맞게 하니, 옛 습관의 그릇됨이 이에 이르러 모두 고쳐진지라.

글이 완성되매 이름을 하사하시기를, '동국정운'이라 하시고, 인하여 신臣 숙주에게 명하시어 서문을 지으라 하시니, 신 숙주가 그윽이 생각하옵건대 사람이 날 때에 천지의 가운을 받지 않은 자가 없는데 성음은 기운에서 나는 것이니, 청탁이란 것은 음양의 분류로서 천지의 도이요, 사성이란 것은 조화의 단서로서 사시의 운행이라, 천지의 도가 어지러우면 음양이 그 자리를 뒤바꾸고, 사시의 운행이 문란하면 조화가 그 차례를 잃게 되나니, 지극하도다 성운의 묘함이여.

음양의 문턱은 심오하고 조화의 기틀은 은밀한지고. 더구나 글자가 만들어지지 못했을 때는 성인의 도가 천지에 의탁했고, 글자가 만들어진 뒤에는 성인의 도가 서책에 실리었으니, 성인의 도를 연구하려면 마땅히 글의 뜻을 먼저 알아야 하고, 글의 뜻을 알기 위한 요령은 마땅히 성운부터 알아야 하니, 성운은 곧 도를 배우는 시작인지라. 또한 어찌 쉽게 능통할 수 있으랴. 이것이 우리 성상께서 성운에 마음을 두시고 고금을 참작하시어 지침을 만드셔서 억만대의 모든 후생들을 길 열어 주신 까닭이다.

옛사람이 글을 지어내고 그림을 그려서 음으로 고르고 종류로 가르며 정절正切로 함과 회절回切로 함에 그 법이 심히 자상한데, 배우는 이가 그래도 입을 어물거리고 더듬더듬하여 음을 고르고 운을 맞추기에 어두었더니, 훈민정음이 제작됨으로부터 만고의 한 소리로 털끝만큼도 틀리지 아니하니, 실로 음을 전하는 중심줄인지라. 청탁이 분별되매 천지의 도가 정하여지고, 사성이 바로잡히매 사시의 운행이 순하게 되니, 진실로 조화를 경륜하고 우주를 주름잡으며, 오묘한 뜻이 현묘한 도로 들어가는 문에 부합되고 신비한 기미가 대자연의 소리에 통한 것이 아니면 어찌 능히 이에 이르리요. 청탁이 돌고 구르며 자모가 서로 밀어 칠음과 12운율과 84성조가 가히 성악의 정도로 더불어 한 가지로 크게 화합하게 되었도다. 아아, 소리를 살펴서 음을 알고, 음을 살펴서 음악을 알며, 음악을 살펴서 정치를 알게 되나니, 뒤에 보는 이들이 반드시 얻는 바가 있으리로다." 하였다.

-세종실록 29년 9월 29일-

중국 사신단으로 함께 간 수양과 신숙주

신숙주를 신임했던 세종이 승하하고, 뒤를 이은 문종도 1452년 5월에 승하하니, 어린 단종이 즉위하였다. 그해 8월이 되자 수양은 신숙주의 마음을 떠보게 된다.

> 정수충이 수양과 더불어 서서 이야기를 하는데, 마침 집현전 직제학 신숙주가 문 앞으로 지나갔다. 수양이 부르기를, "신수찬申修撰!" 하니, 신숙주가 곧 말에서 내려 뵈었다.
> 수양이 웃으면서 말하기를, "어찌 과문불입(過門不入 : 문앞을 지나면서 들어오지 않는 것) 하는가?" 하고, 이끌고 들어가서 함께 술을 마시면서 농담으로 말하기를, "옛 친구를 어찌 찾아와 보지 않는가? 이야기하고 싶은지 오래였다. 사람이 비록 죽지 않을지라도 사직社稷에는 죽을 일이다." 하니, 신숙주가 대답하기를, "장부가 편안히 아녀자의 수중에서 죽는다면 그것은 '재가부지(在家不知 : 집에 있으면서 세상 돌아가는 것을 모름)' 라고 할 만하겠습니다." 하므로, 수양이 즉시 말하기를, "그렇다면 중국으로나 가라." 하였다
>
> -단종실록 즉위년 8월 10일-

단종이 즉위했던 1452년 9월 조정은 고명사신을 명나라에 보내야 하는데, 수양이 자청하고 나서서 본인이 가겠다며 보좌할 서장관으로 신숙주를 지명하였다. 앞서 8월에 신숙주더러 '중국으로 가라' 한 의미가 중국 사신으로 함께 가자는 계산된 말이었던 것이다.

중국 사신으로 함께 나간 동갑내기 수양과 신숙주는 장기간 동고동락하며 친밀해지는 계기가 될 수밖에 없었다. 수양대군은 신숙주의 재능을 몹시 아꼈는데, 이듬해 3월 중국으로부터 돌아온 뒤부터 둘 사이는 급격히 가까워졌고, 수양대군의 거사에 신숙주는 간접 지원의 형태로 가담하게 되었다.

1453년 단종 1년 3월 신숙주는 승정원 동부승지에 제수되었다.

귀국 직후 신숙주는 성삼문 등과 재회했다. 이때 사육신으로부터 세조 3부자 처형 거사에 동참할 것을 요청받았으나 그는 단호하게 거절했다. 신숙주는 성삼문 등의 단종 복위 운동이 명분상으로는 옳지만, 인력과 군비 부족으로 실현이 불가능하다고 판단했다. 그는 한명회나 권람 등에게는 이 사실을 고변하지 않았는데, 뒤에 김질이 자신의 장인 정창손의 설득으로 거사를 폭로하면서 알려지게 되었다. 그러나 신숙주가 사육신의 거사를 밀고했다는 소문이 퍼지면서 김시습 등은 그를 추한 배신자와 변절자로 규탄하였고, 사림파들의 조롱거리가 되었다.

1453년 겨울 세조가 계유정난을 일으켜 김종서와 황보인 등을 처단했을 때 신숙주는 외직으로 나가 있었다. 그럼에도 세조는 신숙주가 일찍부터 비밀히 모의에 참여했다 하여 수충협책정난공신의 호를 내리고 손수 교서를 쓰기를, "만리 길을 동행하며 나라를 위해 죽기를 맹세했다." 고 하였다. 공신책봉을 내리자 사헌부에서 문제를 제기했다.

1453년 11월 18일, 사헌부에서 정난공신 책봉에 문제를 제기하다.

사헌부에서 아뢰기를,
"지금 정난 공신의 교서教書를 보니 그 1등을 논하여 말하기를 '기미에 밝아 먼저 제거하였다'고 하였습니다. 무릇 '기미에 밝다.'는 것은 기미에 앞서 밝다는 것입니다. 수양대군과 홍달손·권남·한명회라면 가합니다마는, 기타 1등에 올려 있는 자는 모두 이미 계책을 결정하고 역도를 제거한 뒤에야, 혹 불러서 이르렀고, 또 병조 당상·도진무 등과 같은 사람들은 그때에 처신할 바를 알지 못한 자들인데, 다 같이 상賞을 받았으니 공이 있는 자와 분별함이 없습니다.

옛사람이 이르기를, '사냥개를 놓아 짐승을 잡으라고 지시한 자는 공이 있는 사람이고, 분주하게 쫓아가 잡은 자는 공이 있는 개라.'고 하였습니다. 저 2, 3등에 있는 자들은 모두 분주하게 쫓은 작은 공로가 있을 뿐인데, 공신의 열에 외람하게 있으니, 매우 옳지 않습니다.

신 등이 그 날의 일이 어떠하였는가를 알지 못합니다마는, 대사헌 권준도 말하기를, '신도 역시 처음에는 그 일을 알지 못하였는데, 마침내 외람된 상賞을 받았다.'고 하였습니다.

지금 1등을 보면 모두 지위가 높은 자가 받았는데, 이것은 지위로써이지 공으로써가 아닙니다.

신 등은 생각건대, 저들 공이 없는 자들은 남을 밀고 저희들은 사양을 하여 그 자리에 있지 말아야 할 것인데, 지금 중한 상을 받고도 한마디 말로 사양하며 피하는 자가 없습니다.

수양대군은 종묘사직을 중히 여겨, 당초에 기쁘고 즐거운 마음으로, 이에 참여된 자들을 모두 공이 있다고 하여 기록한 것이었습니다. 그러나, 대군에게 명하여 다시 이를 의논하게 하면, 공론으로 가한 자만을 택하여 기록할 것이니, 모름지기 다시 의논하게 하소서."

-단종실록 1년 11월 18일-

상소가 들어가자 공신책봉을 받은 신숙주는 단종임금 앞에 나아가 공신의 호를 삭제해줄 것을 청하였다.

"신 등은 정난靖亂 때에 조그마한 공효功效도 없으므로, 반납하려고 생각한 지가 며칠이 됩니다. 지금 사헌부의 말이 진실로 옳으니, 청컨대 신들의 공신의 호號를 삭제하여 주소서." 하니, 왕이 말하기를 "피하지 말라." 하였다.

-단종실록 1년 11월 18일-

단종이 왕위를 세조에게 양위하다

이후 신숙주는 도승지가 되었으나 단종이 왕위를 세조에게 양위하고자 뜻을 표하는 순간에도 입을 함구하고 있었다.

1455년 윤 6월 11일 단종이 세조에게 왕위를 선위하였다.

세조가 우의정 한확·좌찬성 이사철·우찬성 이계린·좌참찬 강맹경 등과 더불어 의정부로부터 대궐로 나아가서 병조판서 이계전·이조판서 정창손·호조판서 이인손·형조판서 이변·병조참판 홍달손·참의 양성·승지 등과 같이 빈청에 모여 의논하기를,

"혜빈 양씨·상궁 박씨·금성대군 이유·한남군 이어·영풍군 이전·동지중추원사 조유례·호군 성문치 등이 난역을 도모하여 이에 참여한 일당이 이미 많았으니 가볍게 할 수 없다." 하였다.
이에 합동하여 청하기를,
"금성대군이 전의 일을 스스로 징계하지 아니하고 오히려 무사들과 은밀히 결탁하고 그 일당에게 후히 정을 베풀면서 다시 혜빈·상궁 등과 서로 결탁하여 그의 양모 의빈으로 하여금 혜빈궁에 들어가 거처하게 하고 그 유모 총명 등을 시켜 은밀히 상시 왕래하여 왔고, 금성대군도 또한 왕래하였으며, 또 상궁에게 계집종을 주고는 서로 통하며 안부를 전하여 왔습니다.

또 이 밖에도 한남군·영풍군 및 정종 등과 더불어 혜빈·상궁과 결탁하여 문종조 때부터 궁내에서 마구 권세를 부려와 그 불법한 일은 이루 열거할 수가 없습니다. 또 대신과 종실들의 의논을 기다리지 않고 독단하여 의빈의 친척인 박문규의 딸과 또 금성의 처족인 최도일의 딸을 왕비로 세우려다가 뜻을 얻지 못하고 드디어는 중궁이 자기가 세운 바가 아니라 하여 온갖 계교로 이간하여 왔습니다.

또 정종이 은밀히 혜빈과 금성 대군 이유를 섬겨온 것은 온 세상이 다 아는 사실이며, 조유례도 역시 그들의 일당입니다. 신 등이 아뢰려고 한 것이 이미 오래인데, 그

기세가 날로 심한즉 종사의 대계를 생각하여 어찌 사사로운 정으로써 공공의 일을 폐하도록 하겠습니까? 청컨대 조속히 그 죄를 밝히고 바로 잡으소서."

하니, 임금이 그대로 따라서 의금부에 명하여 혜빈 양씨를 청풍으로, 상궁 박씨를 청양으로, 금성대군 유를 삭녕으로, 한남군 이어를 금산으로, 영풍군 이천을 예안으로, 정종을 영월로 각각 귀양보내고, 조유례는 고신을 거두고 가두었다. 또 성문치와 이예숭·신맹지·신중지·신근지·신경지의 고신을 거두고는 먼 변방으로 보내어 입대하게 하였다.

임금이 환관 전균으로 하여금 한확 등에게 명하기를,

"내가 나이가 어리고 전국의 일을 알지 못하는 탓으로 간사한 무리들이 은밀히 발동하고 난亂을 도모하는 싹이 종식하지 않으니, 이제 대임을 영의정에게 전하여 주려고 한다."

하였다. 우의정 한확 등이 놀랍고 황공하여 아뢰기를, "이제 영의정이 전국의 모든 일을 다 총괄하고 있는데, 다시 어떤 대임을 전한다는 것입니까?"

하여, 환관 전균이 이를 아뢰니, 단종이 말하기를, "내가 전일부터 이미 이런 뜻이 있었거니와 이제 계책을 정하였으니 다시 고칠 수 없다. 속히 모든 일을 처리하도록 하라." 하였다.

한확 등 군신들이 합사하여 그 명을 거둘 것을 굳게 청하고 세조 또한 눈물을 흘리며 완강히 사양하였다. 전균이 다시 들어가 이러한 사실을 아뢰었다.

조금 있다가 전균이 다시 나와 전교를 선포하기를, '상서사 관원으로 하여금 옥새를 들여오라는 분부가 있다.'고 하니,

모든 대신들이 서로 돌아보며 얼굴빛을 변하였다. 또 명하여 재촉하니 동부승지 성삼문이 상서사로 나아가서 옥새를 내다가 전균으로 하여금 경회루 아래로 받들고 가서 바치게 하였다.

단종이 경회루 아래로 나와서 세조를 부르니, 세조가 달려 들어가고 승지와 사관이 그 뒤를 따랐다. 단종이 일어나 서니, 세조가 엎드려 울면서 굳게 사양하였다. 단종이 손으로 옥새를 잡아 세조에게 전해 주니, 세조가 더 사양하지 못하고 이를 받고는 오히려 엎드려 있으니, 단종이 명하여 부축해 나가게 하였다.

세조가 이에 나와 대군청에 이르니, 사복관이 시립하고 군사들이 시위하였다. 의정부에서 집현전 부제학 김예몽 등으로 하여금 선위·즉위의 교서를 짓도록 하고 관할사가 의식의 경비를 갖추어 궁중악을 근정전 뜰에 설치하였다. 세조가 익선관과 곤룡포를 갖추고는 백관을 거느리고 근정전 뜰로 나아가 선위를 받으니, 그 선위 교서에 이르기를,

"나 소자가 나라의 성취하지 못할 때를 당하여 어린 나이에 선왕의 대업을 이어받고 궁중 안에 깊이 거처하고 있으므로 내외의 모든 사무를 알 도리가 없으니, 흉한 무리들이 소란을 일으켜 국가의 많은 사고를 유발하였다.
숙부 수양대군이 충의를 분발하여 나의 몸을 도우시면서 수많은 흉도를 숙청하고 어려움을 크게 건지시었다. 그러나 아직도 흉한 무리들이 다 토벌되지 않아서 변고가 이내 계속되고 있으니, 이 큰 어려움을 당하여 내 과덕한 몸으로는 이를 능히 진정할 바가 아닌지라, 종묘와 사직을 수호할 책임이 실상 우리 숙부에게 있는 것이다. 숙부는 선왕의 아우님으로서 일찍부터 덕망이 높았으며 국가에 큰 훈로가 있어 천명과 인심이 의지하는 바가 되었다. 이에 이 무거운 짐을 풀어 우리 숙부에게 부탁하여 넘기는 바이다. 아! 종친과 문무의 백관, 그리고 대소의 신료들은 우리 숙부를 도와 조종의 아름다운 유언에 보답하여 뭇사람에게 이를 선양할지어다."

하였다. 단종이 다시 좌승지 박원형에게 명하여 태평관으로 가서 명나라 사신에게 말하기를,

"내가 어린 나이로 즉위하니, 1453년에 안평대군 이용이 반란을 꾀하여 숙부 수양대군이 이 사실을 나에게 고하고 평정하였다. 그러나 그 남은 일당들이 아직도 존재하여 다시 궤도에 벗어나는 일을 꾀하고 있으니, 이 어찌 유치한 내가 능히 진정할 바이겠는가? 수양대군은 종실의 장으로서 사직에 공로가 있으니 중임을 부탁할 만하다. 이에 그로 하여금 국사를 임시 서리토록 하고 장차 이를 주문하겠다."

하니, 명나라 사신이 말하기를, "이는 곧 국가의 대사인데, 이제 그 문서를 받으니 기쁩니다."

하였다. 세조가 사정전으로 들어가 단종을 알현하고 면복을 갖추고, 근정전에서 즉위하였다. 한확이 백관을 인솔하고 전문箋文을 올려 하례하니, 그 전문에 이르기를,

"아래 백성이 도와 군왕이 되시니, 우러러 천명을 받으셨고, 큰 덕이 있어 그 보위를 얻으시니, 굽어 인심에 순응하셨습니다. 무릇 이를 보고 듣는 자라면 그 누가 기뻐 좋아하지 않으리오. 공경히 생각하건대 총명 예지하시고 강건 수정하신 자품으로, 그 신성하신 문무의 재덕은 곧 큰 기업의 귀속하는 바가 되고, 그 위대하신 공렬의 수립은 진정 중한 책임을 사양하기 어렵게 되셨습니다.
사직이 안정을 얻으니 조야가 모두 기뻐하고 있습니다. 신 등은 다같이 용렬한 자질로 다행하게도 경사로운 때를 맞아, 저 서기 어린 해와 구름 속에 천명도 새로운 거룩한 성대를 얻어 보고 태산과 반석 같은 바탕에서 다시 무강하신 큰 계책을 기대하는 바입니다."

하였다. 이에 임금이 하교하기를, "공경히 생각하건대 우리 태조께서 하늘의 밝은 명을 받으시고, 이 대동의 나라를 가지셨고, 열성께서 서로 계승하시며 밝고 평화로운 세월이 거듭되어 왔다. 그런데 주상 전하께서 선업을 이어받으신 이래, 불행하게도 국가에 어지러운 일이 많았다.

이에 덕 없는 내가 선왕과는 한 어머니의 아우이고 또 자그마한 공로가 있었기에 장자인 내가 아니면 이 어렵고 위태로운 상황을 진정시킬 길이 없다고 하여 드디어 대위를 나에게 주시는 것을 굳게 사양하였으나 이를 얻지 못하였고, 또 종친과 대신들도 모두 이르기를 종사의 대계로 보아 의리상 사양할 수 없다고 하는지라, 필경 억지로 여론을 좇아 1455년 윤 6월 11일에 근정전에서 즉위하고, 주상을 높여 상왕으로 받들게 되었다.

이렇게 취임하는 초기를 당하여 의당 관대한 혜택을 베풀어야 할 것이므로 1455년 윤6월 11일 새벽 이전에 있었던 일로서 반역죄, 대역죄, 자손으로서 조부모 또는 부모를 모살하였거나 또는 욕보인 자, 처첩으로서 지아비를 살해한 자, 노비로서 주인을 모살한 자와 고의로 살인을 꾀한 자, 독이 든 음식을 남에게 먹인자·주문이나 주술을 해서 남을 죽게 만든 자와 강도를 범한 자를 제외하고는, 이미 발각되었거나 아

직 발각되지 않았거나 또는 이미 결정하였거나 아직 않았거나 모두 용서하여 사면하며, 앞으로 감히 사면 전의 일을 가지고 서로 고하여 말하는 자가 있으면 그 죄로써 죄줄 것이다. 아! 외람되게도 중대한 부탁을 이어받으니 실상 두려운 걱정이 마음에 넘치는 바, 실로 두렵고 삼가는 마음으로 이에 큰 은혜를 널리 베풀어 새롭게하는 교화를 넓히고자 하는 바이다."

하였다. 예를 마치고 의식을 갖추어 사저로 돌아갔다. 종친과 문무백관·기로·족친들이 중궁에 하례를 드리니, 이를 받지 아니하였다. 이날 밤 10시 무렵에 임금이 궁중에 들어오니 병조판서 이계전·이조판서 정창손·도승지 신숙주·좌부승지 구치관 등이 입실하였는데, 하동 부원군 정인지를 영의정으로 삼았다.

-세조실록 1년 윤 6월 11일-

술좌석에서 내린 영의정 발령과 3일천하

1459년 세조 5년 11월 11일 신숙주가 좌의정에 오르자 세조는 중궁 탄신일을 맞아 강녕전에서 축하연을 베풀었다. 영의정 강맹경이 '대궐 가까이서 풍악을 울리는 것이 편치 못하다'는 말을 하자 그 자리에서 영의정을 파면시키고 신숙주를 영의정으로 명하였다. 우의정에서 좌의정에 오른 지 4일 만에 다시 영의정이 된 것이다. 이틀 뒤 강맹경이 용서를 구하자 다시 원래대로 복명되었지만 세조의 술자리 발령은 자주 일어났다.

백관들이 중궁의 탄신일에 대한 하례를 행하였다. 임금이 중궁과 더불어 강녕전에 나아가서 연회를 베푸니, 왕세자가 술을 올리고, 다음은 종친과 공신의 수장이 술을 올렸다. 명하여 사정전의 월랑에서 종친·공신과 공신의 적장자에게 음식을 대접하고 풍악을 내려 주었다.

강맹경·권남·황수신·홍윤성·박원형·윤자운·김종순에게 명하기를, "오늘 취하지 않는 사람은 장차 벌로 잔치를 행하겠다." 하니, 영의정 강맹경과 우의정 권남 등이 아뢰기를, "대궐이 매우 가까운데 풍악을 울리면서 즐겁게 노는 것은 마음에 편안하지 못합니다."

하니, 전교하기를, "풍악을 내려 주는 것은 지금부터 시작된 일은 아니다. 이를 행한 지가 이미 오래 되었는데, 어찌 오늘에 이르러서 이에 그 잘못된 점을 말하는가? 이는 전일부터 항상 나를 그르게 여기는 마음을 품고 있었던 것이다."

하고는, 즉시 강맹경 등에게 집으로 가도록 명하였다. 종친과 재상(정2품이상)에게 전교하기를,

"오늘의 연회는 마땅히 한껏 즐겨야 할 것인데, 두 정승이 현실과 다른 말을 하였기 때문에 그의 집에 물러가도록 명한 것이다. 두 좌찬성과 우찬성도 진실로 한껏 즐겨야 마땅할 것인데 어찌 노래 부르고 북치는 소리가 없는가?"

하니, 황수신과 이인손 등이 명령을 듣고 비로소 풍악을 연주하도록 하였다.

신숙주를 영의정으로 삼고, 이인손을 우의정으로 삼았다.

윤자운에게 전교하기를, "강맹경과 권남 등이 신진新進의 선비가 모여 있는 곳에서 바르고 당당한 말로써 나를 책망하니, 내가 매우 부끄러워서 이를 용납하지 못하여 파면시켜서 집으로 나아가도록 했는데, 설을 쇤 뒤에는 마땅히 다시 볼 것이다."

하고, 예문관의 관원을 보내어 이런 뜻을 전하여 알리게 하였다. 검열 황숙黃淑이 강맹경과 권남의 집에 가서 이 말을 전하니, 강맹경은 다만 머리를 조아리고 있을 뿐이었다. 권남은 머리를 조아리면서 말하기를, "강맹경이 먼저 말을 내므로 신臣이 이 말을 듣고서 또한 옳게 여겨 이를 아뢰어서 성상의 생각을 어지럽히어 번거롭게 하였으니, 황송하고 두려움을 이길 수가 없습니다." 하였다.

—세조실록 5년 11월 11일—

1459년 11월 12일 다음 날 대궐.

사인舍人 민순손이 좌의정 신숙주의 말을 전하기를,

"어제 신臣을 영의정으로 삼으셨는데, 신이 때마침 가슴 속이 막히는 병이 나서 대궐에 나아가 사은謝恩하지 못했으며, 놀랍고 두려움이 간절합니다. 대저 영의정은 반드시 오래도록 쌓은 덕망과 명망이 있는 사람이라야만 그제야 직책에 맞을 수가 있으니, 차라리 자리를 비우더라도 용렬한 사람으로써는 있게 할 수가 없습니다.

하물며 신이 우의정으로서 좌의정에 임명된 지 겨우 4일을 지났는데, 영의정으로 관등을 뛰어 올려 임명되어 비상한 은총을 외람되이 입었으니, 황송함이 그지없습니다. 어제 강맹경과 권남 등의 무례한 죄는 징계하지 않을 수가 없습니다."

하니, 전교하기를, "사양할 수는 없다. 그 나머지 일도 또한 알고 있다." 하였다.

－세조실록 5년 11월 12일－

1459년 11월 14일 이틀 후 대궐.

강맹경과 권남 등이 대궐 문 밖에 나아와서 아뢰기를, "신臣 등의 죄는 용서하지 못할 데 있는데도, 단지 관직만 파면하도록 명하시고 또 봉록을 주도록 명하시니, 신 등은 감격함을 이길 수가 없습니다."

하니, 임금이 강맹경 등을 불러서 이르기를, "전일에는 내가 궁인宮人이 범죄를 저지른 일로 인하여 아직 남아 있는 화가 풀리지 않았는데 경卿 등이 마침 바른 말을 아뢰었으므로, 내가 곧 화를 내어 경卿 등의 관직을 파면시켰으니, 실상은 나의 과실이다. 대저 공신은 비록 큰 죄가 있더라도 마땅히 용서함이 자손까지 미쳐야 하는데, 지금 한마디의 말이 내 뜻을 거슬렀다는 이유로 갑자기 관직을 파면하도록 명하였으니, 공신이 나라와 더불어 기쁨과 근심을 같이한다는 뜻이 어디 있겠는가?"

하였다. 영의정 신숙주가 아뢰기를, "신臣 등이 처음에 강맹경 등의 무례한 말을 듣고는 그 죄를 가하도록 청하였으나, 지금 성상의 명령을 들어보니 진실로 신 등의 마음에 합당합니다.

대저 인정이란 선하면 이를 표창하고 선하지 않으면 이를 책망한 연후에야 친근한 정이 더욱 돈독해지게 되며, 선한데도 표창하지 않고 선하지 않은데도 책망하지 않는다면 윗사람과 아랫사람의 마음이 통하지 않게 됩니다. 지금 성상의 훈계가 이에 이르렀으니, 누구인들 감동하지 않겠습니까?"

하니, 전교하기를, "경의 말이 옳다. 내가 만약 그 선하지 않은 것을 알고서도 책망하지 않는다면 군신의 사이가 막혀 통하지 않을 것이니, 아주 옳지 못한 일이다." 하였다. 강맹경 등에게 명하여 술을 올리도록 하고 해가 지도록 한껏 즐겼으며, 강맹경과 권남 등을 거느리고 강녕전으로 들어갔다.

—세조실록 5년 11월 14일—

1459년 세조 5년 11월 15일 강맹경·신숙주·권남·이인손에게 종전대로 관직을 제수하였다. 강맹경을 영의정으로, 신숙주를 좌의정으로, 권남을 우의정으로 삼고, 이인손을 우의정으로 잉령 치사[86]하였다.

---

86) 잉령치사는 70세가 넘은 2품 이상 관원이 관직에서 완전히 물러나기를 원할 때 사직을 허락한 후 마지막 직함을 계속 사용하도록 하는 것이다. 녹봉을 계속 지급하고 조회를 비롯한 주요 국가 대사에도 참석하게 하였다. 이인손은 사후에 여주의 영릉자리에 장례를 지냈는데, 세종왕릉이 여주로 천장하게 되자 이계전과 함께 묏자리를 양보한 인물이다.

신숙주를 위징으로 여겼던 세조, 어제시와 화답시

1457년 세조 3년 봄에 신숙주를 위징이라고 칭찬하고 사관에게 기록하게 하였다.

> 임금이 신숙주에게 명하여 술을 올리게 하니 양녕대군이 어전에서 아뢰기를, "신숙주는 서생이지만, 현명하고도 재능이 많습니다." 하니, 세조가 말하기를, "다만 서생일 뿐 아니라 곧 지혜로운 장수이니, 신숙주는 곧 나의 위징[87]이다." 하고는, 사관을 돌아보고 명하여 이 말을 기록하도록 하였다.
>
> −세조실록 3년 3월 15일−

이때 영의정 신숙주가 활터 밖에 있었으므로, 사복장 권반에게 명하여 사슴과 술을 싣고 달려가서 이를 내려주게 하고, 겸하여 어제시御製詩를 내려 주었는데, 그 시는 이러하였다.

---

87) 당나라 태종 때 명신. 626년 '현무문玄武門의 변'을 일으켜 황태자이자 친형 이건성을 제거한 당 태종은 이건성을 따르던 신하들을 모두 잡아들였다. 태종은 위징을 보자마자 "네가 우리 형제를 이간질했으니 살기를 바라지 말라"며 큰 소리로 위협했다. 하지만 위징은 태연한 목소리로 "황태자가 내 말을 들었더라면 어찌 오늘과 같은 일이 일어났겠는가"라고 말한다. 순간 무섭게 노려보던 태종이 단상 아래로 내려왔다. 그리고는 위징의 포박을 풀어주며 부탁한다. "나를 도와 일해 줄 수는 없겠소" 굽힘 없는 위징의 기개에 반한 것이다. 놀랍게도 위징은 당 태종이 내민 손을 잡는다. 주군을 배반하고 구차하게 목숨을 구걸했다는 비난을 받았지만 개의치 않았다. 천하와 백성을 위해 자신의 경륜을 마음껏 펼쳐보고픈 꿈을 포기할 수 없었기 때문이다. 당 태종의 신하가 된 위징은 황제에게 서슴없이 직언하고 황제의 잘못을 신랄하게 비판하곤 했는데, 당 태종의 정치를 다룬 고전 정관정요貞觀政要에는 이러한 위징의 활약상이 잘 담겨있다.

지난 기미년 봄에

기운이 산악山嶽을 휘둘러,

한 번 내달아 열 마리 날짐승을 떨어뜨리고

바라보며 쏘아 한 마리 사슴을 꿰뚫었네.

잡은 것을 어찌 헤아릴 수 있겠는가마는

헤아린 것이 예순 여덟이었네.

홀로 세종대왕을 기쁘게 하여

장차 평생의 업業이라 일컬었는데.

어찌 뜻하였겠는가? 많은 군사를 거느리고

연기 나는 즐거움을 내려 주실 것을.

[태종이 일찍이 사냥으로 무예를 익힐 때에 승지를 부르기를 명하니 내관이 승지의 있는 곳을 알지 못하였는데, 태종이 웃으며 이르기를, "곧 연기가 나는 곳을 찾아가라."고 말하였다. 승지들이 매양 새가 머무르는 곳을 다다르면 반드시 먼저 고기를 굽고 술을 마시기 때문에 이렇게 말한 것이다.]

신숙주가 화답하여 올리었다.

예전 선왕 때에

동산에서 나누어 사냥을 하니,

사람마다 재주와 힘을 다하여

흩어져 다투어 사슴을 쫓았네.

성상의 무예는 실로 하늘이 주신 것이니

어찌 예순 여덟에 그쳤겠습니까?

하늘의 뜻이 도로 부탁할 것이 있어

중흥의 대업을 이룩하게 하시니,

돌아보건대 신은 어떠한 사람이기에

더불어 태평한 즐거움을 누리는 것입니까?

—세조실록 8년 9월 29일—

외교의 달인에 일본 전문가

신숙주는 세조 13년부터 예조판서를 오랫동안 겸임하였다. 사대교린을 자신의 신념처럼 여겼다. 명나라와 여진족, 일본, 유구국 등에 보내는 표전과 사명 문건을 모두 그가 직접 최종 검토를 하였다. 외교업무를 맡으면서도 주는 것은 후하고 받는 것은 적어서 조정 대신들의 오해를 받기도 했지만, 상대국으로부터는 언제나 환심을 얻었다.

> "사람과 교제하는 것이 말로는 쉬운 일 같지만 실상은 어려운 것이다. 오직 지극한 정성만이 남을 감동시킬 수 있다. 정성을 쏟지 않고, 진심이 없는데 어찌 상대방을 감동시키겠는가?
> 중부(中孚: 믿음)[88]의 신들도 열심히 믿으면 돼지나 물고기에게까지도 감동을 줄 수 있다 하는데 하물며 사람에게 영향이 미치지 못하겠는가?"

사람들은 신숙주를 외교의 달인이라며 칭찬하였지만, 신숙주는 사람을 사귀는 것과 비위를 맞추는 것을 예로 들며, 외교든 대인 접빈이든 쉽지 않음을 토로하였다.

1443년 일본과 교류를 하게 되자 신숙주를 서장관으로 삼았다. 일본에 당도하자 신숙주의 재주를 듣고 시詩를 받으러 오는 자가 마구 몰렸다. 신숙주는 멈추지 않고 붓을 놀려 아무런 생각을 하지 않고 쓰는 것처럼 하였으나 그 시들이 모두 사람을 놀라게 하였다. 먼 훗날까지도 그 시를 전해가며 암송하기를 그치지 않았고, 그곳으로 사신이 가면 반드시 신숙주의 안부를 묻곤 하였다. 또한, 신숙주는 일본의 가는 곳마다 산천

---

88) 주역의 풍택중부風澤中孚 괘. 마음속에서부터 한마음이 되는 형국이다. 돼지나 물고기도 길하다.

의 경계와 요해지를 살펴 지도를 작성하고 그들의 제도·풍속, 각지 영주들의 강약 등을 기록했다. 신숙주가 바닷길을 갈 때면 항상 기후를 살펴 비가 오고 바람이 불 것을 예측하였는데 노련한 뱃사공이라 할지라도 그를 따를 수가 없었다.

9개월간 일본을 다녀와서, 당시의 견문록과 일본의 인명·지명 등을 한자음으로 기록하였다. 이 기록을 통해 1471년 성종 2년에 해동제국기海東諸國記가 완성되었다. 이 책의 '조빙응접기' 항에서는 일본 사신의 응대법에 대하여 상세히 규정하여 국가행사에 차질이 없도록 하였다.

경연 방법에 대해 아뢰다

1469년 성종즉위년 12월 신숙주가 한명회, 구치관 등과 함께 경연 방법을 만들어 아뢰다.

신숙주가 경연을 행하는 방법에 대한 사목을 만들어 아뢰었다. 임금이 장차 경연에 나오려고 하는데, 고령군 신숙주가 사목事目을 만들어 아뢰기를,

1. 논어論語를 진강할 것.

1. 조강朝講에는 음독과 해석을 각각 3번씩 하고 난 후에 임금이 음독·해석을 각기 1번씩 읽고, 주강晝講에는 임금이 아침에 배운 음독·해석을 각기 1번씩 읽도록 할 것.

1. 조강에는 당직 원상院相 2인, 경연 당상 1인, 낭청 2인, 승지 1인, 대간 각 1인, 사관 1인과, 주강에는 승지 1인, 경연 낭청, 사관 1인이 궁중에 입실하여 상시로 음독 20번, 해석 10번을 읽을 것. 하였다.

대왕 대비가 묻기를, 졸곡(卒哭 : 삼우제를 지내고 곡을 그치는 것) 전에는 예절을 갖추기가 어려울 듯한데, 시강(侍講 : 왕이나 세자 앞에서 강의하는)하는 사람이 너무 많지 않은가?

하니 원상院相이 의논하여 아뢰기를, "조강에는 대간과 경연 낭청 1인을 없애는 것이 어떻겠습니까?" 하니 전교하기를, "좋다." 하였다.

-성종실록 즉위년 12월 9일-

신숙주의 졸기

1475년[59세] 성종 6년 6월 21일 영의정 신숙주의 졸기.

영의정 신숙주가 졸하였으므로, 조회를 정지하고 조제弔祭와 예장禮葬을 예例대로 하였다. 신숙주의 자는 범옹이고 고령현 사람인데, 공조 우참판 증 영의정 신장의 아들로서, 1417년 6월 정유일에 태어났다. 어려서부터 기량이 보통 아이들과 달라서 글을 읽을 때 한 번만 보면 문득 기억하였다. 1438년에 세종이 비로소 사부 진사를 두었는데, 신숙주는 초시와 복시에 연이어 장원을 하였고, 또 생원에 합격하였으며, 1439년에 문과에 제3인으로 뽑히어 처음에는 전농 직장에 제수되었다.

이조吏曹에서 신숙주를 제 집사에 임명하였는데, 관원이 잊어버리고 직첩을 주지 아니하였다. 이로 인하여 일을 궐하게 되었으므로, 사헌부에서 이를 탄핵하여 관원이 죄를 얻어 파면을 당하게 되었다.

1441년 가을에 집현전 부수찬에 제수되었다. 1443년에 국가에서 사신을 보내어 일본과 교류하게 되자, 신숙주를 서장관으로 삼았다. 신숙주가 마침 병들었다가 처음으로 나왔는데 세종이 편전에서 만나서 묻기를, '들으니 네가 병으로 쇠약하다고 하는데, 먼 길을 갈 수 있겠느냐?'고 하니, 대답하기를, '신의 병이 이미 나았는데, 어찌 감히 사양하겠습니까?'라고 하였다. 떠나려고 하자 친척과 옛 친구들은 사별하는 것이라고 여겨 눈물을 흘리는 자까지 있었으나, 신숙주는 온화하여 조금도 난처한 기색이 없었다.

일본에 도착하여 그 나라 사람들이 붓과 종이를 가지고 와서 시詩를 써 달라고 구하는 자가 모여들었으나 신숙주는 붓을 잡고 즉석에서 써 주었으므로 사람들이 모두 탄복하였다.

돌아올 때 대마도에 이르러서, 우리나라가 도주島主와 더불어 세견선歲遣船의 수數를 약정하려고 하는데 도주가 아랫사람들에게 잘못 이끌려 결정하지 못한다는 것을 듣고, 신숙주가 도주에게 말하기를, '배의 수가 정해지면 권한이 도주에게 돌아갈 것이요, 아랫사람들에게 이익되는 바가 없을 것이며, 수를 정하지 아니하면 사람들이 마음대로 행할 것인데, 무엇 때문에 도주에게 의뢰하겠느냐? 그 이롭고 해로움은 지혜로운 자를 기다리지 아니하더라도 뒷날에 알 수 있을 것이다.'라고 하니, 도주가 드디어 약속을 정하였다.

우리나라로 향할 때 구풍(회오리바람)을 만나서 여럿이 모두 얼굴 빛이 변하였으나, 신숙주는 태연자약하여 말하기를, '장부丈夫가 사방을 유람함에 이제 내가 이미 일본국을 보았고, 또 이 바람으로 인하여 금릉(중국지명)에 경유하여 예악 문물의 성함을 얻어보는 것도 또한 유쾌한 것이 아니겠느냐?'라고 하였다. 이때 본국本國의 여자가 일찍이 왜적에게 사로잡혔다가 임신을 하였는데, 같은 배로 오게 되었다. 배에 탄 사람들이 모두 말하기를, '아이 밴 여자는 배가 가는 데에 꺼리는 바인데, 오늘의 폭풍은 이 여자의 탓이라.'라고 하면서 바다에 던지고자 하였으나, 신숙주가 홀로 말하기를, '남을 죽이고 삶을 구하는 것은 차마 할 바가 아니다.' 하였는데, 얼마 있지 아니하여 바람이 자게 되어서 일행이 모두 무사하였다.

1447년 가을 중시重試에 합격하여 집현전 응교에 뛰어넘어 제수되었고, 1450년에 중국 사신 예겸·사마순이 조선에 이르렀는데, 세종이 문장에 능한 자를 선발하여 교유하도록 명하였더니, 신숙주와 성삼문이 예겸 등을 따라 시문답 하였으므로 크게 칭송을 받았고 예겸이 「설제등루부」를 짓자 신숙주가 바로 그 자리에서 운韻을 받아 시로서 화답하였다.

사헌부의 장령과 집의, 집현전의 직제학을 역임하였다. 1452년에 세조가 사은사가 되어 중국 서울에 갈 때에 신숙주는 서장관으로 따라갔다. 1453년에 통정대부 승정원 동부승지에 올랐고, 세조의 정난에 책훈되어 수충협책정난공신의 칭호를 하사받았다.

1454년에 도승지에 오르고, 1455년에 세조가 즉위하자 동덕 좌익공신의 칭호를 하사받았으며, 자헌대부 예문관 대제학에 올라 고령군으로 봉해졌다. 주문사가 되어서는 고명을 청하여 인준을 받아서 돌아왔으므로 토지와 노비·말·의복을 하사받았다. 1456년에 정헌대부 병조판서에 올랐다가 얼마 되지 않아서 숭정대부 판중추원사에 올라 판병조사를 겸했으며, 의정부 우찬성에 전임되어 판병조사를 겸했고, 성균관 대사성으로 대제학을 맡았다.

1458년에 대광보국 숭록대부 의정부 우의정 고령부원군에 나아가고, 1459년에 좌의정에 올랐다. 이보다 앞서 몽고가 여러 번 변경을 침범하므로 세조가 매양 정벌하고자 하므로 조정의 의논이 분분하였으나, 신숙주가 홀로 계책을 세워 치기를 청하였다. 그리하여 1460년에 신숙주를 강원도 함길도 도체찰사로 삼아 가서 토벌하도록 명하였는데, 승전보가 들리자 옷감·전지·노비를 하사하였다.
1462년에 영의정에 올랐다가, 1466년에 사면하고, 고령군으로 봉하였다. 1468년에 예종이 즉위하자 세조의 유훈으로써 원상院相을 설치하여 신숙주도 참여하였다. 남이南怡의 난을 판정하고 보사병기 정난 익대공신의 칭호를 하사받았다.
1469년에 예종이 승하하자 전국이 갈팡질팡하여 어찌할 바를 알지 못하였는데, 신숙주가 대왕대비에게 품하여 큰 결정을 처음으로 정하였다.

1471년에 순성명량 경제홍화 좌리공신의 칭호를 하사받고 또 영의정에 제수되자 신숙주가 여러 번 사면하기를 상소하니, 대왕대비가 전지하기를, '세조께서 경을 일컬어 위징(魏徵 : 당나라 태종 때 명신)이라 하였는데, 이제 이를 잊었느냐? 어찌하여 사양하느냐?' 하였다. 이때에 이르러 졸卒하니, 나이가 59세였다. 부음이 들리니, 임금이 몹시 슬퍼하며 좌우에 이르기를, '내가 깊이 의지하던 대신들이 근래에 많이 죽었는데, 이제 영의정이 또 죽었으니, 내가 매우 애처롭게 여긴다.'라고 하였다.

신숙주는 천성의 자품이 고매하고 너그럽고 후덕하면서 활달하였으며, 경전과 사기에 두루 미치고 의논에 항상 큰 틀을 지녀서 까다롭거나 자질구레하지 아니하였으며, 대의를 결단함에 있어 양자강과 황하강을 터놓은 것과 같이 막힘이 없어서 조정과 신민이 의지하고 중히 여겼다.
오랫동안 예조를 관장하여 사대교린事大交隣을 자신의 소임을 삼아 외교 틀이 그의 손에서 많이 나왔다. 훈민정음을 알고 중국어에 능통하여 홍무정운(洪武正韻:중국어 사성체계)을 번역하였으며, 중국어를 배우는 자들이 이에 많은 힘을 입었다.

친히 일본에 건너가서 무릇 그 산천·관제·풍속·족보에 대하여 두루 알지 못하는 것이 없어서 해동제국기(海東諸國紀: 일본과 유구국에 대한 정보를 기술한 책)를 지어 올렸다. 세종이 오례의五禮儀를 찬술하였으나 아직 반포하지 못하였는데, 임금이 신숙주에게 명하여 간행하여 이를 인쇄하게 하였다. 문장을 만드는 것은 모두 가슴속에서 우러나왔고, 남에게 가혹함을 일삼지 않았으며, 스스로 호號를 보한재保閑齋라 하고 그 문집이 있어 세상에 인쇄되었다.

친척을 은혜로 위무하였고, 동료와 벗을 성심으로 대접하였으며, 비록 노복과 같이 천한 자라도 모두 은혜와 의리로써 대우하였다. 졸卒하게 되자 듣는 자가 애석해 하지 않는 이가 없었고 눈물을 흘리는 자까지 있었다. 유언으로, 검소하게 장례를 치르고 불교의 법을 쓰지 말게 하였으며 서적을 함께 묻도록 하였다.
시호를 문충文忠이라 하였는데, 도덕을 지키고 문장에 박학한 것을 문文이라 하고, 자신이 위태로우면서도 임금을 받드는 것을 충忠이라 한다. 신숙주는 증 영의정 부사 윤경연의 딸에게 장가들어 여덟 아들을 낳았으니, 장남은 신주申澍인데 먼저 죽었고, 다음은 신면申㴐인데 함길도 도관찰사로서 이시애의 난을 만나 죽었으며, 다음은 신찬申澯인데 황해도 관찰사이고, 다음은 신정申瀞인데 이조참판이며, 다음은 신준申浚인데 병조참의로서, 신정과 신준은 모두 좌리공신에 참여하였다. 다음은 신부申溥이고, 다음은 신형申泂이며, 다음은 신필申泌이다.

사관이 논평하기를, "신숙주는 일찍이 중한 명망이 있어, 세종이 문종에게 말하기를, '신숙주는 국사를 부탁할 만한 자이다.'라고 하였고, 세조를 만나서 계책이 행해지고 말은 받아들여져, 세조가 일찍이 말하기를, '경은 나의 위징魏徵이다.'라고 하였고, 매양 큰일을 만나면 반드시 물어보았다. 임금으로 즉위함에 미쳐서는 보필하고 돕는 공이 많았다. 그러나 세조를 섬김에는 좇아 따르기만을 힘썼고, 예종조에는 형법이 공정함을 잃었는데 악한데서 구한 바가 없었으니, 이것이 그의 단점이다. 임금의 총애가 바야흐로 성하였으나 자신이 포승줄에 묶이는 욕辱을 만났고, 죽은 지 얼마 되지 아니하여 신정도 또한 베임을 당했으니, 슬퍼할진제!" 하였다.

[승진과정]

1438년[22세] 세종 20년 2월 생원, 진사시 장원급제
1439년[23세] 세종 21년 문과 급제
1441년[25세] 세종 23년 집현전 부수찬
1442년[26세] 세종 24년 훈련원 주부
1443년[27세] 세종 25년 10월 일본사신 서장관
1444년[28세] 세종 26년 2월 집현전 부수찬
1445년[29세] 세종 27년 1월 부수찬
1446년[30세] 세종 28년 9월 홍문관 부교리
1447년[31세] 세종 29년 2월 교리, 9월 집현전 응교
1447년[31세] 세종 29년 9월 29일 동국정운에 서문을 쓰다.
1448년[32세] 세종 30년 5월 집현전 응교
1449년[33세] 세종 31년 2월 세손강서원 우익선
1450년[34세] 세종 32년 윤 1월 응교
1450년[34세] 문종 즉위년 6월 사헌부 장령, 11월 수사헌집의
1452년[36세] 문종 2년 9월 명나라 사은사 서장관
1452년[36세] 단종즉위년 10월 사헌부 집의

1453년[37세] 단종 1년 3월 승정원 동부승지, 6월 우부승지,
            10월 우승지, 11월 좌승지, 11월 정난공신
1454년[38세] 단종 3년 2월 도승지
1455년[39세] 세조즉위년 윤 6월 11일 세조 즉위,
            9월 좌익공신 1등, 고령군, 예문관 대제학
1456년[40세] 세조 2년 2월 병조판서, 9월 판중추원사,
            10월 우찬성 겸 성균관 대사성
1457년[41세] 세조 3년 7월 좌찬성
1458년[42세] 세조 3년 12월 우의정 겸 평안 황해 도체찰사
1459년[43세] 세조 4년 1월 겸 함길도 도체찰사, 11월 좌의정
1459년[43세] 세조 5년 11월 11일 3일간 영의정이 되다.
1460년[44세] 세조 6년 11월 15일 다시 좌의정
1462년[46세] 세조 8년 5월 20일 영의정
1466년[50세] 세조 12년 4월 18일 영의정 사직
1467년[51세] 세조 13년 9월 겸 예조판서
1468년[52세] 예종즉위년 9월 원상, 10월 정난 익대공신
1469년[53세] 성종즉위년 성종이 등극하고 정희왕후가 수렴청정
            10월 23일 대광보국공신, 다시 영의정
1475년[59세] 성종 6년 6월 17일 영의정 사직
1475년[59세] 성종 6년 6월 21일 영의정 신숙주가 죽다.

24. 구치관具致寬
청백리로 대쪽같은 선비

생몰년도	1406년(태종 6)~1470년(성종 1) [65세]
영의정 재직기간	(1466.4.18.~1466.10.19.) (6개월)
본관	능성綾城 (전남 화순)
자	이율而栗
시호	충렬忠烈
공훈	좌익공신, 좌리공신, 청백리
묘소	경기도 광주시 실촌면 열미리
신도비	서거정이 씀
기타	청백리, 대쪽같은 선비, 초임시절 10년간 변방과 말단직으로 배회
증조부	구위具禕–보문각 대제학
조부	구성로具成老–개성부윤, 위화도 회군 공신
부	구양具楊–목사
모	윤사영尹思永의 딸
부인	이중부의 딸
장남	구경具慶 (조졸)
손자	구장손具長孫
장녀	박휘朴暉에게 출가
2녀	권영손權永孫에게 출가
3녀	조선趙選에게 출가–호조정랑
4녀	유익후柳益厚에게 출가–강화부사

좌익·좌리공신에 청백리 출신

구치관의 자는 이율而慄이고, 본관은 능성綾城이다. 고려 때 검교 상장군으로 이름을 낸 구존유를 시조로 하는 능성구씨로, 증조부 구의는 대제학을 지냈고, 조부 구성로는 위화도 회군 공신으로 안동대도호부와 개성부윤을 지냈다. 부친 구양은 정주·광주·공주의 목사를 지내면서 청백한 목민관으로 자애로운 덕을 후세에 남겼다. 그의 가문은 누대에 걸쳐 청백한 명신들이 줄을 이어 내려온 명문가였다.

구양具楊은 네 아들을 낳아서 시서詩書를 성실히 가르쳤는데, 구치관이 성장하자 사람들이 모두 말하기를, "구군은 덕망이 있는 사람으로서 벼슬이 재능에 만족하지 않았으니, 그 흥성함이 당연히 후사에 있을 것이다." 하더니, 구치관의 공으로 의정에 추증되었다.

구치관은 1429년 세종 11년 24세에 사마시에 합격하고, 1434년 세종 16년 29세 때 임금이 성균관에 들러 친히 유생들에게 알성시를 보게 했는데 이때 급제하여, 외교문서를 담당하는 정9품 승문원 정자가 되었다. 이어서 칙령과 교시를 기록하는 예문관 검열로 옮겼고, 이후 사헌부 감찰, 황해도 도사, 도관주부 등을 지냈다.

1446년 모친상을 당하여 삼년상을 끝낸 후, 병조정랑을 지냈는데, 병조판서 안숭선의 정실인사에 연루되어 조사를 당하게 된다. 평소 청렴결백한 그의 성격으로 상급자의 정실인사가 마음에 들었을 리가 없다. 이때 안숭선은 진천으로 유배되고 구치관은 풀려 나왔다.

1449년에는 요동에 변란이 있었는데 도진무 박강 휘하에 예속되었다. 문관으로 관직생활을 시작한 구치관은 변방지방과 무관직에 좌천되는 신세에 빠지고 말았다. 당시의 구치관에 대해 국조인물고에는 다음과 같이 기록하고 있다.

> 구치관은 지조가 굳고 확실하며 성품이 정직·청렴하여 적극적인 자세로 염치 있는 행동을 취하였으므로, 아무도 구치관을 추켜세워 추천하거나 높이 등용되도록 이끌어 주려고 하는 사람이 없어서 변방으로 배회한 지가 10년이 넘었다.

이긍익이 쓴 『연려실기술』에 또 이런 글이 있다.

> 구치관은 처음에는 손잡아 주는 사람이 없어 길거리를 배회하였다. 보통사람 같으면 10년간 배회했으면 기운이 없어 비굴하게 굴었겠지만, 그는 높은 곳을 바라보며 활달하게 걸었다. 이로 인해 세조의 눈에 들어 정권 잡을 일을 함께 모의하게 되었다.

수양대군의 꿈을 이루기 위해 한명회가 사람을 모을 때, 인사에서 불이익을 받고 있는 구치관이 선순위로 선택된 셈이었고, 구치관은 운명적으로 그 역할을 피할 수가 없었다. 그가 과거에 오른 지 20년, 승지 최항과는 급제 동기였고, 집현전 교리 신숙주·성삼문보다는 10여 년 앞서 관직에 들었으나, 그들보다 낮은 직위로 변방으로만 돌고 있었으니, 인사의 불만을 겉으로는 드러내지 않았으나 속으로는 인사에 대한 불신을 가지고 있었음이 훗날 이조판서가 되어 그의 인사처리 과정에서 나타나게 된다.

1450년 문종 즉위년 12월 구치관이 평안도 도체찰사 김종서의 종사관이 되었다. 김종서가 임금께 아뢰기를, "병조는 일이 번잡하니 오랫동안 비워 둘 수가 없습니다. 구치관은 재능이 가히 쓸 만하고 나이가 장차 50이 되니, 병조에 근무시켜 우대하여 발탁하는 것이 어떠하겠습니까?" 하였고, 남지, 안숭선 등도 같은 말을 하자, 문종이 "차례를 건너뛰어 품계를 올려 정4품에 제수하는 것이 좋겠다." 하니, 곧 정 4품 수호군에 임명되었다.

1451년 4월에는 평안·함길도 도체찰사 황보인의 종사관으로서 의주성을 쌓는 것을 감독하였는데, 얼마 안 되어 허물어졌으므로, 이것에 연루되어 파직되었으나, 황보인의 아룀으로 종사관에 복직되었다.

1453년 수양대군이 계유정난을 일으켜 정권을 장악한 후 구치관을 의금부 지사로 발령하여 경성 도호부사 이경유를 참살하게 하고 보공대호군에 승진시켰다. 계유정난 시 세조가 국정을 도모할 때 구치관을 불러서 함께 모의함에 있어 깊이 능력을 인정하여 말하기를, "경을 늦게 안 것이 한스럽다." 하였다.

1455년에 세조가 즉위하자 승품을 3단계를 올려 좌승지로 발탁하고 좌익공신에 책훈하였다. 이로부터 구치관의 앞길은 탄탄대로로 변했다.

1456년 병조참판으로 옮겼다. 세조가 뜻을 세워 다스림을 꾀할 때 구치관에게 정치계율을 위임하자, 구치관은 감독하고 실천함에 있어 법도가 있었고 구분함이 매우 분명하였으므로 세조가 감탄하며 말하기를, "능성군은 문무의 재주를 겸비하였으니, 내가 어찌 나라에 장군과 재상의 재목이 없음을 근심하랴." 하였다.

1457년 11월 의경 세자가 갑자기 죽자, 세조가 해양대군을 세자로 봉하여 중국에 세자책봉을 청하기 위해, 상당군 한명회를 정사正使로 삼고 구치관을 부사副使로 명하였다. 이에 세조의 뜻에 맞게 일을 잘 마치고 돌아왔으므로, 가정대부의 품계에 승진하고 호조참판에 임명되었다.

1458년 구치관을 평안도 병마 도절도사로 임명하여 친필 서찰과 밀지를 주어 보냈다. 이때 임금이 말하기를, "나는 경을 측근에서 멀리 떠나 보내고 싶지 않다. 다만 병사兵使·수사水使의 직임의 무거움을 나누게 되어 어쩔 수 없이 다시 경을 번거롭게 만들었으니, 경이 출행한 뒤에는 내가 다시 관서지방에 대해 염려하지 않아도 될 것이다." 하였다.

1459년 세조 5년 7월에 불러들여 이조판서에 임명하였는데, 사대부들이 서로 축하하며 말하기를, "올바른 사람이 이조판서를 맡게 되었으니, 이제 공평한 도리가 행해질 것이다." 하였다. 전임의 이조 장관으로 있던 사람은 관리를 임명할 때 인사명부를 직접 자기 손으로 내주었으며, 동급에 있는 사람한테만 상의하였을 뿐이므로, 차석 이하의 사람들은 수수방관하는 태도를 보였는데, 구치관은 일찍이 이에 분개하여 그 폐단을 고치려고 생각하여 인사문제를 처리함에 있어 여러 사람들의 의논을 널리 채택하였다. 비록 작은 벼슬 낮은 직책일지라도 한 번도 혼자 천거하는 일이 없었고, 친한 친구라고 하여 개인적으로 은혜를 베푸는 일도 없었다. 혹 간청하는 사람이 있으면 이를 미워하여, 간청자는 자리를 옮겨서 서용하지 않았다. 그리고 임금께 건의하여 용관(무익한 벼슬아치)을 도태시킨 사람만도 백 수십 명이나 되었다. 고관이나 귀인의 자제를 위하여 좋은 벼슬을 요구하는 경우가 있으면 모두 먼저 이들부터 도태시켰다.

당시 서거정은 이조참의가 되었는데, 하루는 관청에 있으면서 술에 취하여 낮잠을 자고 있었다. 이때 구치관은 성난 목소리로 꾸짖으며 말하기를, "참의는 나에게 '인물을 추천함에 있어 마음대로 시행하는 것을 참여해 들으려 하지 않는다'고 하고, 다른 날 인물을 등용한 실수가 있다면 참의는 집에 있으면서 모르는 체할 것인가?" 하므로, 서거정은 부끄러워하며 사죄하였다.

구치관이 일찍이 이름이 알려진 한 문관을 추천하여 대관으로 삼았는데, 이를 반대하는 사람들이 말하기를, "이 사람은 익살스러운 소리를 잘하는 사람이므로 불가하다." 하자, 구치관이 말하기를, "만약 그렇다면 한 무제는 어찌하여 해학과 말재주가 능한 동방삭이를 시중으로 삼았겠는가? 사람이 진실로 재주를 가지고 있다면 익살스러운 소리를 잘한다고 무엇이 걱정이겠는가?" 하면서, 결국 그 사람을 대관으로 천거하였다.

또, 한 문관을 지방의 교관으로 등용하여 10년간을 한 자리에서 옮기지 않았는데, 구치관이 이 문관을 중요한 직위에 추천하려 하자 이를 반대하는 사람이 말하기를, "이 사람은 세상 돌아가는 사정에 어두워 실용에 적합지 않아 불가하다." 하므로, 구치관이 말하기를, "천도天道는 10년이면 반드시 바뀌게 마련인데, 어찌 사람을 그렇게 오래도록 굴종시켜 이렇게 놓아둘 수 있겠는가?" 하고는, 마침내 주요 직위에 추천하였는데, 과연 실적이 있었다.

구치관이 사람을 채용하고 채용하지 않음은 한결같이 지극히 공평무사한 마음에서 나왔으므로, 비록 공평한 것을 좋아하지 않는 사람도 결국 원망하는 말을 입 밖으로 내지 못하였다.

—국역 국조 인물고, 구치관, 세종대왕기념사업회—

1463년 8월 의정부 우의정에 오르고 이듬해에 좌의정, 1466년 세조 12년 영의정에 올라 오위도총부 도총관을 겸하였다. 구치관이 정무를 행함에 있어 너그럽고 간략하게 하고 개혁하는 것을 즐기지 않아 참으로 재상의 체모를 얻었었는데, 최고의 지위에 올랐다 하여 스스로 여러 차례 사직하였다.

1467년 세조 13년에 중국 황제가 야인을 토벌할 군사를 요청하였을 때 세조가 구치관을 임명해 진서 대장군을 삼고는 좌우에 말하기를, "능성은 나의 만리장성과 같은 신하이다." 하였다. 이때에 구치관은 세 번째로 장수를 담당하게 되었거니와, 나가서는 장수가 되고 들어와서는 재상이 되었으니, 세조가 더욱 신임하여 중책을 맡겼던 것이다.

1468년 9월 예종이 즉위하자 신숙주, 한명회 등과 같이 원상이 되어 날마다 번갈아 승정원에 나아가서 모든 정무를 의논하여 처결하였다.

1470년 성종 1년 2월 능성 부원군에 봉하여졌다. 6월 이조 겸판서에 이어 최고관인 대광 보국숭록대부 능성 부원군 겸 이조판서가 되었다.

"구치관은 사람됨이 강직하고 청렴하고 곧은 것을 스스로 자랑하며, 굳굳하게 남에게 아부하지 아니하니, 사람들이 감히 사사로이 청탁을 하지 못하였고, 성품이 또 검약하여 집안의 재산을 돌보지 아니하니, 그때의 의논이 자못 그를 칭찬하였다."

이해 9월에 병을 얻어 집에서 졸하니, 향년 65세였다. 부음을 들은 임금은 3일 동안 조회와 시장을 철시하였다. 구치관이 죽은 후 집이 가난하여 상례를 갖출 수 없었는데, 임금이 쌀과 콩을 특별히 하사하였다. 태상시에서는 충열忠烈로 시호를 내리고 경기도 광주시 실촌면 열미리에 묘소를 마련하였다. 5년이 지난 후 신도비를 세웠는데 판서 서거정이 짓고, 이조좌랑 박효원이 썼다. 신도비는 광주시 문화재로 보존되고 있다.

구치관은 1남 4녀를 두었는데, 아들 구경具慶은 일찍 죽었다. 구경은 판관 양연의 딸과 결혼하여 아들 하나를 낳았는데, 이름을 구장손이라 하였다. 구장손은 호군護軍 등 관직을 지내고, 훗날 영의정에 오른 노사신의 사위가 되니, 노사신은 구치관의 인품을 기려 그의 뒤를 많이 보살펴주었다.

구치관은 성품이 충직하고 마음가짐이 굳세었으며, 해박한 경술經術로 임금을 보좌하고 이를 실천에 옮겨 모든 업무를 처리하는 태도가 명백하고 정대하여, 이간하는 사람이 있을 수 없었다. 평생 동안 오직 나랏일을 걱정하여 부지런히 뛰어다니느라 한마디 말이라도 자신의 이익을 생각하는 일이 없었으며, 가정에서는 청백을 신조로 삼아 청탁을 행하지 않았다. 비록 귀하게 여기고 총애가 극에 달하였으나 자기 스스로 생활함이 마치 가난한 선비와 같았다. 그는 세조가 장려한 서적 간행을 도와 주자소를 두어 쇠붙이로 글자 10만 자를 만들었으니, 이것이 유명한 정해자丁亥字였다. 구치관은 국방을 위해 10만 양병을 주장했다가 한명회의 반대로 뜻을 이루지 못하자 못내 아쉬워하며 나라를 걱정하였다. 지나치게 화려한 것을 싫어하였고 도서로 가득 찬 한 방에서 담백하게 지낼 뿐이었다. 구치관의 맑은 덕과 뛰어난 절개, 높고 성대한 업적은 당시에 그 짝이 드물었다.

승려 호패법을 정하다

세조 7년 8월 12일 주상이 사정전에 나아가 아침 조회를 받고 정사를 보았다. 여러 종친과 재추·승지 등을 불러서 입궐하게 하였는데, 임금이 우찬성 구치관·병조 참판 김국광에게 묻기를,

"승려 호패를 자세히 조사하기가 어려우니, 내 생각으로는, 서울 경기 중에는 선종과 교종 양종으로 하여금 여러 절 승려의 본관本貫과 생긴 모양을 갖추 기록하여 해당 관청에 보내게 하고, 지방은 여러 산의 유나사維那寺로 하여금 여러 절의 승려를 갖추 기록하여 그 고을에 고하면 곧 도장을 찍어 주고, 만일 도첩(신분증)에 명백하지 못함이 있으면 패牌를 주지 말고 깊이 가려서 환속시키려고 하는데 어떨까?"

하니, 모두 말하기를, "좋습니다." 하므로, 마침내 '승려 호패법'을 정하였다.

"1. 둥근 원패圓牌를 만들어 얼굴 모양, 나이 및 아버지의 이름, 본관을 새긴다.
1. 지방관리는 장부에 기록하여 뒤에 증빙하도록 한다.
1. 기록해 보고할 때에는 모름지기 도첩(度牒: 승려신분증명서)을 고찰하게 하며, 그 가운데 나이가 늙었거나 여러 사람이 함께 아는 자로서 마음씀이 있는 자는 비록 도첩이 없을지라도 아울러 고하여 호패를 주고, 심행이 없고 경전을 외지 아니하는 자는 고하지 말게 한다."

가축 번식방법을 정하다

세조 8년 6월 3일 구치관·윤자운·홍응을 불러 가축을 번식시키는 조건을 작성케 하다.

임금이 사정전에 나아가 아침회의를 받고, 정사를 보았다. 우찬성 구치관·병조 판서 윤자운·도승지 홍응 등을 불러 축산을 번식하게 하는 등의 일을 의논하게 하니, 구치관 등이 의논하여 조건을 작성하기를,

"1. 서울 경기는 대호大戶는 돼지 15마리, 소 7마리, 말 5필을, 중호中
戶는 돼지 10마리, 소 5마리, 말 4필을, 소호小戶[89]는 돼지 5마리,
소 3마리, 말 2필 이상을 기르는 자를 부역과 세금을 면제하소서.

1. 지방은 돼지의 수는 서울 경기와 한 가지이고, 대호大戶는 소 10두,
말 8필을, 중호中戶는 소 7두, 말 6필을, 소호小戶는 소 4두, 말 3필
이상을 기르는 자를 부역과 세금을 면제하소서.

1. 종친·재추와 세도가 자제는, 비록 이 수량을 기르더라도 부역과 세
금을 면제하지 말며, 기르지 않는 자는 오는 정월을 한하여 죄를 논
하소서.

1. 서울 경기는 한성부에서, 지방은 관찰사가 매 세초歲抄[90]에 각각 그
이름 아래에다 목축하는 수를 기록하여 아뢰게 하소서." 하였다.

---

89) 대호大戶는 지방에서 토지 50결 이상, 서울에서 가옥 40간間 이상의 민호를 말하며, 중호中戶
는 지방에서 토지 20결 이상, 서울에서 가옥 30간 이상의 민호를 말하며, 소호小戶는 지방에서
토지 10결 이상, 서울에서 가옥 10간 이상의 민호民戶를 말한다.

90) 세초歲抄란 조선조 때 해마다 6월과 12월에 이조와 병조에서 조정관리 가운데 허물이 있는 벼슬
아치를 적어서 임금에게 올려 강등시키거나 서용하던 일.

구치관의 졸기

1470년[65세] 성종 1년 9월 13일 능성 부원군 구치관의 졸기.

능성 부원군 구치관이 졸卒하였다. 조회를 정지하고, 조제弔祭하고 예장하기를 관례와 같이 하였다.

구치관의 자는 이율而栗이고, 능성綾城 사람으로, 증 좌의정 구양具楊의 아들이다. 1429년에 생원시에 급제하고, 1434년에 문과에 급제하여 승문원 정자를 제수받고, 예문관 검열로 옮겼다가, 곧 대교로 승진하고, 승정원 주서로 옮겼으며, 여러 번 사헌부 감찰·황해도 도사로 전출하고, 병조좌랑·병조정랑·성균관 사예·의정부 검상·사복시 윤을 역임하였다.

1453년 세조의 계유정난 때에 구치관을 함길도에 보내어 역적의 무리를 제거하였으므로, 보공 대호군으로 뛰어올랐다. 세조가 정사를 보필하게 되자, 그를 불러들여 모의하고, 깊이 그 인물을 칭찬하여 '경을 안 것이 늦었음을 한탄한다.'고 말하고, 갑자기 승정원 동부승지로 발탁하여, 좌승지에 이르렀다. 세조가 즉위하자, 책훈하여 추충 좌익공신의 호를 내려주고, 이조참판으로 승진되어 능성군에 봉해졌으며, 얼마 뒤에 병조로 옮겼다. 세조가 일찍이 말하기를, '능성은 문무를 겸전하였으니, 내가 어찌 장수와 정승에 사람이 없다고 근심하겠는가?' 하였다.

1457년에 예종을 세자로 봉할 것을 청하기 위하여 구치관이 부사로서 북경에 갔는데, 돌아와 세조의 뜻에 맞아 품계가 가정대부로 올라갔고, 호조참판으로 옮겼다가, 특별히 평안도 절도사로 제수하고, 전교하기를, '내가 경을 좌우에서 떠나게 하고자 하는 것이 아니다. 다만 변방의 임무가 중대하여 부득이 경을 번거롭게 할 뿐이다. 경이 부임한 뒤에는 나는 다시 서쪽을 돌아보지 않을 것이다.' 하였다.
구치관이 평안도에 이르러서, 본도의 토지세를 연변 주·군에 수송하여 군수에 충당하도록 요청하고, 또 공물을 면제하여 변방 백성을 편안하게 하도록 요청하니, 세조가 다 그대로 따랐다. 불러서 조정에 돌아오게 되자, 이조판서에 임명되고, 품계는 정헌대부를 제수하였다. 사대부가 서로 축하하여 말하기를, '바른 사람이 인사관으로 선발하는 임무를 맡았으니, 공평하고 바른 도道가 시행될 것이다.' 하였다.

함길도는 낭보아한浪甫兒罕이 반역한 뒤로부터 변방의 소요로 여러 번 놀랐는데, 구치관을 본도 도체찰사로 삼아 가서 진압하게 하였으며, 품계는 숭정대부로 올랐다.

1462년에 의정부 우찬성을 제수받고, 얼마 있다가 보국 숭록대부 능성 부원군으로 올라갔으며, 우의정으로 제수받았다가, 영의정으로 승진하였다.

1466년에 기한이 넘쳐 사임하고, 도로 부원군에 봉해졌다. 우리나라에서 중국 황제의 명에 의하여 만주의 야인 이만주를 토벌하여 패배시켰는데, 그 잔당이 국경을 엿보므로, 국가에서 근심하여 구치관을 진서 대장군으로 삼아서 보냈다. 세조가 좌우에게 말하기를, '능성은 나의 만리장성이다.' 하였다.
1468년에 예종이 즉위하자 호조판서를 겸하게 하였고, 성종이 즉위하자 경을 매우 공경하고 중히 여겨 겸 이조판서를 삼았는데, 이때에 이르러서 졸하였으니 나이가 65세이다.

구치관은 용모와 행동이 엄숙하고 확연하게 지키는 것이 있어서 이익과 세력에도 흔들리지 않고 몸가짐을 청백하고 검소하게 하였으며, 악을 미워하기를 원수같이 하였다. 전후前後하여 전형 선발의 임무를 맡았으나 자기 집에 개인적으로 찾아오는 사람이 없었고, 뽑아 쓰기를 모두 공평하게 하였다. 혹 간청하는 자가 있으면, 관례상 응당 옮길 사람이라도 끝내 옮겨 주지 아니하였다. 생업을 돌보지 아니하여 죽던 날에는 집에 남은 재산이 없었다. 그러나 좋아하고 미워하는 것이 편벽되어 사람들이 자못 비난하였으며, 심지어는 거짓으로 행동하여 이름을 낚는다고 비방하는 자도 있었다.

[승진과정]

1429년[24세] 세종 11년 생원시 급제
1434년[29세] 세종 16년~20년 문과 을과 급제, 승문원 정자, 예문관 검열, 승정원 주서,
          감찰
1439년[34세] 세종 21년 7월 황해도 도사都事
1443년[38세] 세종 25년 12월 도관주부
1448년[43세] 세종 30년 6월 낭청, 병조정랑
1450년[45세] 문종 즉위년 12월 종사관, 12월 겸 수호군
1451년[46세] 문종 1년 11월 성균사예
1453년[48세] 단종 1년 10월 의금부 지사, 10월 지사간원사,
          11월 부지승문원사, 12월 의금부 지사
1454년[49세] 단종 2년 2월 동부승지, 8월 우부승지
1455년[50세] 세조 1년 윤 6월 좌부승지, 윤 6월 우승지
          9월 추충 좌익공신 좌승지
1456년[51세] 세조 2년 7월 이조참판, 10월 병조참판
1457년[52세] 세조 3년 1월 병조참판 겸 충청·전라·경상도 순찰부사,
1458년[53세] 세조 4년 윤 2월 인수부윤,
          윤 2월 평안도 병마도절제사, 6월 좌익 3등공신
1459년[54세] 세조 5년 7월 이조판서
1461년[56세] 세조 7년 1월 숭록대부, 함길도 도체찰사, 6월 우찬성
1463년[58세] 세조 9년 8월 우의정
1464년[59세] 세조 10년 2월 좌의정
1466년[61세] 세조 12년 4월 18일 영의정, 10월 19일 영의정 면직, 능성군
1467년[62세] 세조 13년 예종에게 왕위 승계
1468년[63세] 예종 1년 9월 8일 세조 졸
1468년[63세] 예종 1년 9월 원상
1469년[64세] 성종즉위년 11월 성종즉위, 좌리공신,
          12월 29일 겸 경연청 영사, 원상 호조 겸판서,
1470년[65세] 성종 1년 6월 이조 겸판서
1470년[65세] 성종 1년 9월 13일 능성 부원군 구치관이 죽다.
1471년[사후] 성종 2년 좌리공신 2등에 추록

25. 한명회韓明澮

경덕궁지기에서 세조의 책사가 되다

생몰년도	1415년(태종 15)~1487년(성종 18) [73세]
영의정 재직기간	1차 (1466.10.19.~1467.4.6.) 2차 (1469.1.23.~1469.8.22.) (총 1년)
본관	청주
자	자준子濬
호	압구정狎鷗亭·사우당四友堂, 별칭 칠삭둥이
시호	충성忠成
군호	상당부원군上黨府院君
공훈	정난공신, 좌익공신, 익대공신, 좌리공신
배향	세조 묘정에 배향
묘소	충남 천안시 수신면 속창리, 신도비 서거정이 씀
기타	연산때 부관참시, 세조의 책사
증조부	한수韓脩-판후덕부사
조부	한상질韓尙質-예문관 대제학, 조선 개국공신
종조부	한상경韓尙敬-태종때 영의정, 조부 한상질의 동생
부	한기韓起-사헌부 감찰, 인수대비의 아버지 한확의 친족
모	예문관 대제학 이적李逖의 딸
처	여흥 민씨
장남	한보 韓堡-낭성군
장녀	한씨-신숙주의 장남 신주申澍의 처
2녀	한씨-윤사로의 장남 윤반尹磻의 처
3녀	장순왕후 (예종의 왕비)
4녀	공혜왕후 (성종의 왕비)
측실소생	8남이 있음

4대공신(정난·좌익·익대·좌리공신)에 세조의 장자방

1466년 세조 11년 10월, 구치관의 뒤를 이어 좌의정 한명회가 영의정에 올랐다. 경덕궁지기로 널리 알려져 있는 한명회의 집안은 대단한 명문가 집안이었다. 한씨는 본래 청주의 큰 성姓으로 증조부 한수는 판후덕부사를 지냈고, 조부 한상질은 조선의 개국공신이자 대제학을 지낸 학자로서 명나라로부터 '조선'이라는 국호를 받아 온 장본인이다. 한상질의 동생 종조부 한상경은 태종 때 영의정을 지냈다. 일찍이 세상을 떠난 아버지 한기는 인수대비 아버지 한확과 친척이며, 어머니 이씨는 예문관 대제학 이적의 딸이다. 청빈했던 할아버지의 곤궁한 가세에 부모마저 일찍 세상을 떠나니, 한명회의 어린 시절은 어려움이 이루 말할 수 없었다.

자를 자준子濬, 호를 압구정鴨鷗亭, 또는 사우당四友堂이라 했던 한명회는 개성의 말단 경덕궁지기에서 세조의 책사로 천거되면서 정난공신, 좌익공신, 익대공신, 좌리공신 등 일약 4대 공신에 오르게 된다. 이러했던 그의 초년 기록을 국조인물고에는 다음과 같이 서술하고 있다.

> 한명회를 잉태하여 겨우 일곱 달 만에 낳으니, 사체가 채 갖춰지지 않아 온 집안에서 기르지 않으려고 하였는데, 늙은 노비가 헌 솜에 싸서 극진히 간호하니 몇 달이 지나자 점점 형체를 갖추었고, 특히 배 위에 검은 점이 있어, 그 모양이 북두칠성 같았다. 일찍이 어버이를 여의고, 가난하여 스스로 떨쳐 일어나지 못하였으며, 글을 읽어 자못 얻은 바가 있었으나, 의지할 데가 없자 종조부인 참판 한상덕을 찾아가 의탁하였는데 참판이 말하기를, "이 아이는 용모가 예사롭지 않으니 필경에는 우리 가문을 일으키게 될 것이다." 하였다.

일찍이 영통사에 놀러 갔었는데, 한 노승이 사람을 물리치고 말하기를, '그대의 두상에 빛이 있으니, 이는 귀하게 될 징조이다.'라고 하였다.

한명회는 어려서부터 글 읽기를 좋아하여 과거 공부를 하였으나 나이가 장성하도록 여러 차례 낙방하였다. 그러나 크게 개의하지는 않았다. 더러 위로하는 사람이 있으면 대답하기를, "가난함과 부귀함은 명에 있는 것인데 군자가 어찌 보잘것없는 선비나 평범한 선비처럼 실망하고 비통하듯이 하겠는가?" 하였다.

길창군 권남과는 생사간의 우정을 맺어 서로 좋아함은 옛 관중과 포숙보다도 더하였는데, 권남과 뜻이 같고 기개가 합해서 가정은 살피지도 않고 산수간에 노닐면서 혹 마음에 맞으면 한 해가 다하도록 돌아올 줄을 몰랐으며 명성과 부에는 욕심 없이 순박하였다. 권남에게 농담하기를, "문장과 도덕은 내가 자네에게 자리를 내주지만 경륜과 일에 있어서는 어찌 많이 모자라겠는가?" 하였다. 대저 논의에 나타나는 것이 높고 뛰어나고 훌륭하였으므로 사람들이 모두 큰 그릇으로 인정하였다.

1452년 문종 2년 한명회의 나이 38세에 개성의 경덕궁 궁지기가 되었는데, 그때에 문종이 승하하고 단종이 왕위에 오르자 권력을 마음대로 주무르는 세력들이 집권하여 국정이 위태로우니, 한명회는 나라를 걱정하며 분하게 여기는 심지를 품었다.

하루는 권남에게 말하기를,

"시국이 이 지경에 이르니 안평대군 이용이 왕위를 넘보고 은밀히 대신과 결탁하여 후원을 삼고 불령한 무리들이 그림자처럼 따라붙고, 나무뿌리 얽히듯 얽혀 화란의 발생이 조석간에 있는데, 그대는 이런 데에 추호도 생각이 미치지 않는가?" 하니, 길창군이 말하기를, "자네의 말이 맞네. 그러나 어떻게 해야 한단 말인가?" 하였다. 한 명회가 말하기를 "화란을 평정함에는 세상을 구제하고 난을 다스릴 수 있는 군주가 아니면 할 수 없네. 수양대군은 활달하기가 한 고조와 같고 영특 용감하기가 당 태 종과 같으니, 천명이 그분에게 있음을 분명히 알 수 있네. 지금 자네는 그분과 가까 이 지내면서 어찌 조용히 건의하여 일찍 결단하게 하지 않는가?" 하였다.

-국역 국조인물고, 한명회, 세종대왕기념사업회-

1452년 7월 권남이 수양을 알현하고 한명회의 계책을 수양에게 고하고 말하기를,

"모름지기 장수로서 생사를 부탁할 만한 자 두어 사람을 얻어서 갑작스런 변에 대비 하소서." 하니, 세조가 말하기를, "매우 좋다. 가히 장수를 얻게 해 줄 만한 자가 누구 인가?" 하므로, 권남이 말하기를, "한명회가 할 수 있습니다." 하였다. 세조가 말하기 를, "예로부터 영웅은 세상이 험악하여 처세하기 어려움이 많으니 지위가 낮은들 무 엇이 해롭겠느냐? 내가 비록 그 얼굴을 보지 못하였으나, 이제 논하는 바를 들으니 참으로 국사國士로다. 내가 마땅히 대면하여 상의하겠다." 하였다.
세조가 급히 한명회를 부르니, 한명회가 두건을 쓴 채 들어와 알현하였다.

-단종실록 즉위년 7월 28일-

1453년 계유년 10월에 의병을 일으키려고 하는데 의심을 품고 거사를 흐리게 하는 몇 사람이 있자, 한명회가 칼을 빼어 들고 큰 소리로 말하기 를, "한번 태어났으면 죽는 것은 사람마다 면할 수 없는 일인데, 사직을 위해 죽으면 그저 죽는 것보다 낫지 않느냐? 감히 딴 마음을 품은 자가 있으면 이 칼로 베겠다." 하니, 진영이 진정되었다. 이에 뜻있는 지사를 불러 모아 원흉을 제거하고 추종자를 머리에 빗질하듯 싹을 도려내듯 하 여 난을 평정하였다.

이는 비록 세조의 지략과 결단에서 나온 것이기는 하나 계책과 결정한 공은 한명회가 제일 많았다. 그 후 한명회는 군기시 판관에 발탁되었고, 얼마 후에는 사복시 소윤으로 옮겼으며, 수충위사협책정난공신에 책훈되었다. 1454년에는 승정원 동부승지에 제수되었고, 1455년 6월에 세조가 즉위하니 동덕 좌익공신에 책봉되고 우부승지로 올랐다.

1456년 6월 초하루에 세조가 광연루에서 연회를 베풀었는데, 이개·성삼문 등이 큰일을 일으키려고 계획하였다. 한명회가 아뢰어 광연루는 자리가 좁으니, 세자는 연회에 참석하지 말 것과 왕의 호위무사도 입실하지 못하게 주청하니, 임금이 윤허하였다. 성삼문의 아버지 성승이 호위무사로 칼을 차고 들어오기에 한명회가 꾸짖어 제지하니, 도당들이 일이 성공하지 못할 것을 알고 먼저 한명회를 해치려고 하는 자가 있었는데 성삼문이 이르기를, "큰일은 이뤄지지 않았는데 한명회를 죽인들 무슨 도움이 있겠는가?" 하였다. 그 이튿날 일의 전모가 탄로되어 모두 잡혀 죽임을 당하였다. 광연루의 잔치에 세자가 참석하지 않은 것과 무신을 들이지 않은 그 깊은 계략과 헤아림은 보통 사람의 능력 밖에서 나온 것으로 도당들이 거사 계획을 행하지 못하게 한 것이다.

1456년 10월에는 도승지에 올라 항상 세조 가까이에 있으면서 기무를 도우니 임금이 이르기를, "한명회는 나의 자방이다." 하였다.

1457년 세조 3년에는 한 품계를 뛰어넘어 숭정대부에 올라 이조판서 상당군에 제수되고, 겨울에는 세자 책봉을 주청하는 일로 연경에 들어갔다.

1458년 12월에는 병조판서로 옮겼는데 그때에 충청·경상·전라 3도에 흉년이 드니, 한명회를 순찰사로 명하였는데 마음을 다하여 진휼하니, 백성들이 이에 힘입어 구휼되었다.

이때 능성군 구치관이 3도의 주·현은 이빨이 서로 뒤섞인듯하고 경계도 들쭉날쭉 복잡하니, 큰 고을에서 작은 고을로 떼어 붙여 일정하게 하자고 건의하였는데, 그중에서도 경상도의 지세포·조라포와 연화도·욕화도 등은 모두 혁파하자고 말하였다. 이에 한명회가 아뢰기를, "주현을 섞갈리게 설치한 것은 크고 작은 것이 어울려 서로 보완하게 하려는 제도이고, 더구나 경계는 획정한 지가 이미 오래인데 하루아침에 변경하면 백성들이 필시 소요하게 될 것입니다. 또 두 포浦와 두 섬은 왜인에게 고기를 잡도록 허가하고 통행증을 발급하여 세를 거두고 그들의 왕래를 정찰하고 있으니 더없이 좋은 제도인데, 지금에 와서 혁파한다면 이는 울타리를 철거하고 호랑이와 표범을 불러들이는 것과 같으니 우환이 있을까 두렵습니다." 하니, 논의가 드디어 중단되었다.

능성군 구치관이 또 건의하기를, "우리 동방은 삼국이 대치하고 있을 때에는 각국마다 10만의 병력이 있었는데, 본 조선은 삼국의 땅을 다 차지하고 있으면서도 군사는 되레 그때보다도 못하니, 청컨대 빠진 집과 숨은 장정을 모조리 찾아내어 군대에 편입시키소서." 하니, 임금이 그대로 따랐는데, 관할청에서 애써 군사를 늘리려고 하여 한 집에 장정 열이 있으면 아홉 명을 편입시켜 군병을 삼았으므로, 백성이 감내하지 못한다고 하였다. 한명회가 아뢰기를, "병사는 강함에 힘써야지 많음에 힘쓸 일이 아니니 정지하소서." 하니, 임금이 칭찬하고 여론도 통쾌히 여겼으나 군적을 이미 정리하여 졸연히 변통하기가 쉽지 않아 그 폐단이 남아 있게 되었다.

1459년 세조 5년에 강원·황해·평안·함길도 도체찰사가 되어 순방하고 방어하는 조치가 모두 형편에 맞으니, 임금이 옥새가 찍힌 문서로 이를 칭찬하고 숭록대부로 품계를 올렸다.

1460년에 임금이 서도로 거둥하여 한명회가 길가에서 영접하니, 임금이 위로함이 간절하였다. 어가가 순안에 이르렀다가 돌아오려고 할 때에 한명회가 호위를 청하니, 임금이 이르기를, "경은 국가의 장성長城이므로 움직이면 안 된다. 어서 가서 백성을 안정시키고 달래거라." 하였다.

1461년 세조 7년에는 보국숭록대부에 상당 부원군 겸판 병조사가 되었다.

1462년에 나라에서 북쪽을 정벌한 이후로 각종 야인이 개미처럼 모이고 벌처럼 뭉쳐 기회를 틈타 침략하려고 하여 국경에 걱정이 많았는데, 임금이 대단히 노하여 친히 정벌하려 하자 한명회가 아뢰기를, "좀스러운 야인은 임금의 위용을 번거롭게 할 수가 없습니다. 신이 비록 재능 없고 둔하지만 족히 제압하겠습니다." 하니, 임금이 이르기를, "나는 경을 장성長城처럼 믿고 있으니 경이 간다면 다시는 북쪽을 걱정할 일이 없겠다." 하였다. 출전 인사를 할 때에 한명회가 말하기를, "신은 명을 받들어서 출정한 만큼 무슨 난처한 일이 있겠습니까마는 다만 항복받기를 꾀하지 목을 거두는 것만을 취하지는 않겠습니다." 하니, 임금이 이르기를, "문턱 밖의 일은 경이 알아서 처단하라." 하였다.

한명회가 육진六鎭에 이르자 공격할 무기를 크게 수리하여 먼저 위세를 보인 뒤에 첩자를 시켜 적에게 고하기를, "처자를 보호하고 가정을 아끼는 것은 인정의 일반인데, 너희는 어찌 이러한 마음을 갖느냐. 너희가 속히 항복하면 몰라도 그렇지 않으면 깊이 쳐들어가 근거를 무찌르고 기필코 섬멸하고 말겠다." 하니, 추장이 찾아와 뵙기를 청하고 말하기를, "자식이 죄가 있으면 아비가 매질해야 하지만 만약 잘못을 뉘우친다면 어루만지는 것이 옳지 않겠습니까? 바라건대 공은 우리를 살려 주십시오." 하여, 한명회가 그전과 다름없이 대하니 각처 야인들이 복종하였다. 임금이 기뻐하여 말하기를, "싸우지 않고 남을 굴복시키는 것은 병법의 최고 전략이다." 하였다.

1462년 세조 8년 여름에는 대광 보국숭록대부 우의정에 제배되고 4도 체찰사는 그대로 겸하였다.

1463년에는 좌의정으로 올랐는데 4도를 순찰하려고 나서니 세자에게 명하여 보제원에서 전송하게 하였다.

1464년 세조 10년에 한명회가 아뢰기를, "의주의 하류에는 진지가 없으니 만일 적의 침략이라도 있게 되면 외딴 성城은 후방 지원이 없고, 희천과 영흥 사이는 거리가 너무 멀어 만에 하나 불의의 사태가 발생한다면 지세가 멀리서 구원하기는 어렵겠으니, 의주 하류에는 인산진을 설치하고, 희천·영흥 사이에는 영원군을 두는 것이 이로울 것 같습니다." 하니, 임금이 그대로 따랐다.

1466년 세조 12년에 영의정에 올라 예문관 홍문관 춘추관 관상감사 세자사를 겸하였는데, 얼마 후에 병으로 사퇴하였으나 윤허하지 않았으며, 1467년 병으로 사임하고 온천에 가니 세자에게 명하여 제천정에서 전송하게 하였다.

1467년 5월 함경북도에서 이시애가 난을 일으켜 한명회와 신숙주가 성삼문과 반란을 모의하려 했다고 모함하자 신숙주와 함께 투옥되었다.

5월 19일 "근자에 신숙주와 한명회 등이 백관의 장으로 있으면서 뭇사람의 입에 구실감이 되었으니, 비록 반역한 것은 아닐지라도, 수행인을 타일러 경계하지 못하고 임금을 배반하였다는 악명을 받아서, 원근의 의혹을 일으킨 것은 진실로 모두 스스로 취한 것이다.

나도 또한 어리석고 나약하여 위엄이 없는데, 백성들의 말을 따르지 않고 대책을 생각하지 않음은 옳지 못하니, 우선 이들을 가두어 두는 것이 옳겠다." 하고, 곧 겸사복·내금위·선전관 등에게 명하여 군사를 거느리고 가서 신숙주와 그 아들 신찬·신정·신준·신부 등을 잡아다가 의금부에 가두게 하고,

한명회는 단종(丹腫 : 붉게 붓는 병)이 발병하여 집에 있으므로, 영천군 이찬으로 하여금 보병 30명을 거느리고 가서 지키게 하고, 그 아들 한보와 사위 윤반을 가두게 하였으며, 의금부 진무 김기를 보내어 신면을 잡아 오게 하였다. 이날 구치관이 비밀히 아뢰어 신숙주와 한명회 등을 가두도록 청한 까닭에, 임금의 이 명령이 있던 것이었다.

—세조실록 13년 5월 19일—

5월 22일 임금이 말하기를 "신숙주는 가두고, 한명회는 가두지 않았는데, 한명회를 가두자고 청하는 사람이 없고, 또 죄명을 청하는 자도 없다. 마치 귀머거리와 봉사처럼 듣고 아는 게 없는 것과 같이 하니, 어찌 조정에 사람이 있다고 이를 수 있겠느냐? 내 어찌 남용신 만을 편벽되게 미워하겠느냐? 그를 죽여서 남은 무리를 경계하여, 조정으로 하여금 숙청하게 함이다." 하고, 제조와 낭관들을 의금부에 가두었다.

그러나 성임 만은 그 일에 참여하지 않았으므로 면제되고, 그 나머지 제조와 낭관은 모두 다시 임명하였으며, 따라서 신숙주와 한명회 등을 관저전에 유폐시키고, 은천군 이찬과 금산 도정 이연으로 하여금 군사를 거느리고 지키게 하고, 또 승지 2인으로 하여금 야경하게 하였다. 이후 보름간 투옥시켰다가 석방하였다.

—세조실록 13년 5월 22일—

1468년 예종이 즉위하자 유언을 받들어 한둘의 대신으로 하여금 승정원에서 돌아가며 숙직하면서 서무를 참여하여 결정하게 하였는데, 하루는 혜성이 나타나자 한명회가 아뢰기를, "하늘의 변화가 두렵습니다. 창덕궁은 성벽이 없고 방비가 허술하니, 중신으로 하여금 군병을 거느리고 들어와서 호위하게 하소서." 하였는데, 오래지 않아 남이와 강순이 모반하여 처형되었다. 책훈되어 정난 익대 공신의 호가 내려졌다.

1469년 예종원년 봄에는 다시 영의정에 제수되었고, 가을에 사임을 청하니 상당군에 봉하고 세조실록을 찬수하게 하였다.

1469년 겨울에 예종이 승하하고 성종이 대통을 이으니, 정희 왕후(세조비)가 수렴청정을 하였는데 한명회에게 이조와 병조를 겸판하라 명하였다. 한명회가 힘껏 사양하니 정희 왕후가 이르기를, "선왕께서는 경을 사직지신이라 말씀하였는데, 지금은 국상이 연속하여 인심이 황황하니, 대신이 스스로 편안하기만을 바랄 때가 아닙니다. 경은 선왕의 은총을 잊으셨습니까?" 하였다.

한명회가 눈물을 흘리면서 아뢰기를, "이 몸이 죽기 전에는 나라의 은혜를 갚을 작정입니다마는 다만 노신老臣은 재주는 성글고 책임은 중하니 나랏일을 그르칠까 두렵습니다." 하니, 왕후께서 한명회의 뜻이 견고함을 알고 병조판서만을 겸하게 하였다. 한명회는 기무에 심력을 다하고 비록 병사에 관계된 일이 아니더라도 모든 일에 의견을 말하지 않은 일이 없었다.

1470년 1월 분경 금지법의 지나친 폐단을 아뢰니 세조조의 기록에 따라 처리하게 하다.

상당군 한명회가 아뢰기를,
"지금 2품 이상의 집은 분경奔競의 금령禁令이 지나치게 엄중하여 비록 친동기나 이웃 사람일지라도 서로 교제할 수가 없으니, 태평 세상의 좋은 일이 아닙니다." 하였다.

신숙주도 또한 아뢰기를,
"집에서 손님을 접대하지 않는 것은 신 등에게는 매우 편리하지마는, 다만 동맹친同盟親도 또한 사이좋게 지내는 것을 허가하지 않는다면 아마 나라의 체면이 마땅히 이와 같아서는 안될 듯합니다." 하니 명하기를, "분경의 금령은 세조조의 고사故事에 의거하게 하라." 하였다.

–성종실록 1년 1월 1일–

1471년 성종 2년에는 또 책훈되어 순성 명량 경제 홍화 좌리공신의 녹훈이 내려졌다.

1474년 성종 5년에 다시 좌의정에 제수되었으나 얼마 안 되어 사임하였고, 1475년 2월에는 명나라 사은사로 연경에 가서 일을 마치고 돌아왔다.

하루는 한명회가 조용히 아뢰기를, "성균관은 인재를 양성하는 곳이나 서적의 비치가 적어 학관과 유생의 심오한 독서에 어려움이 많습니다. 청컨대 서각을 지으소서." 하니, 임금이 윤허하고 명륜당의 북쪽에다 서각을 지으라고 명하였다. 서각이 지어지자 대내에 소장한 오경·사서 각 10건을 내리고, 또 교서관에 명하여 팔도의 판각이 있는 대로 인쇄하고 책을 제본하여 보내게 하니, 이에 경사經史를 위시하여 제자諸子와 잡서雜書가 무려 수만 권을 소장하게 되었고, 한명회가 또 사유재산을 털어 비용에 보태니 사람들이 미담을 칭송하였다(국역 국조인물고, 한명회, 세종대왕기념사업회).

대비의 수렴청정 연장 권유로 탄핵을 받다

1476년 성종 7년 1월에 대왕대비가 수렴청정에서 물러나려고 하자 한명회가 수렴청정 기간을 연장하려다가 말꼬리가 잡혀 대간들의 탄핵을 받게 된다.

대왕대비가 환관 안중경을 시켜 언문 편지 1장을 가지고 원상에게 전하게 했는데, 그 언문의 뜻은 이러하였다.

"내가 본디 지식이 없는데도 여러 대신들이 굳이 청하고 주상께서 나이가 어리신 이유로 마지못하여 힘써 같이 정무를 수렴청정했던 것인데, 지금은 주상께서 나이가 장성하고 학문도 성취되어 모든 정무를 재결하여 모두 그 적당함을 얻게 되었다.

더구나 밖에는 정승과 육조와 대간이 있으니 내가 일찍이 사의하려고 하였으나 뜻밖에 중궁이 서거하여 궁중의 일이 대부분 처리하지 못한 것이 있었던 까닭으로 시일을 미루어 지금까지 이르게 된 것이다. 〈중략〉 이에 사의하는 사정을 감추어 경 등에게 알린다."

하니, 원상 한명회와 김국광이 합사하여 청하기를, "오늘날의 태평한 정치는 대왕대비의 보도하며 지도한 힘이었습니다. 더구나 수렴청정하는 것은 스스로 고사가 있는데, 또 무엇을 혐의스럽게 여기겠습니까? 더욱이 소인의 말을 어찌 돌볼 수가 있겠습니까? 대왕대비가 만약 그렇게 하신다면, 동방의 종묘·사직과 억만 창생에 어찌 되겠습니까?" 하였다.

임금이 말하기를,

"경 등은 잠시 물러가 있으라. 내가 장차 면대해 청할 것이다."

하였다. 승지가 함께 나갔는데, 조금 후에 다시 원상과 승지를 선정전에 불러와서 임금이 상좌에서 내려와 동쪽을 향하여 앉아서 이르기를,

"내가 간절히 이를 청했으나 윤허하지 않으시니, 원상이 마땅히 이를 다시 생각해 보라."

하였다. 한명회가 아뢰기를, "신이 이미 의정부와 충훈부의 대신들을 불렀으니, 장차 같은 말로써 청할 것입니다." 하니, 임금이 말하기를,

"좌의정(한명회)이 이미 왔으니 어찌 모두 도착하기를 기다리겠는가?"

한명회가 청하기를, "우리 조정에서는 세종께서 승하하시고 문종께서 일찍 별세하셔서 단종이 왕위에 오르니 나랏일이 날로 그릇되므로 세조께서 정난하였지마는 성삼문의 변고가 있었으며, 예종조에 이르러서는 남이의 난이 있었었는데, 주상께서 즉위한 이후로 아무 일도 하지 않아도 저절로 다스려진 정치에 이를 수 있게 된 것은 모두가 대왕대비께서 보호하고 지도하신 힘이오니, 청컨대 정무를 돌려주지 마소서." 하였다.

임금이 말하기를, "그것을 다시 청하여 보라."

하니, 한명회가 다시 청하기를, "더구나 지금은 중궁이 정해지지 않았으니 어찌 대왕대비께서 정무를 피하겠습니까? 만약 지금 정무를 사피하신다면 이는 동방의 모든 백성을 버리는 것입니다. 또 신 등이 상시로 대궐에 나아와서 안심하고 술을 마시게 되는데, 만약 그렇다면 장차는 안심할 수가 없을 것입니다." 하였다.

임금이 한참 지난 후에 말하기를, "어찌하겠는가? 정승 등이 바로잡고 보좌하는 데에 있을 뿐이다."

-성종실록 7년 1월 13일-

대사헌 윤계겸이 임금의 직접 정치에 대한 한명회의 발언을 탄핵하였다. "대왕 대비께서 전하에게 정무를 되돌리려고 하는 일이 무슨 옳지 못한 것이 있기에 한명회의 아뢴 바가 그러했습니까? 청컨대 사유를 국문하게 하소서." 하니, 명하기를, "경卿 등의 들은 바가 그릇되었다. 정승의 말은 다만 청을 얻으려고 한 것뿐인데 무슨 마음이 있었겠는가?" 하

였다. 이후 한명회에 대한 탄핵은 2개월간 끊임없이 이어지다가 그친다. 상소가 그치자 20일 후 한명회는 사직처리하게 된다. 임금과 한명회와 사헌부와 사간원의 절충점이 찾아진 것이다.

주군이 없는 세상, 탄핵만 이어지다

한명회의 탄핵은 그것으로 끝난 것이 아니었다. 이번엔 뇌물죄로 탄핵 상소가 이어졌다. 1476년 성종 7년 12월 대사간 최한정 등이 김주·한명회·김국광·김질의 파직을 건의하였다.

사간원 대사간 최한정 등이 상소를 올려 아뢰기를, "김주金澍가 반복한 변변치 못한 꼴은 이루 다 적을 수가 없습니다. 그 아비 김달전때부터 오랫동안 한명회의 이웃에 살면서 한명회를 부형처럼 섬겼고, 한명회는 그를 종처럼 대하였습니다. 그런 인연으로 청탁하여 선전관에 제수되고 순서를 뛰어넘어 감찰로 옮겼었는데, 얼마 안가서 자신이 바라서 칠원현감이 되었으니, 아마도 제가 하고 싶은 짓을 마음대로 하려는 것이었을 것입니다. 한명회가 깨 20말을 받은 것은 다만 그중 작은 일입니다. 이뿐이 아닙니다.

김주는 김국광·김질과도 가까운 친척인데, 김주가 늘 남과 말할 때에는 반드시 먼저 한명회를 일컫고, 다음에 김질·김국광을 대고는 '다 내 숙부요 형제'라고 자랑하였습니다. 이것을 보면, 김주의 뇌물을 받은 사람을 '현풍의 김 정승에게 깨 두 섬'이라고 적은 것은 반드시 김질이고, '김 정승에게 들깨 한 섬, 종에게 노자 쌀 두 말 닷 되'라고 적은 것은 반드시 김국광일 것이요, 다른 사람이 아닐 것입니다.
그런데 김질은 먼저 스스로 뉘우치지 않았고, 또 경연에서 교묘한 말을 꾸며서 속였거니와, 또한 몸소 대궐에 나아가 아뢰어 변명하려고 호위병에게 미루어, 김주가 보낸 서신도 보지 못하고 김주가 준 물건도 받지 않은 듯이 하였으니, 탐욕하여 염치가 없을 뿐 아니라 임금의 귀를 속이려고 한 죄가 이미 큽니다.

지난번 경연에서 대간이 김주가 준 물건을 추징하기를 아뢰니, 전하께서 좌우를 돌아보고 물으셨는데, 윤사흔은 대답하기를, '대간의 말대로 따라야 합니다' 하였으나, 김국광만은 끝내 한마디 말이 없었습니다.

김국광이 김주의 뇌물을 받지 않았다면, 어찌하여 윤사흔처럼 시원하게 말하여 성상의 물음에 대답하지 않았겠습니까? 이는 반드시 마음에 부끄러운 것이 있어 기가 죽어서 그렇게 되었을 것입니다.

한명회·김국광·김질은 다 나라의 대신이니, 녹봉과 지위가 극진하고 부귀도 극진합니다. 국가에서 신뢰하여 존중하고 백성이 함께 우러러보니, 본래 청렴하고 근신하여 스스로 단속해야 마땅한데, 탐욕이 한이 없어 모두가 이렇게 되었는데도 그대로 두고 문책하지 않으면, 대신을 존대하는 뜻은 지극하겠으나, 국법이 행해지지 않는 것은 어찌하겠습니까? 또 이웃 고을의 수령들 중에 악한 일을 같이하여 서로 돕고 서로 뇌물을 보내는 자도 많습니다. 엎드려 바라건대, 증여받은 물건을 추징하고 모두 파직하여 뒷사람을 징계하소서." 하였으나, 들어주지 않았다.

-성종실록 7년 12월 6일-

12월 7일 상당 부원군 한명회가 와서 아뢰기를, "김주金澍가 증여한 일에 대하여 신이 전일에 변명하기를 청하였으나 들어주지 않았고, 대간이 또 청하였으나 들어주지 않으셨으므로, 신이 변명할 수 없어서 매우 답답하니, 청컨대 관할사에 내려서 국문하여 다스리게 하여 주소서. 김주의 형 김지金漬가 있으니, 김지에게 물으면 알 수 있을 것입니다. 신의 성명이 김지가 증여한 것을 적은 기록에 적혀 있으니, 신의 죄는 죽어 마땅합니다.

그러나 김주의 아비 김달전과 신은 육촌간이고 이웃에 살기 때문에 서로 친애하였는데, 김주가 전에 제 형인 김지의 집으로 물건을 보내어 신에게 전하였으므로, 김지가 신의 아내에게 말하였으나 신의 아내가 도리에 맞지 않는다고 거절하여 받지 않자, 신에게 말하였으나 신도 도리에 맞지 않는다고 물리쳤습니다. 이제 대간이 두 번 탄핵하였는데, 김지에게 물으면 드러내어 밝힐 수 있을 것입니다." 하니, 전교하기를, "정승이 간절히 청하니, 김지를 불러서 물어보도록 하라." 하였다.

-성종실록 7년 12월 7일-

12월 8일 승정원에서 김지金漬를 불러 물으니, 대답이 한명회의 말과 같았다. 사헌부에 전교하기를, "그렇다면 한명회는 받지 않았는데, 어찌하여 받았다고 하였는가?" 하니, 지평 권열이 대답하기를, "그 문서가 있기 때문에 그랬습니다." 하였다.

-성종실록 7년 12월 8일-

12월 13일 사헌부 헌납 강거효가 아뢰기를, "한명회는 실로 김주金澍가 준 물건을 받고도 이제 받지 않았다고 말하고 김지金漬를 증인으로 삼았으니, 김지 등은 본래 한명회의 가신家臣이므로 그 말이 그러하였던 것이니, 청컨대 다시 국문하소서." 하였으나, 들어주지 않았다

12월 한명회가 종의 일로 대죄를 청하다.

임금이 영사 한명회에게 말하기를, "정승의 종이 세력을 믿고 폐단을 만들었는데, 절도사 이종생이 제 직무가 아닌데도 홍주에 이첩하여 남의 재물을 빼앗아 관에 몰수하였으니, 나는 매우 그르게 여긴다. 이것이 어찌 정승이 시킨 것이겠는가? 다만 종의 무리가 세력을 믿고 그랬겠으나, 정승은 모름지기 경계하여 그렇게 되지 않게 해야 한다."

하니, 한명회가 대답하기를, "물건의 임자는 신의 지방 관노비인데, 신을 믿고 이利를 불리고 남의 물건을 억지로 빼앗으므로, 신이 매우 미워한 지 오래입니다. 어느 날 절도사 이종생이 글로 알리기를, '종 아무가 의롭지 않은 일을 많이 하는데 참으로 종이냐?'고 하였기에, '감사에게 이첩하여 다스리도록 하라.'고 신이 답하였는데, 저 무인武人이 사리를 모르고 수령에게 이첩하고, 수령도 분간하지 않았기 때문에 이렇게 되었습니다. 신은 황공하여 대죄합니다." 하였다.

-성종실록 7년 12월 15일-

1477년 1월 23일 도승지 현석규가 사면 뒤에 소급하여 죄준 전례를 아뢰니, 임금이 말하기를, "이종생이 범한 일은 버릇을 길러 줄 수 없으므로, 헛되게 논하여서는 안 되니, 칙첩을 거두고 외방에 귀양하는 것이 어떠한가?" 하였다.

현석규가 대답하기를, "참으로 임금님의 말씀과 같습니다. 한명회가 청한 것이 아닌데 이종생이 조정관료를 가두기까지 하였으니, 이제 이렇게 논죄하면 참으로 뭇사람의 마음에 맞을 것입니다. 최호·이의석은 어떻게 처리하겠습니까?"

하니, 임금이 말하기를, "최호 등이 거절하고 따르지 않으면 상책이었겠으나, 수령으로서 절도사의 명을 들은 것도 부득이한 일이니, 칙첩만 거두고, 종 도치·구질금은 율문에 따라 장 1백 대에 유 3천 리에 처하고, 또 변방의 관노비로 영속시키며, 신유정은 장 1백 대를 때리고, 박치산은 율문에 따라 장 80대를 때리는 것이 옳겠다." 하였다. 현석규가 말하기를, "사면이 지났더라도 용서하지 않는다는 뜻을 모든 도에 알리는 것이 어떠하겠습니까?"

하니, 임금이 말하기를, "그렇게 하라." 하였다.

-성종실록 8년 1월 23일-

1월 23일 대사헌 윤계겸 등이 한명회를 이종생 등과 같이 죄를 물을 것을 청하였다. 사헌부 대사헌 윤계겸 등이 상소를 올려 아뢰기를, "이종생·최호 등은 다 죄받았는데, 한명회만은 그대로 두고 죄를 묻지 않았습니다. 신 등이 서경書經을 보니, '덕을 세우는 일에 있어서는 더욱 조장하기를 힘쓰고, 악을 제거하는 일에 있어서는 근본을 끊기를 힘쓴다.' 하였습니다.

이제 이종생 등이 장사하는 물건을 겁탈하고 죄 없는 사람을 가둔 것은, 다 한명회가 평소에 위세를 길러 청탁을 마음대로 행한 소치이니, 죄질을 나눈다면 한명회가 죄인의 우두머리가 될 것인데, 전하께서는 관여하지 않았다 하여 도리어 허물이 없는 처지에 두어 그 관록과 직위를 여전하게 하시니, 어찌 예전에, '악을 제거하는 일에 있어서 근본을 끊기를 힘쓴다.'는 뜻이 되겠습니까? 삼가 바라건대, 한명회에게 사사로운 정을 두지 말고 지극히 공정하게 하여 여론을 시원하게 하소서."

하니, 전교하기를, "한명회에게 관계된 것이 아니고, 이종생의 잘못이다."

하였다. 지평 윤기반이 대답하기를, "신 등이 의금부의 문안을 가져다 보니, 이종생이 말하기를, '한명회의 서신에 따라 하였다.' 하였습니다. 이것이 어찌 한명회에게 관계되지 않은 것이겠습니까? 한명회와 이종생은 그 죄가 같습니다."

하니, 전교하기를, "당초에 한명회가 청한 것이 아니고, 이종생이 먼저 서신을 보내어서 한명회가 답한 것이다." 하였다.

-성종실록 8년 1월 23일-

1월 23일 군기시 제조를 사직하다.

상당 부원군 한명회가 와서 아뢰기를, "신이 군기시 제조가 된 지 거의 10년이니, 사직하기를 청합니다." 하니, 전교하기를, "경이 아니면 안 되니, 사직하지 말라." 하였다.

한명회가 다시 아뢰기를, "전에 경준慶俊이 신에게 문객이 있다 하였고, 사간원에서도 권세가 가장 강성하다 하였으니, 신은 황공하여 견딜 수 없습니다. 평소에 공무로 집에 찾아오는 사람을 남들이 보고 문객이 있다고 하나, 대저 이른바 문객이란 그를 위하여 분주하고 봉사하는 무인 같은 것을 말하는데, 이것이 어찌 문객이겠습니까? 그러나 집에 찾아오는 객이 한 사람도 없으면, 어찌 남의 말이 있겠습니까? 청컨대 사면하여 주소서." 하니,

전교하기를, "의혹하지 말고 사직하지 말라." 하였다.

한명회가 또 아뢰기를, "권세가 가장 강성한 자는 죄가 죽어 마땅하고, 문객이 있으면 죄가 역시 죽어 마땅하니, 임금님의 명이 아니시면 신이 어찌 목숨을 보전할 수 있겠습니까? 원컨대, 성상의 덕을 입게 하여 주소서." 하니,

전교하기를, "정승이 보전이라는 말까지 하므로, 억지로 따른다." 하니, 한명회가 관을 벗고 머리를 땅에 조아리며 사례하였다.

-성종실록 8년 1월 23일-

1월 24일 대사헌 윤계겸 등이 한명회의 추국을 청하는 상소를 올리다.

사헌부 대사헌 윤계겸등이 상소하기를, "신 등이 한명회를 탄핵하기를 청하니, 전교하기를, '서신을 급히 보내어 청탁한 것은 실로 한보韓堡가 한 일이고, 한명회가 아는

일이 아니다' 하셨습니다. 한명회가 과연 모르는데 한보가 그 아비의 세력을 빙자하여 감히 이런 일을 하였다면, 그 허물이 어디로 돌아가겠습니까?

제 아들로 하여금 임금과 아비를 두려워하지 않고 마음대로 청탁을 하여 법을 업신여기고, 의리를 업신여기게 한 사람이 누구이겠으며, 제 종으로 하여금 우쭐하여 교만하고 방자하여서 그 세력을 믿고 남의 물건을 빼앗게 한 사람이 누구이겠습니까?

한 방면을 맡은 대장으로 하여금 서신을 받자 허둥지둥 청탁에 따라 삼가 행하게 한 사람이 누구이겠으며, 한 고을의 목사로 하여금 위풍에 쏠려 시키는 대로 때맞추어서 일하게 한 사람이 누구이겠습니까? 근본으로부터 지엽으로 가는 것이니, 흐름을 거슬러 근원을 찾으면, 다 한명회가 한 일입니다. 이런데도 그대로 두고 탄핵하지 않을 수 있겠습니까?

더구나 이제 의금부에서 신문할 때에 도치都致는 그 서신을 잃었으므로 말로 전하였다고 말하고, 이종생은 그 서신을 보지 못하였다고 말하기는 하나, 경차관 김영수의 아뢴 문서를 보면, 한명회가 이종생에게 보낸 서신이 한 번에 그치지 않았는데, 그 첫째 번 서신은 과연 잃었다는 핑계로 바치지 않았으나, 둘째 번 서신에는, '이번에 낭성군에게 보내어 온 글을 보고서 뜻을 갖추 알고 나니 매우 기쁘다.' 하였고, 또 '노비 김성이 달아나 숨어서 나타나지 않으므로, 찾아 잡으려고 생각하나 간 곳을 모른다. 이 노비와 참군이라고 하는 자를 끝까지 신문하여 죄상을 밝혀 엄하게 징계하도록 시키기를 바란다.' 하였는데, 신 등은, 한명회가 매우 기뻐한 까닭이 무슨 일 때문이며, 이미 참군이라 하였으면 조정 선비인 줄 모르는 것이 아닌데도 신문하여 죄상을 밝혀 엄하게 징계하도록 청한 것은 또 무슨 뜻인지 모르겠습니다.

그 사정에 의거하여 실정을 미루어 보면, 한명회 부자가 악한 짓을 함께 하면서 서로 도와 감히 의리에 어그러지는 일을 행한 것을 더욱 잘 알 수 있습니다. 전하께서는 이미 한명회를 놓아주고 또 한보를 놓아 주어 형벌에 관한 행정을 잘못하였다는 비평을 받지 않으셨어야 합니다. 대저 죄가 같은데 벌이 달라도 지식 있는 사람들이 옳지 않게 여기는 것인데, 더구나 따른 자는 죄받고, 주모한 자는 도리어 벗어난 것이겠습니까? 삼가 바라건대, 전하께서는 큰 도리로 결단하여 빨리 추국하도록 명하여 그 죄를 바루소서." 하였으나, 들어주지 않았다.

—성종실록 8년 1월 24일—

폐비승인을 받기 위해 중국 사신단으로 가다

1480년 성종 11년 12월에는 한명회가 폐비윤씨 문제와 활을 만드는 물소뿔 등의 일로 연경에 사신으로 들어갔다. 이때 주문사로서 중국에 가지고 간 주본은 다음과 같았다.

상당 부원군 한명회·동지중추부사 이계동을 보내어 황제께 올리는 문서를 가지고 북경에 가게 하였는데, 그 문서의 첫 번째에 이르기를,

"신이 삼가 생각하건대, 1447년 2월 초4일에 삼가 성은을 입어 신의 처 윤씨를 봉하여 계비로 삼으시고 고명과 관복을 내려 주셨던 것에 신은 감격을 이기지 못하였습니다. 그래서 그의 내조에 힘입어 함께 변방국의 직분을 닦으려 했었는데, 뜻하지 아니하게 윤씨는 성품과 도량이 잘못되어 임금의 명을 공경히 받들지 못하였고, 실덕失德한 것이 매우 심했으므로, 백성의 소망에 크게 어긋났습니다.
부득이 1479년 6월 초2일에 신은 조모 윤씨(대왕대비)와 모 한씨(인수대비)의 명을 받들어 폐하여 사저에 나가 살도록 하였습니다. 돌아보건대 배우자는 종사를 명을 받드는 것에 관계되므로, 오랫동안 비워 둘 수가 없어서 소실 윤씨를 처로 삼았습니다. 도리상 아뢰는 것이 마땅하므로, 감히 사유를 갖추어 아룁니다. 삼가 바라건대 성상께서는 특별히 고명·관복을 내려 주소서."

하였고, 두 번째에는 이르기를, "의정부에서 보고하기를, 정주 목사 허희가 올린 문서에, 금번 중국 내관 정동鄭同 등이 돌아갈 당시에 제가 맡게 되었었는데, 1480년 8월 19일에 인마人馬와 공수할 물건을 싣고 요동까지 갔다가 돌아오던 중, 그해 9월 초4일 저녁 늦게 여진족 약 2천여 기병이 단숨에 들이닥쳐 길을 차단하므로, 곧 상대하여 싸웠습니다. 〈중략〉
여진족들이 말하기를 '우리들이 너희 나라의 국경을 침략할 수 없다면, 사신이 왕래할 때 한 길을 차단하여 보복하겠다.' 하였습니다. 조공사신이 옛길을 그대로 경유한다면, 전과 같이 갑자기 나타나 공격할 듯하여 공물을 바치는 데 거리낌이 있을 것이 염려스러워 지극히 불편합니다. 삼가 바라건대 성상께서 옛길 이남의 적의 경계와 멀리 떨어진 곳에 새길을 개통하도록 허락하신다면 지나가는 데 편리하겠습니다."

하였으며, 그 세 번째에는 이르기를, "신이 생각하건대, 활 재료에 소용되는 물소 뿔은 본래 우리나라에서는 생산되는 것이 아니므로, 오로지 중국에만 의존해 왔었습니다.

그런데 지난번에 금지로 인하여 수매를 허락하지 않았었는데, 1447년 8월 26일에 사유를 갖추어 요청함에 따라 공경되게 성은을 입어 매년 한 차례씩 물소 뿔 50부를 수매하도록 허락하시니, 신은 감격함을 이길 수가 없었습니다.

단지 생각하건대 우리나라는 세 방면으로부터 적의 침입을 받는데다가 근일에는 또 야인이 국경에서 무리를 지어 여러 번 침략하니, 경비가 더욱 소홀할 수 없습니다. 더욱이 나라 사람들이 창검을 익히지 아니하고, 오직 활을 업으로 삼아, 적을 방어함에 있어서는 활에만 의존하니, 비록 제조하는 것은 많다 하더라도 감당하여 이를 쓸 수 있는 자는 적습니다. 겸하여 또 쉽사리 부러져 훼손되니, 50부를 가지고는 소용되는 데 넉넉하지 못하여 신은 적이 민망스럽습니다.

이에 신은 감히 호소하며 삼가 성은을 바라오니, 불쌍히 여겨 수매할 때의 몫을 지난해의 사례를 조사하고, 그에 의하여 숫자에 구애받지 아니하고 수매하도록 허락하여 군수품을 넉넉하게 해 주소서. 공물로 바치는 예물은 황색 모시포 20필, 백색 모시포 20필, 검은 삼베포 50필, 용의 무늬를 놓아 짠 발 10장, 여러 가지 빛깔 돗자리 10장, 인삼 1백 근, 잡색마 20필입니다." 하였다.

—성종실록 11년 12월 9일—

1481년 4월 19일 주문사 한명회가 복명하여 중궁의 고명 등에 대해 아뢰었다.

주문사 한명회·부사 이승소가 복명하니, 임금이 선정전에 나아가서 만나고, 위로하기를, "먼 길에 고생하고 돌아왔도다." 하고, 이어서 묻기를,

"주청한 일을 담당관 조선趙繕이 '불가하다.'고 말하였다는 소식을 들었다. 조선은 학식이 있는 자인데, 어찌하여 이와 같았는가? 과연 그러하였는가?"

하니, 한명회가 대답하기를, "신도 또한 조선趙緒이 '불가하다.'고 하였다는 말을 들었습니다. 황제가 정동鄭同을 시켜서 신에게 묻기를, '폐비는 아들이 있는가? 무슨 까닭으로 그를 폐하였는가?'고 하였으므로, 신이 대답하기를, '아들이 있는 왕비를 폐한 것은 부득이하였습니다.'고 하였습니다."

하였다. 임금이 말하기를, "황제가 물은 것은 그 사유를 알고자 하였을 뿐이지, 들어주지 않으려고 하는 것은 아닐 것이다. 만약 '정실왕비가 이미 서 있으니, 다른 왕비를 바꾸어 세우는 것이 부당하다.'고 여겼다면 전번에 폐비하면서 고명을 청하였을 때에도 또한 마땅히 따르지 아니하였을 것이다."

하고, 임금이 이어서 그를 위로하기를, "나는 '중궁의 고명은 반드시 그 청을 얻을 것이다.'고 생각하였으나, 물소뿔의 무역도 또한 그 청을 이룰 줄은 생각하지 못하였다."

하니, 한명회가 말하기를, "신의 힘이 아니라, 오로지 성상께서 지성으로 사대事大하신 까닭입니다." 하였다. 임금이 말하기를, "새로운 길은 어찌 되었는가?"

하니, 한명회가 말하기를, "듣건대 중국 조정에서 봉황산에 진을 설치하고자 하는 공문서가 이미 요동에 이르렀다고 합니다."

하자, 임금이 말하기를, "이곳에 진을 설치한다면, 우리나라에 진실로 해가 있을 것이다."

하니, 한명회가 말하기를, "지금은 비록 태평 시대지만 어찌 능히 언제나 이와 같음을 보전할 수가 있겠습니까? 평안도에서 성城을 쌓고 백성을 이주하는 등의 일을 이 때문에 빨리 도모하지 않을 수가 없습니다."

하자, 임금이 말하기를, "그러나 흉년이기 때문에 아직 그리 하지 못하고 있다. 그러나 큰일을 이루는 자가 어찌 작은 폐단을 돌아보겠는가?" 하였다.

—성종실록 12년 4월 19일—

1481년 4월 주문사로서 사사로이 물건을 바친 한명회를 국문하기를 청하다.

사헌부 대사헌 조간 등이 상소를 올리기를,

"신 등이 생각하건대, 임금의 신하로서 사신을 가면 사신의 업무만을 전념하여 임금의 명령을 욕되게 하지 않는 것뿐입니다. 지금 한명회는 주문사로서 북경에 가서 중국 내관 정동鄭同과 인연에 사사로이 물건을 바쳤으며, 또 되돌아올 때에 사사로이 물소뿔을 받고 와서 활을 만들 것을 청하였습니다. 이것은 한명회가 환관에게 아첨하고 본무를 돌아보지 않아 임금의 명령을 욕되게 한 것이 심하였습니다.

또 연전에 사신이 돌아갈 때에 개성에서 잔치를 베풀어 작별하기를 청하였으며, 이번에는 사신이 오자, 또 개성에서 맞이하기를 청하니, 이것이 어찌 한 손에 쥐고 놓지 않으면서 일의 번거로움을 꺼리지 않는 행위가 아니겠습니까? 임금의 명을 욕되게 하고 사사로이 교제하는 죄는 의리상 용서할 수 없으니, 청컨대 그 사유를 국문하여서 그 죄를 바로잡도록 하소서." 하였으나, 임금이 들어주지 아니하였다.

－성종실록 12년 4월 30일－

중국 사신에까지 소문난 압구정

1481년 6월 24일 상당 부원군 한명회가 와서 아뢰기를, "중국 사신이 신의 압구정을 구경하려 하는데, 이 정자는 매우 좁으니, 말리는 것이 어떠하겠습니까?" 하므로, 임금이 우승지 노공필에게 명하여 중국 사신에게 가서 말하게 하기를, "이 정자는 좁아서 유람할 수 없습니다." 하였으나, 중국 사신이 대답하기를, "좁더라도 가보겠습니다." 하였다.

6월 25일 상당 부원군 한명회가 와서 아뢰기를,

"내일 중국 사신이 압구정에서 놀고자 하므로, 신이 오늘 아침 중국 사신에게 가 보았더니, 중국 사신이 신을 만류하여 점심을 같이하였습니다. 사신 정사가 말하기를, '내가 얼굴에 종기가 나서 낫지 않았으므로, 가지 못할 듯합니다.' 하기에, 신이 청하기를, '나가 놀며 구경하면 병도 나을 것인데, 답답하게 객실에 오래 있을 필요가 있겠습니까?' 하니, 정사가 말하기를, '제가 가는 것이 마땅하겠습니다.' 하였습니다. 신의 정자는 본래 좁으므로 지금 더운 때를 당하여 잔치를 차리기 어려우니, 관할사에 시켜 정자 곁의 평평한 곳에 장막을 치게 하소서."

하니, 전교하기를, "경이 이미 중국 사신에게 정자가 좁다고 말하였는데, 이제 다시 무엇을 저지르려는가? 좁다고 여긴다면 제천정濟川亭에 잔치를 차려야 할 것이다."

하였다. 한명회가 또 처마에 잇대는 장막을 청하니, 전교하기를, "이미 잔치를 차리지 않기로 하였는데, 또 무엇 때문에 처마에 잇대는가? 지금 큰 가뭄을 당하였으므로 뜻대로 유람할 수 없거니와, 내 생각으로는, 이 정자는 헐어 없애야 마땅하다.

중국 사신이 중국에 가서 이 정자의 풍경이 아름답다는 것을 말하면, 뒤에 우리나라에 사신으로 오는 사람이 다 유람하려 할 것이니, 이는 폐단을 여는 것이다. 또 강가에 정자를 꾸며서 유람하는 곳으로 삼은 자가 많다 하는데, 나는 아름다운 일로 여기지 않는다. 내일 제천정에 오찬상을 차리고 압구정에 장막을 치지 말도록 하라."

하였다. 한명회가 아뢰기를, "신은 정자가 좁고 더위가 심하기 때문에 아뢴 것입니다. 그러나 신의 아내가 본래 오랜 질병이 있는데 이제 또 더쳤으므로, 신이 그 병세를 보아서 심하면 제천정일지라도 신은 가지 못할 듯합니다."

하니, 승정원에 전교하기를, "강가에 정자를 지은 자가 누구누구인지 모르겠다. 이제 중국 사신이 압구정에서 놀면 반드시 강을 따라 곳곳을 두루 노닐고 난 후에야 그칠 것이고, 뒤에 사신으로 오는 자도 다 이것을 본떠 유람할 것이니, 그 폐단이 어찌 끝이 있겠는가?

우리나라 제천정의 풍경은 중국 사람이 예전부터 알고, 희우정喜雨亭은 세종께서 큰 가뭄 때 이 정자에 우연히 거둥하였다가 마침 기다리던 비를 만났으므로 이름을 내리고 기문記文을 지었으니, 이 두 정자는 헐어버릴 수 없으나, 그 나머지 새로 꾸민 정자는 일체 헐어 없애어 뒷날의 폐단을 막으라. 또 내일은 제천정에서 오찬상을 차리고 압구정에는 유람만 하게 하라."

하였다. 승지들이 아뢰기를, "한명회의 말은 지극히 무례합니다. 중국 사신이 가서 구경하려 하더라도 아내가 참으로 앓는다면 이것으로 사양해야 할 것인데, 중국 사신이 병이 있다고 말하는데도 도리어 스스로 놀기를 청하고서 한마디도 아내의 병을 말하지 않았고, 이제는 아뢰어서 장막과 처마에 잇대는 장막을 청하였으니, 대개 그 사치하고 큰 것을 간곡하게 하려는 것이었습니다.

그러다가 성상의 뜻에 허락하시지 않으려는 것을 알고서는 말을 바꾸어 아뢰기를, '신의 아내가 병이 심하므로 제천정일지라도 가지 못하겠습니다.' 하였습니다. 그러니 이것은 반드시 성상의 뜻에 허락하지 않으려는 것을 마음에 언짢게 여겨서 나온 말일 것이며, 마음에 분노를 품어서 언사言辭가 공손하지 않았으니, 신하로서의 예의가 아주 없습니다.

신하가 임금의 명에 대하여서는 천리의 먼길이라도 사양하지 않고 가야 할 것인데, 더구나 스스로 청하고 나서 도리어 사양하는 것이겠습니까? 관할사를 시켜 국문하게 하소서."

하니, 전교하기를, "그 말이 매우 옳다. 그러나 천천히 분부하겠다."

하였다. 승지들이 또 아뢰기를, "임금과 신하 사이에 어찌 이처럼 도리에 어긋나고 거만할 수 있겠습니까? 국문하도록 명하여 신들의 소망하는 바를 시원하게 하소서."

하니, 전교하기를, "내가 어찌 주저하고 결단하지 못해서 그러겠는가? 천천히 분부하겠다. 어찌 서둘러야 하겠는가?" 하였다.

－성종실록 12년 6월 25일－

6월 26일 임금이 좌우에게 묻기를, "내가 듣건대, 재상 중에 강가에 정자를 지은 사람이 매우 많다고 한다. 이제 중국 사신이 압구정에서 놀고자 하거니와, 뒤에 오는 중국 사신도 다 가서 유람한다면 그 폐단이 적지 않을 것이므로, 내가 헐고자 하는데, 어떠한가?"

하자, 모두 말하기를, "성상의 분부가 지당합니다."

하고, 영사 노사신이 말하기를, "국초에는 신의 할아비 노간만이 금천에 있는 농장의 강가에 작은 정자를 지었을 뿐인데, 이제는 강가에 정자를 지은 자가 과연 많습니다."

하고, 특진관 김자정이 아뢰기를, "신이 대간이었을 때에 이미 이 일을 아뢰었습니다. 강가의 정자들은 죄다 헐어 없애야 하겠습니다."

하고, 지사 이승소가 말하기를, "유식한 자가 이 말을 들으면 스스로 헐 것입니다. 어찌 명이 내리기를 기다리겠습니까?"

하니, 임금이 말하기를, "올해 안에 헐어 없애도록 하라."

하였다. 정언 윤석보가 아뢰기를, "신이 듣건대, 한명회가 중국 사신이 압구정에서 놀고자 한다 하여 장막을 칠 것을 아뢰었으나, 윤허받지 못하자 곧 아내가 앓는다고 거짓말하며 가지 않으려고 합니다. 과연 그렇다면 죄주어야 하겠습니다."

하니, 임금이 말하기를, "정승이 잘못하였다. 전일 북경에 갈 때에는 아내의 병이 바야흐로 심하여 거의 죽게 되었어도 부득이 갔는데, 이제 하루의 일 때문에 아내가 앓는다고 사양하는 것이 옳겠는가?

내가 어진 임금이 아니라고 해도 신하의 도리가 어찌 이러할 수 있겠는가? 승정원에서 말하기를, '한명회가 청한 대로 허락받지 못하였으므로, 분한 마음을 품고 이 말을 한 것이다.' 하였는데, 실정은 알 수 없으나, 그 말은 분한 마음을 품은 듯하였다."

하였다. 윤석보가 말하기를, "전일 사사로이 진상한 일과 물소뿔에 관한 자문咨文의 일에 다 죄가 있는데, 성상께서 다 용서하였으므로, 지금 징계되지 않아서 또 이렇게 하는 것입니다."

하니, 임금이 말하기를, "정승이 장막을 칠 것을 청한 것은 가려고 한 것이고, 병을 핑계한 것은 가지 않으려고 한 것이다."

하고, 이어서 좌우에게 물었는데, 모두들 말하기를, "한명회는 과연 죄가 있습니다." 하므로, 곧 국문하라고 명하였다.

사관이 논평하기를, "당초에 한명회가 북경에 갈 때에 임금이 경계하며 타이르기를, '혹시라도 정동鄭同에게 먼저 통하지 말고 또 활을 바치지 말라.' 하였는데, 한명회가 통주에 이르러 통역사 장유화를 시켜 먼저 정동에게 일렀고, 사사로이 진상할 때에 활을 아울러 바치므로, 부사 이승소가 말렸으나 한명회가 듣지 않았다. 그 사사로이 바치는 물건을 힘써 풍부하게 하여, 황제의 뜻을 기쁘게 하고 정동의 욕심을 채우고서 상을 많이 받아가지고 돌아와 늘 남에게 자랑하였다. 이때에 와서 정동을 맞아 압구정에서 함께 놀 때에 도구를 크게 베풀어 뽐내려 하였으나, 그 뜻을 이루지 못하고 탄핵받아서 죄를 받은 것이다." 하였다.

-성종실록 12년 6월 26일-

6월 26일 한명회가 와서 아뢰기를,
"중국 사신이 압구정을 보고자 하므로 신이 아뢰어 말리려 하였으나 되지 않았고, 어제 장막을 청한 까닭은 그 정자가 좁기 때문이었으며, 가서 참여하지 않으려고 한 까닭은 신이 가지 않으면 중국 사신도 가서 구경하지 않을 것이기 때문이었습니다.

그런데 승정원에서는 신이 분한 마음을 품고서 이렇게 아뢴 것이라고 하니, 신은 참으로 마음이 아픕니다."

하니, 임금이 말하기를, "정승의 뜻을 내가 어찌 모르겠는가? 그러나 이 일은 정승이 잘못하였다." 하자, 한명회가 물러갔다.

-성종실록 12년 6월 26일-

7월 1일 사헌부에서 한명회의 국문내용을 아뢰니, 친필 명을 내렸는데, 그 말미에 이르기를,
"죄는 크나, 여러 조정의 원훈이고 나에게도 구은舊恩이 있으니, 다만 직첩을 거두고 성 밖에 귀양살이 하는 것이 어떠한가? 의정부에 보이라."

하였다. 영의정 정창손·좌찬성 한계희·우찬성 강희맹이 의논하기를, "한명회는 임금의 장인으로서 정난의 큰 공훈이 있으니, 귀양살이를 면제하는 것이 어떠하겠습니까?"

하고, 우의정 홍응·좌참찬 이철견·우참찬 이승소가 의논하기를, "임금님의 명이 진실로 마땅합니다."

하니, 직첩만을 거두라고 명하였다. 좌부승지 이세좌가 아뢰기를, "역대 왕조에서는 불경에 관계된 일이면 반드시 중죄를 주었습니다. 이제 한명회는 불경이 막심한데, 직첩만을 거두는 것은 너무 가벼운 듯합니다."

하니, 명하기를, "외방에 귀양살이하였다가 중국 사신이 알고서 용서하여 주기를 청하게 되면 처치하기 어려울 것이며, 대간이 이 말을 들으면 반드시 죄주기를 청하여 허락받고야 말려고 할 것이다. 승지는 다만 왕명 출납할 따름이니, 다시 말할 것 없다." 하였다.

-성종실록 12년 7월 1일-

7월 15일 임금이 경복궁에 거둥하여 경회루 아래에서 두 중국 사신에게 잔치를 베풀었다. 도승지 김승경에게 명하여 관례상 예물을 주니, 두 사신이 함께 임금 앞에 나아가 머리를 조아리며 사례하였다. 임금이 술을 돌리려 하였는데, 두 사신이 잔치상에 나아가 먼저 술을 돌리려 하니, 임금이 사양하였으나, 두 사신이 굳이 청하므

로 마지못하여 따랐다. 두 사신이 함께 먼저 쌍잔을 올리고, 임금도 쌍잔으로 갚았다. 부사가 못가에 나아가 연을 구경하는데 임금이 말하기를,

"대인이 고기를 낚는 것이 어떠하겠소?"

하니, 부사가 말하기를, "내가 낚더라도 고기가 낚이지 않을 것이니, 연밥이나 먹으려 합니다."

하므로, 요리사가 곧 따서 올리니, 부사가 임금 앞에 나아가 머리를 조아리며 사은하였다. 임금의 의자를 못가로 옮기고서, 부사가 술을 올리니, 임금이 답하여 옥술잔을 내렸다. 사신 정사가 상인을 시켜 연극을 올리고, 이어서 선물내역을 올리기를,

"이번에 태평관에서 수고한 관원에게 전례에 따라 한 품계를 올려 주소서."

하니, 임금이 말하기를, "백관의 품계를 올릴 때에 다 품계를 올렸고, 또 그들의 수고는 다 직분 안의 일이오."

하자, 정사가 말하기를, "백관의 품계를 올리는 것은 한 나라에 으레 있는 일입니다. 다만 특별히 임금의 은덕을 내리시기 바랍니다."

하니, 임금이 말하기를, "알았소." 하였다.

정사가 말하기를, "이번에는 누가 성절사(황제 탄신 사신)가 됩니까?"

하였는데, 임금이 말하기를, "공조판서 신승선이오." 하자,

정사가 말하기를, "한치형은 어찌하여 가지 않습니까?" 하니,
임금이 말하기를, "한치형은 병든 어미가 있으므로 가지 못하오." 하였다.
정사가 말하기를, "어미가 앓더라도 임금의 명이 있는데 어찌하겠습니까?" 하니,

임금이 말하기를, "그 어미의 병이 뜸하면 보내겠소." 하였다.

드디어 두 사신에게 청하여 경회루 아래로 도로 들어와 각각 자리에 앉게 하였다.
두 사신이 아뢰기를, "요즘음 한명회가 보이지 않으니 무슨 까닭인지 모르겠습니다."
하니,

임금이 말하기를, "한명회는 죄가 있어서 파직되었소." 하였는데, 두 사신이 말하기를, "한명회는 훈구 대신이니 용서하소서." 하니,
임금이 말하기를, "한명회의 죄는 무례無禮에 관계되므로 용서할 수 없소." 하였다.

-성종실록 12년 7월 15일-

한명회의 압구정狎鷗亭 시

靑春扶社稷 젊어서는 종묘와 사직을 위하여 몸을 바치고
白首臥江湖 늙어서 머리가 하얗게 되면 강가에 누워 세상을 관조한다

포의 이윤종李尹宗의 비웃는 시

有亭不歸去 정자를 지어놓고 돌아가지 않았으니
人間眞沐侯 이 인간 참으로 갓 씌운 원숭이일세

1481년 11월 한명회의 직첩을 돌려주게 하였다. 그러자 직첩 돌려주는 반대하는 상소가 24차례나 있었다. 이처럼 성종 조에 들어서는 한명회의 노욕도 지나쳤지만, 권세가 하늘을 찌를 듯하던 세조 조에는 신숙주와 같은 죄를 쓰고도, 신숙주는 감금되었는데 한명회는 병을 핑계로 구금조차 하지 않아도, 아무런 반응도 없던 대간들이, 왕이 바뀌고 권력마저 사라진 늙은 한명회에 대한 탄핵은 빗발치듯했다. 만년에 한명회는 권력무상의 많은 수모를 당해야 했다.

오가작통법 실시를 건의하다

1485년 6월 19일 행정권력이 지방과 산골까지 미치지 못하는 점을 개선하기 위하여 5가구를 1통으로 만드는 등의 구황 대책을 수립하였다.

상당 부원군 한명회가 아뢰기를,
"신이 예전에 흉년을 구제하는 진휼사가 되었었는데, 그 해의 농사를 잃은 자가 겨우 2, 3도道였기 때문에 양곡을 옮겨 구제할 수 있었으나, 지금은 팔도八道가 다 그러하니, 신은 매우 민망하게 여기고 있습니다. 듣건대, 왜인이 칡뿌리를 먹는다 하기에 시험삼아 칡뿌리를 채취하다가 껍데기를 벗기고 말려서 가루로 만들어 쌀 싸라기와 섞어서 죽을 만들어 먹었더니 배를 채울 만하였으며, 또 소나무껍질도 가루를 만들어서 싸라기와 섞어 먹으면 매우 좋습니다.

신이 일찍이 이를 썼었는데, 지금은 이 방법을 써서 흉년을 구제함이 좋겠습니다. 또 마을 안에서 유식한 사람의 선택하여 다섯 가구를 한 통으로 만들어서 그 통 안의 인구의 많고 적음과 식물의 유무를 살펴 분배하여서 주게 하면, 때맞추어 흉년시 구제할 수 있을 것이며, 그 공로가 있는 자는 논하여 상을 주면 어떠하겠습니까?" 하고

또 행정권력이 지방과 산골까지 미치지 못하는 점을 이용하여, 효과적인 통치를 위해 주민들의 자치 조직인 오가작통법을 건의하였다. 오가작통법이란 한성부에서는 방坊 밑에 오가작통의 조직을 두어 다섯 집을 1통으로 하여 통주統主를 두고, 방에 관령管領을 두었다. 지방은 역시 다섯 집을 1통으로 하고 5통을 1리里로 해서 약간의 리里로써 면面을 형성하여 면에 권농관勸農官을 두었다. 주로 호구를 밝히고 범죄자의 색출, 세금징수, 부역의 동원, 이웃을 돕는 자치조직을 꾀하여 만들기를 아뢰니,

전교하기를, "칡뿌리와 소나무 껍질의 일은 내 생각에도 좋다고 여겨지니, 마땅히 즉시 시험하겠다. 사복시로 하여금 갈근 3말과 송자 2말을 채취하여 들여오게 하라. 하고

다섯 가구를 1통으로 만드는 것과 논하여 상주는 일은 영돈녕 이상과 의논하도록 하라." 하였다.

—성종실록 16년 6월 19일—

곡식 2천석을 바치고 바꾼 천민신분

1485년 7월 천민 임복이 곡식 2천석을 바치니 그의 네 아들을 양인이 되게 하였다.

승정원에 명하여 임복을 불러서 그 원하는 바를 묻게 하니, 임복은 네 아들을 면천(免賤: 천민을 면하게 함)하여 양민이 되게 하여 주기를 청하였다. 영돈녕 이상과 의정부에 의논하기를 명하니,

한명회·이극배·윤호는 의논하기를,

"임복이 곡식 2천 석을 바쳤으니, 1백 사람의 생명을 구하기에 족합니다. 원에 따라 그 아들을 양민으로 만들어 주고, 그 인원에 상당한 노비를 그 주인에게 보충하여 주소서."

하였으며, 심회·홍응은 의논하기를, "만약 곡식을 바쳐 양민되는 길을 열어 준다면 주인을 배반하는 자가 벌떼처럼 일어날 것이니, 진실로 작은 문제가 아닙니다."

하자, 전교하기를, "임복의 네 아들을 모두 양민이 되게 하고, 공노비로 본주인에게 보상해 주도록 하라." 하였다.

—성종실록 16년 7월 24일—

일본의 대장경판 요청에 대한 대처

1485년 성종 16년 9월 일본의 대내전이 '대장경' 구하기를 청한데 대한 일을 논의하게 하다.

규슈지방 대내전大內殿[91]이 구하고자 청한 대장경에 대한 일을 영돈녕 이상과 의정부에 의논하게 하였는데, 정창손은 의논하기를,

"우리 전하께서 부처를 좋아하지 않으시니, 이단의 책은 우리나라에 있어서 족히 보전이 못됩니다. 그러나 '대장경'은 그 수량이 많지 않으니, 핑계로 허락하지 않는 것이 어떠하겠습니까?"

하였고, 한명회·심회·윤필상·이극배·윤호·정괄은 의논하기를,
"대내전은 다른 섬 오랑캐와 비교할 수 없으며, 국가에서 후대한 지 이미 오래되었으니, 그 청을 따르지 않을 수 없습니다."

하였고, 노사신은 의논하기를, "대장경은 이단의 책이므로, 비록 태워버린다 하더라도 가합니다. 더욱이 인접한 국가에서 구하니, 마땅히 아끼지 말고 주어야 할 것입니다. 그러나 대장경 1건을 만들려면 그 경비가 매우 많이 들어서 쉽사리 변제할 수가 없습니다. 앞서는 국가에 무익하였기 때문에 왜인들이 와서 구하면 문득 아끼지 않고 주었으니, 그 까닭은 공적으로나 사적으로 대장경을 만드는 바가 많이 있었기 때문이었는데, 모르기는 하지만 지금 몇 건쯤 있습니까? 얼마 있지 아니하다면 쉽사리 그 청을 따를 수가 없을 듯합니다.
대내전大內殿이 비록 우리나라에서 특별한 예로 후대하는 사람이라고는 하지만, 우리나라에 있어서 섬이 요원하고 명성과 위세 접해 있지 아니하여, 비록 뜻을 들어주지 않는다 하더라도 반드시 우리에게 분노심을 더하지는 않을 것입니다.

---

91) 우리나라에 사신을 보내오던 일본 호족의 하나. 14세기 중엽부터 일본의 큐슈 동북부와 치코쿠 남부에서 세력을 떨침. 그 가보에 따르면 백제의 시조 온조의 후손으로서 백제가 망하자 성명왕의 셋째 아들 임성이 일본으로 건너가서 스오오의 다다라하마에 정착하였고, 그 후손은 오오우치무라大內村에서 살았다고 하여 성을 다다라, 씨를 오오우치라 하였다고 함. 그 계통이 백제에서 나왔기 때문에 우리나라와 가장 친근하여 사자를 보내 조공을 바침.

여러 섬에서 우리나라에 공물을 바치는 것이 한둘이 아니고, 저 나라 사람들은 부처를 좋아하므로, 대장경을 얻었다면 금金·옥玉같이 여길 뿐만 아니라, 대내전이 대장경을 하사받은 것을 듣는다면 반드시 이를 본받아 벌떼같이 일어나서 주기를 바랄 것인데, 현재 있는 대장경이 부족하여 주려고 해도 주지 못한다면 저들이 누구는 후대하고 누구는 박대한다고 일컬으며 실망할 것입니다.

이와 같은 때를 당하여 어떻게 백성의 힘을 아끼지 않고 또 인쇄하여 줄 수 있겠습니까? 신은 생각하건대, 마땅히 그 심부름꾼에게 말하기를, '전일에 너희 나라에서 대장경을 청구한 것이 한 번이 아니었지만, 국가에서 인쇄한 것이 많이 있었기 때문에 일일이 그 청을 따랐었는데, 지금은 모두 쓰고 남은 것이 없어서 청을 따를 수가 없다.'라고 답하여 보내는 것이 어떠하겠습니까?"

하였고, 이파는 의논하기를, "대내전은 특별한 예로 후대하는 사람이지만, 이보다 전에 비록 여러 번 대장경을 청하였는데도 곧 따를 수 없었던 것은 운반하는 형편이 어려웠기 때문이었는데, 더욱이 올해는 크게 흉년이 든 것이겠습니다. 이와 같이 형세를 인편에 잘 타이르고, 그 밖에 접대하는 절차에서 극진히 후대하는 것이 좋겠습니다."

하였고, 정난종은 의논하기를, "대내전이 스스로 말하기를, 선대의 조상 계통이 우리나라로부터 나왔으므로, 이미 예전부터의 우호 관계가 있어, 후대하는 것이 여러 우두머리와 달랐다고 하였습니다.
지금 온 사인도 다른 것은 구하는 것이 없고 단지 이 대장경만을 청하니, 청하는 것을 따르는 것이 좋을 듯합니다. 단지 이 대장경은 비록 글자는 찼다고 하나, 쓸모없는 질인데, 1건에 드는 경비가 실로 많으며, 지금 우연히 찾는 것으로 인연하여 특별한 공로도 없이 갑자기 그 청을 따른다면 여러 추장이 벌떼같이 일어나서 청할 것이니, 형편상 모두 들어주기가 어렵습니다.
단지 1부 가운데 긴요한 불경으로 능엄경·법화경·금강경·능가경 등과 같은 것 약간의 질을 뽑아서 주고, 예조에서 답서하기를, '돌아보건대, 이 대장경은 전자에 귀국의 여러 사인이 청하여 가지고 갔으므로, 거의 다하여 남은 것이 많지 않다. 지금 긴요한 불경 약간의 질을 가지고 간절한 요구에 응한다.'라고 한다면, 우리에게는 저들이 청하는 것을 막는 실수가 없을 것이고 저들 또한 얻는 것이 있으니, 거의 양쪽이 모두 편할 것입니다." 하였다.

—성종실록 16년 9월 16일—

한명회의 졸기

1487년[73세] 성종 16년 11월 14일 상당 부원군 한명회의 졸기.

상당 부원군 한명회가 졸하였다. 조회를 철회하고, 조문하며, 예장禮葬하기를 예例와 같이 하였다. 한명회의 자는 자준子濬이고, 청주인이며, 증 영의정 한기의 아들이다. 어머니 이씨가 임신한 지 일곱 달 만에 한명회를 낳았는데, 배 위에 검은 점이 있어, 그 모양이 태성과 두성 같았다. 일찍이 어버이를 여의고, 가난하여 스스로 떨쳐 일어나지 못하였으며, 글을 읽어 자못 얻은 바가 있었으나, 여러 번 과거에 합격하지 못하였다.

이에 권남과 더불어 막역지우를 맺고, 아름다운 산이나 수려한 물이 있다는 말을 들으면 문득 함께 가서 구경하고, 간혹 해를 마치도록 돌아올 줄 몰랐다.
이때 문종이 승하하고 단종이 나이 어리어 정권이 대신에게 있었는데,
1453년 겨울 10월 초10일에 세조가 거병하여, 김종서 등을 주살하고, 한명회를 추천하여 군기 녹사로 삼고, 수충위사협책정난공신의 호를 내려 주고, 곧 사복시 소윤으로 올리었다. 1455년 여름에 세조가 선위받자, 여러 번 승진하여 우승지로 올렸으며, 1456년 여름에 성삼문 등이 단종을 복립할 것을 꾀하고, 은밀히 장사들과 교제하여, 창덕궁에서 중국 사신을 연회하는 날에 거사하기로 약속하였는데, 이 날에 이르러, 한명회가 아뢰기를, '창덕궁은 좁고 무더우니, 세자가 입실하는 것은 불편하고, 칼을 찬 장수도 호위하는 것은 마땅치 않습니다.' 하니, 임금이 모두 옳게 여겼다. 이 튿날 일이 발각되어, 모두 사형되었다.
이해 가을에 좌승지로 올랐다.

1457년 가을에 숭정대부 이조판서로 뛰어 임명되고, 상당군에 봉해졌으며, 겨울에 병조판서로 옮기었다. 1459년에 황해 평안 함길 강원도 체찰사가 되고, 1461년에 숭록대부에 가해졌으며, 1461년에 보국숭록대부에 가해지고, 상당 부원군에 봉해져서, 판병조사를 겸하였다가, 1462년에 대광 보국숭록대부 의정부 우의정에 가해지고, 계미년에 좌의정에 올랐으며, 1466년에 영의정에 올랐다가, 곧 병으로 인하여 사임하였다.

1467년에 길주인 이시애가 반란을 일으켜, 터무니없는 뜬소문을 만들어 말하기를, '한명회가 신숙주와 더불어 모반을 꾀한다.'고 하자, 한 재상이 아뢰기를, '옛날에 칠국이 반하자, 한나라에서 조조를 죽이자 칠국이 평정되었으니, 두 사람을 마땅히 속히 가두소서.' 하여, 임금이 그대로 따랐는데, 곧 죄가 없는 것을 알고 석방하였다. 1468년 가을에 세조가 승하하고, 예종이 유언을 받자, 한명회가 한두 대신과 더불어 승정원에서 윤번으로 숙직하며 시정을 참여하여 결정하였다.

1469년 봄에 다시 영의정에 제수되었다가, 가을에 사임하였다. 예종이 승하하고 성종이 즉위하자, 정희 왕후가 임시로 함께 청정하여 한명회에게 명하여 이조판서와 병조판서를 겸하게 하니, 극력으로 이를 사양하자, 다만 병조판서만 겸하도록 명하고, 1471년 여름에 순성 명량 경제 홍화 좌리공신의 호를 내려 주었다.
이 해에 혜성이 또 나타나자, 한명회가 군영을 대궐의 동쪽·서쪽에 설치하기를 청하고, 한명회가 서영을 거느리었다. 하루는 만나서 학교의 중요함을 진술하고, 이어서 아뢰기를, '성균관에 서적이 없으니, 마땅히 경전과 사기를 많이 인쇄하고, 존경각을 세워 간직하게 하소서.' 하여, 임금이 그대로 따랐는데, 한명회가 사재를 내어 그 비용을 돕게 하였으므로, 사림에서 이를 훌륭하게 여겼다.

1484년 봄에 나이가 많은 것을 이유로 벼슬을 사직하기를 청하니, 윤허하지 아니하고, 궤장을 내려 주었다. 이때에 이르러 병으로 자리에 눕게 되었는데, 임금이 내의를 보내어 치료하게 하고 날마다 내관을 보내어 문병하게 하였으며, 병이 위독하여지자 승지를 보내어 하고 싶은 말을 물으니, 시중드는 사람으로 하여금 의복을 갖추어 몸에 가하게 하고, 혀를 놀려 입속으로 말하기를, '처음에는 부지런하고 나중에는 게으른 것이 사람의 보통적인 일이니, 원컨대, 나중을 삼가기를 처음처럼 하소서.' 하고, 말을 마치자 운명하였는데, 나이가 73세이다.

임금이 매우 슬퍼하여 음식을 들지 아니하고, 특별히 승지를 보내어 제사를 내렸으며, 또 백관에게 명하여 조문하게 하였다. 시호를 충성忠成이라 하였으니, 임금을 섬기어 절개를 다한 것을 충忠이라 하고, 임금을 보좌하여 능히 잘 마친 것을 성成이라 하였다. 한명회는 성품이 마음이 너그럽고 크며 도량이 매우 침착하여 작은 일에 구애하지 아니하고, 항상 주장하는 이론은 화평에 힘쓰고, 일을 결단함에 있어서는 강령을 들어서 행하였으므로, 세조가 일찍이 말하기를, '한명회는 나의 자방이다.'라고 하였다. 아들은 한보이고, 딸은 장순 왕후와 공혜 왕후이다.

사관이 논평하기를, "한명회는 젊어서 유학을 업으로 삼아 학문을 이루지 못하고, 무관에 속하여서, 뜻을 얻지 못하고 불우하게 지내다가, 권남과 더불어 문경지교를 맺고, 권남을 통하여 세조가 사저에 있을 때에 알아줌을 만나, 왕위찬탈을 찬성하여, 그 공이 제일第一을 차지하였으며, 10년 사이에 벼슬이 정승에 이르렀고, 마음속에 항상 국무를 잊지 아니하고, 품은 바가 있으면 반드시 아뢰어, 건설한 것 또한 많았다.

그러므로 권세가 매우 성하여, 뒤따르는 자가 많았고, 빈객이 문에 가득하였으나, 응접하기를 게을리하지 아니하여, 한때의 재상들이 그 문에서 많이 나왔으며, 조정 관원으로서 채찍을 잡는 자까지 있기에 이르렀다. 성격이 번잡한 것을 좋아하고 과대하기를 기뻐하며, 재물을 탐하고 색을 즐겨서, 토지와 노비와 보화 등의 뇌물이 잇따르고, 집을 널리 점유하고 첩을 많이 두어, 그 부호함이 한때를 떨쳤다.

여러 번 사신으로 명나라의 서울에 갔었는데, 늙은 환관 정동鄭同에게 아부하여, 많이 가지고 간 뇌물로써 사사로이 황제에게 바쳤으나, 부사가 감히 말리지 못하였다. 만년에 권세가 떠나자, 빈객이 이르지 않으니, 수심에 잠겨 적막한 탄식을 하곤 하였다. 비록 여러 번 간언이 논박하는 바가 있었으나, 소박하고 솔직하여 다른 뜻이 없었기 때문에 그 공훈을 보전할 수 있었다." 하였다.
명하여 특별히 한명회의 상사喪事에 백정포 10필, 백면포 10필, 종이 80권, 청밀 1석, 기름 1석, 초 40근, 진말眞末 2석, 유석油席 2장張, 과일 각각 8두斗를 부의하게 하였다.

[승진과정]

1440년대[20~30대] 과거에 번번이 실패

1452년[38세] 문종 2년 조부모의 음덕으로 출사, 송도 경덕궁직

1452년[38세] 문종 2년 7월 권남이 세조에게 한명회를 추천하다.

1453년[39세] 단종 1년 10월 10일 계유정난, 살생부 작성, 11월 정난공신에 책봉

1453년[39세] 단종 1년 군기감 녹사

1454년[40세] 단종 2년 8월 동부승지

1455년[41세] 단종 3년 윤 6월 우부승지

1455년[41세] 세조 1년 윤 6월 세조즉위, 좌부승지, 9월 좌익공신 1등, 우승지

1456년[42세] 세조 2년 10월 도승지

1458년[44세] 세조 4년 8월 이조판서, 9월 이조판서 겸 하삼도(경상,충청,전라) 순문사,
12월 병조판서 겸 하삼도 순문사

1459년[45세] 세조 5년 11월 겸 황해도 평안도의 도체찰사

1460년[46세] 세조 6년 3월 셋째 딸을 세자빈으로 정하다.

1461년[47세] 세조 7년 7월 상당부원군 겸 판병조사

1462년[48세] 세조 8년 우의정 겸 황해,·평안·함길·강원 4도 체찰사

1463년[49세] 세조 9년 좌의정

1464년[50세] 세조 10년 2월 상당부원군 겸 판병조사

1466년[52세] 세조 12년 10월 19일 영의정

1467년[53세] 세조 13년 1월 넷째 딸을 자을산군에 시집보내다.
4월 6일 영의정 면직, 상당군

1468년[54세] 예종즉위년 9월 21일 원상
1469년[55세] 예종 1년 1월 23일 영의정, 8월 22일 병으로 사직
1469년[55세] 성종즉위년 12월 병조 겸판서, 12월 겸 경연청 영사
1470년[56세] 성종 1년 1월 분경 금지법의 지나친 폐단을 아뢰다.
1471년[57세] 성종 2년 3월 좌리공신 1등 책봉
1474년[60세] 성종 5년 5월 다시 좌의정
1475년[61세] 성종 6년 2월 명나라 사은사
1476년[62세] 성종 7년 3월 29일 좌의정 사임, 상당부원군
1480년[66세] 성종 9년 12월 폐비윤씨 문제로 중국 주문사
1481년[67세] 성종 10년 4월 19일 주문사 한명회가 복명하다.
1482년[68세] 성종 11년 2월 대광숭록대부 상당부원군
1483년[69세] 성종 12년 2월 세자책봉 중국 주문사, 6월 오가작통법을 건의하다.
1487년[73세] 성종 16년 11월 14일 상당 부원군 한명회가 죽다.
1504년[사후] 연산 10년 4월 갑자사화 때 관작 추탈, 부관참시
1506년[사후] 10월 중종 1년 중종반정 이후 신원되어 복관
1506년[사후] 10월 중종 1년 세조의 묘정에 다시 배향,
        충청도 천안군의 충성사 등에 제향

26. 황수신黃守身
문음으로 영의정에 오른 황희의 아들

생몰년도	1407년(태종 7)~1467년(세조 13) [61세]
영의정 재직기간	(1467.4.6.~1467.5.20.) (1개월)
자	수효秀孝, 계효季孝
호	나부懦夫, 췌부侁夫
시호	열성烈成
공훈	계유정난을 지지하여 좌익공신 3등
배향	전라도 장수의 창계서원에 제향
묘소	파주시 탄현면 금승리
기타	황희정승의 아들, 음서직 출신 최초의 도승지
조부	황군서黃君瑞-강릉대도호부사
부	황희黃喜-영의정
모	청주양씨
형	황치신黃致身-판중추부사
형	황보신黃保身-장리
부인	일선김씨
장남	황신黃眘
2남	황찰黃察
3남	황성黃省
4남	황욱黃旭
딸	1녀

황희정승의 아들로 좌익공신

한명회의 뒤를 이어 영의정이 된 사람은 황희정승의 아들 황수신이다. 조선조 부자간 영의정을 낸 명문가로 많은 사람들의 눈길을 끌었다. 황희 정승의 아들이었기에 역대 임금들의 관심도 집중되었지만 그의 업무처리 능력은 치밀하고 시원하였다.

경상도 관찰사로 나가 지역마다 지세와 성곽을 조사하여 지도를 만들 고 왜구의 대비책을 세운 것이라든지, 충청도 진휼사로 나가 영농대책을 강구한 실적, 병조참판으로서 각 진영의 군사를 훈련시키고 근무조를 편 성한 일, 관노비들에 대한 노비대장을 정리한 내용 등을 보면 행정 능력 이 뛰어났다는 것을 알 수가 있다. 그럼에도 황희정승의 아들이라는 꼬 리표는 어쩔 수 없었던 모양이다.

황수신이 운명하기 두 달을 남기지 않은 상태에서 세조는 그가 아프 다는 소식을 듣고 병중에 있는 황수신에게 영의정을 제수한다. 영의정은 반드시 출근하여 근무하지 않고 누워서도 할 수 있다는 말도 함께 전한 다. 그리고 운명하기 하루 전날에 남원군에 봉한다. 영의정에 발령한 지 한 달 보름 만이었다. 병상에 있었기에 실질적인 영의정 직무는 수행하지 못했는데 이는 전적으로 세조의 배려였다. 황희정승의 세 아들 중 황수 신이 유난히 뛰어난 점이 있었기 때문이다.

황수신은 아버지 황희가 우사간 대부 직위에 있을 때 서울에서 태어났 다. 황수신의 자는 수효秀孝이고 호는 나부懦夫이며, 본관은 남원부 장수 현 사람이다. 황균비의 증손으로, 조부는 강릉 대도호부사 황군서이고, 어머니는 양진의 딸이다.

성품이 너그럽고 후덕하며 침착해서 몸가짐이 매우 뛰어났고 어려서부터 대인의 국량이 있었다. 5, 6세 때에 여러 아이들과 놀이를 하다가 어떤 아이가 잘못하여 우물 속에 빠지자 다른 아이들은 놀라 흩어졌는데 황수신이 옷을 벗고 들어가 그 아이를 구출해냈다. 황희가 그 소문을 듣고 어려움에 처한 자를 도와주는 재주가 있음을 알고는 "우리 집안에 또 재상이 한 사람 났구나."고 하였다.

바깥의 스승에게 나아가 배울 때가 되자 흥천사의 승려에게 유학하였는데, 당시 충녕(세종)이 사저에 있으면서 마침 흥천사에 오게 되어 황수신과 친구들이 독서하는 것을 보고 모두 불러서 4운시를 외워보게 했는데 황수신이 가장 먼저 외웠고 음절이 낭랑하여 한 글자도 어긋나지 않으니, 세종이 매우 기특하게 여겼다.

황희가 평양 부윤으로 있을 때 중국 사신 황엄에게 사신 숙소에서 연회를 베풀었는데, 구경하는 자들이 담처럼 둘러있었다. 이때 황수신도 여러 사람들 속에 끼어 있었는데, 황엄이 가리키며 묻기를, "이 아이는 뉘 집의 재사才士인가?"라고 하자, 황수신이 나아가 응대하니 황엄이 황희에게 말하기를, "아들을 낳으려면 이런 아들을 낳아야 되니, 잘 가르치시오. 훗날에 큰 인물이 될 것이오."라고 하였는데, 황엄은 대체로 관상을 잘 보는 자였다.

1418년 태종 18년 황희가 남원부로 유배를 당하자 황수신이 따라가 모시면서 봉양했는데, 간혹 부족한 것이 있으면 힘껏 구해드려 불편이 없게 해드렸다.

1423년 세종 5년에 사마시에 응시했는데, 이때 시험관 중 한 사람으로부터 학문이 부진하다고 지적을 당하자 이를 모욕적으로 여기고 발분해 1연聯을 짓기를,

擇民濟世非科第 택민제세비과제
不必平生作腐儒 불필평생작부유

백성에게 은택을 베풀고 세상을 구제함은 과거시험을 말미암지 않으니
평생을 썩은 선비로 지낼 필요는 없네

라고 쓰고서 나와 버리고, 이후부터 과거 공부를 탐탁하게 여기지 않았다.

황수신이 과거를 포기한 채 기방 출입이 잦아지자 황희는 아들 수신에게 기방 출입을 끊으라고 여러 차례 꾸짖었으나 아들은 말을 듣지 않았다. 어느 날 수신이 밖에서 돌아오자 황희는 관복冠服 차림으로 문까지 나와 큰 손님 맞이하듯 했다. 아들이 놀라 엎드리며 그 까닭을 묻자 "그동안 나는 너를 아들로 대했는데 도대체 내 말을 듣지 않으니 이는 네가 나를 아비로 여기지 않는 까닭이다. 그래서 너를 손님의 예로 대하는 것이다." 아들은 크게 반성하며 기방 출입을 끊고 공부에 전념하여 경서와 사서를 널리 섭렵하였다.

그 뒤 세종이 이조에 묻기를, "황희의 여러 아들 중에 벼슬에 임용된 자가 몇 사람인가?" 하니, 이조에서 대답하기를, "두 명은 관직은 없이 품계만 있는 관원이고 한 명은 아직 어립니다."고 하자, 세종이 "어린 자는 흥천사에서 시를 외운 자가 아니냐?"고 하고서 특별히 음서로 관직에

불러들여 종 7품 종묘서 부승직을 내리니, 종묘와 왕릉 앞의 정자각을 관리하는 자리였다. 초임 관직으로 보잘것없는 직위였으나 황수신은 성심으로 맡은 바 직무를 수행하여 그의 성품을 드러냈다. 종묘서 직장을 역임한 뒤 여러 관직을 거쳐 사헌부 감찰에 이르렀고 도관서 영으로 옮겼다가 승진하여 사헌부 지평에 제수되었다. 1429년 세종 11년 호조정랑이 되었고, 1432년에는 경기도 관찰사 권제가 황수신의 명성을 듣고 이조에 청하여 참모로 삼아 경기도 경력이 되었다.

1434년 12월 사헌부 장령이 되었는데 당시 요사스런 무당들이 도성 안에 모여 살면서, 사람들의 길흉화복을 예언하며 제법 기이하게 맞추곤 하니, 사대부 여자들이 앞다투어 무당을 찾아다녔으나, 황수신은 미혹되지 않고 경전에 근거하여 상소를 올려 도성 밖으로 모두 내보냈다.

1439년 9월 지사간원을 거쳐 1440년 세종 22년 지형조사로 자리를 옮겨서는 수년간에 걸쳐 결단하기 어려운 옥중 송사를 처결하였다. 지형조사는 노비의 소송 판결을 관장하는 곳으로 소송이 구름처럼 쌓이기 때문에 사람들이 모두 그 책임을 어렵게 여겼으나, 황수신은 관청에 들어가서 관원에게 말하기를, "천하에 어찌 판단하기 어려운 일이 있겠는가?"라고 하고는, 이전의 문서를 가져다가 한번 훑어보더니 참과 거짓을 모두 알아내고 척척 처결하여 보름 사이에 관아에 밀린 소송이 없어졌다.

그해 사섬시 윤에 제수되니 품계는 종3품 중훈대부였다. 국가가 함길도에 5진을 신설하여 충청·전라·경상 하삼도의 호족 향리들을 이주시켜 국경을 채우려고 하였는데, 임금이 황수신을 발탁하여 전라도 경차관으로 삼았다.

처음에 명령을 내리자 향리들이 대부분 달아나 숨었으나 황수신이 가서 권장하고 징계하는 방도와 국가는 이롭고 백성은 편리하게 하는 것을 조목별로 설명하여 그 일을 잘 해결하니 임금이 가상히 여기고 다른 도에 반포할 때에도 이렇게 종사하도록 하였다.

1446년 세종 28년에는 국초 이래로 문과 출신이 아니면 제수되지 못하는 도승지에 발탁되었다. 나라 제도에 도승지는 문과 출신으로 삼는 것을 관례로 삼았는데, 황수신은 비록 문음 출신이었으나 문서를 처리하는 재주가 있어 특별히 발탁한 것이다. 이때 임금의 명령 대부분이 황수신의 손에서 나왔으며, 글에 능하기로 소문난 자일지라도 그의 글재주가 우아하고 풍부함을 인정하였다.

1447년 9월 도승지 황수신이 임원준을 임의로 전보하고 품계를 올린 데 대해 벌을 받아 직첩을 회수당하였다.

임금이 의서 찬집관에게 한 품계를 더하도록 명하였는데 황수신이 임원준과 친함을 생각하여 마음대로 문관으로 옮기고 7품직을 주니, 사헌부에서 그 일을 적발하여 의금부에 내려 국문하여, 황수신과 임원준의 직첩을 박탈하였다.

사간원이 임의로 관직을 이동한 황수신의 처벌이 경미함을 아뢰니 세종이 다음과 같이 설명하였다.

사간원에서 아뢰기를,
"황수신이 임원준을 쓴 것이 정세가 심히 은밀하였고, 임원준은 집정자에게 청탁하여 요구하였으니, 죄가 진실로 작지 않사온데, 특별히 가장 가벼운 죄를 매겨 직첩만을 거두시고, 이조 당상은 황수신의 청하는 대로 부당하게 사람을 썼사온데, 석방해 버리고 죄주지 아니하시니, 신들이 생각하기를 이같이 하면 악한 자를 징계할 수가 없겠나이다."

하니, 임금이 말하기를,

"이조 당상은 본디 죄가 없는 것이다. 다만 황수신의 말을 어기지 않았다는 것을 말할 수 없는 것이 아니다. 그러나 대신을 여러 날 붙잡아 가두었으니 또한 징계됨이 족한 것이다. 황수신의 일은 말하는 것이 옳다. 그러나 늙은 대신(황희)의 아들인데 어찌 늙은이를 우대하는 의리가 없겠는가. 또 임금의 측근의 신하(도승지)는 다른 외부 신하와 비교할 바가 아니므로 특별히 은전을 가한 것이고, 임원준은 청탁하여 요구한 사실이 또한 드러나지 않았으므로 고신을 거두는 것으로 족할 것이다." 하였다.

—세종실록 29년 9월 13일—

1448년 세종 30년 8월 황수신이 모친상을 당하니, 임금께서 이르기를, "황수신이 쓸 만한 재능이 있는데 지금 벼슬을 잃은 데다가 또 큰일을 당하였으니, 그 마음을 위로하지 않을 수 없다." 하고서, 마침내 직첩을 돌려주라고 명하였다.

1450년 8월에 임금께서 군대가 정돈되지 않은 것을 걱정하여 진법을 연습시킬 사람을 찾으니 모두가 황수신을 천거하였다. 이에 도진무 황수신이 이뢰기를,

"진법을 연습하는 것은 다만 필요시 소집되는 군졸과 적의 침입을 받는 지방 군졸만을 운동시켜 전진하여 싸우고 퇴각하여 지키는 형상을 하고, 그 나머지 병졸들은 행렬을 지키고 움직이지 아니하므로, 그런 까닭에 군사들이 생각하기를, 진법의 싸우고 지키는 방법은 다만 이 같은 것뿐이라고 여기며, 행군의 완급과 전진하고 퇴각하며 한 곳에 모였다가 여러 곳으로 흩어지는 법은 전연 익히지 않으니 매우 옳지 못한 일입니다.

지금부터는 매번 진법을 연습하는 날을 당하면 군진을 풀고 돌아올 때에 행진을 만들어 그 깃발을 휘두르고 징과 북을 울리며 전진하고 퇴각하는 절차를 익히도록 하여 격식으로 삼고, 그 25변진은 매월 초2일, 12일, 22일에 돌려가면서 연습하도록

하되, 병조·도진무·훈련 제조는 장부에 기록하고 여러 사람이 서명하여 후일의 증빙자료로 삼게 하소서." 하니, 그대로 따랐다.

-문종실록 즉위년 9월 19일-

1450년 11월에 병조참판에 제수되었다. 이때 사관의 기록은 황수신을 다음과 같이 기록하고 있다.

황수신은 성질이 쾌활하고 의례에 맞는 몸가짐을 좋아하고 구변이 있었는데, 관리의 직무를 밝게 익혀서 일찍이 도승지가 되어 청렴하지 못하다는 비난이 있었으나, 이제 병조에 임명되니 식자들이 이를 비웃었다.

-문종실록 즉위년 11월 1일-

그러나 병조참판으로서의 실적은 빛이 났다. 병조참판이 되어 병정을 전적으로 총괄하였는데, 대오를 나누고 호령을 새롭게 하여 교외에서 진법을 익히니 깃발과 병졸은 예전과 바꾼 것이 없었지만 군기가 확 다르게 변하였다. 임금이 친히 열병하고 매우 기뻐하며 내구마 1필을 하사하였다.

1467년 세조 13년 4월에 영의정에 승진하였는데, 임금은 황수신이 병중에 있는 줄 알면서 영의정에 제수한 후, 출근하여 사은할 수 없는 것을 걱정할까 염려하여 특별히 술과 음식을 하사하여 위로하기를, "경은 조금도 신경 쓰지 말고 치료에 전념하라. 국가의 일은 누워서 다스려도 전혀 해로울 것이 없다."고 하였으니, 임금이 황수신을 보살펴주고 의지한 것이 이렇게 중하였다. 그해 5월에 사저에서 별세하니 향년 61세였다. 황수신이 영의정 자리에 오른 지 겨우 한 달만이었다.

입대절차와 병조의 업무 개선

1451년 9월 병조참판 황수신이 병조에서는 제수와 군령의 출납만을 관장케 할 것을 청하였다.

"본 병조에서는 군사업무를 전담해 관장하고 또 정무까지 겸하고 있어 사무가 몹시 번다하여 관리들이 문서를 들고 조치할 바를 몰라 미처 상세히 검토할 겨를이 없어서 사무에 착오가 많습니다.

이제 낭청직이 실질 직첩이 아니라서 불가하다면, 소나무의 금벌과 군사 선발의 일들은 다른 관사로 넘겨주어 이에 관리를 두어 관장케 하고, 본 병조는 다만 인사와 군령의 출납만을 관장하는 것이 어떻겠습니까?"

하니, 임금이 좌찬성 김종서에게 말하기를,

"나 역시 병조의 일이 많아서 일을 처리함에 실수도 과연 있었다. 소나무를 금벌하는 일은 예조로 하여금 관장케 하는 것이 어떻겠는가?"

하니, 김종서가 아뢰기를, "소나무의 금벌은 예조에서는 본래 할 수 없는 일입니다. 병조에서는 군졸을 풍족히 쓰기 때문에 이 일을 감당할 수 있는 것입니다. 다만 군사의 선발은 신의 생각으로는 지금 이조에서 제수한 사람들도 모두 예조에서 선발하여 이조로 이송하면 이조에서는 다만 제수만 할 뿐입니다.

옛날 병조에 의흥 삼군부가 있었는데, 삼군부에서는 오로지 인재선발만을 관장하고, 병조에서는 다만 제수를 맡았던 것입니다. 지금의 중추원은 역시 삼군부입니다. 이를 맡길 만한 당상관을 임금께서 헤아려서 낙점하시고 도진무와 더불어 같이 군사를 시험하여 병조로 이송하는 것도 또한 가하지 않을까 합니다."

하니, 임금이 말하기를, "의정부로 가서 다시 논의하여 아뢰어라." 하였다.

–문종실록 1년 9월 5일–

11월 25일 임금이 병조참판 황수신을 만나 이르기를, "지방의 군사가 모두 군장을 갖추지 않고 이웃 고을에서 빌려다 점검과 사열에 응한다고 하니, 그러한가?"

하니, 황수신이 말하기를, "그렇습니다." 하였다.

임금이 말하기를, "병조에 임무가 많은 것은 나도 또한 알고 있으나, 아직 어떻게 하여야 할 바를 알지 못하겠다."

하니, 황수신이 말하기를, "군사가 그전에 비하여 배나 많은데 모두 4개월에 서로 교대하므로, 차례가 되어 입대하면 점검하고 돌아가면 뽑고 하여 놓아 보냅니다. 여기에 또다시 뽑아 보충하니, 뽑아서 발표를 하는데 순서가 틀리고 앞뒤가 맞지 않음이 있고 본부에 보고하는 데에 착오가 있으며, 직첩을 주는 데 착오하는 등의 일이 있어서, 송사하는 사람이 뜰에 가득하여 날마다 넉넉할 겨를이 없습니다. 이것이 그 대략입니다."

하니, 임금이 말하기를, "그렇다." 하였다.

이계전이 말하기를, "군사가 4개월에 서로 교대하는 법을 세울 때에 신이 세종께 아뢰기를, '4월은 바로 농사 때입니다. 차례가 되어 입대하는 사람은 2, 3명의 종을 데리고, 짐을 싣고 오며, 귀대하는 사람도 집안 노비가 사람과 말 두셋을 거느리고 와서 맞이하여 가므로 농사가 한창인 달에 농민으로 길에 있는 사람이 해마다 수만 명이 됩니다.
옛사람이 말하기를, 「한 사내가 경작을 하지 못하면 굶주림을 받는다.」 하였으니, 이것은 참으로 불가합니다.' 하니, 세종께서 말씀하시기를, '그렇다. 그러나, 이미 법을 세웠으니 고칠 수가 없다.' 하여, 신이 지금에 이르러서도 잊지 못하였으나, 정중하게 감히 말을 못하였을 뿐입니다."

하니, 임금이 말하기를, "그렇다면 당시에 이 의논을 올린 사람이 많았을 것이다." 하였다.

어떤 의논하는 사람이 있어서 말하기를, "군사를 5번番으로 나누어 1년에 서로 교대하여 번番을 서게 하면 즉 6년에 한 번씩 입대하게 되니, 번거롭고 소란스러운 폐단이 없어질 것입니다. 그러나 군사를 골라서 5년에 한 번씩의 간격으로 입대한다면 어느 때에 재주를 연마하고 진법을 훈련하여 정예의 군사가 되겠습니까? 또 입대를 하지 못하고 죽는 자도 있을 것입니다. 더욱이 국민이 헛되이 군관의 직책만 받고 여러 해 동안 한가하게 앉았음이 옳겠습니까? 이 의견이 옳은 듯하므로 4개월의 법을 고치는 것은 불가합니다."

하니, 황수신이 말하기를, "본 병조에는 이같이 일이 많으니, 청컨대 예조의 검상과 녹사의 제도에 의하여 성균관·예문관·교서관의 문관 4명을 뽑아서 병조 사무에 가장 긴요한 인사부서와 병기부서에 각각 2명씩 선발하게 하여 사무에 참여하여 다스리게 하면 마땅히 유익할 듯합니다."

하니, 임금이 말하기를, "그렇다. 지난번에 겸兼 정랑·겸 좌랑의 의논이 있어서 내가 옳게 여겼는데, 경 등의 뜻은 어떠하겠느냐?"

하니, 모두 말하기를, "참으로 옳습니다."

하므로, 임금이 말하기를, "의정부에 의논하여 다시 아뢰어라." 하였다.

-문종실록 1년 11월 25일-

1452년 문종 2년 2월에 부친상을 당해 사직했는데 그 당시 세조께서 사저에 있으면서 누차 상가喪家에 들러 꽤 오랜 시간을 담론하였다. 1452년 8월 13일 세조가 전 병조참판 황수신을 가서 보았는데, 이야기가 문종 때에 함께 진법陣法을 편찬한 고마움에 미치자, 황수신이 감읍하여 심정을 털어놓았다.

남해안 방어와 왜인 거류 문제

1454년 단종 2년 4월 상복기간이 끝나자 한성부윤에 임명되었다. 8월
에는 당시 삼포(울산)의 왜인들이 불손한 말을 하였으므로 황수신을 경상
도 관찰사로 삼고 그들을 진압하게 하였다.

경상도 관찰사 황수신이 아뢰기를,
"신이 여러 성안을 살펴보니, 나무가 없어서 땔나무도 준비할 수 없고, 또, 응변할 병
기도 준비하기 어렵습니다. 예전에 고구려 안시성은 60일 만에 포위를 당하여, 당나
라의 공격용 수레와 돌 포탄이 그 성벽을 허물면, 성안에 울타리를 세워 그 결함을
막았으므로, 당태종의 뛰어난 무예와 천하의 군대로도 그 성을 함락시키지 못하였
습니다. 진실로 나무가 없었으면 어찌 이와 같이 할 수 있었겠습니까? 청컨대 이제
부터 각 성마다 매년 봄에 나무를 심게 하고, 그 수를 기록하여 아뢰게 하소서."

하니, 병조에 내려 의논하게 하였다. 병조에서 의정부에 보고하여 아뢰기를, "틈이
있는 땅에 나무를 심게 하여 밭을 손상치 말게 하소서." 하니, 그대로 따랐다.

―단종실록 3년 6월 28일―

윤 6월 5일 경상도 관찰사 황수신이 아뢰기를, "지금 제읍의 군사 여정(餘丁 : 보충대)
이 모두 3명이니, 만약 1명씩 뽑아내면 1천 4백 명을 얻을 수 있습니다. 신이 바닷가
제읍을 살펴보고 군사를 두어 방어할 만한 곳을 갖추어 기록합니다.

1. 경주부 이견대 이남에서 울산 유포에 이르기까지는 주민이 3백 40여 호이고, 해
   변과의 거리가 4, 5리, 혹은 10리이며, 또 바닷가에서 소금을 굽는 자도 또한 많
   습니다. 염포에 거주하는 왜인과 왕래하는 어선·장삿배가 허실을 엿보고, 반드시
   전쟁을 일으킬 마음을 품을 것인데, 하물며 병영과의 거리가 22리나 되니, 만약
   침범 소식이 있으면 미처 구원하지 못할 것입니다. 마땅히 유포에 보루를 두고 우
   선 울타리를 설치하여 좌도 도절제사에 소속시켜, 무예 재주가 있는 군관을 택하
   여 군사 4백 명을 거느리고 4조로 나누어 방어하게 하고, 풍년을 기다려 돌로 보
   루를 쌓게 하소서.

1. 사천 남면의 삼천리 등지는 토지가 비옥하고, 또 염전이 있기 때문에, 사천과 고성·진주 3읍의 백성 6백 23호가 바닷가에 흩어 거주하는데, 북으로 사천진과의 거리가 30여 리이고, 동으로 사량 수로와의 거리가 60리이고, 남으로 적량 수로와의 거리가 30여 리나 되며, 게다가 모두 도서가 가로놓여 서로 바라볼 수가 없으니, 만약 왜선이 바다에 떠서 섬을 의지하고 엿보다가, 틈을 타서 몰래 발포하면, 무인지경에 들어가는 것과 같을 것이오니, 마땅히 삼천리 앞 수심이 깊은 섬에다 병선 5척을 두고, 매 1척마다 군사 20명씩 두어, 좌·우번番을 합하여 모두 2백 명으로 하고, 또, 무예 지략이 있어 군사들을 영솔할 수 있는 사람을 택하여 수장을 삼아, 이를 통솔하고 방어하게 하소서.

1. 거주하는 왜인이 삼포 가운데서 제포에 가장 많고, 웅천진은 적중의 사이에 끼어 있는데, 진군(진의 군인)이 1백 50명, 방패(하급군인) 10명, 수성군(육군)이 40명뿐이고, 또 북으로 김해와 서쪽으로 창원과의 거리가 모두 40여 리이며, 우도 도절제사의 진영이 49리나 되는데, 모두 두 개의 큰 고개가 있어서, 만약 긴급한 사변이 있게 되면 즉시 서로 구원할 수 없습니다.

그리고 김해와 창원도 진병(진압병)이 없어서, 만약에 변을 듣고 군사들을 불러 모으려면 1, 2일에 모을 수 없을 것이오니, 반드시 시기에 미쳐 응원할 수 없을 것입니다.

만일에 왜인들이 피차 서로 응하여, 바다가 캄캄한 날에 배를 가까운 섬에 숨겨 두었다가 틈을 엿보아 몰래 발하거나 혹은 밤을 틈타 침범하여, 수륙에서 아울러 일어나면, 제포 만호가 웅천을 구원할 수 없고, 웅천 또한 제포 만호를 구원할 수 없어, 각자가 스스로 적의 공격을 받게 될 것입니다.

마땅히 진군鎭軍 4백 10명을 더하여 전前의 진군과 함께 4개조로 나누어 굳게 방어하게 하고, 또 그 진鎭에서 10리가량 떨어진 곳에 보堡를 설치하고 군사 4백 명을 두되, 이것 또한 4개조로 나누어, 웅천진의 군관 가운데서 무예와 지략이 있는 자를 택하여, 이로 하여금 군사를 거느리고 임무를 맡게 하여 앞뒤에서 적을 맞서는 태세를 삼아, 적이 감히 발동하지 못하게 하소서.

1. 부산포는 주거하는 왜인과 내왕하는 왜인이 그 수가 또한 많은데, 동으로 기장과
   의 거리가 41리이고, 북으로 양산과의 거리가 50리이며, 서쪽으로 김해까지의 거
   리가 72리나 되는데, 그사이에 큰 강과 큰 고개가 있고, 동래의 독립진영이 35리
   나 되는 지역에 있으니, 실로 이곳은 왜구의 요충입니다.

   그런데 다만 진군 1백 명과 방패 10명, 수성군 40명으로 조를 나누어 방어하니,
   마땅히 진군 80명을 더하여 전前의 진군과 함께 4개조로 나누어 방비를 엄히 하
   소서." 하였다.

병조에 내려 의논하게 하니, 병조에서 의정부에 보고하여 아뢰기를,

"군사의 보충대를 뽑아내어 줄이자는 일은 일찍이 입법한 것이니, 가벼이 고칠 수 없
고, 유포에 보堡를 설치하자는 일은 일찍이 허가하여 장차 석성石城을 쌓을 것입니
다. 그리고 그 나머지 수심이 깊은 섬에 병선을 정박시키자는 일과 웅천·동래진에
군사를 늘리자는 일은 그 도의 감사·절제사로 하여금 군인의 입대와 귀가를 의논하
여 아뢰게 한 뒤에 다시 의논하여 시행토록 하소서."

하니, 곧 병조로 하여금 경상도에 이첩하게 하였다. 이때에 이르러 관찰사가 아뢰기를,

"처음에 침범한다는 소식으로 인하여, 공·사천민을 물론하고 명부에 올려 군사로 늘
렸는데, 그 수가 너무 많고, 유명무실하여 지난 1454년(단종2년)에 다시 파하였습니
다. 지방관리와 공·사천민을 제외하고 특별한 직이 없는 사람이 8천 7백 90명이 되
오나, 이들을 모두 새로 설치하는 여러 보堡에 소속시키면, 제읍諸邑의 수군과 진군
의 결원을 보충할 수 없사오니,

청컨대 4천 3백 95명을 가지고 나누어, 유포의 성곽에 6백 명, 웅천진에 1천 2백
명, 동래진에 1천 명, 웅천진에서 10리쯤 떨어진 성곽에 1천 명을 정하여 4개조로
나누고, 수심이 깊은 섬의 선군船軍에 2백 명을 더하여 좌·우영으로 나누고, 또, 우
도 도절제사의 영에는 다만 정군과 방패·육군만 있어, 그 수가 매 1조마다 혹은 3백
96명, 혹은 3백 98명뿐이므로, 주 장수의 군세가 매우 약하니, 이도 또한 3백 95명
을 더하여 4개조로 나누어 방어하게 하소서." 하니, 그대로 따랐다.

-단종실록 3년 윤 6월 5일-

1455년 세조 1년 7월 황수신이 경상도 지도·웅천현도를 올리고, 웅천 축성을 청하다.

"신이 관찰사가 되어 웅천 및 제포를 친히 둘러보니 거기에 항상 거주하는 왜인은 우리 인민과 더불어 물고기와 소금을 판매하여 서로 왕래하고 심지어는 술·고기를 서로 주고받는 것이 예사로운 습관으로 되어 있어 변고가 생기기 쉬우니 마땅히 모름지기 예방하여야 할 것입니다. 또 본도 인민의 습속이 오직 농업에만 힘쓰고 활쏘기는 일삼지 않아서, 비록 그 이름이 군병에 예속된 자라도 활을 쏠 줄 아는 자는 1백에 한둘도 없는데, 하물며 평민이겠습니까?

지금 제포에 있는 현재의 왜인이 92호이고, 인구는 4백 16명인데, 노약자를 제외한 장성한 자는 1백 14명입니다. 또 여러 곳에서 보내와 포구에 머물고 있는 자가 2천 11명이며, 판매업에 종사하고 있는 자가 또한 많아서 적도의 오랑캐 수천 명이 항상 우리 경내에 있는 셈인데, 혹시 불의의 변고라도 있어 수륙에서 함께 일어나게 되면 우리의 적고 약한 군졸로 각자가 적의 침입을 받게 되니, 그 형세가 서로 감당하지 못할 것이므로 한심한 일입니다.

지난번에 재차 명을 내리시어 사적 상업을 금지하셨으나, 왜인의 거주지에 사방으로 부정행위를 막는 곳이 없어서 혹은 어두운 밤에 몰래 서로 매매하는 자만 해도 그 수효를 이루 헤아릴 수가 없으며, 근일에 와서는 은그릇을 가지고 와서 몰래 팔고 있으니, 재물이득을 탐하는 간사한 무리들이 국익은 돌보지 않고 되도록 욕심만을 채우려고 힘쓰고 있고 간혹 국가 일까지도 누설하는 자가 있어 염려하지 않을 수 없습니다.

청컨대 왜인이 거주하고 있는 북쪽 산등성이로부터 서쪽으로 만호영 앞까지와 동쪽으로는 웅포까지 성을 쌓고, 또 물이 얕은 곳에는 나무울타리를 설치하고 이어서 관문을 세우고는 웅천에 있는 군사 2~30인으로 하여금 파수 보게 하고 밤에는 잠그고 낮에는 열어 출입을 절제하게 하소서."

하니, 전교하기를, "내 바야흐로 본국 지도를 보려고 했는데 이제 이 지도를 보니 매우 좋으며, 웅천에 성을 쌓는 계책도 역시 매우 좋다."

하고, 드디어 사정전에 임어하여 황수신 및 도승지 신숙주·우승지 구치관을 만나서 성 쌓는 것을 의논하였다.

—세조실록 1년 7월 22일—

문음출신으로 인재선발 시험관이 되다

1458년 세조 4년에 임금이 태학에 행차하여 황수신에게 선비들을 선발하도록 명하여 도하都夏 등 5인을 뽑았는데, 문과 출신이 아닌 사람이 시험을 관장한 것은 옛날에 없었던 일이었다. 이때 책제라 하여 출제한 문제는 다음과 같다.

임금이 성균관에 거둥하여 학습을 시찰하고 책략의 제목을 내리기를,

"내가 엷은 덕으로써 왕위를 이어받아 밤낮으로 다스림을 생각하고 오직 오랑캐를 대우하고 백성의 먹을 것이 넉넉히 하는 도리만을 궁구하였으되, 아직도 얻지 못하였다. 바야흐로 우리 국가는 북쪽으로는 야인이 있고 남쪽으로는 왜구가 있어, 귀화하여 끼니를 이어가는 자가 날로 더하여 끊이지 아니하니, 이를 모두 접대하려면 경비가 넉넉지 못하여 한없는 수요를 응하기 어렵고, 이를 거절하여 받아들이지 않으면 불러서 배려하는 의리에 어그러질 뿐 아니라, 혹 국경에 근심이 생길 것이니, 장차 무슨 술책으로 이를 대처하겠는가?
우리나라의 백성은 습성이 중국과 같지 아니하여 음식에 절도가 없고 양식을 꾸어주고 쓸데없이 소모하여 풍년과 흉년이 다르지 않으니, 항상 빌려주는 것을 생각하면 축적하여도 매양 허갈될 것을 근심하고, 곡식을 빌려주지 않으면 백성들이 거의 진구렁에서 전전하게 될 것이니, 생각하건대, 어찌 다스리는 것이 가하겠는가? 제 생도들은 경세(經世 : 세상을 다스리는)의 계책을 강하여 익혔을 것이니, 모든 역대歷代

를 상고하고 그때의 사정을 참작하여 마음을 다하여 대답하라. 내가 장차 쓸 만한 인재를 보겠다."

하고, 우의정 강맹경, 우찬성 황수신, 행 상호군 김말, 인순부 윤 최항, 도승지 조석문, 우부승지 김질·지병조사 한계희를 시험관으로 삼았다.

-세조실록 4년 윤 2월 25일-

충청도 진휼사로서의 공적과 흠결

1459년 충청도에 기근이 들자 특별히 황수신을 그곳에 진휼사로 파견하니 마음을 다해 조치하였으므로 한 도道가 그에 힘입어 온전하게 살아났다.

좌찬성 황수신을 불러서 일을 의논하도록 하고, 여러 도道의 씨앗을 뿌리는 상황이 어떠한가를 물으니, 황수신이 대답하기를,

"신이 보건대, 충청도의 여러 고을에서는 곡식 종자를 백성들에게 나누어 주어서 즉시 씨앗을 뿌리도록 감독하여 스스로 먹지 못하도록 하였고, 수령들도 또한 때때로 감찰했던 까닭으로 지금 이미 씨앗을 뿌리는 일을 마쳤습니다."

하니, 임금이 칭찬하고, 마침내 모든 도의 관찰사에게 명하기를,

"이제 흉년을 당하여 어리석은 백성이 굶주림에만 절박하고 먼 장래의 생각에는 어두워서 비록 관가에서 곡식의 종자를 주더라도 주는 대로 즉시 먹어 버리고, 혹은 거짓으로 씨앗을 뿌린 형상을 하여 관가의 책망을 구차스럽게 면하는 사람이 자못 많다.

지금 듣건대, 충청도에서는 매양 종자를 줄 때마다 반드시 씨앗을 뿌리는 일을 감독하여 백성들로 하여금 스스로 먹지 못하도록 하고, 수령들도 또한 친히 돌아다니면서 감찰한 까닭으로 씨앗을 뿌리는 일이 적당하게 되었다고 한다. 대체로 씨앗을 뿌리는 일의 잘되고 잘못되는 것은 오로지 수령에게 달려 있으니, 만약 혹시 시일을 지체하여 실농하게 한다면, 수령은 그 책임을 피하지 못할 것이다.

모든 도의 관찰사들은 재촉하는 데에 힘쓰고, 겉치레하는 것을 일삼지 말아야 한다. 내가 장차 대사관원을 보내어 점검하도록 하겠다. 또 씨앗을 뿌리고도 김을 매지 않는 것은 씨앗을 뿌리지 않은 것과 같으니, 부지런히 권장하여서 혹시 시기가 지나서 김을 매지 못하여 황폐하게 되지 말게 하라." 하였다.

—세조실록 3년 3월 15일—

1462년 충청도 아산의 농지를 무단점거한 일로 여러 차례 탄핵을 받았으나 세조의 입김으로 탈 없이 넘어갔다.

사헌부에서 아뢰기를,

"충청도 아산현의 관노비 화만이 본부에 글로써 고하기를, '좌찬성 황수신이 1459년에 진휼사로서 본 읍에 왔었는데, 관둔전[92] 및 관아의 채소밭을 얻고자 하여 신창에 사는 친척 별시위 김극강으로 하여금 관청에 알려 떼어 받은 뒤, 서울로 돌아가서 자기 아내의 장례는 이미 지냈는데도 거짓으로 아직 장례를 지내지 못하여 아산에다 터를 정했다 하고 흐릿하게 아뢰어 하사를 받고, 본 아산현이 다시 경작하지 못하게 하였습니다.

그 관아의 채소밭인즉 실은 저의 아비와 할아비 자손 대대로 부쳐 먹던 밭인데, 햇수를 정해 임시로 관아에 바친 것입니다. 밭 문서에도 저의 아비 이름으로 되어 있으며 본 아산현이 개혁한 뒤부터는 도로 경작하고 있었습니다. 그런데 황수신이 온양군으로 하여금 1460년의 소출을 빼앗아가고, 또 금년에는 보리를 갈았습니다.

만일 황수신에게 「아무개로 하여금 묏터를 보게 하였으며, 아무 마을 아무 언덕으로

---

92) 국가의 불의의 수요와 흉년에 대비하기 위하여 설치된 것으로서, 경작자를 주·현의 관노비나 농민으로 사역시켰음.

정하였느냐?」고 물으면, 참인지 거짓인지를 알 수 있을 것입니다. 또 관아의 기와집 48간을 초가집 22간이라 하여 샀다고 공언하면서, 독촉해서 헐어 가지려고 하니, 빌건대 헐지 말게 하소서.' 하였습니다.

신 등이 생각하건대, 황수신이 만일 실제로 이와 같다면 마땅히 문초하여 죄를 주어야 할 것이고, 아니라면 화만은 공신을 무함한 것으로 죄를 주어야 할 것입니다." 하니, 명하기를, "어찌 급하게 황수신을 문초할 수 있겠는가? 화만을 가두어 국문하라." 하였다.

사헌부에서 좌찬성 황수신이 아산의 밭을 모람되게 점유한 것을 가지고, 여러 번 문초하기를 청하였으나, 임금이 너그럽게 용서하고 윤허하지 아니하였는데, 이에 이르러 황수신이 사직하니, 임금이 이르기를, "소인의 망언을 어찌 족히 취하여 믿겠는가? 경은 사직하지 말라." 하였다.

-세조실록 7년 5월 12일-

경상·전라·충청도민을 평안도와 함경도에 이주시키다

1410년 태종 10년 여진족이 경원부에 쳐들어오자, 조정에서는 길주 도 안무찰리사 조연으로 하여금 여진족을 토벌하도록 하였고, 그는 적장 파 아손을 쳐 두만강 건너 적의 본거지까지 점거한 후, 경원부를 경성으로, 다시 부거참으로 옮기고 1,000여 호를 그곳에 이주시켰다.

1433년 세종 15년 경원부 자리에 영북진을 설치하고 대규모의 이주를 단행하였는데, 강원도는 물론이고 충청·전라·경상도에서까지 자원 및 선발하여 사민徙民[93]을 모집하는 방법까지 동원한 정책이었다. 선발 사 민은 주로 범죄자를 강제로 입거시키는 제도였다. 이때 양반이면 품계를 높여 주거나 토관직을 주고, 향리나 천인에게는 면역免役과 관직 진출의 길을 열어 주었으며 양반으로 면천免賤[94]을 해주는 등의 사민 우대책이 나타나기도 하였다. 한편, 사민의 공평한 선정과 이주 후의 안정된 정착 을 위하여 여러 가지 통제와 벌칙이 마련되기도 하였다. 평안도 일대에서 는 1437년부터 3년간 여덟 번에 걸쳐 1만 5,000여 명(1,000여 호)이 국경 지대 가까이 이주를 하였다. 그 까닭은 여진족의 국경 침입이 잦은 데다 가 국경의 경비에도 취약점이 많았기 때문이다. 그렇게 하여 평안도 일대 에는 황해도를 비롯하여 남도지방 일대에서 사민 3,000여 호를 모집하여 이주시켰다. 이러한 사민정책은 성종 때까지 지속되었다.

1459년 세조 5년 12월 24일 좌찬성 황수신 등을 경상·전라·충청의 모민 체찰사로 삼았다.

---

93) 조선 세종 대부터 성종 대에 걸쳐 영토 확장을 위해 강원·경상·전라·충청도민을 평안도·함경도 지역에 정책적으로 이주시킨 사람을 일컫는 말. 사민 정책이라 함.

94) 천인의 신분을 면하고 양인이 되는 것.

좌찬성 황수신을 경상도 모민체찰사募民體察使[95]로, 판중추원사 심회를 전라도 모민체찰사로, 좌참찬 성봉조를 충청도 모민체찰사로 삼았다. 그들이 가지고 가는 일의 목록에 이르기를,

"체찰사가 친히 향리에 이르러 그 모집하는 백성들의 일의 목록을 자세히 알고 있는가의 여부를 듣고서, 만약 알지 못하는 사람이 있으면 도사都事[96]·경력經歷[97]과 그 고을의 수령들이 바로 처벌을 결정하여 관찰사와 주·부의 당상관 이상에게 알려 시행하되, 향리로서 모집에 응하는 사람은 전일의 목록에 의거하여 역역役役을 면제하고 벼슬길에 통하게 하라."

하니, 황수신이 아뢰기를,

"근년 이래로 역로驛路가 쇠퇴하니, 신의 생각으로는 마땅히 가까이 있는 여러 고을의 향리에게 알려 이를 채우게 하소서. 또 금년 가을과 겨울에는 왜인倭人이 사신을 보내어 온 사람이 없으니, 또한 마땅히 염탐하여 알아야 할 것입니다." 하였다.

－세조실록 5년 12월 24일－

1460년 세조 6년 1월 29일에 함길도 도절제사로 제수받아 경상도에 모민 체찰사로 나갔다.

모민 체찰사 황수신이 글로 아뢰기를,
"양인(평민)으로서 이주민 모집에 응하는 자는 적고, 향리·공노비·사노비 가운데 모집에 응하는 자가 많습니다. 신이 생각하건대 주·현의 쇠잔하고 번성하는 것은 향리와 관노비의 많고 적음에 달려 있는데, 만약 모집에 다 응하도록 허락한다면 주·현이 장차 공허하여지게 되고 공노비가 거의 다 없어질 것입니다. 그렇게 되면 사노비

---

95) 조선 초기 함길도와 평안도에 이주할 백성들을 모집하는 일을 그 지방에 나아가 총지휘하고 관장하던 임시 벼슬.
96) 지방의 관찰사를 보좌하던 종5품 관직.
97) 중앙과 유수부의 종4품 관직.

로서 모집에 응하는 자도 또한 바꾸어 줄 수가 없을 것이니, 청컨대 천민은 그 인원을 정하여 가당한 자를 골라서 들여보내소서." 하였다.

이때에 이르러 훈령을 내리기를, "지금 듣건대 향리·공사 천민들 가운데 모집에 응한 자들이 국가에서 아직 이주시켜 보내기도 전에 마음대로 본 신분을 이탈하여 관을 배반하거나 주인을 배반한다니, 이것은 크게 불가한 것이다. 관할사에서 법에 의거하여 면천(천민면제)의 증명서를 발급한 다음이라야 영원히 양인이 되도록 허락하라. 스스로 양인이라 칭하면서 역할을 저버리고 한가하게 노는 자는 그 관이나 주인에게 일을 시키도록 허락하라." 하였다.

-세조실록 6년 1월 29일-

1461년 세조 7년 6월 21일 강원·황해·평안·도순찰사 한계미가 이민에 대해 글로 보고하다.

강원도·황해도·평안도 도순찰사 한계미가 글로 보고하기를, "모민에 응하여 옮겨 간 사람은 억지로 옮겨 살게 한 사람과 비할 것이 아닙니다. 대개 모두 빈궁하여 요역을 모면하려고 하는 자들이므로, 지금 편안하게 살도록 구제하기를 다른 것의 배나 더 하지만, 본래 가산이 넉넉하지 못하고 새로 타향에 옮겨 왔기 때문에 능히 자기의 힘으로 살지 못하니, 비록 옮기더라도 무익합니다.

또 강원도는 지금 바야흐로 유랑한 사람들을 체포하고 있는 중이니, 아직 들여보내지 않은 응모자 22가구는 우선 들여보내지 말게 하소서. 평안도·황해도의 응모한 사람도 또한 순찰사 윤자운으로 하여금 다시 감찰을 더하게 하여 스스로 들어가기를 자원하는 사람을 제외하고, 청컨대 억지로 옮겨 살게 하는 사람을 들여보내게 하소서."

하니, 임금이 명하여 의정부·병조에 보이고 이를 의논하게 하였다. 병조참판 김국광이 아뢰기를,

"마땅히 아뢴 바와 같이 하소서." 하였고, 좌참찬 이승손은 아뢰기를, "스스로 응모하여 옮겨 가서 사는 것은 진실로 칭찬할 만하고, 또 평안도와 황해도는 장차 큰 풍년이 들 것 같으니, 청컨대 들여보내게 하소서." 하니, 임금이 마침내 한계미의 아뢴 바에 따라서 병조로 하여금 여러 도에 공문서를 보내도록 하였다.

—세조실록 7년 6월 21일—

도체찰사의 절목과 진상품

1460년 세조 6년 2월 임금이 말하기를 대사간 간원을 여러 도에 나누어 보내어 비위 사실을 검찰하고자 하였으나, 경들이 순행하기 때문에 이를 정지시키고, 그 검찰할 일을 경들에게 위임하여 다스리게 한다. 경상도 도체찰사 황수신·황해 평안도 도체찰사 한명회·충청도 도체찰사 성봉조·전라도 도체찰사 심회·경기 강원도 도순찰사 김순에게 명하기를, 이번에 동봉하는 절목을 살펴보고 마음을 다하여 시행하라.

1. 여러 고을의 수령과 해군 육군의 장수·만호萬戶[98]·찰방들 가운데 탐오하여 백성들을 괴롭히는 자들을 자세히 조사하여 검찰하고, 만약 백성들 가운데 자기의 원통하고 억울한 사정을 호소한다고 일컫는 자가 있거든 판결하라.

1. 여러 고을의 옥에 갇혀 있는 미결 죄수들은 사유를 갖추어서 아뢰어라.

1. 유랑민들이 평안하는지의 여부를 검찰하라.

1. 쇠잔한 도로망의 폐단을 구제하는 일을 찾아다니면서 물어서 아뢰어라.

---

98) 만호는 본래 통솔하여 다스리는 민가의 집 호수에 따라 만호·천호·백호 등으로 불리다가, 차차 민호의 수와 관계없이 장수의 품계와 직책 등으로 변하였다. 육군보다는 수군에 이 명칭이 있었다.

1. 관찰사와 수령이 백성들을 구제하는 데 능한지의 여부를 검찰하라.

1. 군기가 단련되었는지 거칠고 무질서한지를 검찰하라. 하였다.

-세조실록 6년 2월 2일-

각도의 관찰사가 매달 진상을 할 때, 그 물목을 예조에 통첩하면, 예조에서는 그 많고 적음과, 정하고 추함을 알아보지도 않고 곧 회첩을 보내는 것은 온당하지 못하니, 이후로는 각 궁전의 진상 물품을 맡아 보는 자는 그 진상한 물건의 수와 목록을 써서 내역서를 주고, 만약에 썩거나 상하여 바치지 못할 것이 있으면, 예조에서 그 내역서를 상고하여 책망하는 공문을 보낸다고 하니, 그대로 따르게 하였다.

진상하는 물목 속에 경상도와 전라도에서는 홍시는 기재하였으나, 건시는 기재하지 아니하였고, 절인 어물은 기재하였으나, 생전복은 기재하지 아니하였고, 함길도에서는 고등어는 기재하였으나, 내장 젓은 기재하지 아니하였으며, 백산 엿은 오직 전주에서만 만드는 것인데, 역시 등록되지 아니하였으니, 이상의 여러 종류 물건들을 의당 진상하도록 하였다.

여러 도에서 진상하는 음식을 대전·중궁전·동궁전에 마땅히 차례대로 차등이 있게 봉진해야만 하는데, 동궁전에 진상하면서도 중궁전에 진상하지 않기도 하며, 혹은 많고 적은 것이 전도되기도 하니, 그것을 여러 도에 알려 관찰사로 하여금 자세히 살피게 하였다.

노비추쇄의 문제점을 아뢰다

1461년 4월 여러 관사의 노비를 추쇄[99]하게 하자 황수신이 그에 대한 건의를 하다.

여러 관사의 노비를 조사해서 찾아내게 하니, 도제조인 좌찬성 황수신 등이 아뢰었는데, 아뢴 글을 이러하였다.

"공 노비는 관계되는 바가 가볍게 함부로 할 것이 아닙니다. 우리 태종께서 1417년에 특별히 도망간 노비를 찾아내는 관청을 설치하고 영의정부사 유정현 등을 명하여 제조를 삼고는, 노비 문서를 바로잡아서 후세에 남기셨습니다. 1439년에 세종께서 추쇄색을 설치하고 영의정부사 황희에게 명하여 감독하고 관장하게 하여 바른 노비 안을 만들고, 또 여러 조목으로 된 법을 세우고 법에 갖추어 기록하게 하여서 한눈으로 보아도 환하게 상고할 만하게 하였습니다.
그러나 기미년으로부터 지금까지 20여 년 동안 관리가 법을 받드는 데 게을러서 살피지 아니하였으므로, 간교한 무리들이 틈을 타서 술책을 써서 혹은 나이를 속이어 부역을 면제하고, 혹은 무거운 일을 피하여 가벼운 일에 나가고, 심한 것은 살아 있는 것을 죽은 것으로 하고, 천인을 양인으로 만들어서 공노비가 날로 줄어들게 되니 진실로 염려할 만합니다.

우리 전하께서 신 등에게 붙잡아 올 것을 명하시매, 신 등이 정유년과 기미년의 두 해의 노비안을 근본으로 하고 각 해의 계속해서 만든 문안을 참고해서, 빠지고 숨은 자는 찾아내고, 소송으로 다투는 자는 분별하여서 노비정안을 정돈하여 이루어 놓으니, 무릇 1백 14관사의 노비가 모두 20수만 여명입니다. 지금 비록 문안은 이루어 놓았지만 엄하게 방지하고 금하는 법을 세우지 않는다면 후일의 폐단이 다시 전과 같을까 두려우니, 삼가 집행 할 사건들을 뒤에 조목조목으로 열거하겠습니다.

---

99) 샅샅이 조사해서 찾아냄.

1. 지금 신사년의 노비안에 실려 있는 노비는, 양인이라고 고소하여 서로 소송하는 것을 금하게 하는 일과, 그 이름이 명백히 노비안에 실려 있는 이외에는 신고하여 관노비로 편입하지 못하게 하는 일과, 관노비를 숨기고 심부름하는 사람을 처벌하는 일은 다 1417년과 1439년의 노비안의 예에 의거하여 시행하게 하소서.

1. 지금 다 붙잡지 못하였거나 고발하여 서로 소송하는 것이 결정되지 않은 노비는 관장하는 노비변정도감으로 하여금 속히 구분해서 노비안에 기록하게 하소서.

1. 지금 신사년의 문서에 기록된 전국의 노비는, 1417년의 예에 의하여 해당 관리의 인수인계서에 본래의 수효와 도망·사망·출생·유랑의 수를 기록하게 해서 후일의 참고에 증빙하게 하며, 그 노비를 잘 돌보지 아니하여 많이 도망해서 흩어지게 한 자는 이조에서 그 수의 많고 적은 것을 참고해서 감봉 퇴출하게 하소서.

1. 지방의 여러 영·여러 읍 및 향교의 노비로서 소송하여 판결된 것은 다 여러 관사의 노비의 예에 의거해서 시행하고, 무릇 판단에 관한 일도 또한 여러 관사의 노비의 예에 의거하여 아울러 주관하는 변정도감에 소장을 올려 결정을 받게 하소서.

1. 지방의 공노비로서 양인에게 시집간 자에게 신분을 벗어 양인이 되게 하는 것은 1461년의 결재에 의거해서 시행하되, 나이가 자기의 나이와 비슷하지 아니하고 잔약하고 용렬한 노비를 가지고 신분을 벗게 한 뒤에 도피하였거나 혹은 불러들이어 심부름하게 하는데, 그 일을 맡은 관리가 그들과 결탁해서 살피어 바로잡지 않은 자는 임금의 명을 위반한 법으로써 논죄하여 퇴출하소서.

1. 상으로 받은 노비는 상을 받은 자가 죽고 자손이 없으면 도로 공노비에 속하게 하소서.

1. 1417년으로부터 1439년에 이르는 23년과 1439년으로부터 1459년에 이르는 21년을 추쇄하였으므로, 문서에 기록된 것이 오래되어서 늙은 자는 이미 죽고 젊은 자는 그 계통을 알지 못합니다. 이 때문에 출생하고 사망한 것과 도망하고 유실된 것을 다 상고하여 자세히 살피지 못해서 영구히 공노비를 잃게 되니, 염려하지 않을 수 없습니다. 금후에는 매 20년마다 찾아내어 붙잡아서 문서를 만들게 하소서.

1. 여러 관사의 수도권의 노비는 노비정안 2건을 문서로 작성해서 변정도감 및 문서
   보관청에 간수하고 지방의 노비는 3건을 문서로 작성하여 변정도감·문서보관청·
   각도의 문서보관청에 간수하여서 간사하고 거짓되는 것을 방지하소서.” 하니, 그
   대로 따랐다.

-세조실록 7년 4월 2일-

황치신과 황수신

황치신, 황보신, 황수신은 황희정승의 아들로 형제간의 우애가 깊었다.
아버지의 음덕으로 벼슬에 올랐지만 황수신에게는 영의정까지 오르는 영
광이 주어졌고, 맏형 황치신은 호조판서를 거쳐 판중추부사가 되어 88세
에 생을 마감하였는데, 황치신과 황수신 형제간의 일화가 실록에 기록되
어 있어 소개한다.

1464년 세조 10년 2월 23일 명나라 헌종이 즉위하니 임금께서 황수신
을 우의정으로 삼아 황제등극을 하례하는 사신으로 삼았다.

한명회를 상당 부원군 겸 판병조사로, 구치관을 좌의정으로, 황수신을 우의정으로
삼았다. 장차 황수신을 보내어 명나라 황제 등극을 하례하도록 하였기 때문에 이러
한 제수가 있었다.
황수신은 풍모와 자태가 크고 튼튼하며 활달하여 막힘이 없어서 당시의 유능한 관
리로서 일컬어졌으나, 물의가 없지도 아니하였다. 그의 형 황치신이 청렴하지 아니
하였는데, 하루는 황수신의 집에 와서 술을 마시고 좌우에 있는 물건을 몰래 가지고
갔다. 황수신은 희롱하는 말로 그 형을 가리켜 말하기를, '우리 형님은 참으로 임렴
(林廉 : 청렴)이다.'라고 하였다.
그 뒤에 황치신이 또 황수신의 집에 오니, 황수신의 어린 손자가 문에 나가 맞이하
면서, '임렴이 들어온다.'라고 하여 듣는 자가 모두 웃었다.

이때 황치신이 태안의 둔전과 양계의 종을 바꾼 데 대한 송사가 있었고, 황수신도 아산 둔전의 송사가 있었는데, 동시에 함께 발생하였으므로, 호사자들이 말하여 이르기를, '임렴은 참으로 친척이며, 치신과 수신은 참으로 백중하다.'라고 하였다.

-세조실록 10년 2월 23일-

1466년 세조 12년 4월 황수신이 좌의정에 올랐다. 5월에는 세조가 황수신 등을 거느리고 영응 대군의 집에 거동하였다.

임금이 영응대군 이염의 집에 거동하니, 고령군 신숙주·좌의정 황수신·이조판서 한계희·호조판서 노사신·상당군 한명회·중추부 동지사 서거정 등이 어가를 수종하였다. 임금이 신숙주 등과 더불어 술 마시는 것을 논하였는데, 신숙주 등이 아뢰기를,
"황수신의 형인 전 중추 황치신이 기력이 아직도 강하여 늙어서도 술을 잘 마시어 날마다 황수신과 더불어 술을 마시면서 희롱을 하고 있습니다.
황수신이 일찍이 황치신의 집에 갔다가 울타리의 감을 보고는 훔쳐와 그 형을 청해 와서 접대하며 말하기를, '다행히 일찍 익은 홍시를 얻었기에 형님과 더불어 함께 맛보려고 합니다.' 하니, 황치신이 먹고는 달게 여기면서, '너는 후일에도 다시 이와 같이 하라.'고 말하고는 서로 더불어 술을 대단히 많이 마시었습니다.
황치신이 집에 돌아와서 울타리의 감을 보고서는, '내가 황수신의 꾀속에 떨어졌구나.'라고 하였으니, 형제가 서로 우애하는 것이 언제나 이와 같았습니다."

하였다. 임금이 웃으면서 이염에게 이르기를,
"그대가 내 물건을 훔치는 것도 마땅히 황수신의 형제와 같이 해야 할 것이다."

하였다. 명하여 황치신을 불러와서 술잔을 올리게 하고, 마침내 도총관에 임명하였다. 임금이 동부승지 이수남을 눈여겨보면서 신숙주에게 이르기를,

"이 사람은 내가 새로 임명한 승지이다. 경 등은 다만 나의 인재 뽑는 것을 보고만 있으라."

하니, 대답하기를, "성상의 식견이 아니면 어찌 능히 이와 같을 수 있겠습니까?"

하였다. 황치신은 고 재상 황희의 아들로서, 세종조에 이미 호조판서가 되었다. 임금이 즉위하자 공신이라 하여 그 봉록은 잃지 않게 했는데, 지난번에 함길도에서 서로 바꾼 노비를 함부로 차지했던 일로써 관직에서 떨어져 집에 있은 지 몇 해가 되었는데 마침 일화를 듣고 임금이 도총관에 제수한 것이다.

-세조실록 12년 5월 28일-

황수신의 졸기

1467년[61세] 세조 13년 5월 21일 남원군 황수신의 졸기.

남원군 황수신이 졸卒하였다. 황수신의 자字는 계효季孝요, 익성공 황희의 아들이다. 음서직으로 종묘부승에 보직되어 여러 벼슬을 역임하여 겸 지형조사가 되고, 승정원 우부승지에 제수되어 도승지까지 천전되었다가 사건으로 인하여 파직되었고, 병조참판을 거쳐서 경상도 도관찰사가 되어 나갔다가 의정부 우참찬에 제수되고, 좌익공신에 참여하여 남원군에 봉해지고, 좌참찬에 올랐으며, 좌찬성에 승진되고, 다시 우의정에 제수되었다가 마침내 영의정에 올랐는데, 이때에 이르러 졸하였다.

그 사람됨이 골격과 용모가 뛰어나고, 성품과 자질이 너그럽고 어질어서, 재상의 도량이 있었으며, 경전과 사기를 조금 섭렵하여 관리에 능하였고, 정승이 되어서 큰 틀은 힘썼으나, 처세하는 데 두루하게 하고, 세상과 더불어 성했다 쇠했다 하여, 여러 대의 조정을 역임하면서 크게 정사를 밝게 일으킴이 없었고, 뇌물이 폭주하여 한 이랑의 밭을 탐하고, 한 사람의 노복을 다투어서, 여러 번 대간의 탄핵을 받는 데 이르렀으므로, 당시 사람들이 말하기를, "성이 황黃이니, 마음도 또한 황黃하다."

하였다. 부음이 들리자 조회와 저자를 3일 동안 폐하고, 시호를 열성烈成이라 하였으니, 덕성을 잡고 업業을 숭상하는 것을 열烈이라 하고, 정승을 보좌하여 잘 마친 것을 성成이라 한다. 아들이 하나이니, 황신이다.

그의 묘소는 오늘날의 경기도 파주시 탄현면 금승리에 있고, 앞에 두 개의 신도비가 있는데 하나는 처음 세웠던 비였고, 다른 하나는 1943년 후손들이 마모된 비문을 다시 새겨 세운 비라 하는데, 비문은 예조판서 이승소가 지은 것이다.

황수신은 판전농시사 김덕준의 딸에게 장가들어 1남 2녀를 낳았는데, 아들은 곧 첨지중추부사 황신이고, 장녀는 전 군사 이계중에게 시집갔고 차녀는 종부시 첨정 최한량에게 시집갔다. 황수신의 맏형 치신致身은 호조판서였는데 그는 슬하에 아홉 아들을 두어 후손에 임진왜란때 공을 세운 황윤길·정욱 등이 나왔다. 둘째 형 보신保身은 소윤을 지냈을 뿐인데, 학덕이 높아 유명했던 좌의정 김국광이 그의 사위였다.

[승진과정]

1423년[17세] 세종 5년 음서로 종부시직장, 사헌부 감찰 등 역임

1429년[23세] 세종 11년 7월 사헌부 지평

1433년[27세] 세종 15년 3월 경기 경력

1434년[28세] 세종 16년 12월 사헌부 장령

1439년[33세] 세종 21년 9월 지사간원

1440년[34세] 세종 22년 6월 겸 지형조사

1441년[35세] 세종 23년 7월 첨지중추원사

1442년[36세] 세종 24년 2월 겸 지병조사

1443년[37세] 세종 25년 4월 우부승지, 9월 좌부승지

1445년[39세] 세종 27년 4월 우승지, 7월 좌승지

1446년[40세] 세종 28년 4월 도승지, 국초 이래로 문과 출신이 아니면서 도승지에 발탁

1447년[41세] 세종 29년 9월 인사에 관여하여 파면, 모친상(삼년상)

1448년[42세] 세종 30년 7월 직첩을 돌려주다.

1450년[44세] 문종 즉위년 5월 첨지중추원사, 7월 동지중추원사,
           8월 겸 도진무(병조 진법교관), 11월 병조참판

1452년[46세] 문종 2년 2월 부친상(황희)으로 사직

1454년[48세] 단종 2년 4월 한성부윤, 8월 경상도 관찰사

1455년[49세] 세조 1년 윤 6월 우참찬, 9월 좌익공신, 남원군

1456년[50세] 세조 2년 3월 명나라 원접사, 10월 좌참찬

1457년[51세] 세조 3년 3월 예조 겸판서, 4월 명나라 사신, 7월 우찬성, 7월 귀국 복명

1458년[52세] 세조 4년 12월 좌찬성

1459년[53세] 세조 5년 1월 충청도 도순문 진휼사,
           7월 겸 강원도 도체찰사, 12월 겸 함길도 도절제사

1460년[54세] 세조 6년 2월 겸 경상도 도체찰사

1461년[55세] 세조 7년 11월 겸 전라도 도체찰사

1462년[56세] 세조 8년 5월 아산현의 전지를 무단 점거로 탄핵

1464년[58세] 세조 10년 2월 우의정

1466년[60세] 세조 12년 4월 좌의정, 10월 우의정

1467년[61세] 세조 13년 4월 6일 영의정(한 달 15일)

1467년[61세] 세조 13년 5월 20일 남원군

1467년[61세] 세조 13년 5월 21일 남원군 황수신이 죽다.

27. 심회沈澮
심온의 아들이자 세조의 외삼촌

생몰년도	1418년(태종 18)~1493년(성종 24) [76세]
영의정 재직기간	(1467.5.20.~1467.9.20.) (4개월)
본관	청송青松
자	청보清甫
시호	공숙恭肅
군호	청송부원군
공훈	좌리공신
묘소	경기도 파주시 월용면 영태리
기타	영의정 심온의 아들, 소헌왕후의 남동생, 세종의 처남
	문종과 세조의 외삼촌
조부	심덕부沈德符-좌정승
부	심온沈溫-영의정
모	순흥부부인 안씨
형	심준沈濬
동생	심결沈決-영중추 부사
장인	민무휼-태종의 처남
아내	여흥 민씨
장남	심인沈麟-병조참의
2남	심한沈瀚-좌리공신, 청천군, 한성부 우윤
3남	심원沈湲-내자시 판관
손자	심순경沈順經-정국공신, 청성군, 한성부 좌윤
손자	심순문沈順門-사헌부 장령, 증영의정
누이	소헌왕후(세종비)-매형 세종

유배에서 풀려난 세조의 외삼촌

심회가 영의정에 오르니 할아버지 좌정승 심덕부·아버지 영의정 심온에 이어 3대가 수상에 오른 조선조 최초의 가문이 되었고, 세종의 처남이자 문종과 세조의 외삼촌으로 문벌까지 갖춘 조선조 명문가 출신이다.

아버지 심온이 태종의 왕권강화 정책에 말려들어 사사된 후, 죄인의 가족으로 귀양을 살며 지내다가, 34세 때 문종의 배려로 음서직으로 관직에 진출하였다. 승진을 거듭하다가 육조판서 중 공조판서만 잠깐 지내고, 우의정을 건너뛴 채 좌의정에 임용되었고 바로 영의정에 오른 입지전적 인물로 왕실의 혜택을 가장 많이 누린 사람이다. 심회를 영의정까지 승진시킨 세조는 사석이든 공석이든 매번 그를 부를 때 외삼촌이라 불렀고, 성종도 심회를 왕실의 족친으로 극진히 예우한 것으로 기록하고 있다.

심회의 자는 청보淸甫로 청송 사람이다. 증조부 심용은 오랫동안 쌓아온 덕으로 고려조에서 벼슬을 하였고, 조부 심덕부는 두 번이나 고려의 문하시중을 지내고 조선조에 들어와서도 당시 최고위직인 좌정승을 지냈다. 아버지 심온은 세종의 장인으로 44세에 영의정에 올랐다가 태종의 계략에 말려 죽음을 당했다. 심씨 집안은 선행을 쌓아 대단히 번성하였는데 은택이 자손에까지 베풀어져 나타났는데 그 하나가 세종비 소헌왕후로 나라의 국모가 되었고, 또 하나는 심회가 영의정이 되었다.

심회는 나면서부터 빼어나게 영특하고 말과 웃음이 적었으므로, 어머니가 항상 말하기를, "나의 여러 아들 가운데 심회만 특별히 다르니, 훗날 부귀를 누리게 됨은 반드시 이 아이 덕일 것이다." 하였다. 자라나서는 순순하게 예를 행하여 조금도 교만하거나 귀한 체하는 습관이 없었고 오직 학문만 일삼았다.

아버지 심온이 44세의 젊은 나이로 세상을 떠난 뒤 심회는 형 심준과 아우 심결과 함께 아버지가 쓴 죄에 연루되어 유배살이를 해야 했다. 매형인 세종은 아버지 태종이 한 일을 거스르지 않으려는 생각에서, 처갓집 식구를 못 본 체하다가 세상을 떠나 버렸다.

1451년 문종이 즉위하자 외삼촌 심회를 음직으로 발탁하여 등용했는데, 대신들의 논란을 조심스럽게 여겨 돈녕부 주부에 임명하였다. 돈녕부는 왕실 친인척의 친목을 다지는 일을 맡은 관청으로 심회의 나이 34세였다.

> 심회·심결은 모두 처음으로 돈녕부 주부로 제수하고, 심미는 전농 직장을 임명하였다. 심회와 심결은 바로 심온의 아들이고, 심미는 맏아들 심준의 아들인데, 심준이 먼저 죽었기 때문에 심미에게 제수한 것이다.

1453년 단종 2년 첨지중추원사에 오르고 얼마 뒤 동지돈녕부사가 되었는데, 세조가 왕위에 오르자 승진 속도가 거침이 없었다. 1457년 세조 3년에 공조판서가 되었다가 중추원 부사, 판한성 부사로 옮겼다. 무척 빠른 승진이었다.

> 심회는 소헌 왕후의 동복 아우인데, 세종조 때 아버지 심온의 죄로 인하여 금고된 지가 수십년이나 되었다. 이때에 와서 형 심준은 이미 죽었고, 심회와 심결만이 생존해 있으니 세조가 발탁하여 당상관으로 삼았다. 임금의 특별한 대우가 매우 융숭해져서 매양 대궐 안에서 그를 숙부라 부르고 이름을 부르지 아니하였다

> 임금이 공조판서 심회에게 이르기를,
> "내가 외삼촌을 존경하는 마음이야 어찌 일찍이 조금이라도 늦춘 적이 있겠습니까? 군신의 예가 엄하여 집안의 예를 다하지 못합니다." 하니, 심회가 머리를 조아려 사례하였다.

임금이 영중추원사 윤사로에게 이르기를,

"내가 심회를 쓰는 것은 친척이기 때문이 아니다. 진실로 재간이 없으면 결단코 일을 맡길 수가 없다. 또 그 인품이 정精하고 밝은데, 경들은 다만 그 일하는 것만을 볼 뿐이니, 마땅히 스스로 그리 알라." 하였다.

-세조실록 3년 3월 28일-

1458년 세조 4년 경상도 관찰사에게 어머니를 봉양하러 가는 판한성부사 심회를 위로하게 하다.

승정원에서 명을 받들어 경상도 관찰사에게 명하기를, "판한성부사 심회가 어머니를 뵙고 봉양하러 선산으로 가니, 잔치를 베풀어 위로하라." 하였다.

-세조실록 4년 8월 28일-

1459년 세조 5년 도체찰사 심회를 전라도 모민체찰사로 삼고 심회에게 유시하기를,

"이주민의 모집에 응한 사람들은 전에 명한 것에 의하여 가을철까지 기다렸다가 들여보내도록 하라. 또 이미 모집에 응한 자들을 현재 역할에 그대로 속하게 하는 것도 마땅하지 않으니, 경이 아뢴 바와 같이 하라." 하였다.

-세조실록 5년 12월 24일-

1461년 세조 7년에 품계를 뛰어넘어 보국숭록대부에 오르고 영중추원사에 임명되어 오위도총부 도총관을 겸하였다. 이때 병조에서 전라도 백성이 섬으로 들어간 자가 많음을 아뢰었다.

병조에서 아뢰기를,

"전라도 백성이 바닷 섬에 들어간 자가 많으니, 청컨대 조정 관료를 보내어 찾아내어 고향으로 돌려보내게 하소서."

하였다. 임금이 도진무 심회 등을 빈청에 불러서 의논하였는데, 좌찬성 황수신·호조 참판 이극감 등도 일로 인하여 입궐하였다. 계양군 이증에게 명하여 찾을 계책을 물으니, 심회 등이 아뢰기를,

"바닷가 연변의 백성이 여러 섬에 들어가서 혹은 고기를 낚고 소금을 굽는 것으로 직업을 삼는 자도 있고, 혹은 농사로 생활하는 자도 있으며, 혹은 내왕하면서 장사하는 자도 있는데, 잡아들이라는 명령이 내린 것을 들으면 가족을 데리고 사람이 없는 섬에 깊숙이 들어갔다가 조금 늦추어지면 돌아오기도 하고, 혹은 영구히 돌아오지 아니하는 자도 있으니, 참으로 작은 일이 아닙니다. 속히 찾아 불러옴이 마땅하나, 지금 만약 찾아낸다고 말하면 저들이 반드시 놀라고 의심하여 깊이 숨을 것이니, 그들이 뜻하지 아니할 때에 나가서 찾아 잡는 것이 마땅합니다."

하니, 임금이 말하기를,

"대신을 보내서 기묘한 꾀를 내어 찾아 잡고, 또 왜인 표아시라와 더불어 서로 싸운 사람을 잡아 국문하고자 하는데, 경들은 어떻게 생각하는가?" 하니, 모두 말하기를,
"진실로 마땅합니다. 다만 대신을 따로 보내면 소요를 이룰까 두렵습니다."

–세조실록 7년 8월 6일–

1466년 세조 12년 10월 의정부 좌의정이 되었다. 문신文臣이 아닌데도 예문관과 춘추관의 직책을 겸임시켰다.

1467년 세조 13년 5월 영의정에 오르니 나이 50세, 벼슬길에 나선 지 17년만의 일이었으니, 전례에 드문 파격적인 승진이었다.

정창손·신숙주에게 명하여 술을 올리게 하고, 임금이 세자를 불러서 이르기를, "내가 너를 교양한 것이 지극하였다. 너라면 괜찮지만 만약 미친 아이라면 대신으로 세자 빈객을 삼는 것이 거의 불가한 것이다." 하고, 또 말하기를, "심회가 학문을 배우지 못하였는데 어찌하여 세자의 사부師傅로 삼았는가?" 하니, 승지가 대답하기를, "영의정을 세자 사부로 삼는 것이 곧 그 예직禮職[100]입니다." 하였다.

−세조실록 13년 7월 3일−

1486년 성종 17년 심회가 나이가 많음을 이유로 들어 "신의 나이가 69세로 명년이 70인데 전례대로 벼슬을 놓고 물러남이 마땅하며, 또 신의 성품이 본래 노둔하고 또 학술이 없는데 단지 왕실 친척에 관련되어 지위가 극품에 이르렀으니, 몸을 어루만지며 제 스스로 생각하건대 실로 분수에 넘칩니다. 청컨대 신의 벼슬을 갈아서 여생을 보전하게 하소서." 하였는데, 허락하지 아니하고 그 사직서를 돌려주었다. 1491년 10월에 궤장을 하사받았다.

1493년 성종 24년 정월에 병을 얻어 자택에서 별세하니 향년 76세였다. 그 병을 치료할 때 의약품이나 반찬 등의 하사품이 끊이지 않았고 그가 졸하자 부의와 조문의 수가 보통보다 더함이 있었으며 이어서 시호를 내려 공숙恭肅이라 하였다.

심회는 지중추원사 김연지의 딸에게 장가들어 아들 3형제를 낳았는데 맏아들 심인은 병조참의요, 둘째 아들 심한은 좌리공신 한성부 좌윤이요, 셋째 아들 심원은 함길도 별감으로 나갔다가 이시애의 난을 만나 순절하였다. 심회의 후손으로 명종 때의 영의정 심연원·좌의정에 오른 심통원 등 정승급 인물이 많이 나왔다.

---

100) 예의상 직책.

1504년 연산군이 왕이 된 지 10년 만에 어미의 죽음을 앙갚음한 갑자사화를 벌이니, 심회는 폐모론에 동조한 이른바 폐비윤씨 사건 12간흉에 그의 이름이 올랐다. 한명회와 함께 부관참시당하여 백골을 가루로 만들어 길바닥에 뿌림으로써 만인에게 짓밟히도록 하였다. 심회는 연산군의 어미가 왕비로 책봉되는 데 공을 세웠다가, 결국 그 왕비로 인해 참혹한 봉변을 당하니, 이것이 예나 지금이나 정치를 하는 사람들의 운명인가 보다.

이시애의 난을 평정한 축하전문을 올리다

1467년 8월 세조의 조카이자 도총관인 이준이 이시애의 난을 평정하고 돌아오자 영의정으로서 축하전문을 올려 경축하였다.

영의정 심회가 백관을 거느리고 글을 올려 경축하였다. 그 전문에 이르기를,
"타고난 위엄이 우레같이 움직이니 일거에 소란을 깨끗이 무찌르고 요사스러운 기운을 말끔하게 하였으며, 역마를 타고 빨리 달려와서 첩보를 아뢰니, 사방에서 환호하는 소리가 들끓습니다. 일은 쇠와 돌에 새겨 빛나고 경사스런 일은 종묘에 관계됩니다.

공경히 생각하건대, 주상 전하께서는 덕은 옛날보다 뛰어나고 영기가 하늘을 덮으니, 5백 년 사이에 빼어난 인물이 나시어 1천년에 한 번 형통한 운을 열었습니다. 신선의 거처를 잡고 우주를 정돈하니, 가까운 곳은 엄숙하고 먼 곳은 편안하며 은하수를 끌어당겨서 갑옷과 병란을 씻으니, 백성은 화목하고 만물은 풍성합니다.

어찌 임금이 소중히 길러주는 아래에 갑자기 재앙이 그 사이에 있을 줄을 생각하였겠습니까? 험한 생각과 나쁜 무리에 넉넉히 의지할 수 있다고 망령스레 이르고, 감히 벌처럼 둔치고 개미처럼 결탁하여 무리를 모으고, 뜬소문을 선동하여 군중의 의혹을 북돋우고 원숭이처럼 거짓으로 간교를 부려 조정 사신을 가두고 조정 관리를

죽이고, 호랑이가 씹듯이 포악함을 멋대로 부려서, 오로지 관작을 마음대로 점용하였을 뿐만 아니라, 임금의 명령서를 능멸하고 버리는 데 이르렀습니다.

몇 고을을 연결하여 위세를 부리고 포진을 설치하여 멧돼지처럼 날뛰었습니다. 사나운 올빼미가 어미를 움켜쥐는 꾀를 익히니, 그 악은 비유할 수가 없었고, 미친개가 주인을 짖는 독을 마음대로 부리니, 죄는 죽여도 용납하지 못하였습니다.

이에 5백의 군사를 일으켜 잠깐 사이에 만전의 계책을 세워서 종실의 영특한 사람에게 명하여 도끼를 가지고 여러 장수를 감독하여 지휘하게 하였습니다. 군사들은 그 마음을 하나로 하고 사람들은 그 용기를 백배나 내었으며, 하늘에 감추고 땅에 숨기듯이 기이한 계책을 비상으로 내니, 빠르기가 바람과 같고 느리기가 수풀과 같았고, 계략을 쓰는 것을 헤아릴 수가 없었습니다. 저들은 오히려 뉘우치거나 두려움을 알지 못하여 다시 그 죄가 쌓이고 가득 찼습니다.

바로 천둥벼락의 때를 당하여 경각의 생명을 연장하기를 바라니, 스라소니(삵괭이와 유사)가 우물에 떨어졌으나 입을 벌리고 고기가 솥에서 놀면서 지느러미를 뽐내는 것과 같았습니다. 천벌을 오랫동안 보류하여 둘 수가 없고, 달마다 첩보를 어찌 조금이라도 늦추겠습니까? 예봉이 꺾이고 무디어지니, 마치 넓은 화로를 부채질하여 기틀을 불사르는 것과 같았습니다.

승세를 틈타서 허약한 적을 치니, 어찌 태산이 무너져 새 알을 누르는 것뿐이겠습니까? 큰 고래가 스스로 도끼에 엎드리기를 달게 여기고, 알유(얼룩개)[101]가 다투어 거꾸로 잡은 창에 도망합니다. 다만 큰 괴수를 섬멸할 뿐이요, 속아서 따른 무리는 석방하여 주나, 활을 이미 감추고 개선을 아뢰고, 베개를 일반 가정집에 모두 편안히 둡니다.

이는 대개 주상 전하께서 신묘함이 하늘을 결단하시고 밝음이 만리에 비추시어, 많은 계략을 써서 무계략을 억제하시니, 적당을 모두 도륙하기에 무엇이 어렵겠습니까? 지극한 인仁으로써 불인不仁을 토벌하시고, 위협당하여 적을 따른 무리를 혹시라도 죽일까 경계하시니, 모두 신출한 무예에 복종하여 죽이지 아니하고 더욱 살리기 좋아하는 큰 덕에 흡족합니다.

---

101) 얼룩개처럼 생긴 짐승 이름.

두목의 머리가 이미 함에 있으니 어찌 특히 삼군의 묵은 분을 풀겠으며, 왕망[102]의 살을 다투어 난도질하니, 또한 백신百神[103]의 천벌에 즐거워하였습니다. 비록 필부라도 기뻐 노래하는데 하물며 여러 백관들이 손뼉치면서 좋아하는 것이야 말해 무엇하겠습니까?

엎드려 생각건대, 신 등은 외람되게 용렬한 자질로서 남먼저 백관의 반열에 나아가고, 비록 빛나는 무공이 없음을 부끄러워하나, 또한 월와지식越蛙之軾[104]을 느끼겠습니다. 정치의 칠덕七德[105]을 노래하며 칠덕을 춤추니, 거의 사방에 부정不庭함을 정벌하는 태조의 무공 노래를 부르고 숭산嵩山의 축수祝壽를 세 번 부르고, 화산華山의 축수를 세 번 부르면서 만수무강의 좋은 공덕을 갑절이나 폅니다." 하였다.

—세조실록 13년 8월 6일—

왕비 책봉 주청사로 북경을 가다

1476년 성종 7년 8월에 좌의정에 제수받아, 예조참판 이극돈과 함께 주본을 가지고 중궁(폐비윤씨) 책봉 주문사로 북경으로 가게 하였으며, 도승지 현석규에게 명하여 술을 가지고 모화관에 가서 전별하게 하였다. 그 주본에 이르기를,

---

102) 중국 전한 말기의 정치가. 한나라 왕실의 외척임을 이용하여 황위를 빼앗아 신新을 건국하였으나, 재위 15년 만에 망했음.

103) 인류 초기의 자연신에 대한 경배사상으로. 예기에는 천하를 소유한 자는 백신百神에게 제사를 지낸다 라고 말하는데 천天 지地 시時 한寒 서暑 일日 월月 성星 수水 한旱 사방四方 산림山林 천곡川谷 구릉丘陵 등이 백신에 속한다.

104) 월나라 왕이 오나라를 치고자 하여 사람들에게 죽음을 가볍게 여기게 하려고, 노한 두꺼비를 꺼내어 경례하고, 그 노기 띈 것을 칭찬하였다는 고사에서 나온 말.

105) 정치상의 일곱 가지 덕. 곧 존귀(尊貴 귀한 분을 존중할 것)·명현(明賢 어진이를 드러내어 밝혀줄 것)·용훈(庸勳 공이 있는 자를 등용할 것)·장로(長老 노인을 공경할 것)·애친(愛親 친척을 사랑할 것)·예신禮新 새롭게 사귄 이를 예로서 대할 것)·친구(親舊 선대의 공신을 친히 할 것)임.

"신이 삼가 보건대 1470년 2월 22일에 신과 처 한씨에게 고명(誥命 인준서)·관복冠服을 내려 주셨던 것은 그 은혜와 영광을 비할 수 없었습니다. 그런데 불행하게도 한씨가 1474년 4월 15일에 병으로 죽었습니다. 이제 신의 조모인 윤씨가 신에게 이르기를, '종묘와 사직을 받들어 계승하는 데에 내조를 오랫동안 비워 둘 수 없고, 또 대를 이을 자식도 없으니, 윤씨를 맞아서 처로 삼도록 하라.' 하였습니다. 신이 삼가 생각하건대 이미 배우자를 취하였으니 도리상 아뢰는 것이 마땅하므로, 감히 사유를 갖추어서 아룁니다. 삼가 바라건대 성상께서 특별히 고명誥命·관복을 내려 주신다면 더 원할 것이 없겠습니다. 황제전의 예물은, 황세저포 20필, 백세저포 20필, 흑세마포 50필, 용문염석 4장, 황화석 10장, 만화석 10장, 만화방석 10장, 잡채화석 10장, 인삼 1백 근, 잡색마 20필이고, 황태후의 예물은 홍세저포 10필, 백세저포 10필, 흑세마포 20필, 만화석 8장, 만화방석 8장, 잡채화석 8장이며, 중궁의 예물은 황태자와 같이, 백세저포 20필, 흑세마포 20필, 만화석 10장, 잡채화석 10장, 잡색마 4필입니다." 하였다.

—성종실록 7년 8월 22일—

1476년 12월 9일 주문사의 통역사 최유강이 북경에서 고명의 인준을 받고 돌아오다.

최유강이 와서 아뢰기를, "심회 등이 지난 10월 14일 북경에 이르러 고명을 청하여 이미 인준을 받았으나, 관복을 아직 만들지 못하였기 때문에 돌아오는 길을 떠나지 못하고, 신이 11월 21일에 북경을 먼저 떠났습니다."

1월 24일 주문사 심회 등이 압록강을 넘어와서, 황제의 칙서와 고명을 베낀 것과 한씨의 족친을 보내라는 황제의 명과 보고 들은 일을 아뢰었다.

어느 날 금의위의 천호 1인과 교위 1인이 와서 말하기를, '태감 정동鄭同[106]이 황제의 분부를 받고 정사와 부사와 서장관·통역사들을 불러오라고 한다.' 하기에, 사使이하가 정동의 집에 갔더니, 정동이 말하기를, '황제께서 물으시기를, 「한씨(韓氏 : 한

---

106) 중국 명나라의 환관. 황해도 신천에서 태어나 세종조에 공녀와 환관을 상납할 때 보내져 명나라 선종을 모시는 환관이 됨. 매년 조선 사신단으로 차출되어 왔음.

확)의 족친은 어찌하여 오래 오지 않는가? 전에 본국의 사신이 왔을 때에 들여보내라고 여러 번 일렀는데, 임금에게 아뢰지 않은 것이 아닌가? 아뢰었으나 한씨의 족친에게 사고가 있는 것인가?」 하셨다.' 하였습니다.

답하기를, '우리들은 오지 않은 까닭을 모른다.' 하니, 정동이 두세 번 거듭 묻고 또 말하기를, '내가 본국의 일을 잘 알고 모든 일에 관계하지 않는 것이 없다는 것을 의정부에서 어찌 모르겠는가? 종이에 「한씨의 족친인 재상을 다음번에 사은하러 갈 때에 어김없이 들여보낸다.」고 쓰라. 내가 그 글을 가지고 황제에게 아뢰겠다.' 하기에,

답하기를, '그 일은 전하에게 달려 있으므로, 우리들이 감히 마음대로 쓸 것이 아니다. 다만 돌아가면 자세히 아뢰겠다.' 하였습니다.
정동이 또 말하기를, '한씨·차씨·최씨·안씨가 함께 한 궁홈에 있으니, 한씨의 족친이 올 때에 세 성씨의 집 사람도 아울러 들여보내라.' 하기에, 답하기를, '역시 아뢰겠다.' 하였습니다.

또 어느 날 백호 1인과 교위 2인이 와서 말하기를, '정 태감이 황제의 분부를 받고 재상 등을 부른다.' 하기에, 사使 이하가 정동의 집에 갔더니, 정동이 한씨의 봉서 한 통을 주며 말하기를, '황제께서 재상에게 주어 전해 보내라고 하셨다.' 하였습니다. 이어서 말하기를, '내가 처음에 봉서를 받고 아뢰기를, 「서장관·통역사를 불러서 부치겠습니다.」 하였는데,

황제께서 분부하기를, 「반드시 재상을 불러서 만나서 부탁하라.」 하셨다. 내가 이토록 두 번이나 분부를 받았으니, 만약에 지체하고 어긴다면, 내가 어떻게 조정에 있을 수 있겠는가?' 하고, 또 통역사 김계박을 불러 물목을 주며 말하기를, '이것도 한씨의 물목인데 아울러 아뢰어야 한다.' 하였는데, 전교하기를, "안씨·최씨·차씨의 집에서 보낼 만한 사람이 있거든 보내라." 하였다.

─성종실록 7년 12월 9일─

2월 4일 주문사 심회 등이 고명과 칙서를 가지고 경사에서 돌아와 황제 칙서와 고명을 보고하다.

주문사 심회와 부사 이극돈이 고명과 칙서를 싸가지고 북경에서 돌아오니, 임금이 모화관에 거둥하여 황제령을 맞이하여 창덕궁에 돌아와서 칙서를 받기를 의식과 같이 하였다. 그 황제 글에 이르기를, 왕비에게 내리기를

"짐은 생각하기를, 국경의 임금이 능히 정성을 중국에 펴는 자는 반드시 은혜를 미루어서 그 배필에게 미치게 하려 한다. 이것이 조정의 떳떳한 법이다. 그대 윤씨는 곧 조선 국왕 의 계실로서 능히 그 왕을 돕고, 삼가 신의 직을 공경히 하니, 이에 그대를 봉하여 조선 국왕의 계비를 삼고 고명을 주니, 그대의 영광을 삼아서 공경히 계승하여 영원히 복록을 누리도록 하라." 하고,

그 칙서에 이르기를, "조선 국왕에게 이르노라. 그대가 아뢰기를, '왕비 한씨가 죽고 후사가 없어, 윤씨를 계실로 들여 아내로 삼았다.'고 하고, 고명과 관복 등을 내려 주기를 청하였으므로, 특별히 왕의 주청에 따라 고명을 나누어주고, 윤씨를 봉하여 조선 국왕의 계비로 삼고, 아울러 관복과 저사라·서양포 등의 물건을 하사하니, 이르거든 가히 거둘지어다.

옛 칙서를 헤아려서 주취 칠적관 1정, 침향색 소례 복갑 1좌, 홍라초금 협포보 2조, 삽화 금추두 1개, 대홍소저사 협대삼 1건, 청저사 채수권 금적계 협배자 1건, 청면라 채수권 금적계 하피 1부, 상아 여홀 1지, 녹직금화운견통수슬란저사 협단삼 1건, 홍암화저사 협오아 1건, 청암화저채 협군 1건, 면포표견리 협포보 1조, 숙견 단포보 2조, 저사암팔보 골타운청 1필, 단반홍소 1필, 흑록소 1필, 백지록소 1필, 선라청 1필, 흑록 1필, 앵가록 2필, 백서양포 10필을 선사한다."

하였다. 임금이 영의정 정창손 등을 불러서 사면을 반포하는 것이 어떻겠느냐고 물으니, 정창손 등이 말하기를, "근래에 큰 사면을 두 번이나 반포하였으니, 지금 다시 사면하는 것은 불가합니다." 하였다. 임금이 또 백관에게 품계를 가하는 것이 어떻겠는가를 물으니, 정창손 등이 또한 불가하다고 하므로, 곧 명하여 가벼운 죄를 용서하게 하였다.

−성종실록 8년 2월 4일−

노비송사 문제로 탄핵을 받다

1479년 성종 10년 7월 사헌부 지평 복승정이 좌의정 심회의 노비문제를 아뢰어 탄핵이 되다.

지평 복승정이 아뢰기를,
"심회는 대신으로서 온양의 관가와 더불어 소송하여, 판결이 나지 않은 노비를 집에서 일을 시키고, 그의 아들 심한은 또 사람을 보내어 이를 청탁하였습니다. 심회가 이에 관계하여 알았다면 죄가 있고, 알지 못하였다면 마땅히 스스로 밝혀야 할 것이니, 문초함이 좋겠습니다." 하니,

임금이 말하기를,

"정승이 만약에 문권이 없는 노비를 가지고 온양의 관가와 쟁송하였다면 진실로 죄가 있지만, 이미 문권이 있으니 무슨 죄가 있겠는가?" 하였다.

사헌부 집의 윤민 등이 다시 상소를 올리기를,
"심회는 왕실 친척의 중신으로서 삼공의 자리에 있으면서, 능히 국가를 위하여 일을 하지 않고 도리어 관을 메마르게 하고 사를 살찌우려는 계교를 품어, 관공서의 노비를 데려가면서 거리낌이 없었으며, 심지어 그 아들로 하여금 글을 올려 청탁하기에 이르렀습니다. 그 정황이 밝게 드러나 엄폐하기가 어렵게 되어서는 서슴없이 승복해야 하는데, 그렇게 하지 아니하고 구실을 붙였으니, 삼공의 중신으로서 소행이 이러할 줄 생각이나 했겠습니까? 전하께서 왕실 친척이라 하여 내버려 두시면 법이 백성에게 불신을 받을 것이니, 어떻게 나라를 다스리겠습니까? 청컨대 율에 의하여 판단하여 결정하소서." 하니, 전교하기를,

"사헌부의 말이 옳다. 3공은 과연 한 점의 오점이 없는 뒤에야 가하다. 그러나 이제 비록 그 직은 바꾸지 않는다 하더라도 정승의 마음에 편안하겠느냐? 왕실 친척의 신하는 죄를 가려 벌 줄 수 없으니 그 직위를 교체함이 마땅하다."

하였다. 장령 성건이 아뢰기를, "만약에 왕실 친척이라 하여서 죄주지 않으면, 어느 것을 징계하여 다스리겠습니까?"

하니, 전교하기를, "정승을 면직시키는 것으로 족하다. 또 어찌 죄를 더하겠느냐?" 하였다.

사헌부 대사헌 박숙진 등이 상소를 올리기를,
"신 등이 삼가 서경을 상고하건대, 이르기를 '태사太師·태부太傅·태보太保를 세우니, 이들이 오직 삼공三公이다. 도를 논하여 나라를 다스리며, 음양을 조화시키고 다스리니, 관직은 굳이 갖추려고 할 것이 아니라 오직 그 적임자라야 한다.' 하였으니, 그 적임자가 없으면 그 자리를 비워 두는데, 이는 그 적임자를 얻기가 어렵기 때문이며, 따라서 삼공의 책임은 그 중함이 이와 같습니다.

이제 심회는 삼공의 자리에 처하여 모두가 우러러보는 지위에 있으며, 그런데 지위와 명망의 중함을 생각하지 아니하고 공노비를 불러다가 몰래 일을 시키다가, 그것이 드러나게 되어서는 부끄러워하는 마음도 없이 뻔뻔스럽게 고발하여 소송하고, 자제로 하여금 글을 통해 몰래 청하도록 하였습니다.
탐욕을 부리되 거리낌이 없으며, 나라의 법을 두려워하지 않음이 이에 이르렀으니, 이것은 마땅히 그 죄를 밝게 추국하여 율에 따라 조처하여, 왕법은 범할 수 없다는 것을 보이셔야 할 것입니다.

전하께서는 그대로 두고서 묻지 않으시니, 신 등은 통분함을 이기지 못하겠습니다. 형벌과 상을 씀이 한 번 그 중도를 잃게 되면 사람을 권선징악할 바가 없습니다. 심회는 죄를 범함이 이에 이르렀는데도 전하께서 관대하게 놓아두시니, 불의한 자가 장차 어떻게 징계되며 훗날에 이러한 죄를 범하는 자가 있으면 전하께서는 장차 어떻게 처리하시겠습니까?
혹 말하기를, '왕실 친척이 되어서 면하게 되었다.' 한다면, 이는 법이 시행되지 않은 것이 왕실 친척으로부터 비롯된 것이니, 그 법을 믿을 수 있겠습니까? 전하께서는 추국하지 않을 뿐만 아니라, 또 따라서 그 노비를 허락하시니, 신 등은 이것이 무슨 이유인지 모르겠습니다.
이른바 노비안에 올리지 않고서 심환의 서류에 올렸다는 것은 사실대로 받아들일 수가 없습니다. 무릇 노비를 쟁송함에 있어 피차 모두가 믿을 수 없다면 관에 바치는 것이 예입니다. 이제 이 노비를 노비안에 올리지 않았다고 하여 저 문서를 믿을 수가 없다면, 법으로 바치는 것 마땅합니다.

엎드려 바라건대 위의 노비를 본 관청에 찾아오고, 심회의 불법한 죄를 다스려서, 조정을 맑게 하고 뒤의 사람들을 경계하신다면 매우 다행하겠습니다." 하였다.

임금이 사헌부에 명하기를, "좌의정 심회가 노비문서에 올리지 않은 여종 동질이를 판결하기 전에 종을 보내어 불러 권유하였으니, 그것을 추국하여 아뢰라." 하였다.

좌부승지 김계창이 아뢰기를, "심회 안건을 헤아려 결정하소서." 하니,
임금이 말하기를,
"심회가 사람을 보내어 불러 데려간 사실이 명확하지 않은데 경 등의 뜻은 어떠하냐?"
하니, 좌승지 김승경이 아뢰기를, "강희맹은 관여하지 않았습니다."
하자, 임금이 말하기를, "모두 용서하게 하고, 그 노비 가운데 문서에 올리지 않아서 관노비로 해야 할 자는 모두 온양군에 주어라." 하였다.

—성종실록 10년 7월 2일—

　1479년 7월 노비문제 건으로 심회의 좌의정직을 사직처리 하였다. 그러자 대사간 성현이 상소를 올려 다시 심회의 죄를 논하니, 친필로 이르기를, "이미 면직시켰는데, 어찌 죄를 더하겠느냐?" 하였다.
　대사헌 박숙진이 아뢰기를, "심회는 삼공의 자리에 있으면서 감히 불법을 행하였으므로 명을 받들어 추국하였는데, 항거하고 승복하지 않으니 죄가 이보다 더 클 수가 없습니다." 하니, 임금이 말하기를, "그가 변명하려고 하는 것은 항거함이 아니다." 하고, 이어 좌우 대신들에게 물으니, 영사 한명회가 대답하기를, "신이 심회의 노비건을 보니, 상속문서가 있습니다." 하였는데, 임금이 말하기를, "상속문서가 있는 까닭으로 다투는 것이다. 이미 면직하였으니 또 무슨 죄를 더하겠느냐?" 하였다.
　박숙진이 말하기를, "관에서 판결하지 않았는데도 노비를 데려가 문안에 올렸으니, 심회가 비록 알지 못한다고 하나 어찌 믿을 수가 있겠습니까?

죄가 정승을 면직시키는 정도로 끝날 것이 아닙니다." 하니, 임금이 말하기를, "정승을 면직시켰으면 족하다. 왕실 친척에 공훈자를 다시 무슨 죄로 더하겠느냐?" 하였다. 박숙진 등이 재삼 청하였으나 들어주지 아니하였다.

사헌부 집의 윤민 등이 상소를 올리기를,
"신 등이 그윽이 생각하건대 노비의 상속문권은 나라에 규정이 있습니다. 위로 반드시 전한 것이 있고 아래로 반드시 준 것이 있어 명백히 전수한 문적이 증험할 만한 것이 있어야 일을 시킬 수 있는 것입니다.

이제 심회 등이 혹은 먼 조상의 문서만을 들고 있어 중간에 상속하여 전한 자가 없고, 혹은 부모가 전한 것만 있고 위로 계승한 바가 없으며, 혹은 스스로 중간에서 분할 한 기록만을 빙자한 자뿐이니, 모두 확실하지 못하고 규정에 어그러짐이 있습니다.

하물며 이 노비는 원래 공노비에 매였던 것으로 세도에 의해 자수시켜 이름을 고치고 성을 바꾼 것이니, 이른바 심환이 부친 문기라고 하는 것은 단연코 믿을 수가 없습니다. 심회 등은 할아버지가 손자에게 서로 전하였다고 일컬으며, 관官의 판결을 기다리지 않고 편안히 이 무리를 일을 시켜 자신의 이익만을 생각할 줄 알고, 국법을 범할 수 없음을 두려워하지 않았으니, 이를 징계하지 않으면 장차 무엇으로 뒷사람을 경계하시겠습니까?

엎드려 바라건대 장차 심회 등의 죄를 율에 의하여 판단하고, 또 심환의 문서는 노비를 판결한 상례에 부치어 모조리 관아에 귀속하도록 하여, 나라에 다른 법이 없게 하시면, 공평하고 바른 도리에 매우 다행하겠습니다." 하였으나, 들어주지 아니하였다.
—성종실록 10년 8월 19일—

왕자와 대간이 길에서 만났을 때 예법을 세우다

1479년 성종 10년 9월 왕자가 길에서 대간을 만났을 때 예를 행하는 의식에 대해 의논하다.

명하여 왕자가 길에서 대간을 만났을 적에 예를 행하는 의식을 의논하게 하였다. 정창손·김국광이 의논하기를, "세종조에 3품 이하는 말에서 내리고 왕자는 말에서 내리지 않고 지나가게 하였습니다. 그때 조정 선비가 길에서 왕자를 만나게 되면 예가 없었으므로 세종께서 이 법을 마련하셨는데, 이는 세종께서 격激함이 있어서 마련한 것입니다.

세조 때 이르러 대전大典을 찬집할 때에 이 조문을 삭제하였습니다. 대저 예로부터 왕자·왕손은 교만하고 자만심이 많고 공손함이 부족하므로, 옛일을 상고하건대 삼공의 지위를 후왕의 위에 두었으니, 이것도 미리 공손하기를 기르는 것입니다. 이제 우리 조정에서 대간을 대우하기를 2품 이상과 동격으로 하는데, 대간의 관원이 말에서 내리면 왕자도 말에서 내려 읍하는 예를 행하고 지나가는 것이 적당하니, 별도로 새로운 법을 세울 필요가 없습니다." 하고,

한명회·심회·윤사흔·윤필상은 의논하기를, "대소 조정 관료 및 대간이 왕자와 서로 만나는 예법 절차를 예조로 하여금 참작해서 정하게 한 뒤에 다시 상의하는 것이 어떻겠습니까?"

하고, 홍응은 의논하기를, "조정관료와 왕자의 좌석 차례와 서로 대우하는 예는 대전大典에 실려 있으나, 다만 길에서 만나는 예는 없으니, 보태어 넣는 것이 어떠하겠습니까?" 하였는데, 한명회 등의 의논에 따랐다.

―성종실록 10년 9월 2일―

향교에 학전을 지급하다

1480년 성종 11년 4월에는 경연관들과 의논하여 하삼도(충청도, 전라도, 경상도)·경기·강원도의 향교에 학전을 지급하라고 하다.

경연에서 강목속편을 강하다가, '조서를 내려 여러 고을에 학전을 지급하였다'는 데에 이르러 시강관 안침이 아뢰기를,

"우리나라의 시골 학교에 예전에는 학전이 있었는데 지금은 없습니다. 그래서 유생들이 비록 학문에 뜻을 두었으나 항상 먹을 것이 없음을 괴롭게 여기니, 청컨대 학전을 주어 양육하여 학업을 성취하게 하소서."

하고, 검토관 조위가 말하기를, "향학의 유생들이 먹을 것을 주지 못하여 조를 나누어 독서를 하니 학업에 전념할 수 없습니다. 그러니 학전을 지급하여 양육한다면 사람들이 격려가 되어 성취할 것입니다."

하니, 임금이 좌우에게 하문하였다. 영사 심회가 대답하기를, "이 법이 진실로 아름다우나 다만 지급할 전답이 없습니다."

하니, 임금이 말하기를, "학전은 선왕께서도 지급하지 않았는데 더구나 줄 만한 전답이 없는 데이겠는가? 정말 학문에 뜻을 두었다면 어찌 먹을 것이 없다고 하여 그 학업을 중지하겠는가?"

하였는데, 심회가 말하기를, "중들이 백성들의 전답을 많이 점거하여 처를 데리고 경작하여 먹으니, 그것을 빼앗아 주는 것이 좋겠습니다."

하고, 동지사 이극기는 말하기를, "여러 사유로 관아에 속해있는 속공전을 고을의 학교에 지급한다면 전답이 없는 것을 걱정할 것이 못됩니다."

하고, 집의 이덕숭은 말하기를, "군·현의 학교에 두루 학전을 지급할 수 없더라도 만약 주·부의 큰 고을에 지급한다면 군·현의 유생들이 소문을 듣고 이르러 강론하고 연마하여 성취할 것입니다."

하니, 임금이 말하기를, "그렇다."

하였는데, 심회가 말하기를, "주·부에만 지급하는 것은 고르지 않습니다. 청컨대 관찰사로 하여금 주·부·군·현을 논하지 말고 전답의 있고 없는 것을 조사하여 골고루 지급하게 하소서."

하므로, 임금이 말하기를, "하삼도의 향학에서는 인재가 배출되었으니 전지를 지급하는 것이 마땅하겠지만, 강원도도 지급할 만한가?"

하자, 이극기가 대답하기를, "신이 일찍이 강원도 관찰사로 있었는데, 강릉과 원주만은 선비가 많기로 이름이 났으며 향학에서 학업을 익혀 과거에 급제한 사람이 서로 잇따랐으나 다른 고을은 없었습니다."

하고, 심회는 말하기를, "어느 지역인들 인재가 없겠습니까? 영안도의 사람들은 문학을 일삼지 않았는데, 이계손이 감사가 되면서부터 학교 진흥에 뜻을 두고 유생들을 영흥 향학에다 모아놓고 교양에 무척 힘썼으므로, 사람들이 학문에 뜻을 두고 그 길로 나아갈 줄 알아 문학을 숭상하는 기풍이 크게 일어났습니다."

하자, 조위는 말하기를, "이계손이 창고의 곡식을 많이 준비하여 유생을 양성하였으므로, 사람마다 학문하기를 즐겨서 비록 5진에 살면서도 길이 먼 것을 꺼려하지 않고 영흥까지 와서 배워 태학에 올라간 사람이 있었습니다."

하니, 임금이 말하기를, "경기·강원도·충청도·경상도·전라도의 향교에 학전을 지급하는 것이 좋겠다." 하였다.

−성종실록 11년 4월 16일−

중국 사신의 요구사항

　중국을 대국으로 사대하여 섬기니 조선에 파견된 중국 사신을 접대하는 접반사에게는 1계급 특진을 시켜야 했고, 또 사신들의 다양한 사사로운 요구도 들어주어야만 했다. 1470년 성종원년 성종이 태평관에 들러 중국 사신들에게 연회를 베풀고 하사품을 내렸다.

　임금이 태평관에 거둥하여 사신이 도착한 다음 날 베푸는 익일연을 열었다. 임금이 술을 돌리고, 다음으로 청송부원군 심회, 영성부원군 최항, 인산부원군 홍윤성, 영의정 윤자운이 술을 돌렸다. 중국 사신이 통역사를 시켜 아뢰기를, "오늘 술을 돌린 것이 다섯 순배에 이르렀습니다.

　청컨대 전하께서는 노사신에게 명하여 술을 돌리게 한 뒤에 우리들이 잔을 돌리게 하소서." 하니 임금이 대답하기를, "명령대로 하겠으니, 청컨대 대인은 조용히 예가 이루어지기를 기다려서 파하소서." 하니

　중국 부사가 말하기를, "천자天子의 술은 아홉 순배이고, 제후의 술은 일곱 순배이며, 보통 예禮는 세 순배 또는 다섯 순배에 끝나는데, 이제 술이 다섯 순배에 이르렀으니 예도 다하였고, 또 우리의 주량이 얕아서 마실 수가 없습니다." 하니 임금이 곧 선물을 올리도록 명하고, 중국 사신들이 각각 받은 잔을 돌리고 파하였다.

-성종실록 1년 5월 1일-

　1480년 성종 11년 6월 중국 사신의 청에 따라 중국 조정에 들어간 처녀와 중국 사신의 가족에게 노비를 더 주는 일을 의논하다.

　명하여 중국 조정에 들어간 처녀와 중국 사신의 족친에게 노비를 더 주는 일을 의논하게 하였다.
　정창손·한명회·심회·윤사흔·김국광·윤필상·홍응·이극배가 의논하기를,
　"한씨·차씨·안씨 및 이진·박순·강임·김옥·박불정 등의 친족은 각 1인에게 직위는

없고 품계만 있는 산계 1급을 주고, 김흥의 사촌손 김수장은 지금 현재 5품을 주었으니 어찌 품계를 뛰어서 은 허리띠를 줄 수 있겠습니까? 다만 1계급 더하여 승직하는 것이 가합니다.

정효공의 처와 자식 3인 등을 양인으로 바꾸는 일은 상사(사신 정사)가 두세 번 청하였는데, 지극한 정에서 나온 것이니 따르지 않을 수 없습니다. 그리고 상사에게 노비를 더 주는 것은 형편이 몹시 어렵습니다.

부사(사신)가 반드시 이것에 의거하여 또한 청할 것이니, 들어주지 않으면 반드시 노할 것입니다. 그러니 전에 준 2인을 합쳐서 5인을 허여하고, 만일 부사가 청하거든 대답하기를, 상사가 삼촌 정지·정군생·정효공·정효지·정효손 등 5인에게 고루 주려 하기 때문에 더 준 것이라 하소서." 하니, 그대로 따랐다.

-성종실록 11년 6월 4일-

1481년 성종 12년 10월 중국 사신으로 온 한씨가 은 2백 냥을 보내어 노리개를 만들어 달라고 한 것에 대해 의논하다.

한한이 와서 아뢰기를, "한씨가 은 2백 냥을 신에게 부치면서 말하기를, '전하에게 아뢰어 노리개를 많이 만들어 부쳐주면 황제에게 바치고자 한다.' 하였습니다." 하니, 임금이 승정원에 전교하기를, "내 생각으로는 이것은 황제의 명령이 아니다. 만약 일이 탄로되어 책망이 우리에게 미치면 대답하기 어려울 것이다. 이번 한충인이 가는 편에 한씨에게 '노리개 만드는 일은 황제의 명령이 아니면 따를 수 없을 것 같다.'고 말하게 하고서 은을 돌려보내고자 한다.

취지를 알 수 없으니 그대로 할 수 없고, 다시 지시를 받아 처리하는 것이 어떻겠는가?" 하고 영돈녕 이상에게 그 일을 물었다. 정창손·노사신·이극배가 의논하기를,

"한씨가 보낸 은은 황제의 뜻이 아니므로 따르는 것이 옳지 못합니다. 그러나 전에도 한씨의 청으로 노리개를 이미 많이 보내었는데 지금 거절하는 것은 온당치 못합니다만, 전하의 말씀대로 그 취지를 알아본 뒤 처리하는 것이 좋겠습니다." 하였고, 심회는 의논하기를,

"황제의 뜻이 아닌데 노리개를 만들어 보내는 것은 옳지 못합니다. 청에 따르지 않는 것이 옳습니다. 신은 보내온 은을 한충인이 가는 편에 돌려보내는 것이 어떨까 합니다."

하였고, 윤호는 의논하기를,

"전에도 한씨의 청을 많이 들어주었으므로 이번에도 황제의 칙지가 없이 청하는 것이며, 거절하기는 이미 늦었습니다. 비록 한충인으로 하여금 타이른다 하여도 반드시 듣지 않을 것입니다. 종전대로 만들어 보내는 것이 어떻겠습니까?" 하였다.

−성종실록 12년 10월 8일−

1481년 성종 12년 12월 중국 황제에게 진상품을 감면해 달라고 주청하기로 하다.

정창손·심회·윤사흔·홍응·한계희·강희맹·윤계겸·유지·이승소가 의논하기를,

"이번 황제 칙지에 공물을 명하였으니, 장래의 폐단을 이루 다 말할 수 없을 것입니다. 그러나 토산물은 이보다 앞서 연속하여 바쳤으니, 이번에 칙지를 받고 갑작스레 감면하기를 청하기는 어려울 듯합니다. 신 등의 의견으로는, 토산물로서 갖추기 쉬운 물건은 옛날대로 바치고, 토산물이 아닌 금·은·시라소니 가죽·상아 등의 물건은 감면해줄 것을 아뢰는 편이 좋을 듯합니다." 하고,

노사신·이극배·윤호·서거정·허종은 의논하기를,
"근래에 황제의 은총이 두터웠고, 또 칙서의 내용이 간곡하며, 공물을 요구하는 것도 모두 갖추기 쉬운 토산물이었습니다. 그런데 지금 갑자기 감면하기를 청하는 것은 체면에 있어서 순조롭지 못합니다. 각종의 갖출 수 있는 물건은 요구하는 수대로 갖추어 바치고, 그 밖에 갖추기 어려운 물건은 임시로 그 양을 줄여서 바치는 것이 무방할 듯합니다. 상아는 우리나라에서 생산되는 것이 아니니, 비록 전일에 쓰다가 남은 것이 있다 하더라도 앞으로 계속하기는 어려울 것입니다. 내년에 성절사가 갈 적에 정동鄭同에게 말하여 그 편을 통하여 아뢰게 한다면, 혹 그만두라는 명이 있을 법합니다. 또 금·은은 비록 토산물이 아니라 하더라도 은은 근년에 여러 차례 하사를 받았고, 금은 사소한 장식품에 약간 썼을 뿐이니, 모두 사양할 수 없습니다." 하였고,

이극증은 의논하기를,

"금·은·시라소니 가죽·상아 등의 물건은 갖추기 어려운 물건이니, 감면하기를 청하지 아니할 수 없습니다. 지금 하사에 대한 사은을 구실로 삼아 인편을 통하여 아뢰게 해서 감면해주기를 청하는 것이 어떻겠습니까?" 하였으며,

이파는 의논하기를,

"우리나라는 땅이 작아 토산물이 매우 적은데, 행여 한때의 황제 명령으로 인하여 억지로 바쳤다가 드디어 관례가 되어서 그로 인해 일상공물이 된다면, 창고가 바닥나고 민생이 곤궁하게 되어 앞으로는 지탱하지 못하게 될까 걱정입니다. 또 이것은 모두 황제의 뜻이 아니고, 중간에 정동鄭同의 무리가 이로 인하여 총애를 사려고 한 것입니다. 한 명의 정동 때문에 백성들에게 근심을 끼치고 후세에 폐단을 남기게 된다면, 신은 그것이 옳은지 모르겠습니다. 이번에 온 칙서의 내용에는 별도로 추가한 공물의 문구가 없으며, 정동이 황제의 뜻을 그렇게 덧붙인 것이니, 이는 황제의 뜻이 아님이 분명합니다. 사유를 갖추기는 어려우니, 각별히 아뢰어 청하는 것이 어떻겠습니까?" 하니, 노사신 등의 의논에 따랐다.

—성종실록 12년 12월 7일—

1481년 성종 12년 12월 중국 사신이 중국조정의 태감 김보의 족친을 승직시켜 달라고 요구하자 조정에서 의논하게 하다.

태감 김보의 족친을 승직시키는 일을 의논하였다. 정창손·윤사흔·윤필상은 의논하기를,

"예부터 본 조선의 환관이 중국 조정에 들어가서 총애를 받은 자는 하나가 아닙니다. 그러나 멀리서 그의 형제와 족친에게 관직을 높여서 제수해 주기를 요청한 자는 아직까지 없었습니다. 지금 만약 김보가 황제의 명을 받고 직접 와서 요청한다면 할 수 없이 억지로라도 따라야 하겠지만, 당상의 관직은 체신이 지극히 중한 것이므로 멀리서 요청하는 데에 따라서 갑자기 제수할 수는 없습니다. 김동은 이미 당하관 최고위직이므로 우선 대호군으로 올려서 제수한 것이니, 다음에 들어주겠다고 청하는 것이 어떻겠습니까?"

하였고, 심회·윤호는 의논하기를, "조종조 때부터 중국 조정에 들어간 환관의 동생으로서 당상관이 된 자가 한 사람이 아니니, 지금 김보의 요청을 들어주지 아니할 수가 없습니다."

하였으며, 홍응은 의논하기를, "당상관은 중요한 직책이니, 요청에 따를 수가 없습니다."

하였고, 노사신·이극배는 의논하기를, "당상관을 제수하는 것은 체면이 지극히 중대한 문제이니, 지금 멀리서 요청하는 것을 경솔하게 들어준다면, 이는 관직이 귀하지 못하게 될 뿐만 아니라 중국 조정에 들어간 환관들이 이것을 본보기로 멀리서 요청하는 자가 반드시 많을 것이므로, 신은 아마도 그러한 실마리를 열어서는 안될 듯합니다. 지금 만약 당상관을 제수하였다가 뒤에 만일 김보가 황제의 명을 받고 와서 직접 요청하게 되면 할 수 없이 가선 대부에 제수해야 하는데, 그렇게 되면 관직이 더욱 가벼워지지 않겠습니까? 지금은 다만 품계에 맞는 관직을 제수하여 그 뜻을 위로하는 것이 좋겠습니다. 그러면 비록 마음에 차지는 않더라도 실망은 하지 않을 것입니다." 하니, 노사신 등의 의논에 따랐다.

－성종실록 12년 12월 28일－

1482년 성종 13년 4월 중국 조정 환관 정동에게 선물을 주는 것의 시비를 대신들에게 의논하도록 명하였다.

명하여 영돈녕 이상을 불러서, 또 다시 정동鄭同의 처소에 선물을 줄 것인지의 가부를 의논하게 하였다. 정창손이 의논하기를, "정동은 안목이 매우 높아서 소소한 선물은 그 마음을 충족시킬 수 없습니다. 흑마포와 백저포를 합하여 20필을 준다면, 거의 그 마음을 즐겁게 할 수 있을 것입니다. 만약에 물들인 잡색 포물을 선물하여 그 길을 열어 놓으면, 뒷날에 만약 그것을 요청하는 자가 있으면 어떻게 계속할 수 있겠습니까?"

하고, 한명회·심회·윤필상·홍응·이극배·윤호는 의논하기를, "정동은 소소하게 주는 물건으로 그 마음을 기쁘게 할 수 없습니다. 전일에 명나라 사신이 왔을 때 쓰고 남은 여러 가지 물들인 옷감이 상의원에 많이 있으니, 쓸 만한 것 30필을 골라서 들여보내는 것이 어떻겠습니까?" 하니, 한명회 등의 의논에 따르고, 이어서 전교하기를, "정동의 처소에 선물을 줄 때 할 말을 다시 의논하여 아뢰라."

하였다. 정창손 등이 기초하여 아뢰기를, "근간에 본국이 여러 번 황은을 입어, 감격함을 보답할 길이 없습니다. 본국의 사신이 머무를 요양관을 수리한 일과, 사신이 돌아올 때에 통역관이 호송하는 등의 일과 같은 것은, 모두 대인의 힘입니다. 전하께서 매우 기뻐하시어 약간의 박물로써 성의를 표합니다.' 이렇게 말하는 것이 어떻겠습니까?" 하니, 전교하기를, "천추사가 북경에 갈 때 다시 여쭈어라." 하였다.

-성종실록 13년 4월 11일-

서얼 출신을 무관으로 기용하다

1492년 성종 23년 4월 첩의 자식으로 무재가 뛰어난 자를 기용하는 법을 정하다.

병조에서 아뢰기를,
"전에 명령을 받으니, '대소 인원의 첩의 자식으로서 무재가 있는 자들이 많은데 갑사甲士 외에는 소속될 곳이 없으니, 국가에서 기용할 수가 없다. 따로 한 위衛를 설치하되, 체아직(실질직이 없으면서 녹봉만 받는 직)을 주어서 출입해 가며 당번들게 하여 공양하는 절목을 의논해 아뢰라.' 하셨으므로, 신 등이 상세히 참고하여 아래에 조목으로 기록합니다.

1. 무재가 뛰어나게 다른 자는 친위군에 의해 50인을 정원으로 하여 3조로 나누는데, 잡종군직·문관잡직을 뽑아서 실직이 없는 녹봉만 받는 직의 인원수에 준하지 아니하고 매 고과평가마다 부호군 1명, 부사직 1명, 부사과 3명, 부사정 4명, 부사맹 5명, 부사용 10명을 상황에 따라 녹을 지급하기 위해 등급을 설치하되, 1년을 4 고과평가로 하여 서로 바꾸어가며 제수한다.

1. 특별시험하여 재주를 연마하는 일은 내금위의 예에 의한다.

1. 자급을 올리는 일은 겸사복(친위군)의 예에 의해 시행하되, 여러 가지 근무일수와 재주를 연마한 근무날짜를 아울러 계산하여, 비록 평균으로 녹을 받았더라도 근무일수의 다소로써 제수하되 아울러 5품을 지나지 않게 한다.

1. 위 항목의 권도로 설치한 직위 없는 벼슬은 충좌위에 소속시킨다.

1. 숙직할 때에는 사옹원으로 하여금 공양하게 한다.

1. 겸사복장으로 이들을 거느리게 한다."

하니, 명하여 영돈녕 이상에게 의논하게 하였다. 심회·윤필상·노사신·윤호 등이 의논하기를, "아뢴 바에 의하여 시행하소서." 하고, 이극배는 의논하기를, "대전大典에 충좌위에 소속된 것은 충의위·충찬위·파적위뿐입니다. 겸사복은 오위[107]에 간여되지 않는데, 지금 겸사복장으로 겸해 거느리게 하고서 권도로 충좌위에 소속시키는 것은 미편합니다. 청컨대 위衛를 따로 설치하되, 나머지는 아뢴 바에 의하소서." 하니, 이극배의 의논을 따랐다.

—성종실록 23년 4월 5일—

---

107) 경국대전이 규정한 군대의 편제. 의흥위·용양위·호분위·충좌위·충무위의 오위. 의흥위는 중위中衛이며 용양위는 좌위佐衛, 호분위는 우위右衛, 충좌위는 전위前衛, 충무위는 후위後衛임. 오위 도총부가 관장하여 다스림.

심회의 졸기

1493년[76세] 성종 24년 1월 12일 청송 부원군 심회의 졸기.

청송 부원군 심회가 졸하였으므로, 조회를 철회하고 조문과 장례를 예例대로 하였다. 심회의 자字는 청보淸甫이고 본관은 청송으로 영의정 부사 심온의 아들이다. 심회는 심온의 죄에 연좌되어 폐하고 서용되지 않았는데, 문종이 비로소 돈녕부 주부에 제수하였고, 수차례 옮겨서 부지돈녕부사에 이르렀다.

1453년에 올라서 통정 대부 첨지중추원사가 되었고, 얼마 안 되어 가선 대부 동지돈녕부사로 올랐다. 1457년에 자헌대부 공조판서로 올랐고, 판한성부사로 옮겼다. 1461년에 보국숭록대부 영중추원사를 더하였고, 이윽고 대광 보국숭록대부 의정부 좌의정을 더하였다.

1467년에 영의정으로 올랐다가 이윽고 영중추원사로 옮겼다. 1468년에 남이南怡가 난을 도모하였다가 모함을 당하자[108] 수충보사 정난 익대 공신의 칭호를 내리고 청송군青松君에 봉하였다. 1471년에 순성 명량 경제 좌리공신의 칭호를 내렸고, 1476년에 다시 좌의정이 되었다.

이때 왕비를 폐하고 중궁의 자리를 바르게 하였는데, 심회가 주문사로 북경에 가서 인준을 받아가지고 돌아왔으므로, 노비와 전토를 내려 주었다. 1479년에 청송 부원군으로 바꾸어 봉해졌고, 1486년에 나이가 다 되었다고 하여 퇴임하기를 바랐으나 허락하지 않았다.

1491년에 지팡이를 내려주었는데, 이때에 이르러 졸卒하였으니, 나이는 76세이다. 시호는 공숙恭肅인데, 공경하고 순종하며 임금을 섬긴 것을 공恭이라 하고, 강직한

---

108) 세조가 죽고 예종이 즉위한 지 얼마 안 되니 혜성이 나타났는데. 궁궐에서 숙직하고 있던 남이가 "혜성이 나타남은 묵은 것을 없애고 새것을 나타나게 하려는 징조이다." 하고 하였으므로, 유자광이 듣고서 이것을 가지고 남이가 역모한다고 예종에게 무고하여 죽임을 당하게 한 일을 말함.

덕으로 능히 이룬 것을 숙肅이라 한다. 아들이 있는데, 심인은 병조참의이고, 심한은 순성좌리공신 청천군이며, 심원은 내자시 판관이다.

사관은 논한다. 심회는 성품이 대범하고 중후하여, 비록 학술은 없어도 천성이 정직하였다. 그가 나라의 정사를 의논할 때에는 영합하거나 억지하지 않고 처음부터 끝까지 신중하고 치밀하여 공훈의 칭호를 보전할 수 있었으니, 외척의 현명함으로써 심회만 한 자가 없었다.

호조에 명하여, 청송 부원군 심회에게 부의로 미두米豆 아울러 1백 석, 종이 1백 권, 백정포 20필, 백면포 20필, 정포 50필, 석회 50석, 청밀 1석, 황랍 30근을 내려주었다.

[승진과정]

아버지 심온의 역모죄로 연좌되어 20대엔 관직에 나가지 못하다.

1451년[34세] 문종 1년 8월 문종이 음서직으로 돈녕부 주부 제수

1454년[37세] 단종 2년 6월 첨지중추원사, 8월 동지돈녕부사

1455년[38세] 세조 1년 12월 원종공신 2등

1457년[40세] 세조 3년 7월 중추원사, 공조판서

1458년[41세] 세조 4년 5월 중추원부사, 6월 판한성부사

1459년[42세] 세조 5년 7월 판중추원사, 12월 겸 전라도 체찰사

1460년[43세] 세조 6년 윤11 중추원사

1461년[44세] 세조 7년 4월 영중추원사

1463년[46세] 세조 9년 2월 심회의 집에 잔치를 내리다.

1464년[47세] 세조 10년 10월 겸 수궁대장

1466년[49세] 세조 12년 10월 좌의정

1467년[50세] 세조 13년 5월 20일 의정부 영의정
             9월 20일 영의정 면직, 중추부 영사

1468년[51세] 예종즉위년 10월 수중 보사 정난 익대공신 청송군

1476년[59세] 성종 7년 5월 대광 보국숭록대부 청송 부원군
             8월 좌의정, 중궁 책봉사로 중국에 가다.

1477년[60세] 성종 8년 3월 중궁을 폐하는 문제를 논하다.

1479년[62세] 성종 10년 7월 26일 좌의정 면직, 8월 청송부원군

1482년[65세] 성종 13년 2월 경기진휼사

1489년[72세] 성종 20년 7월 유도대장(도성을 지키는 대장군)

1493년[76세] 성종 24년 1월 12일 청송 부원군 심회가 죽다.

1504년[사후] 연산 10년 4월 폐비 윤씨 사건에 과여하여 관직이 추탈

1506년[사후] 중종 1년 10월 중종반정 이후에 신원회복

조선왕조 영의정 재임기간

영의정	임기		영의정	임기		영의정	임기		영의정	임기	
	시작	종료		시작	종료		시작	종료		시작	종료
배극렴	1392.7.17	1392.11.24	조준	1392.12.13	1399.12.1	심덕부	1399.12.1	1400.3.3	성석린	1400.3.15	1400.9.8
민제	1400.9.8	1400.11.13	이거이	1400.11.13	1401.윤3.1	김사형	1401.윤3.1	1401.7.13	이서	1401.7.13	1402.4.18
이거이	1402.4.18	1402.10.4	성석린	1402.10.4	1403.4	조준	1403.7.16	1404.6.6	조준	1405.1.15	1405.6.27
성석린	1405.7.3	1406.12.7	이서	1406.12.8	1406.12.8	성석린	1406.12.9	1407.7.4	이화	1407.7.4	1408.1.3
하륜	1408.2.11	1409.8.10	이서	1409.8.10	1409.10.11	하륜	1409.10.11	1412.8.21	성석린	1412.8.21	1414.4.17
하륜	1414.4.17	1415.5.17	성석린	1400.3.15	1416.5.24	남재	1416.5.25	1416.11.2	유정현	1416.11.2	1418.6.5
한상경	1418.6.5	1418.9.3	심온	1418.9.3	1418.12.7	유정현	1418.12.7	1424.9.7	이직	1424.9.7	1426.5.13
			황희	1431.9.3	1449.10.5	하연	1449.10.5	1451.7.13	황보인	1451.10.29	1453.10.11
수양대군	1453.10.11	1455.윤6.11	정인지	1455.윤6.11	1458.2.13	정창손	1458.7.1	1459.11.6	강맹경	1459.11.6	1461.4.17
정창손	1461.4.29	1462.5.10	신숙주	1462.5.20	1466.4.18	구치관	1466.4.18	1466.10.19	한명회	1466.10.19	1467.4.6
황수신	1467.4.6	1467.5.20	심회	1467.5.20	1467.9.20	최항	1467.9.20	1467.12.12	조석문	1467.12.12	1468.7.17
이준	1468.7.17	1468.12.20	박원형	1468.12.20	1469.1.22	한명회	1469.1.23	1469.8.22	홍윤성	1469.8.22	1470.4.6
윤자운	1470.4.6	1471.10.23	신숙주	1471.10.23	1475.6.17	정창손	1475.6.7	1485.3.27	윤필상	1485.3.28	1493.11.6
이극배	1493.11.6	1495.3.20	노사신	1495.3.20	1495.10.4	신승선	1495.10.4	1497.3.29			
한치형	1500.4.11	1502.10.3	성준	1503.1.4	1504.윤4.4	유순	1504.윤4.13	1509.윤9.27	박원종	1509.윤9.27	1510.3.6
김수동	1510.3.6	1512.7.7	유순정	1512.10.7	1512.12.20				성희안	1513.4.2	1513.7.27
송질	1513.10.27	1514.7.27	유순	1514.10.1	1516.4.6	정광필	1516.4.9	1519.12.17	김전	1520.2.14	1523.2.13
남곤	1523.4.18	1527.2.2	정광필	1527.10.21	1533.5.28	장순손	1533.5.28	1534.9.11	한효원	1534.11.20	1534.12.29
김근사	1535.3.26	1537.10.24	윤은보	1537.11.2	1544.7.5	홍은필	1545.1.13	1545.윤1.2	윤인경	1545.윤1.6	1548.5.16
홍은필	1548.5.17	1549.1.28	이기	1549.5.21	1551.8.23	심연원	1551.8.23	1558.5.19	상진	1558.5.29	1563.1.17
윤원형	1563.1.17	1565.8.15	이준경	1565.8.10	1571.5.28	권철	1571.5.1	1573.2.1	권철	1573.3.22	1573.9.15

영의정	임기		영의정	임기		영의정	임기		영의정	임기	
	시작	종료		시작	종료		시작	종료		시작	종료
이탁	1573.9.21	1574.4.11	홍섬	1574.4.11	1576.8.1	권철	1576.8.18	1578.8.1	홍섬	1578.11.1	1579.2.1
박순	1579.2.1	1585.1.1	노수신	1585.5.1	1588.3.15	노수신	1588.5.11	1588.12.1	유전	1589.2.1	1589.10.28
이산해	1590.4.1	1592.5.1	유성룡	1592.5.1	1992.5.1	이양원	1592.5.1	1592.5.1	최흥원	1592.5.1	1593.10.25
유성룡	1593.10.27	1598.10.7	이원익	1598.10.8	1599.5.26	윤두수	1599.7.24	1599.9.19	이원익	1599.9.22	1600.1.
이산해	1600.1.21	1600.4.28	이항복	1600.6.17	1602.윤2.1	이덕형	1602.윤2.3	1604.4.9	이항복	1604.4.18	1604.5.16
윤승훈	1604.5.22	1604.11.26	유영경	1604.12.6	1608.2.14	이원익	1608.2.14	1609.8.13	이덕형	1609.9.9	1611.8.24
이원익	1611.8.24	1612.6.21	이덕형	1612.9.5	1613.8.19	기자헌	1614.1.19	1617.11.26	정인홍	1618.1.18	1619.3.13
박승종	1619.3.13	1623.3.12	이원익	1623.3.16	1625.2.21	이원익	1625.8.7	1626.12.10	윤방	1627.1.18	1627.5.11
신흠	1627.9.4	1628.6.29	오윤겸	1628.11.21	1631.8.27	윤방	1631.9.15	1636.6.13	김류	1636.7.14	1637.8.4
이홍주	1637.9.3	1638.6.11	최명길	1638.9.15	1640.1.15	홍서봉	1640.1.15	1641.8.11	이성구	1641.10.10	1642.7.24
최명길	1642.8.3	1642.11.17	신경진	1643.3.6	1643.3.11	심열	1643.5.6	1644.3.12	홍서봉	1644.3.12	1644.4.4
김류	1644.4.5	1644.12.7	김류	1645.2.3	1646.3.4	김자점	1646.3.27	1649.6.22	이경석	1649.8.4	1650.3.11
이경여	1650.3.11	1651.1.1	김육	1651.1.11	1651.12.7	정태화	1651.12.7	1654.4.22	김육	1654.6.14	1654.8.15
이시백	1654.9.6	1655.6.18	김육	1655.7.14	1655.7.24	이시백	1655.8.25	1656.6.11	정태화	1656.6.11	1658.6.16
심지원	1658.7.8	1659.3.25	정태화	1659.3.25	1661.윤7.28	정태화	1661.12.13	1667.3.11	홍명하	1667.윤4.27	1667.12.27
정태화	1668.1.2	1670.11.17	허적	1671.5.13	1672.5.5	정태화	1672.5.6	1673.4.12	허적	1673.7.26	1674.3.21
김수홍	1674.4.26	1674.7.16	허적	1674.7.26	1679.7.11	허적	1679.10.6	1680.4.2	김수항	1680.4.3	1685.7.4
김수항	1685.8.11	1687.7.24	남구만	1687.7.25	1688.7.13	김수홍	1688.7.14	1689.2.2	여성제	1689.2.2	1689.2.9
권대운	1689.2.10	1694.4.1	남구만	1694.4.1	1695.7.2	남구만	1695.10.2	1696.6.25	유상운	1696.8.11	1698.1.23
유상운	1698.3.13	1699.3.16	유상운	1699.6.27	1699.10.17	서문중	1700.1.16	1700.3.22	서문중	1700.5.16	1701.3.27
최석정	1701.6.19	1701.10.1	서문중	1702.1.24	1702.9.29	최석정	1703.2.11	1703.6.16	신완	1703.8.6	1704.6.24
신완	1704.9.26	1705.2.5	최석정	1705.4.13	1705.8.10	최석정	1706.1.24	1706.10.28	최석정	1707.1.12	1708.4.19
최석정	1708.7.29	1709.6.29	최석정	1709.10.24	1710.3.12	이여	1710.3.25	1710.윤7.17	서종태	1711.4.19	1712.1.20

영의정	임기		영의정	임기		영의정	임기		영의정	임기	
	시작	종료		시작	종료		시작	종료		시작	종료
서종태	1712.4.19	1712.9.26	이유	1712.9.26	1713.7.16				서종태	1714.9.27	1716.8.5
김창집	1717.5.12	1718.8.8				김창집	1719.1.4	1721.12.9	조태구	1721.12.19	1723.6.6
최규서	1723.8.20	1724.9.23	이광좌	1724.10.3	1724.12.18	정호	1725.4.23	1727.4.14	이광좌	1727.10.1	1729.5.18
홍치중	1729.6.6	1732.6.23	심수현	1732.12.26	1734.5.4				이의현	1735.2.12	1735.2.28
김흥경	1735.11.20	1736.2.27				이광좌	1737.8.11	1740.5.26	김재로	1740.9.28	1745.3.14
김재로	1745.4.14	1749.9.5				조현명	1750.3.11	1750.10.29			
김재로	1751.3.25	1752.9.23	이종성	1752.10.17	1753.5.25	김재로	1753.9.3	1754.5.7	이천보	1754.5.14	1755.4.21
이천보	1755.7.17	1756.2.18	이천보	1756.3.2	1758.8.12	유척기	1758.8.12	1759.3.18	이천보	1759.3.18	1759.5.7
김상로	1759.5.7	1759.8.15	김상로	1759.8.17	1760.10.14				홍봉한	1761.9.27	1762.윤5.2
신만	1762.윤5.2	1762.9.17	신만	1762.9.20	1763.5.26	신만	1763.5.30	1763.7.4	홍봉한	1763.7.4	1766.4.16
홍봉한	1766.4.26	1766.9.12	윤동도	1766.10.21	1766.11.5	윤동도	1766.11.24	1766.12.9	서지수	1766.12.9	1767.3.17
김치인	1767.3.19	1767.6.14	김치인	1767.6.27	1768.6.8	서지수	1768.6.8	1768.6.14	김치인	1768.6.14	1768.11.3
홍봉한	1768.11.24	1770.1.10	김치인	1770.1.10	1770.11.21	김치인	1770.12.5	1771.4.24	김치인	1771.4.28	1772.3.9
김상복	1772.3.9	1772.3.24	김상복	1772.4.8	1772.8.20	김상복	1772.9.3	1772.10.5	한익모	1772.10.5	1772.10.22
김상복	1772.10.22	1772.11.22	신회	1772.11.22	1773.1.27	한익모	1773.1.28	1773.2.6	한익모	1773.윤3.13	1773.4.15
김상복	1773.4.16	1774.6.21	한익모	1774.6.21	1774.6.28	신회	1774.6.28	1775.7.1	한익모	1775.7.7	1775.11.30
김상철	1775.12.4	1776.3.14	김양택	1776.3.19	1776.6.25	김양택	1776.7.5	1776.8.7	김상철	1776.8.17	1778.7.15
김상철	1778.7.18	1779.9.29	서명선	1779.9.29	1780.1.5	김상철	1780.1.8	1781.1.6	서명선	1781.1.16	1783.1.19
정존겸	1783.6.2	1784.10.8	서명선	1784.10.11	1785.3.9	정존겸	1786.2.13	1786.7.17	정존겸	1786.7.20	1786.10.21
김치인	1786.10.21	1787.7.21	김치인	1787.8.3	1788.3.13	김치인	1788.4.13	1788.12.4	김치인	1789.1.4	1789.1.9
김익	1789.7.11	1789.9.26	이재협	1789.9.27	1789.11.17	김익	1790.1.19	1790.3.20	채제공	1793.5.25	1993.6.4
홍낙성	1793.6.22	1794.4.10	홍낙성	1794.4.17	1795.6.28	홍낙성	1795.8.12	1796.10.22	홍낙성	1796.11.19	1797.5.22
이병모	1799.9.28	1799.11.8	이병모	1800.1.1	1800.7.4	심환지	1800.7.4	1802.10.18	이시수	1802.10.27	1803.1.22
이병모	1803.3.20	1803.7.6				이병모	1805.10.15	1805.12.6	서매수	1805.12.7	1806.1.30

영의정	임기		영의정	임기		영의정	임기		영의정	임기	
	시작	종료		시작	종료		시작	종료		시작	종료
이병모	1806.2.1	1806.9.10				김재찬	1812.5.1	1816.5.10			
서용보	1819.1.25	1820.6.15	한용귀	1821.4.24	1821.10.26	김재찬	1821.11.19	1823.2.22	남공철	1823.2.23	1824.12.1
남공철	1827.4.2	1829.6.14	남공철	1830.9.7	1831.5.16	남공철	1832.7.29	1833.5.16	이상황	1833.5.16	1834.2.4
심상규	1834.7.9	1835.6.10				이상황	1837.10.20	1838.3.23			
조인영	1841.4.22	1841.9.4	조인영	1842.1.7	1842.9.12	조인영	1844.8.10	1844.9.22	권돈인	1845.3.26	1845.6.2
권돈인	1847.11.22	1848.7.4	정원용	1848.7.4	1848.10.25	정원용	1849.8.5	1850.10.5	조인영	1850.10.6	1850.12.6
권돈인	1851.2.2	1851.6.19				김흥근	1852.1.20	1852.3.17	김좌근	1853.2.25	1855.11.26
김좌근	1858.11.1	1859.1.12	정원용	1859.1.12	1860.1.24	정원용	1861.5.30	1861.10.20	김좌근	1861.11.1	1862.4.19
정원용	1862.10.19	1863.9.8	김좌근	1863.9.8	1864.4.18	조두순	1864.6.15	1865.5.16	조두순	1865.5.17	1866.4.13
이경재	1866.4.13	1866.4.29	김병학	1867.5.18	1868.윤4.11	정원용	1868.윤4.11	1868.윤4.21	김병학	1868.윤4.23	1872.10.1
홍순목	1872.10.12	1873.4.29	이유원	1873.11.13	1874.12.4	이유원	1874.12.5	1874.12.27	이유원	1875.2.15	1875.4.12
이최응	1875.11.20	1878.1.16	이최응	1878.4.26	1880.2.11	이최응	1880.2.13	1881.윤7.17	이최응	1881.윤7.21	1881.윤7.25
이최응	1881.11.15	1882.1.13	서당보	1882.1.13	1882.3.2	홍순목	1882.3.3	1882.10.22	홍순목	1882.10.24	1882.11.19
홍순목	1882.11.22	1883.6.7				김병국	1884.5.22	1884.10.2	심순택	1884.10.21	1885.11.2
심순택	1885.11.9	1886.8.6	심순택	1886.11.22	1888.4.5	심순택	1888.4.7	1888.8.16	심순택	1888.9.30	1889.10.11
심순택	1889.10.12	1892.1.18	심순택	1892.4.26	1892.윤6.17	심순택	1892.7.21	1892.12.5	심순택	1893.2.2	1894.3.14
심순택	1894.4.30	1894.6.18	김병시	1894.6.20	1894.6.25	김홍집	1894.6.25	1894.7.15	김홍집	1895.4.1	1895.5.5
박정양	1895.5.8	1895.7.5	김홍집	1895.7.5	1896.2.11	김병시	1896.9.24	1897.1.10	김병시	1897.2.19	1897.4.19
심순택	1897.8.1	1897.12.10				김병시	1898.7.21	1898.8.12	심순택	1898.9.23	1898.10.11
윤용선	1898.10.21	1898.10.27	조병세	1898.11.5	1898.12.6	윤용선	1899.6.27	1900.1.2	윤용선	1900.1.29	1900.8.9
윤용선	1900.8.10	1900.8.24	윤용선	1900.9.1	1901.4.7	심순택	1901.6.15	1901.8.24	윤용선	1901.8.25	1901.9.12
윤용선	1901.9.23	1902.5.24	심순택	1902.5.24	1902.6.2	윤용선	1902.6.7	1902.12.4	이근명	1903.1	1903.5.15
윤용선	1903.5.25	1903.7.12	이근명	1903.9.12	1904.1.22	이근명	1904.1.25	1904.3.17	이근명	1904.11.5	1905.1.7
민영규	1905.5.28	1906.6.12	조병호	1906.6.18	1906.7.5	조병호	1906.12.22	1907.2.2	이완용	1907.6.14	1910.8.22